U0153129

警察偵查實務——探論虛偽供述

Practice of Police Investigation —— Discussion of False Statements

陳宏毅 著
Hung-Yi Chen

五南圖書出版公司 印行

引　言

供述部分，分為真實陳述與非真實陳述。儘管有罪的人比無罪的人更容易認罪，不過在犯罪偵查實務中，真實陳述的比例並不高，尤其是針對一些自願性自白。根據1987年美國學者A. Bedau和M. Radelet在史丹福大學期刊發表一項研究（摘自Fred E. Inbau, John E. Reid, Joseph P. Buckley, Brian C. Jayne (2013). Criminal Interrogation and Confessions.），對數百位犯罪者進行訪談，發現堅信自己是無罪的犯人，他們真實陳述的比例仍不高。但是，非真實陳述的部分比例很高，尤其在犯罪自白領域有最嚴重不實的自白，占45%，此最嚴重不實的自白，係出自警察強制手段所造成的；而自願性被警察誘發而為虛偽不實的陳述，占34%，例如利益交換等因素。

自序

生命的價值何在，聖經有段經文這樣說道「你們務必要警醒，在真道上站立得穩，要作大丈夫，要剛強。不要自以為站立得穩，須要謹慎，免得跌倒。」（出自新約聖經歌林多前書第十章第十二節、第十六章第十三節）。是在勸勉願意持守真理的人，務必要謹守本分，直奔標竿，一次一次造就我們的意志與品格。

開始撰寫論文時，即面對許多挑戰與考驗，因為這過程必須堅持心志，向著標竿直奔。再回首這段學術思辨之旅的心境，曾有孤獨、茫然、挫折、灰心、沮喪，再回顧這段信心之旅的每一個環節，曾有甘甜、有苦澀、有苦難、有喜悅，再回想如果這段旅程盡皆一帆風順的話，那就說明還不夠努力。因而，經過如此的熬鍊，才能夠淬鍊出無比剛強的氣節，也能夠化成無比的祝福與平安，得以在學術真理的道路上有所長進與喜樂。

正因為不斷地追求真理的這股學術生命力量，激發出無數的思緒，促使文稿的脈絡更加流暢清晰。內心的喜悅與滿足又不斷催促我繼續寫著，這是我撰寫論文中最大的體悟與收穫，至於論文耗費多少時間、精神，對我而言，已經不再重要了。

在撰寫過程中，學習到傾聽各種的聲音，以及自己內心的聲音。讓我學習到積極地轉向，接受各方論點，也不斷地反思如何更加完美，也不斷地自我質疑。真理的亮光促使我不斷地更新，視野也不斷地擴張，也不再畫地自限，而這股動力持續進行著、催促著我努力去完成論文。

聖經有段經文這樣說道：「我只有一件事，就是忘記背後，努力面前的，向著標竿直跑。」（出自新約聖經腓立比書第三章第十三節），紀念曾為追求真理而努力的人們。如此的信賴，讓我能夠期待自己在永恆的春天裡，再度吐露新芽。

通往學術的殿堂沒有捷徑。其中最困難的，就是在撰寫過程中，資料的蒐集再蒐集，整理、再整理；問題意識的思索、再思索；文稿與文字的檢視、再檢視；相關事理的探討、再探討；章節間反覆地連結、再連結；文章無關的部分修改、再修改，有時好不容易理出來的文思，突然又消失在眼前，百般的反覆激盪，再度尋回這樣的思緒。聖經有段經文這樣說道：「要詳細查驗每一件事，持守那美善的。」（出自新約聖經帖撒羅尼迦書第五章第二十一節），觀察與驗證是追求美好事物，必經的過程。

逐步的完成這本專書，是如此豐盛的恩典，使我相信這是來自上天的祝福。回首來時路，也讓我深切地學習感恩、讚美。因為這時才知道，我所努力追求的目的，不是在於完成這論文，真正的意義，是在這一路走來，有太多、太多師長、親友、友人的扶持、鼓勵，而他們都將成為我生命中的貴人與榜樣。而這些過往的事實，使我真誠的期待成為每個人願意努力追求學術真理的祝福。

陳宏毅

2017年9月於臺灣警察專科學校研究室

導　論

本書在探索警察與受訊問人於**警詢（訊）**中的陳述，尤其是警察與受詢問人互動的微妙關係，以及偵查階段的**隨機變項因素**，是否影響**犯罪真實的發見**及其程度。並且，以警察偵查實務的觀點，探討警詢（訊）取得供述的過程中，警察辦案與受訊問人虛偽不實的各種複雜因素，以及是否導因於未把致誤關鍵說明清楚等形成原因，進而探討警詢（訊）筆錄在**證據法上可信度**的問題。

傳統觀念認為警詢（訊）筆錄，只是一種文書紀錄過程的靜態呈現，強調偵訊概念與技巧，或是認為偵訊只是偵查犯罪最後手段的文書紀錄等諸項問題，但並沒有兼顧到詢問人與受詢問人的互動關係，以及在法規範的要求下，偵訊人員如何去辨識**虛偽供述**以及防制虛偽供述之發生，此係本書提出的**重點之一**。

易言之，應該在偵查犯罪中呈現出的各種動態發展關係，如共犯結構、組織性犯罪、偵查可能的斷點、搜索、查扣證據的完整性、保全證據的高難度，始能觀察出警詢（訊）筆錄的真正原貌，進而為證據的認定。因而，也促使偵訊人員必須透過反覆驗證的過程，找到犯罪事實的真相，同時排除各種虛偽供述的可能性，如此方能盡**客觀義務**（objektivitätspflicht），以**發見真實，及兼顧及人權之保障**。

本書並舉出國內及國外的虛偽供述實例為**問題導向**（如美國、日本、我國等）。特別是從警察實務的觀察而言，有些警察因過度熱心於職務，持著任何片段的情況證據，或有些不能達證明目的之證據，結合犯罪者與犯罪的關聯性。易言之，有些警察在強烈的企圖心下驅使，希望取得有利的破案口供，通常如此作為，總是期待伺機轉化成符合偵查假設中所期待的供述內容，往往導致產生虛偽供述的情形。

在實務上，從派出所初步的查訪與調查，到警分局偵查隊的調查與詢

（訊）問過程，發展到擴大偵辦的階段，係依照「**警職之權限**」（Police Authority）來完成階段性調查或偵查的任務，與盡其客觀義務的履行，案件於偵查的過程本身，並不是單打獨鬥的偵查技巧而已，而是警察整體團隊的職能功能發揮，以彰顯警察（包括警察機關及警察人員）在偵查程序上「**職能分工**」的實效。

尤其針對警察實務工作上的**訪談**，發現警察依法視案情的發展，進行廣泛的**蒐證**，將案件中隱而未現的事物顯現出來，並加以詳實地記錄，同時，也是警察將案件帶入**指控犯罪嫌疑的前置行為**，此點非常重要，不過，目前為止的著作，並未予以注意，但確實係警詢（訊）筆錄在製作過程中，不可忽略的重要因素。職是之故，警察機關乃擬定**偵查計畫**，透過組織監督體系的發揮，使得偵查中案件的執行有一定的**風險監控**之法門，以防堵虛偽不實的供述，進入刑事司法調查的判斷體系之中。

偵查假設，是**科學偵查**的方法，必須是透過法治的角度與科學的方法，讓偵訊程序更加透明化、合理化、標準化，促使警方於還原事實真相的過程中，得以追溯驗證的方式，排除虛偽不實之證據，找到犯罪事實。而**偵查計畫**，是依據「**犯罪偵查管理學**」所建構而成的偵查判斷之有機體，即在法規範的指導下，得以驗證與檢視犯罪根本問題的解決，如何除惡務盡，儘量避免出現偵查斷點，務必具有**連貫性的證據關聯**，循此偵查管制的制度，即以點、線、面的多重角度認知警詢（訊）**供述證據**的重要，此係本書提出的**重點之二**。

現代的犯罪模式許多不同於往昔，本書以**犯罪學**的基本概念，將犯罪模式分為兩大類，值得注意的是組織性犯罪的結構。同時，往昔犯罪類型逐漸為**網路犯罪**的型態所取代，駭客可透過網路的破綻，侵入電腦系統來奪取他人的財物或勒索財物，已成為另一種財產犯罪型態（如我國的妨害電腦使用罪等）。當然也不限於**電訊詐欺**、**網路詐欺**的電腦犯罪型態，且由傳統的犯罪現場的實體，轉變成網路世界的犯罪，因此數位證據機制的啟動，逆向追擊犯罪嫌疑人，業也已成為司法警察人員偵查的重要工作，因而犯罪類型的虛偽不實，也不再受限傳統犯罪的虛偽特徵。

因之，現代的犯罪偵查，在於國家偵查有機體的建構，要求與國家整個司法體系緊密連結，以專業問題導向為核心，發展**精密偵查模式**（包括偵查假設的科學化、策略聯盟的方式進行、偵查技巧的精進、偵查效能的提升與監督等）。同時，針對各個不同特殊或新興的犯罪類型建立群組，相互流通資訊與共享經驗成果，重視各種法規範制度的建立，並充足的偵查知識與技能，與各行政機關或司法體系相互配合、有效資源的相互支援，以發見真實為前提要件，適時控制因偵查中的虛偽供述，所帶來錯誤判斷的**偵查風險**，以及對證據證明的成立的風險，亦能列為警方認知考量的要素，此係本書的**重點之三**。

犯罪偵查中，虛偽供述情形，並非少見，甚至有其複雜性，然而，卻影響到真實發見。職是，如何預防及制止虛偽供述之情形，對於警察為犯罪偵查，洵為要務。防制虛偽供述，就是如何解除「偵訊（取得供述）」與「**緘默**（拒絕供述）」間，「權力」與「權利」的矛盾與衝突。

首先，應重偵訊人員必須在偵查效能與合法程序間取得平衡點，引導優質的偵查情境，創發出受訊問人願意真誠的供述，排除非事實的虛偽供述，增進**偵查實效**，兼顧人權保障。

為取得更多的偵查情報與資訊以及確認犯罪嫌疑，警察在偵查實務上，進行**訪談**（interviews）或**偵訊**（interrogations）其對象及範圍，與檢審比較起來，自然非常地廣泛。所以，警察訪談或偵訊的對象，通常具有許多不確定性且暗藏著許多虛偽不實的可能。

在法正當性的要求下，訪談與偵訊仍有不同，偵訊多少帶些心理上的強制，以達到取供的目的。通常案件發生後，有時因無法立刻鎖定犯罪嫌疑人或確認犯罪嫌疑，基本上會先進行一些過濾與清查的蒐證活動，故而進行訪談，與偵訊較之，在程度上自屬任意。

本書所指的**訪談**（the interview process），是一種**非指控式**（non-accusatory）的**蒐證程序**，是進入偵訊前必要的前置程序（an interview should precede every interrogation），其針對的對象或範圍相當廣泛，是以法律做為後盾，進行廣泛溝通的形式（包括任何形式資料的交流過程）。所以，訪談就形式上而言，是一種廣泛蒐證的偵查程序。就蒐證的目的性而言，是一種**警察於偵查規範要求下，蒐集資訊的方式**。

訪談是蒐證的基本工作項目之一，乃進入**偵訊程序**的前置活動，而視案件的情況，決定是否有實施之必要性。以警察實務工作經驗立場，**精緻蒐證**的結果，得以作為偵訊之前置活動，與偵訊的制度化與合理化，乃是為因應有效打擊犯罪的現實考量。因為畢竟沒有一個偵訊人員能夠保證於**偵訊**時，犯罪嫌疑人一定會承認犯罪（**自白**）或說出事實的真相。

本書所討論到有關，訪談的作業程序與方法，越務實詳盡，越客觀、科學化地記錄過程，即蒐證活動中的訪談紀錄（此紀錄可不拘任何形式來完成），若能夠與偵查假設相結合，**偵查假設**的基礎就越穩固、紮實，也越能夠奠定後續偵訊對象所為**供述的信用性與真實性**的確認，而防制虛偽供述的發生。然而正值偵訊時，犯罪嫌疑人除承認犯罪及說出事實真相部分應予記錄外，對於其他非重要事項或情況，則無須製作任何紀錄。不過，偵訊時遇到特殊緊急情況下究竟是訪談或偵訊，因事前仍無法預知情況的變化，而無法刻意區別，但是仍要留下紀錄，有可能助益於日後案情的判斷。本書有關論述的訪談的程序與方法與偵詢（訊）的不同，主要在於其概念與步驟的釐清，以防制虛偽供述的發生，此為本書**重點之四**。

以警察偵查實務觀點而言，通常會將這些人列入「**證人**」來調查或**約談**，故其偵查的對象及涵蓋面非常廣泛。就此而言，應超過檢察官與法院訊問證人的範圍。蓋刑案的發生涉及到案件本身人與事的糾葛，案件本身又具有延展性，從四面八方出現的資訊須要經過過濾，自然非常廣泛與具有不確定性的因素。因此，本書在**警察詢問證人**（非犯罪嫌疑人的供述）上做出類型化的整理與詮釋。

從警察偵查實務的觀點，警詢（訊）中於各種供述與自白，透視出警察於犯罪偵查中虛偽供述及相關結構性問題。從警察實務工作層面切入，了解有關**警察職務**行為中依法製作的各種文書與筆錄，其形成的過程如何與其影響，即聚焦於各個犯罪類型中所衍生出虛偽供述為核心問題，實為本書重點所繫，亦為國內論著並未注意的重點，此係本書提出的**重點之五**。

於各類刑事案件中虛偽供述的成因，以及如何影響日後檢察官的偵查與法院真實發見，以作為犯罪偵查與偵訊人員應有基本認識與條件。同時，不容忽略者，乃有關警詢（訊）的供述取得，應不限於封閉的偵訊場所，尚且包括**臨檢**、**盤查**、**線民訪查**、**證人供述**與**指認**、**同意搜索**、**執行搜索**、**扣押**、**現行犯**與**準現行犯**、**緊急逮捕**等過程中如何認定犯罪嫌疑，以獲得供述事實所製作的紀錄文書。甚至從基層警察，**勤區查察**及**勤務規劃**的執行中獲得的資料，以及處理犯罪過程中的各項紀錄文書與筆錄等提出，包括**即時勘察**的紀錄文書，以及偵查實務與國家刑事司法體系的聯繫關係，有關此部分，亦在本書論及。此為本書**重點之六**。

在犯罪偵查的實踐過程中，是將犯罪嫌疑人作為「**供述主體**」、「**偵查客體**」，但如此一來，犯罪嫌疑人的角色具有相當特殊性。惟，基於人性的**自利心**，犯罪嫌疑人會對自己為不利之供述，乃屬異常的心理狀態。固然其供述的存在必然有其合理性，但往往未必是真實，因為犯罪嫌疑人受到**緘默權**的充分保障，又無**真實陳述之義務**，犯罪嫌疑人的不完整的供述，未必具有相當的**證據價值**，尤其是**共犯之供述**。對此，亦為警詢（訊）筆錄的證據證明的不可忽略重要之點，如何針對此一因素，認知虛偽供述，此為本書**重點之七**。

既然犯罪嫌疑人並非一定就是真正犯罪人。問題之關鍵在於，犯罪偵查的實踐過程中，如何斷定犯罪嫌疑人就是真正犯罪之人，必須先判斷偵查的案件本身，何者是人的證據，何者是物的證據，證據類別的區分，可找到蒐證的方向與步驟。因為確認犯罪事實所憑信的各種證據，有其不同的驗證方式，但仍必須符合法定程序的正當性，建構出偵查方向與步驟，發現事實的真相，而排除虛偽的資料進入判斷的資料中。換言之，如果發現犯罪嫌疑人可能不是真正犯罪之人，或者是犯罪嫌疑人所作的供述，與犯罪事實不符者，案件所發現的事實基礎，則必須重建，亦應勇敢的面對錯誤，重新再來。

於偵查階段，最重的任務應是達成**事實發見的可靠性**（achieving reliable factfinding），但是，法律制度是一個極精密且複雜的整體設計，一個國家繼受外國法制需要經過長時間與本國法律文化相融合；否則，將淪為拼裝之譏。職是，以警察實務觀點而言，欲改善警察偵查的品質，首先應除去急功好利的心態，排除過度誇大證據的可靠性，並透過各種制度化的建立，讓參與偵訊程序的任何人的人權，獲得充分的程序保障。

如何變革偵訊程序，所應呈現的新貌，在於屏除非理性的作為，真誠且客觀地面對受訊問人的難處，以及針對傳統犯罪觀、刑罰觀的「袪偽」，使之臻於**修復式正義**的轉向，以求得某種程度的諒解與寬容，進而期待獲得真實的供述。同時，偵訊人員透過犯罪心理學等知識與專業經驗的累積，檢視其程序的客觀化與透明化，以作為改進各種訊問與訪談的方法，改善或改變偵訊環境減少「官對民」的訊問方式，進而針對偵訊場所與訊問方式的改變，防止虛偽供述，促使事實真相的呈現，並免除日後審判因蒐證的不完整，影響審判中證據的證明。

具言之，當偵查所發見的行為事實，雖不能完全排除被告有犯罪，但因嫌疑證據的不夠充分，導因於先前警詢（訊）供述的矛盾不完整，虛實混雜其中，無法還原出犯罪真實的全貌，而於起訴後證據的提出，因之前證據取得的不夠充分，使得待證事實結構不夠完整，事實審法官無法依其所調查的證據認定被告有罪，亦無法完全認定被告係無辜的可能性，即證明被告有罪與否，陷入困境，然而**冗長的訴訟**未嘗不是一種人權的踐踏。為杜此問題，實則有關排除警詢（訊）的虛偽陳述，居有舉足輕重的重要地位，此係本書**重點之八**。

目錄 | CONTENTS

第一章 緒論：受訊問人虛僞供述的焦點問題

第一節 警詢（訊）筆錄虛僞供述，影響眞實發見的嚴重性

第一項 警詢（訊）筆錄的虛僞供述

「供述證據」與**「非供述證據」**，兩者在證據法上類型的區別，主要是以證據資料是否來自「人透過感知所表達的言語」，做爲基準，做爲事實認定者，則稱之爲「供述證據」。

廣義「供述證據」的解釋[1]，還包括連結到一些**「非言語表示的供述（evaluation of nonverbal behavior）證據」**。例如，聳肩、攤手的姿態（hand shrug）、虛僞捏造的姿態（deceptive adaptor behavior）、眞實陳述的姿態（truthful illustrators）、僞裝懶散的姿態（deceptive slouching posture）、僞裝敵對的姿態（deceptive non-frontal aligment）、眞誠結盟的姿態（truthful frontally aligned posture）等等行爲態樣。

簡言之，**供述**是指人透過認知所表達的言語。形式上是指人透過**感知**（perception）> **記憶**（memory）> **敘述**（narration）**進行溝通過程**，因涉及受訊問人於此陳述過程中的推測、判斷或心理等因素的影響，而爲錯誤的

---

1 Fred E. Inbau, John E. Reid, Joseph P. Buckley and Brian C (2013). Jayne. Criminal Interrogation and Confessions, 5th ed., Johns and Bartlett Publishers, p. 145. 該文內註9載有：美國國家安全局（NSA）訓練的課程中，在訓練人員如何於訪談結束後，去判斷犯罪嫌疑人陳述的虛僞性，其中包括訪談者提問所聽到的資訊，以及犯罪嫌疑人非語言的反應結果（非聽覺的表達是無法書面記錄的），並評估其正確性。測試結果，訪談者偵測出的眞實性或虛僞性，其精準度高達72.5%。

供述，如此「供述證據」就顯得複雜多了[2]，容易造成錯誤的判斷。相對的概念，若無涉人透過感知所表達的言語過程，做爲事實認定，則稱之爲「非供述證據」。

供述證據之所以成爲認定事實的原因，在於其所供述之犯罪事項，其相關內容之情報資訊，是透過人的感知作用，留存於大腦的記憶，藉由陳述表達後，以之傳達該項訊息的內容。例如，**目擊證人**或被害人等利害關係人的陳述、被告自白，以及各該等人透過言語陳述而轉化製作成的書面紀錄，亦屬之。相對的，非供述證據，乃有關犯罪事實之物件或痕跡，留存人的感知以外的現象世界。例如血跡、指紋等犯罪跡證，或兇刀等犯罪工具等等[3]。

本書所論述的「供述」，係指受訊問人透過感知作用，於警察人員進行訪談或詢問時所表達的言語或非言語的供述狀態而製作的紀錄，做爲驗證**偵查假設**或方向是否正確的基準，或經檢察官的**複訊**或**傳聞例外**之情形，得以成爲日後**證據資料**的佐證。

以犯罪偵查學而言，偵查人員開始從事刑事司法調查的程序與方法，在偵查的實體面（偵查的對象）上去找尋犯罪事實，可從各方面來觀察，得知警察製作筆錄的作用與重要，爰分述如後：

一、偵查人員判斷或識別的對象，是屬與案情相關的何人、何事、何地、何物等各種犯罪現象及特徵，所運用的偵查方法。亦即，基本上偵查的方法，其步驟應兼顧**七何法則**（還包括何故、如何），欲查明七何法則眞相，須廣泛運用各種偵查方法，發現行爲的必然性、關聯性、完整性的型態[4]。除此以外，須透過蒐集證據、記錄證據、保全證據，以鞏固證據。

二、非偵查人員所能直接憑著觀察，得以識別犯罪現象及特徵，而是散見於其他人的記憶和印象之中。即，指其他人觀察得到與案情相關的事物，

---

[2] 松尾浩也，刑事訴訟法（下），弘文堂，1999年11月新版，29頁。

[3] 林裕順，偵查階段供述證據保全的法理探討—以刑訴法第一百五十八條之二第二項爲中心，月旦法學雜誌，第149期，2007年10月，95頁。本項證據類型區分實益，一般認爲證據法上之事實認定，供述證據僅能藉由傳聞法則或自白法則等政策機制，確保供述證據之最小限度信用性，以避免事實認定發生誤判。相反地，非供述證據保全的搜索扣押，則無相關適用。

[4] 何明洲，犯罪偵查學，臺灣警察專科學校印行，2015年8月初版，2頁。

而偵查人員透過蒐集這些非偵查人員的語言等材料，來了解、判斷與案情有關的事實。因此，證人、被害人、犯罪嫌疑人的供述，於偵查的**初步蒐證**或調查階段，則稱之爲「**調查訪問（訪談）**」，做爲進一步查證或偵訊犯罪嫌疑人的基礎。

三、**訪談**，乃警察依法，並根據案情發展，逐次的觀察、推論，與進行廣泛的蒐證形式，將隱而未現的事物顯現出來，並加以詳細地記錄。訪談，是警察欲將案件進入指控犯罪嫌疑程序的方法之一。

四、若警察人員依法通知受詢問人（與案情有關係之人）到案說明者，則稱之爲「**詢問程序**」。經過警察人員調查進入「詢問程序」者，則有可能進行「**本案詢（訊）問**」（刑事訴訟法第100條之2，以下本書或有簡稱刑訴法），所製作之紀錄文書，則稱之爲警詢（訊）筆錄（刑訴法第43條之1）。

五、警詢（訊）筆錄的正式明文化，是於民國92年2月增訂刑事訴訟法第100條之2規定而來，條文既稱準用訊問程序，基本上檢察官偵訊的本質係屬任意處分，因之警察人員的詢問亦屬**任意處分**。所不同者，在於**職能分工**立場，而程序規範上則各有所司。而檢察官於偵訊完成後，得爲各種**處分命令**，特別是**偵結程序**所爲的訴訟法律行爲。

警詢（訊）筆錄，除記載被告自白或其有利或不利之陳述外，記載被告以外之人之陳述，則爲**傳聞證據**，須透過**傳聞法則**（包括**傳聞例外**）、**自白任意性法則**、**補強法則**、**意見法則**、**關聯性法則**、**權衡法則**等原則的檢驗後，成爲得爲證據之**供述證據**，而於證據法上存有證據證明成立之風險，其成因如何形成，容許待本書各章節中論述之。

司法審判實務上，有關「虛僞供述」的見解，係指與案件之眞正事實相悖的供述，而足以陷偵查或審判於錯誤之危險者而言。惟若在此案的供證，係屬眞實，縱其後於其他案件所供與此案之供述不符，除在後案件所供述符合僞證罪之要件得另行依法辦理外，究不得遽指在前與實情相符之供證，成立**僞證罪**（參閱最高法院69年台上字第2427號刑事判例）。

此見解係針對證人於檢察官或法院之前虛僞供述涉及僞證罪之成立而言，亦即已於執行審判職務之法院或於檢察官偵查時對於案情有重要關係之事項，供前或供後經具結，而爲虛僞之陳述爲要件，作爲基礎。有關這部分，並不是本書所要論述「**虛僞供述**」的核心。

有關本書要探論的警詢（訊）筆錄之「虛僞供述」，可分爲二方面來探論。其一，來自實施刑事訴訟的公務員。其二，來自非實施刑事訴訟的公務員。爰分述如後：

一、來自**實施刑事訴訟的公務員**，是指有製作權的司法警察人員，因故意或過失所引致的虛僞筆錄。其所登載虛僞不實的事項，若係由主、客觀的隨機變項因素，混雜其間者，導致案情的發展關係，則更加的複雜化。就主觀上而言，或因過度相信錯誤的**刑事鑑識**，或偵查假設本身的誤導，或情報資訊來源的不正確，或交換到錯誤資訊，或偵查人員主觀的偏差與堅持，或個人英雄主義的作祟，或過於熱心而操之過急的心態，或忽視某特定犯罪類型的本質，或**偵查策略**與技巧觀念的混淆，或使用不當或不法的**偵查技巧**，或爲掩飾自己不法的行爲[5]等等因素，如此的故意或過失情況下，而要求受訊問人接受此虛僞不實的供述，於是乎產生虛僞自白或其他非事實的供述。

二、來自**非實施刑事訴訟的公務員**，是指受訊問人本身的供述的不實，有可能是與偵訊人員利益的交換或結合的結果；也可能是出自其刻意的隱瞞；也可能是不經意的誤導偵查人員的結果，而導致虛僞不實的供述。其中複雜的因素，遠超上述公務員故意或過失所引致的**虛僞筆錄**。

總而言之，警詢（訊）筆錄的虛僞供述的產生，或許是偵訊人員與受訊問人員於警詢（訊）時各有算計，但到底是誰算計誰，難查出個究竟，引發出警詢（訊）筆錄於**證據法上可信度與正確性**的問題。

第二項　影響眞實發見的嚴重性

警詢（訊）筆錄的虛僞供述，影響眞實發見的嚴重性難謂些微，因爲沒有一個人願意說謊，說謊不是爲了保護自己的犯行，就是爲掩飾他人的犯行。但是，虛僞的供述，會產生冤案，或因冒名頂罪，或因隱匿眞相由偵查人員，大案小辦、小案大辦，或因有意無意的誇大科學證據（僞科學證據）所產生造假等疑慮，或因少數不肖偵查人員內部勾結吃案、走漏風聲，外部勾串不法組織循私舞弊、收受賄賂。這樣的現象從各國警詢（訊）筆錄的虛

[5] 何明洲，犯罪偵查學，臺灣警察專科學校印行，2015年8月初版，7頁。

僞供述的事例中可以發見，造成冤案也不算少數。茲概述其成因如後：

一、**冤獄**的產生因素非常複雜，並非絕對來自虛僞供述。但是，不容否認者，虛僞供述的存在，確實容易產生判斷上的混淆，甚至可能導致實施刑事訴訟公務員錯誤判斷的確信，就案件事實眞相的發見的影響，有其**因果關聯**。

二、**縱放人犯**，不僅是偵查技巧所不允許的，且有刑事責任的追究，即便是使用所謂「**欲擒故縱**」的偵查技巧，仍須在檢察官的指揮偵查下進行，若有不肖偵查人員私相授受，暗地從事利益交換，偷天換日的結果，筆錄的虛僞的可怕性可見一斑。

三、有些不肖的檢警人員，爲掩飾自己不法行爲，彼此利益交換，互通有無，交換情報資料，名爲掌控案情，實則**以案養案，以案吃案**，形式上看不出筆錄的假象，實質上筆錄的眞實性早就不存在。

四、非實施刑事訴訟公務員，通常是指受訊問人故意或過失提供不實的事實供述，造成虛僞供述之情形，呈現多樣化。總之，若有其事，逼近眞實的陳述，往往令人置信不疑者，常有之，請參閱本書第三章、第六章、第七章的論述。除此以外，其範圍甚廣，包括政治人物間接**介入關說**、被部分**媒體收買**、不肖司法人員介入案情、**證人收買**、**行賄**司法警察人員等，皆屬之，極有可能影響眞實的發見。

當然犯罪事實眞相的發見，需要各種資訊的蒐集與研判，而資訊越多，找到犯罪事實的機率就會更多，同時能夠排除更多的虛僞事證，在判斷上就會越加正確，也就越接近眞相。而法律按照處理事物的特質，形成不同的規範目的，刑事訴訟程序在法的要求上，亦復如此。因此，警察人員爲處理犯罪的**第一線刑事司法調查人員**，最先到達**犯罪現場**，最先接觸相關證據的人員，依照**程序正當性**的要求，司法警察人員蒐集或保全以及調查的人或物等相關證據，在時空因素的現實考量下，偵查的對象與範圍，自然非常地廣泛與複雜。

但是，不可諱言的，若是被動過手腳，或被刻意隱藏，或是對於許多事實的誤信，或因過於憑信其他證據，惟若根據這些非眞實的證據，而導致虛僞供述者，事後要再追查或釐清眞相，就難上加難了。

警察在許多偵查假設下進行調查，但是因爲所蒐集到的某些證據，遭到**污染**或**誤判**後，而這些不實的證據或資訊，原本就存在警察的**調查資料**中，亦因警方透過警詢（訊）筆錄的記錄後，更是使人相信其爲眞實，導致原本是虛假不實的事實，經過層層的過濾、查證後，竟然變成了眞實的荒謬結論。這種荒謬的認定結果，也使得眞相難以大白。

因此，本書就此種種在警察偵查實務中所發生虛僞供述之情形，予以說明，體悟及認知到其影響眞實發見的嚴重性。

第三項　犯罪偵查中供述的虛僞性

警察於**詢問過程**，乃就其所見所聞記錄下來而製作出的公文書。警詢（訊）筆錄係屬**傳聞證據**，在證據法上並無任何優越地位，即便是有所遺漏，法院亦可傳訊調查案件的警察出庭作證，以查其見聞事實的信用性與眞實性。

我國刑法並無妨礙警察刑事司法調查的所謂「**妨害司法罪**」。司法警察於偵訊時，受詢問人並無眞實陳述義務，且在偵查手段上係屬**任意處分**。因此，司法警察在偵訊時，於態度或語言上無須添加任何主觀價値，以促使受詢問人解除自我防衛心理，或降低敵對意識，於此情境之下，受詢問人反而願意吐露實情，較能呈現出完整的犯罪事實。

本書的研究在於發現警詢（訊）筆錄的虛僞供述、找出各個虛僞供述的具體類型，以及其形成的原因如何，以防堵**虛僞自白**或其他**虛僞供述**，成爲法庭上的**訴訟資料**。如此的作爲，可減少過多的偵查人力與時間投入案件，促使偵查資源的合理分配，有效打擊犯罪，而且可以避免證據證明成立的風險。

警察在**詢問取供**之調查犯罪上，**物證**終須透過偵訊（詢）內容的連結，使之能夠更清楚的呈現出案件的完整事實。偵訊（詢）的內容其作法與判斷上若有正確方向與方法，不僅對於「供述證據」於偵查程序中的取得，會更加鞏固與眞實，而且可促使偵查中各種**虛僞供述**與**虛僞自白**減少，人權的保障就會越加堅實。如此，犯罪的眞實性就會更多的呈現在法庭的證據資料上，這樣的思維的建構，得以在審判的調查證據程序趨於順利，避免證據證明成立的風險，以發見事實眞相，同時也能兼顧到被告及被害人人權之保障。

發現犯罪的目的在於處罰犯罪，處罰犯罪的目的是在防範人民犯罪，以收立竿見影之效。然此目的通常無法由冰冷的偵審程序來完成，而此目的之實現，仍需充分仰賴**實質的正當法律程序**來實踐，以保障人權，以取得國家動用刑罰的正當性，與人民對司法的信賴。

因此，實質的正當法律程序的落實，與其等到刑事判決確定後的正義伸張，毋寧在犯罪偵查階段，就能夠在犯罪嫌疑人與被害人及其家屬間，在寬恕與安慰的平和情境，試行獲得最大的諒解與關懷。尤其是暴力犯罪的**隨機殺人**案件，預防固然非常重要[6]，然案件已發生，如何安撫社會恐懼的心理，同時對於犯罪嫌疑人，如何卸除其**自我防衛**的心理。惟，偵訊是屬**控訴**的本質問題，偵訊過程需要展示出非明顯敵對的衝突，本來就是一件艱難的工作，但爲社會和諧的狀態的回復，在偵訊程序上必須要有些相對的機制來因應。

在**偵訊程序之前**，偵訊人員可事先規劃出參與此程序的平臺，容許學者專家參與，使之無須添加任何評價[7]，妥善安排、營造出被害人及其家屬願意接受饒恕與寬容犯罪嫌疑人的情境，彼此願意眞誠的積極面對任何可能的刑事司法程序。如此，也是防制虛僞不實的情事發生於偵查程序中。也唯有儘量防止任何偵查中不實供述、造假證據、頂罪、湮滅證據等違法情事發生，始能利後續審判的順利進行，促使國家刑罰權的實現取得正當性。

基此**偵訊情境的轉變**，不僅在改變偵查人員的思維，而且如此一來警察於偵查階段於前置作業中就給予適當合理的安排與要求，在案件發展的**初始階段**的**偵訊**或**採證**過程透明化、客觀化、科學化，使之相關案件的資料得以

---

6 吳景欽，隨機殺人者的責任能力，月旦知識庫，25頁。所謂隨機殺人，雖無動機，但不代表其無任何先兆而無法預防，尤其是其所造成的損害或恐懼，遠比一般案件重大，這種預防工作更爲重要。因此，所謂無動機的大量殺人，其潛伏因子乃存在於每個時代、每個國家，差別只是在這個潛伏因子是否能被有效的降低。這於現代，當然有賴於完備的社會或心理救助或諮商機關的健全，能否即時提供幫助。當然更重要的工作是，要能儘量消除造成不滿與失落的因子，畢竟最好的社會政策，即是最佳的刑事政策。http://www.angle.com.tw/lawdata.asp，最後瀏覽日期：2017/5/8。

7 司法警察相對於被告或證人並不具優越地位，故應以平行關係的「詢問」稱之，若強調用語精確，應以「警詢筆錄」稱之，而非以「警訊筆錄」稱之。惟關於警訊筆錄之用語，爲臺灣的司法實務所習用。本書以警詢（訊）筆錄稱之。蓋因警察筆錄製作之時機，而不以製作之主體性爲區分，則可能發生在刑事司法調查的任何階段依職權製作，也有可能發生在檢察官指揮偵辦中當場製作，以明示其製作的範圍與場合。

保全，雖然瑣碎、繁雜，確實足以逐次釐清案情，排除虛僞不實之證據，以避免證據證明成立的風險。

偵訊是國家機關偵查犯罪的手段之一，以訊問者與受訊問者處於相互對立的立場觀之，無論是由偵訊人員單向完全掌控偵訊，或是由受訊問人掌控偵訊，或是由彼此雙方掌控部分優勢的偵訊，於此**敵對**且**異化**的環境中，在警詢（訊）過程中，有可能是在有意、無意之中，或是在強制、錯誤之中，甚至在彼此企圖**操控**彼此。

於警察調查犯罪嫌疑階段中所發現的犯罪事實，是否爲眞正的犯罪事實，其與訴訟程序的關係如何，如何突破警詢（訊）中權力與義務的迷思，防堵「虛僞供述」產生，發揮眞實發見的實效兼顧保障人權。亦即，當警察調查犯罪的程序「人性化」的基本「詢問模式」確立後，接續是警察現代化的**偵訊能力**，應具備法律授權、專業能力、民眾參與之正當程序、**人性尊嚴**的溫度，方能促使偵審程序的「神格化」成爲歷史的灰燼。

第二節 犯罪偵查與訴訟風險

第一項 犯罪偵查的實踐功能

刑事案件偵查所依存的某種情境與偵查情勢，它是一種處於**動態發展的綜合系統**。在各種主、客觀因素的影響下，使得偵查情勢處於變化之中。**客觀因素**，是指那些不受制於人的意志或期待，能夠引起客觀情勢變化的各種原因。**主觀因素**，是指偵查人員或其他參與訴訟程序人的各種訴訟行爲的發生，足夠引起情勢變化的各種原因[8]。

因此，國家設置的**犯罪偵查判斷體系**，乃在於爲確保案件在蒐證與判斷上的穩定性、實效性、正確性，而針對上述主、客觀因素的情勢變化，自應適時地掌握其變化與過程，並積極地防制任何錯誤判斷的風險。而**偵查計畫**，就是爲了因應偵查各種情況的掌握，偵查判斷體系律定一系列標準的操

[8] 張汝錚譯，E. N.伊申科（俄）著，刑事偵查學，中國人民公安大學出版，2014年12月初版，165頁。

作與執行模式，增強警察組織功能的發揮，以澈底打擊犯罪。

計畫是行動準則，實施（執行）的依據。「偵查計畫」係依據正確案情研判的結果而訂定，計畫中必須有各種的偵查假設、權責分配、任務分工、方向指示、執行進度、發展彈性、指揮靈活、監督確實、情資集中，使偵查觸角能適應一切情況的變化[9]。因此，「偵查計畫」的周延與否，就其屬性而言，具有很明顯的「**職能分工**」的作用，就其實踐功能而言，在於偵查團隊合作精神的發揮[10]。

警察犯罪偵查的基本屬性，是要「**觀察**」、要「**推理**」、要「**判斷**」，然這「三要」的偵查過程，是以不斷地「觀察」爲基礎。因爲很少的觀察伴隨很多的推理，可能會導致錯誤的結論；惟若很多的觀察加上些許的推理，就可得到眞相（A few observation and much reasoning lead to error, many observation and a little reasoning to truth.）。「推理」是以「觀察」作爲基礎，「觀察」的越透徹，越能看見眞相，越仔細地觀察，越能讓偵查人員減少可能的錯誤，也促使偵查的方向與行動力更加精準，找到犯罪事實的全部或一部，以充分地還原事實的眞相。

然而，偵查人員過於熱心或急切，或欠缺辦案的經驗，忽略了「觀察」的重要性，容易喪失求證的**科學精神**，甚而，即便是面對錯誤也任意的拒絕再行嘗試，固執己見，沒有面對錯誤的勇氣，此時眞相也就輕易地被擋在門外或被隱藏起來。

因此，仔細觀察、虛心求證、承擔錯誤的勇氣，是發現眞相最好的態度與方法，而不是企圖去改變任何的現象，來迎合虛僞且錯誤的「偵查假設」，而是透過不斷地「觀察」及「驗證」，實事求是，**識別各種犯罪特徵**，客觀地呈現出犯罪最眞的面向。職是之故，偵查人員的偵查活動本身不是在捕風捉影、胡亂推測，而是需要透過一連串的「觀察」與「推理」，以及各種「驗證」方法的努力，以獲得與案情有關且有價值的資訊（by

[9] 何明洲，犯罪偵查學，臺灣警察專科學校印行，2015年8月初版，9頁。

[10] 以偵查犯罪而言，司法警察機關與檢察官的關係，在於職能分工上，而在概念的屬性爲「檢警一體」。以追訴犯罪與審判而言，檢察官與法院的關係，在於職能分立上，而在概念的屬性爲「彈劾（控訴）原則」。以追訴犯罪的本質而言，強調程序上的訴訟法律關係，以訴權爲中心的刑事訴訟法。

the investigatior obtain relevant information about the subjet's suitability for interrogation.），進而找到犯罪事實的一部或全部。

案件發生後，於識別各種犯罪特徵後，進行多方面的**偵查假設**做出準備，雖然是很慢，也很無趣，但是循此逐步進行偵查的步驟，確實是最踏實、最具有實踐力的**偵查作爲**。同時，可阻斷偵查人員過於熱心或急切辦案，所造成的失誤。

相信最眞實的事物，總會在最不經意的時候或地方出現。然而，這樣的結果，需要耐心的等待，往往才是最佳的處理方式。因此，偵查人員須有鍥而不捨的恆心與毅力，以累積無比的偵查能量，才能克服一切偵查障礙，找到犯罪的眞實，以達到**國家實現刑罰權**的「職能分工」的目的。

同時，刑訴法第1條之「**追訴**」犯罪，係屬「**廣義的刑事司法**」爲其範圍者，追訴犯罪，則應包括偵查犯罪之司法警察人員在內，自不需要囿於法院組織法的概念，而以具有提起**公訴權限**之檢察官爲限。惟如是之解釋，不僅犯罪偵查的「**職能分工**」得以發揮的淋漓盡致，亦符合國民期待**國家動用刑罰權的正當性**[11]。

第二項　傳聞法則與警察作證

傳聞法則係由英、美發展而來，隨陪審制度之發達而成長，非僅存於陪審裁判，已進化爲近代之直接審理主義及言詞審理主義。由於傳聞證據，有悖直接審理主義及言詞審理主義諸原則，影響程序正義之實現，應予排斥，已爲英美法系及大陸法系國家所共認。我國多次修正刑事訴訟法不僅增強被告訴訟防禦權之保護之規定，亦修正加強檢察官之舉證責任，且證據調查之取捨，尊重當事人意見，並以之作爲重心，降低法院職權調查證據之比重。在此前提下，酌採英美之傳聞法則，用以保障被告之反對詰問權，即有必要[12]。

因此，英美傳聞法則適用的結果，警察除本身處理案件須到法庭作證外，對於所有受訊問人皆有可能以證人身分，到法庭作證。蓋因被告以外之

11 陳運財，偵查與人權，元照出版公司，2014年4月版，125頁。

12 請參閱民國92年2月6日我國刑事訴訟法第159條之修正理由。

人，於審判外之言詞或書面陳述，除法律有規定外，不得作爲證據（刑訴法第159條第1項）。

申言之，若該證人到法院**翻供**或無正當理由**拒絕陳述**或**不復記憶**者，而發生「**證言難再生**」的問題，該證人於警方的傳聞供述，倘若審理法院想要作爲法庭之證據使用時，必須符合證明犯罪事實之「**必要性**（無法獲得該供述以外之證據之前提）」，及「證言難再生（證人無法當庭供述）」、「**信用性**（即便是未經交互詰問仍具有憑信性）」，始有證據能力[13]。基此傳聞例外之情形下，警察有到庭**作證義務**。

以警察偵查實務觀點，證人或被害人於警方面前的供述，除涉及傳聞例外之適用，事實上法院於調查該證言時，必須**回溯**到偵查起訴前受訊問人所陳述是否眞實，以及**檢驗**當時偵查假設之正確性與眞實性，若警察詢問取供符合上述傳聞之例外者，仍得成爲法院**評價證據**之證據資料，而這個問題一直爲司法審判實務所重視。

警察於調查或偵查中透過各種的蒐證方法與發現的犯罪事實，皆與後續偵查、起訴、審判有關。尤其是呈現在法庭的傳聞證據，其隨機的變項因素最大，若有虛僞不實者，易產生證據證明成立之巨大風險。因此，在警察偵查實務上應有所嚴格要求，在蒐證過程中對於證人等之取供應求合法性與正確性，以落實正當法律程序之要求，不僅增強人民對司法的信賴，以利於眞實發見，以及兼顧人權之保障。

第三項　警詢（訊）筆錄與潛在風險

本書在探索警察與受訊問人於警詢（訊）的陳述，尤其是警察與受詢問人互動的微妙關係。進而，發見**偵查階段的隨機變項因素**，有無影響犯罪眞實的發見及其程度。以警察偵查實務的觀點，探討警察於各種警詢（訊）中取證過程中，與受詢問人間的複雜關係，去發現警詢（訊）筆錄於**證據法上可信度**的問題。

傳統觀念認爲，警詢（訊）筆錄只是一種文書紀錄過程的靜態呈現，或是認爲偵訊只是**偵查犯罪的最後手段**等等諸問題，但並沒有兼顧詢問人與受

[13] 黃朝義，刑事訴訟法，新學林出版公司，2014年9月4版，583頁。

詢人間的互動關係。易言之，應該是在偵查犯罪中各階段呈現出的各種動態發展關係，如共犯結構、組織犯罪、偵查可能的斷點、搜索、查扣證據完整性、保全證據的高難度，始能觀察出警詢（訊）筆錄的眞正原貌，進而爲證據的認定。因而，促使偵訊人員必須透過反覆驗證的過程，去排除各種供述虛僞的可能性，以發見眞實及保障人權。

例如，證人供稱：當時現場昏暗，無法看到人影的動作。此時，偵訊人員就應提醒自己，或請求勘查人員製作出當時實際燈光攝影紀錄[14]，以便追溯案情眞相，作爲查考其陳述眞僞的依據，以證明該證人供述的眞實。

偵訊人員宜儘量避免利用偵訊情境，來挑動受訊問人的情緒與感情，再利用其內在各種資源與人性弱點，產生不正訊問，導致虛僞陳述與**錯誤指認**的發生，以保障人權。

以警察偵查實務而言，偵訊的態度與原則所重視者，不完全在於技巧的高超與高科技的偵訊技術的引進，而首重者，在於**依照法規範的正當程序取得資訊**，排除一些潛在的危險因子（the potential impact），亦即滿足受訊問人在生理（biological needs）與心理（physical condition）同時皆正常的狀態下進行，偵訊人員應充分了解受訊問人的生理及心理狀態與各種可能的變化，使參與訴訟之程序皆得以在**善意偵查環境**下進行。亦即，使之參與訴訟之程序能在此善意偵查環境下，共同參與程序的進行與溝通對話，在不違反其自由意志下面對偵訊人員，自由地陳述所見所聞，讓事實眞相得以還原。

不過，受詢問人固然受到正當法律程序的充分保障，但絕不是放任犯罪嫌疑人隨意操控刑事訴訟程序，恣意的陳述與翻供，造成刑事司法體系運作的動盪與不穩定，破壞國民對司法的信賴。

例如僞裝、掩飾意外車禍死亡的刑案，偵查人員應研究被害人傷痕是否因該車禍所造成，即成爲偵查的重點工作。又如偵查人員從槍擊命案現場彈殼跳出彈匣的方向，去判斷兇嫌射擊的正確位置。據此正確無誤的事證，作爲訊問人與受訊問人間互動的基礎，逐次的排除涉案關係人與犯罪嫌疑人供述之虛僞可能，以利眞相的發見。

---

14 李昌鈺等，犯罪現場（Henry Lee's Crime Scene Handbook），商周出版公司，2004年5月初版，317頁。

以警察偵查實務而言，上從派出所初步的查訪與調查，到警分局偵查隊移送後的調查與訊問，發展到擴大偵辦的階段，隨著階段性任務與職務上義務的履行，發現偵訊過程本身，並不是單打獨鬥的偵訊技巧而已，而是整體警察團隊的功能發揮。偵查階段所設計的假定條件，必須是透過法治的角度與科學的方法，讓偵訊程序更加透明化、合理化、標準化，促使警方還原事實眞相的過程得以追溯驗證，在法規範的指導下，得以驗證與檢視犯罪根本問題的解決，如何除惡務盡，儘量避免偵查斷點，確保偵查完整性。

進而，要與整個國家**司法體系**緊密連結，以**專業問題導向**爲核心，發展**精密偵查模式**（包括**偵查假設科學化**、**策略聯盟**的方式進行、偵查技巧的精進）。

如警詢（訊）之於**被告以外之人**所製作之筆錄，其本身屬於傳聞證據，無論其是否虛僞不實，本**無證據能力**。不過，警詢（訊）筆錄雖然有可能成爲**傳聞之例外**（具備**必要性**與**信用性**），惟若屬虛僞不實的警詢（訊）供述，因欠缺**眞實性**，仍無法成爲法院評價之**證據資料**。

然而，司法審判實務運作的結果，因傳聞例外之適用，使得警詢（訊）筆錄或偵訊筆錄一旦成爲法庭的證據資料，即會產生證據證明成立的風險，此才是造成法院誤判的最大根源。

另外，警詢（訊）筆錄內有虛僞不實者，於法院調查證據時，會產生證據證明成立的風險，造成誤判之可能。以上容許待本書各章節中分別論述之。

第二章 ｜ 警察偵查犯罪的屬性與實踐

警察的本質爲**行政作用**，惟在行政作用中，有廣義與狹義的區別。從實質意義而言，是以「功能」取向，而採**廣義的解釋**，是指**實質意義的警察**於各行政部門，依法令具有公權力作用的警察權（具有強制手段的性質）。從形式意義而言，是以「組織」型態觀之，而採**狹義的解釋**，依照法律（警察法、警察職權行使法）將警察定義爲「**警察機關與警察人員之總稱**」。而這些論調，可從大法官會議釋字第588號解釋理由書得知。

現行法制下的刑事訴訟法，其所稱之「**司法警察（官）**」並不囿於**形式意義的警察**，在學理上有歸類於「**秩序行政的犯罪偵查**」領域之說，而並非如上述之形式意義的「警察機關」來擔任。其所強調的是，**警察職權**上具有達成**刑事司法功能取向**的作用，且在警察概念的變遷中，警察原義尚具有刑事司法的作用，蓋因在「**權力分立的政治思潮**」衝擊下，始爲嚴格的區分[1]。

藉此以觀，本書強調警察犯罪偵查的部分，應可類歸於刑事司法的「**權力分工**（或稱偵查程序上的**職能分工**的作用，而較偏向於**廣義的犯罪偵查領域**，亦可稱爲廣義的刑事司法範圍）」，顯不同於檢、審之間的刑事司法的「權力分立」概念的建構。

本書在探討警察偵查犯罪之問題，著重於警察職權功能取向的「**偵查職能分工**」的立場，以廣義的刑事司法來看待警察的犯罪偵查。不過，形式意義的警察，就警察本身犯罪偵查而言，仍有其組織功能的現實，以及偵查實效的考量，仍不可輕忽，併此說明。

本章在說明警察在**調查或偵查**犯罪的蒐證過程中（在文中，則以「**警察偵查犯罪**」稱之，合先說明），採用多元的面向與法律關係來發現犯罪，又

---

1 陳斐玲，警察權行使的主體—警察，警專論壇，第17期，2017年3月，30頁。警察權集三權一身的政治附庸，過渡到與司法權合體，在演變爲與刑罰區隔的秩序行政。故現今通說，警察的本質乃行政作用。

因發見犯罪事實的過程中涉及人與事的糾葛等複雜關係，而許多犯罪事實全部或一部被隱藏，甚至被人虛構，以及發生一些被冒名頂罪的情事發生，導致警察偵查體系產生判斷錯誤之可能。

尤其是隨著案件的發展，其隨機變項因素亦隨之更加的複雜化，因而有可能產生許多虛僞不實的事證，形成證據證明成立的風險問題，皆足以影響眞實發見的嚴重性，此部分第一章已有論述。

在警察偵查實務上，爲增進偵查實效性，防止偵查體系判斷錯誤，精準地找到犯罪事實，必然以一條鞭的做法，來執行偵查蒐證的任務，需要隨機且適時地投入相當的偵查人力與物力，以增強其蒐證的實效，來發現犯罪事實。

因此，案件從派出所初步的查訪與調查，到警分局偵查隊的調查與蒐證的過程，再發展到警察局、刑事警察局之擴大偵辦的階段，隨著偵查任務的進展與職務上義務履行之分工，案件之於偵查的蒐證過程而言，不只是單打獨鬥的偵訊技巧而已，而是警察整體偵查團隊的效能發揮的動態發展的呈現。

犯罪偵查是在偵查假設的條件下進行，必須是透過法治的角度與刑事科學的各種方法，讓偵查程序更加透明化、合理化、標準化，促使警方還原事實眞相的過程得以追溯驗證，且係在法規範的指導下，得以驗證與檢視犯罪根本問題的解決，如何除惡務盡，儘量避免出現偵查斷點，務必具有連貫性的證據關聯，即以點、線、面的多重角度觀察、發現犯罪的各種現象，以及透過偵查技巧，人證與物證的連結，排除虛假的證據進入警察判斷犯罪事實的過程，以避免日後犯罪證明成立的風險。

現代的犯罪偵查，要與整個國家司法體系緊密連結，以專業問題導向爲核心，發展精密偵查模式，其中包括偵查假設的科學化、策略聯盟的方式進行、偵查技巧的精進，偵查與預防能合而爲一，建立防範犯罪的預警制度，將偵查的人力及資源投入到偵測地區（社區）犯罪結構的觀察與監控，建立重點觀測站，務實的建立資料庫，予以科學化與整合化，使犯罪結構逐漸浮現。

同時，針對各個特殊或新興的犯罪類型，重視觀察其集團性增加之趨勢與新興通訊方式如何規避警方偵查，實際進行查訪，蒐集情資，給予獎勵，適時找出犯罪擴散原因。與各行政機關或司法體系相互配合、有效資源的投入與支援，增強資訊透明化的預警制度，防範各種可能的犯罪，才能適時控管偵查過程中可能帶來的風險，即避免證據證明成立的風險，防止虛僞不實的假資訊或無效的資訊，進入偵查研判體系之中。

當社會矚目的刑案發生，偵查人員依據偵查計畫去執行，同時大膽的提出各種偵查假設，經過不斷的蒐證，透過可能的犯罪現場所呈現的各種跡證，再由**刑事科學鑑識**或**刑事司法精神醫學**的專業鑑定分析結果，去驗證各種偵查假設的正確性與合理性，以發現事實眞相。

刑事司法偵查或調查的方法，隨著案件的發展，會採取不同且多元的偵查方式。不過，仍離不開一些基本的偵查方式，爰分述如後：

一、偵查人員在偵查環境或現場中，因著專業的敏銳需求，得以抓住先機，故「觀察」是任何偵查的第一步。即對於客觀外界與各種犯罪有關的特徵與現象，透過仔細的觀察加以查驗其結果，所得到的資料的過程，一般警察通稱爲「**觀察術**」。例如警察依法執行的「**即時之勘察**」。

二、偵查人員不斷地對外蒐集到各種資訊，連結或組合在一起，以發現犯罪事實。

三、偵查人員將所蒐集到材料，配合科學鑑識技術證明犯罪及確定犯罪嫌疑人的偵查方法，稱之爲「**刑事科學鑑識技術的證明**」。

四、偵查人員透過有系統偵訊的問案方法，來檢證受訊問人供述的眞僞，並加以記錄者，稱之爲「**查訪**」以及「**詢問**」[2]。

五、警察人員基於維護社會治安的需要，特別針對危害社會較嚴重的刑事案件，斷然採取追溯到犯罪的上游或眞正的支配犯罪主體的方式，以澈底的打擊犯罪，維護社會治安。

---

[2] 田栗，偵查邏輯，稻田出版公司，2005年11月初版，63頁。

第一節　犯罪的本質與類型

第一項　犯罪的本質

一、犯罪特徵的識別

了解社會犯罪的本質與特徵，做爲警察辦案的初步犯罪偵查的手段之一。其目的爲了方便警察在執行蒐證工作上，能夠適時地投入有效的偵查資源，以及如何合理的分配偵查資源，以提升偵查實效性，避免互相踩線，導致偵查黃金時刻的喪失。

就偵查犯罪的實踐意義而言，就犯罪的本質與特徵的了解，在於解決刑事案件相同性認定的結果，發現偵查對象本身因具有**不可重複性**與**獨特性**（具有某種程度的客觀特殊人格特質之人，例如戀童癖、殺人魔、雅賊），即在眾多可識別的特徵或本質中，最重要的是能夠找出那些重複率極低的特徵性（例如，某竊盜案件中，由監視器的影像中找不到任何特徵，唯一發現的是竊賊喜歡穿紅色運動鞋犯案的特殊性，終於找到極穩定的一些特徵及屬性，可與其他相類似的事物中，予以區別），進而可以找到犯罪被認定的客體與犯罪事實間具有某種關係，據此提出偵查假設進行各種偵查方法進行檢證，以增進偵查效能。

客觀事物的同一性，是由其自身本質屬性的一系列特徵表現出來，犯罪偵查基於客觀事物同一性的理論，作爲偵查同一性的認定的前提。亦即，針對客觀世界中人或事物自身始終存在著一些特殊性，因受到周遭各個環境或其他事物間相互影響或相互作用的程度之不同，產生不同變化的關係，這關係是指犯罪特徵是以動態呈現出來，儘管這些人或事物的本質一如既往地存在著社會，但是始終與其周遭環境或其他事物產生相互依存的關係，逐漸形成特殊的屬性與品質的集合體，即所謂犯罪本質上的結構問題[3]。

不過，各種犯罪的**識別特徵**，涉及相當的廣闊且複雜（包括**痕跡理**

[3] 張汝錚譯，E. N.伊申科（俄）著，刑事偵查學，中國人民公安大學出版，2014年12月初版，26頁。

論、觀察術、犯罪剖繪等），暫且不論述之。

二、犯罪本質的歸納

識別各種**犯罪特徵**，有助於進行任何的偵查假設的工作。不過，犯罪本質的歸納，可以更理解犯罪類型的基本結構，同時更有效率的突破犯罪嫌疑人防衛心理，在蒐證的基礎工作上也會更紮實。

本就心理或物質的犯罪層面，由犯罪的本體論，歸納犯罪的結構，來說明犯罪特徵的可變性與複雜性，本書根據社會經常發生的案件，由行為人以及案件本身的屬性，其所表現的嚴重反社會行為之心理或物理狀態等特徵，歸納出現今社會犯罪的兩種基本結構，爰說明如後。

第一種結構，是指**犯罪人**本身的問題，所導致的犯罪：

這是從犯罪人內在心理特徵，加以分類。例如人格障礙者，在生命歷程的破碎或扭曲所表徵的嚴重反社會行為，如連續性侵、殺人、放火等顯現出暴力犯罪的特徵。又如老年的失智者，導致其行為嚴重脫序[4]，產生犯罪，如竊盜、幫助自殺等犯罪的特徵。又如有精神障礙者，因精神障礙而導致的犯罪型態，如殺人、吸毒、竊盜等犯罪特徵。

第二種結構，是指**社會犯罪組織型態**本身的問題，所導致的犯罪：

這是從犯罪人外部行為所顯現於社會化的特徵，加以分類。是由特定人（包括自然人與法人以及非法人團體如商號、合夥等組織）刻意支配多數人的行為（此多數人是指被犯罪組織支配之人，可能是**間接正犯、幫助犯、教唆犯**等犯罪類型出現），具有組織型態的犯罪結構。例如犯罪集團利用環保團體壓迫當地老百姓賤賣土地，以獲取更大的土地投資利益，而媒體輿論在不知情的情況下，為環保團體發聲，事實上，背後是犯罪集團在操弄。

一般而言，第一類犯罪，警察得以使用**傳統偵查**方式偵辦。第二類犯罪，警察無法使用傳統偵辦方式找到眞正犯罪人，尤其是**地區警察**疲於奔命，根本無暇調查背後的組織犯罪。以電信詐欺及電腦詐欺案件來看，官方的統計的案件數量與被詐騙的龐大金額來看，前者的案件數目統計與後者的被詐騙金額的統計數字，相當不成比例，何以呈現這種犯罪現象，必須深入

[4] 潘秀霞，照顧失智病患者的漫漫長路—與失智共舞，遠足文化事業公司，2016年9月版，89頁。

辨識犯罪之本質與特徵後，始能除惡務盡，頗值得探究。

然而，傳統「**一罪一罰**」的案件關係，顯然無法解釋證據蒐集與案件發展關係的犯罪現象，因而此類案件關係的發展與警察蒐證的關係間，只能運用本書提出的第二類犯罪的屬性與結構來說明，爲何案件的數量與被詐騙的金額不相當。同時，根據「**偵查同一性**」的理論，更可以說明因爲案件結構的本質的問題。

就犯罪本質而言，本書歸納出這兩種不同的犯罪結構，以利於警察偵查犯罪可透過各種不同的角度，除識別各種犯罪的特徵外，亦能深入了解犯罪的結構，實際從事社會犯罪現象的調查與統整，才可以有效控制犯罪的成長，並增強犯罪偵查的實效。

第二項　犯罪的類型

針對具體犯罪類型的解析，有助益於在偵查策略上採取最佳方式或步驟，去發現犯罪事實。

一、犯罪的結構與案例

以下案例類型一、案例類型二的這兩個具體類型，在針對前述的**第一類犯罪**、所爲的偵查方法與策略。案例類型三，則針對前述的**第二類犯罪**、所爲的偵查方法與策略。這樣的偵查作爲，目的在於防範案件的錯誤判斷或失誤，因爲若沒有任何驗證的理論基礎，有如瞎子摸象，如此去從事犯罪偵查是一件很可怕的事。

案例一、甲殺害夫妻兩人之後，將屍體丟棄在湖底之中。先假設甲一人犯案的可能性，到底何處爲犯罪第一現場，若是找到夫妻兩人的住處爲第一**命案現場**，那麼棄屍的地點就可能就是第二命案現場。存有疑義者係甲殺害被害人兩人後，如何載運屍體到湖面遺棄之，涉及有無其他共犯參與犯罪的疑義。

以上這些疑點，在推論主要事實時是有必要調查的部分。就警察偵查實務的作法上，根據各種事物與**案件的關聯性**，據以提出各種偵查假設，並採取各種偵查方法對其進行驗證。故偵查人員於本案進行時，依據其偵查假設，以律定其先後調查的次序，如先去發現眞正犯罪地點，採用的犯罪工具爲何，最終找到眞正的犯罪嫌疑人。

本案各個偵查步驟及方法，分述如後：

（一）針對第一命案現場的蒐證與鑑識工作的進行，如找出殺人的凶器、血跡反應鑑定、被害人可能被害的過程及其死因。

（二）針對第二命案現場蒐證與鑑識工作的進行，如找到被害人的屍體，以及運輸屍體的交通工具及血跡反應鑑定，確認遺棄被害人屍體所經過的地點，與被害人死亡的時間。

（三）查訪在這時間地點內，可能看見這些事物的證人或關係人。

案例二、於民國80年3月24日於新北市汐止發生吳○○、葉○○夫婦命案。檢察官勘驗筆錄上記載之證物：廚房中菜刀及菜刀上的毛髮，以及血指紋印三枚；浴室中毛髮數根。蘇建和等三人的死刑案，於警訊時另案之兇嫌王文孝（爲現役軍人，當時是在戒嚴時期依照軍事審判程序在軍事法庭依照軍法審判，判處死刑）供出**蘇建和等三人**涉案。但是，蘇建和等三人的供詞不一，幾次的供述也不一致，加上現場跡證保存的相當不完整，例如被害人頭顱的傷痕與凶器的種類、現場血跡的噴濺情形是否涉及其他共犯涉案，因涉及到多種可能性卻無法排除之，而且起訴書所載的犯罪過程與犯罪現場不符，造成日後法院審理本案懸而不決。

本案因涉及到警察蒐證的不完整，與共犯供詞的不一致，使得案件懸而不決。日後的策進作爲，案件必須針對證物的蒐集及鑑定結果，予以個化和評估後，不僅可以重建犯罪經過，並藉由片段的物證資料的統整，相互迎合與連結，同時透過偵訊技巧，以發現各共犯間供述的眞僞。因此，現代刑事偵查的工作，需倚重**科學鑑識**，並透過**犯罪心理學**的知識來辯識各犯罪特徵，以連結各種**犯罪模式**的可能，促使所發現的犯罪眞相更加準確。

不過，若案件在跡證與線索有限的前提下，偵查工作初始仍需要透過過濾、清查等手段以取得證據，企圖突破無頭公案。在此膠著的情況下，若以片面的物證與人證切入，仍無法突破案情，蓋因欠缺客觀的具體事證，使案件陷入困境。然而，以不正方法偵查擷取事證，往往事倍功半，發現案件眞實的距離也越來越遙遠，徒增起訴後證據證明成立的風險，不僅侵害到人民訴訟利益，而且也造成日後法院誤判的風險。

案例三、隨著社會結構的變遷，新興犯罪的型態日益猖獗，透過**犯罪組織**（criminal organization，又稱「**有組織的犯罪集團**」），以進行毒品、槍枝、色情、販賣人口、洗錢等非正式的網路犯罪；據新聞媒體報導，某地檢署雖自民國100年起，收受組織犯罪防制條例案件逾百件，但歷年僅起訴其中一件，導致檢察官認爲我國**組織性犯罪條例**之法條，幾乎形同具文，而無任何嚇阻作用[5]。

尤其是國內組織性的犯罪結構，越來越企業化、國際化，多角化的經營方式，偵辦案件時經常發生偵查斷點，因無法阻斷其金脈的來源，導致眞正支配犯罪的主宰者無法現身，似乎傳統的被動、靜態的偵查方式實際上已無法因應[6]。

積極的作爲，在於犯罪偵查的工作加強積極預警的前置作業，及科學化、數據化的統計分析，在於研究眞正犯罪人的犯罪動態思維模式之分析，而非數據的美化，皆有待突破，消極的防弊作爲，防止偵查情報外洩，過濾假情報的流入，有效管理偵查作業流程與確實掌握情資，有助於案件發生後偵查工作的落實，達到除惡務盡的偵查目的。

相對的，犯罪組織雖屬企業化的組織，然而並非傳統式的企業組織，他們透過網路連結將企業予以扁平化，組織活動靈活，可不斷地跟政府或立法者周旋打交道，創發出他們有利的生存條件，單靠司法調查的力量就顯得薄弱多了[7]，因爲偵查的資源有限，全面性的打擊犯罪逐漸會顯現出無力感。例如犯罪組織傾全力餵養警察的統計資料，讓警方的查緝有所交代，紙上的統計數字，同時隨時轉移政府對特定犯罪的注意力，可以減緩國家對於犯罪組織進行深入的查緝，讓眞正的犯罪支配人得以永續發展與經營，以達共生共榮的境地。因此，組織性犯罪才是國家面對打擊犯罪的另一難題與挑戰。例如，外界傳聞：臺灣爲販毒的轉運站，何以致之，與上述組織性犯罪的扁平化、網路隱匿性問題，似有所關聯性。

有鑑於此，我國於民國106年4月19日修正通過「組織犯罪防制條例」第2條規定，係將「犯罪組織」定義修正爲「3人以上，以實施強暴、脅迫、

---

[5] https://opinion.udn.com/opinion/story/9668/2228340，最後瀏覽日期：2017/4/29。

[6] 陳志龍，集團化公司治理與財經犯罪預防，臺大出版中心，2017年4月初版，43頁。陳志龍氏認爲，傳統偵查犯罪是一種「事後回溯偵查法」，必須採取「平行偵查法」之方式進行，即偵查機關一旦發現資訊有不透明之狀態，應即介入調查。

[7] Ian Walden (2007). Computer Crimes and Investigations, Oxford University Press, P. 68.

恐嚇、詐術爲手段或最重本刑逾5年有期徒刑之刑之罪，所組成具有持續性及牟利性之有結構性組織」，修正「組織結構」要件（第2條第2項）：以「結構性」要件取代嚴苛之「內部管理結構」，並明確排除現行司法實務在解釋上的限縮，明定不以具有名稱、規約、儀式、固定處所、成員持續參與或分工明確爲必要。且該條例第7條對於沒收之「舉證責任倒置」設計更優於刑法沒收規定，係針對犯該條第3條之罪者，其參加之組織所有或因此取得之財產，被告未能證明其有合法來源者，應予沒收。

二、組織性犯罪的防制問題

目前警政署積極的策進作爲，非常正確，乃針對「具有持續性及牟利性之有結構性組織」的構成要件，落實數位鑑識分析除對相關犯罪事證予以搜索、扣押外，並應針對涉嫌人之行動載具及電磁數位紀錄，落實查扣與鑑識分析，可釐清犯罪組織與所指涉之犯罪嫌疑人間之連結並鞏固「結構性」要件，作爲拓展犯罪組織首要召集、指揮操縱動員實施犯罪之重要證據。同時，落實載明於移送書，除敘述相關犯罪證據外，並應對前揭犯罪組織結構、幫派背景與成員身分，以及財產金流來源及流向加以記載明確[8]。

對於因組織性犯罪以外之人（所謂政商名流、黑道漂白之人等），以無形的商業或政治的壓力團體從中操縱，以從中獲利，並無有效防制的公正監督機制、任何減損點或防火牆已經設置在前，一旦案發後，警方欲取得供述證據非常困難，尤其是可變現的財產（如現金、古董、字畫、無記名股票、債券、購買人身保險、製造假破產、假債權等清償程序）早就經由可信賴的第三人迅速轉手或流向國外進入洗錢管道後，第三人爲何、第三人與涉案人又非具有直接的社會關係，根本無法連結上，而形成偵查斷點後，就無法追溯到上游的主控者。例如臺灣毒品氾濫，警方查獲的毒品數量年年攀升，耗盡大量偵查資源，仍無法斷其根源。

因此，避免形成偵查斷點，必須從整體犯罪結構與法令適用的合宜性著手，改變偵查策略，增強資訊透明化的預警制度，杜絕地下金融的猖獗，尤其是阻斷其金脈與人脈，注意犯罪網路外的資金流向，才能找到眞正的幕

---

[8] 參閱警政署內政部警政署106年4月28日署務會報，46頁。

後支配者，澈底根除犯罪。例如電信詐欺與網路詐欺的組織性犯罪的幕後推手。

第二節 司法警察偵查的基本問題

求眞得眞，固爲偵查活動追求的理想狀態；然而，在刑事司法偵查階段，許多懸疑的過去事實，有如過眼雲煙，船過水無痕，想要將過去發生的事實，藉著各種推理的方法，重新勾勒出一個圖像，並非一件容易的事。所以，就警察偵查實務而言，仍有許多案件未能偵破[9]，這也是一個事實。

求眞得眞，並非不能做到，但是困難與障礙很多，或許是人爲引起的疏忽，或許是自然的現象所引起的。尤其是發生在偵查人員採證的錯誤、採樣的不完全，觀察的疏忽、研判的錯誤等原因[10]，產生以偏概全的弊端，而與當初發生的事實眞相，極可能有很大的出入。

祛僞存眞，是偵查人員辦案的**基本態度**，若沒有**偵查能力**，也沒有**科學辦案**的方法，僅憑信自己主觀的想法或猜測，就有可能淪爲偵查活動的恣意，容易顧此失彼；沒有計畫的偵查活動，就有可能淪爲胡亂無章法、亂槍打鳥的單打獨鬥。而有計畫的偵查活動，是透過偵查體系組織的力量，促使偵查活動更加縝密、精準的執行各個偵查任務，而在偵查體系的判斷上減少錯誤，可以做到零失誤的狀態。

爲減少錯誤之可能，降低偵查失誤帶來的風險，與無法彌補的缺憾。基本上，本書認爲可從這兩個方面著手。第一、偵查基本能力的培養；第二、偵查假設與偵查計畫的周延與落實。

第一項 偵查的基本能力

司法警察人員所從事的刑事司法調查工作，是爲了發現犯罪嫌疑人及犯

[9] 李昌鈺博士在一次演講中就說到：在美國殺人案件有40%以上未能偵破，竊盜案件高達60%以上未能偵破。

[10] 張建偉，證據的容顏、司法的場域，法律出版社，2015年8月初版，242頁。

罪事實，進行各項過濾、蒐集及保全證據的偵查活動。事實上，警察在整個偵查犯罪的過程中，必須先不斷地大量、廣泛的蒐集與案情有關且有效的資訊，對於各種犯罪特徵的覺察與識別後，透過各種偵查假設與方法，以查明或驗證犯罪事實的全部或一部，而所爲之一系列的偵查活動。

就偵查犯罪「職能分工」的立場而言，所有警察偵查工作的重心，完全在於爲了還原事實眞相所做的蒐證及驗證的基礎工作，以協助檢察官完成起訴的準備工作。

因此，司法警察人員具備偵查犯罪能力，是**屬科學調查的訓練**（scientific investigation training），所謂的「偵查基本能力」，可分爲：偵訊的基本能力、刑事司法執行上的分工、刑事法的操作能力，爰分述如後。

一、偵訊的基本能力

司法警察人員的偵訊基本能力，除須具備基本的法律素養（包括不作背離事實或偏執的法律解釋，不作循吏、更不作酷吏）及人文素養（包括警察人際溝通能力、職業倫理，以及公正執法的道德品操）外，必須具有系統的問案能力，以及科學的問案方法與精神。具體言之，應包括某種程度上的基本偵訊能力，爰分述如後：

（一）**面對錯誤的勇氣**：在偵訊過程發現偵查的任何環節出問題，不要粉飾，應面對錯誤。因爲如果任何偵訊人員都不需要對自己的無心之過，負責的話，將來就可能故意做錯，企圖說謊、企圖去自圓其說，甚至勾結他人，利益輸送或交換等不法作爲。因此，面對錯誤的勇氣，應包括指出別人的錯誤的勇氣或提出疑問，都是屬於偵訊人員的職業倫理的規範。

（二）**邏輯的推理能力**：透過推理來認知、識別、判斷，該事物本身的必然性或是蓋然性，有無矛盾與關聯性，才能掌握判斷事物的正確性與眞實性。例如殺人的兇嫌殺死了被害人後，僞裝被害人本人當時在書桌上使用電腦繕打一份遺囑，並親自簽名後舉槍自殺，警察在現場蒐證後，立刻判斷這一宗謀殺案，因爲遺囑書上雖是被害人的親筆簽名，但是發現該電腦沒有任何的指紋[11]。

---

[11] 漢宇編輯部編著，300個偵探推理遊戲，和平圖書有限公司，2015年8月初版，135頁。

（三）**驗證事實的能力**：透過實地調查、各項資料的比對驗證、科學的方法驗證事物的眞僞。如犯罪跡證的基本認知或檢證的能力，又如對於對於人事地物進行查訪，與偵訊的洞察事理的能力。

（四）**統整各種資訊的能力**：透過統整，在思維中把蒐集的各個材料結合成爲一個整體，從整體的考察所認識對象的邏輯方法。亦即，從案件的開創思考及熟慮，到找尋各種不同的角度視野去幫助轉移犯罪偵查的方向[12]。例如評估訪談紀錄、整合偵訊筆錄（assessment interview and integrated interrogation）。

（五）**細膩的觀察能力**：必須保持合理懷疑的態度（should view with considerable skepticism），尤其是受到良心譴責的自白（any conscience-stricken confession）。因爲自白者的供述或許只是在追求他自身的尊嚴與名聲，而隱藏了許多眞相而爲虛僞自白[13]。甚至透過觀察受訊人的肢體語言、表情等，洞悉其陳述的眞假。

（六）**提問與溝通的能力**：提問的能力，不在於受訊問人是否員願意眞誠回答問題，而在於偵訊人員的提問後，立刻發現與事實不符或矛盾，而切中要害，直接點破其謊言。例如被害女子向警察報案，錢包被搶了。警察提問：「妳有看清楚他的長相和穿著嗎？」，被害女子回答：「我只看到他的背影，沒有看到長相，年齡似乎不大，我記得她戴著一個藍色的領結。」警察立刻發現被害人在說謊，因爲她只看到背影，怎麼能看到前面的領結呢[14]。

語言的基本訓練，首要的目的在溝通，也就是清楚表達自己的思想，同時能準確理解受訊問人所言的能力。所謂「清楚」，當然也包括陳述事實，不摻雜個人主觀的意見或判斷，表達時有頭有尾、邏輯連貫，轉述他人的話時不增減、不扭曲，忠實傳達原意。這是屬於警察人際溝通的最基本能力，無論是**訪談**（interviews）或是**偵訊**（interrogations）的過程中，基本的溝通能力都是非常需要的。

---

[12] Charles, R. S, Neil, C. C. and Leonard, T. (2013). Criminal Investigation, 8th ed., p. 29.

[13] Fred E. Inbau, John E. Reid, Joseph P. Buckley and Brian C. Jayne (2013). Criminal Interrogation and Confessions, 5th ed., Johns and Bartlett Publisher, p. 413.

[14] 漢宇編輯部編著，300個偵探推理遊戲，和平圖書有限公司，2015年8月初版，70頁。

（七）**通力合作的團隊精神**：認知案件本身涉及事物的複雜性與不確定性，如何與人溝通、接觸、學習不同事物的能力，透過團隊的合作關係，彼此情報交換與溝通，廣泛接觸各行各業，始得以完成問案取供的工作。

二、刑事司法執行上的分工

一般**行政警察**人員的工作，其不同於刑事司法警察人員。例如，一般著**制服警察**（行政或交通警察），通常是最先到達犯罪現場的公務員，應記錄下其所觀察或接觸到的人或物，以及記錄下一系列應處理的過程，其具體作爲，包括如**封鎖現場**、**目擊者**的身分記錄，以及曾經進入現場者之身分記錄等爲其基本職權。刑事司法警察人員，是在從事刑事案件之犯罪嫌疑的調查，以及刑案現場的**跡證取得**或**保存證據**，使之得以成爲辦案的基礎，以避免警察偵查體系判斷錯誤，以及日後證據證明成立的風險。彼此間，在調查犯罪紀錄的功能上，各有所司。

不過，若從**廣義刑事司法範圍**而言，以刑事司法執行上的分工立場觀之，警職上的**職能分工**，就無需去區分何者爲行政警察人員，何者爲刑事司法警察人員，而可直接歸屬於刑事司法的**警職分工**。

三、刑事法的操作能力

由於刑事司法警察人員依法須處理各種刑事案件，尤其是依偵查程序**移送案件**時，須具備一定的刑事法基礎理論與處理能力。蓋因在刑事訴訟程序上，所有的**舉證關係**，都是從刑事法而來[15]。因而，現行法制下，警察的蒐證活動與移送程序，自然與證據法上的證據之證明關係有所關聯性。

同時，**科學化的犯罪偵查**，表現在刑事法上，有其積極的面向：（一）明確化；（二）人權保障；（三）證據法的待證事項。也有消極面向：（一）不望文生義；（二）不受多數決的宰制；（三）不受個別判斷的恣意[16]。因此，所有犯罪類型的舉證基礎，都是以刑事法做爲客觀化的基準

---

[15] Maureen Spencer, John Spencer (2013). Concentrate Evidence, 3rd ed., Oxford University Press, p. 7.

[16] 陳志龍，臺灣刑法的構成要件科學化或卡落泥挪化？（The Scientific or The Carolina

點，不受個別判斷的恣意，其目的不僅在於發見眞實，且兼顧人權之保障。關於以上的論述，皆在說明警察於犯罪偵查時，應如何正確地落實刑事法的規範目的。據此，成爲偵查人員的基本能力。

就現行法制而言，被告及其辯護律師於法庭的抗辯或異議，乃是訴訟上的權利，被告固然得就其「有利事實」提出反證，使得原告當事人之檢察官所提之**積極證據**（**本證**），其證明力相對地減弱。然而，若被告欲積極行使**訴訟防禦權**，以阻卻其犯罪之成立，就其正當化事由存否，仍由被告或其辯護律師提出，此乃刑事訴訟法舉證的例外，但仍非屬**舉證的轉換**。

被告涉嫌犯罪，起訴後就其不法犯罪行爲，是否具有正當化事由，以阻卻其行爲之違法，必由被告提出具體事證，此部分係屬被告訴訟防禦權，而非被告舉證之義務（刑訴法第161條之1規定，被告得就被訴事實指出有利之證明方法）。職是之故，實行公訴之檢察官，對之並不負任何舉證義務。不過，檢警人員於犯罪偵查時，對於犯罪嫌疑人所提出有利、不利的事項，應有**客觀義務**（objektivitätspflicht），以兼顧人權之保障。

司法警察人員從事犯罪調查或偵查時，即已開始辨識各種可能的犯罪特徵，及蒐集與犯罪案件有關的證據。因此，許多刑事法的基礎理論的運用，能夠爲執法的警察人員在蒐證或偵訊犯罪嫌疑人的過程中，提供客觀化的標準與合法確認犯罪嫌疑及取證的依據。

其中最簡單的道理在於，任何法條的形式出現在實定法中，將具體的犯罪事實，以「**涵攝**[17]」的思維過程，導引到形式意義的**刑法犯罪類型**之中。

Development on Constitutive Elements (Tatbestand) of Criminal Law in Taiwan.），法學叢刊，第58卷第1期，2013年1月，52頁。陳志龍氏指出，「構成要件標準」才是刑法的核心標準，而引用「利益衡量」、「被害人感覺」作爲標準，導致諸多亂象。一切觀察世界，係以驗證科學，而不再是以「宗教」或「傳統」即可以恣意宰制。啓蒙運動不是單一的時間點的運動，而應該是一連串的理性之連鎖反應，它需要的是理性、科學的持續傳承與開展。

[17] 涵攝，就是指確定生活事實與法律規範之間的關係的思維過程（Subsumption），將事實涵攝於法律規範，就是檢驗事實是否滿足法律規範的事實構成並因此產生規範所規定的法律效果。這樣的過程通常由許多複雜的思維步驟組成。是法律規定與事實之間的對應關係，任何一個法律行爲或法律事實都要對應到相應的法律規範上。https://www.wikitw.club/article-2133451-1.htmlg，最後瀏覽日期：2017/4/29。

它不是一般人所想像的，認爲只要把刑法法條的**構成要件**套用上去，即可解決任何刑事法的問題，而是必須透過許多刑法基本原則的**邏輯思維體系**的解析能力，推導出刑法所規範的**犯罪實體**。

本書於**第九章結論之後**，以**附錄**方式呈現，警察偵訊的問案技巧以及虛僞供述等問題，其涉及到警察詢問犯罪嫌疑人及證人的實際案例，而以刑法上犯罪類型爲核心，以供參考。

第二項　偵查假設與偵查計畫

人類對某項事物的認知後，發現有許多待解決的問題，透過某種程度的懷疑後，提出各種假設之可能，本於理性的推理作用，進行判斷該事物的眞僞，這是**科學辦案**的精神所在。

偵查人員在從事刑事司法調查時，同樣地也會根據所蒐證之結果，識別犯罪特徵及其活動模式，提出各種假設情況，而這些假設可能是屬於不利於相對人的假設（**罪嫌的假設**），這些假設也可能是屬於有利於相對人的假設，皆不可偏廢。**多元驗證**事實眞相，比起單一偵查假設的驗證要來得可靠且實際。因爲一旦某偵查假設不成立，可循其他假設去驗證，更足以證明事實的正確性。

因此，以保障人權的觀點而言，偵查人員應盡其**客觀性義務**（刑訴法第2條規定，實施刑事訴訟公務員應遵守之原則），即無論是對犯罪嫌疑人有利、不利者，皆應提出合理的說明，進行調查工作。

偵查假設與偵查計畫，是在保障人權與增進偵查實效的前提下，進行偵查工作，兩者相互爲用，相輔相成。前者，著重在偵查的方法與驗證；後者，著重於增強組織體系的效能，而廣泛地運作於偵查判斷體系的精準與周延性。

一、科學方法與偵查假設

於二十世紀前葉，美國學者詹姆士及杜威提倡實用哲學，認爲邏輯的功用在於能提供人們解決實際問題的方法，創造實驗科學的方法體系，重事實，尙實驗，切合實際的要求。並提出五個處理事物的步驟：（一）發現問題；（二）指出疑難；（三）擬定方案；（四）選擇假設；（五）實驗證明。

上述步驟與方法日後廣泛的運用在偵查上，尤其在偵查假設，在奠基科學的實證基礎上。其運用的結果，要求在偵查中必須逐步假設、求證，並大量蒐集有效資料，分析研究，隨時修正，排除不正確的假設，求得正確的結果，以完滿解答問題[18]。因此，偵查假設的各種假設，是可以透過科學驗證、經驗以及推理的作用，找到事實的眞相。至今科學辦案的偵查假設就是由此而逐漸生成，即以此科學實證的方法，來建構事實眞相。

偵查假設與一般**科學方法**相比，偵查假設的**特點**如何，分述如後：

（一）偵查假設，可從已知的結果來推測原因。例如以犯罪現場的實際情況，作爲偵查的開始，來推斷各種原因關係的形成。

不過，宜儘量避免過度誇大任何已知的結果，小心地求證。惟若該已知的結果被證實爲虛僞不實或不存在者，則將立刻喪失推斷各項原因關係的基礎，不可不愼。

（二）基本上，犯罪事實能被確實可靠的驗證出結果，因爲犯罪事實的假設，是受到時間、空間的限制，故可以得到確實的驗證。

例如偵查人員找到了犯案的殺人工具，此犯罪類型成爲單獨的**個別對象的假設**，就足以驗證這個假設是眞或是假。除非這個對象物眞的不存在或找不到，否則，皆能夠驗證出這偵查假設是眞的或是假的。

（三）形式上，是在**多個假設命題**上設定（鎖定個案情節的個別假設），偵查人員可選定一個假設的判斷爲正確，去驗證是否爲眞即可。

例如一個竊盜案件，有可能是內盜，或外盜，或是內外勾結盜等，此三種性質的作案可能的假設命題[19]，去驗證其一成立的話，就可以排除其他假設是不成立的。而無須針對每一個假設，進行驗證其眞僞。

在查明犯罪事實眞相的原因過程中，偵查人員在蒐集、占有各種原始資訊的基礎上不斷地提出假設。在偵查領域中，這種假設被稱之爲偵查假設。偵查假設的對象，是指可能與犯罪案件相關的事實與情節。而偵查假設是在此原是資訊進行分析、比對的工作，然後將其查證的事實連結成一個體系，

---

[18] 菲可權，科學偵查月刊，第127期，科學月刊雜誌社，1980年7月。http://resource.blsh.tp.edu.tw/science-i/content/1980/00070127/0014.htm，最後瀏覽日期：2017/4/30。

[19] 田粟，偵查邏輯，稻田出版公司，2005年11月初版，258-259頁。

爲有系統的科學統整的工作。亦即，將蒐集的有效資訊做出總體累積而成爲系統化的**科學數據資料**，最後進行**評估**[20]。例如**電訊詐欺**的案件數目與被詐騙的金額數字，在統計數字上有顯著的差異性，發現此犯罪類型可朝向組織性犯罪偵查。

在這過程中，有三個考量點，分述如後[21]：（一）掌握的資訊是否客觀眞實，是否得以充足偵查假設的理由；（二）掌握的事證，是否與調查的犯罪特徵或類型存在著關聯性；（三）驗證的事實，是否得以成爲偵查人員可以結束下一步偵查活動的理由。

偵查假設的科學性，不在於偵查技巧的高明，而是在**科學性的假設**，這假設的基礎完全在於與案件之犯罪事實有關之證據是否充足爲基礎，而且這些證據是循著正當法律程序下獲得的，不單單要排除錯誤的偵查假設，還要不斷地蒐集有關證據，並根據事實以確認偵查假設的正確性與眞實性。所以，科學辦案的精神，在於理性、有效的充分利用各種可能的情況，提出假設，靈巧的統整各種有效的資訊，發揮最大的偵查效能。

二、個別性偵查假設與偵訊技巧的運用

二次世界大戰時，德軍抓到許多美國飛行員作爲俘虜，因爲當時德軍已發現美軍執行轟炸任務時都會丟下各種顏色的煙幕彈，非常好奇，企圖想要截獲這個重要的軍事情報，所以，開始進行偵訊，突破這些美軍俘虜的心防，來發現此一軍事機密。

執行該訊問的德軍軍官，先行假設美國空軍的白色煙幕彈是用來攻擊的訊號，訊問過程中利用俘虜心理因素，提供許多善意的對待，來轉變美軍俘虜的警戒與自我防衛心理，讓美軍俘虜在毫無警覺的情況下，無意間說出：「白色煙幕彈是因爲轟炸機的油料不足，而必須撤退的警示訊號。」如此的發現，終於解開了美軍在轟炸德國時，所投放各種煙幕彈的軍事訊號的意義。歸功於該德國軍官以「**個別性偵查假設**」爲誘餌，終於找到美軍的整體軍事行動與各個行動細節的連結與體系關係，堪稱訊問的經典之作爲。

---

20 張汝錚譯，E. N.伊申科（俄）著，刑事偵查學，中國人民公安大學出版，2014年12月初版，176頁。

21 同上註，178頁。

這位負責偵訊的德國軍官，同時是以有系統的、柔性的科學問案方式，進行偵訊，並未施予任何的刑求取供。二次世界大戰後，因而逃過盟軍國際軍事法庭的審判，此乃基於**科學問案**的精神之證明的事例。

這點也告訴我們任何偵訊活動，無須使用不正訊問，不僅可避免侵害到人權，同時也可能減少許多虛僞不實的供述，而找到事實眞相。

三、偵查假設的提出與驗證

廣義的偵查假設，是指在刑事訴訟過程中，所有實施刑事訴訟的公務員，須遵守著一定的訴訟法律程序，運用其專業的手段來驗證任何所爲假設，最後得出確定的結論[22]。當然也應該包括檢察官起訴犯罪，在法院提出的證明方法，亦以其偵查假設的驗證方法爲其起訴的基礎。

本書所指的偵查假設（**狹義的偵查假設**），是指偵查人員在偵查活動中的假設，除對整個犯罪案件提出假設外，還包括蒐證活動的假設、緝捕活動的假設、問案活動的假設、偵查鑑定的假設等，五種偵查假設的提出。

而在功能取向上，這五種假設，皆有可能回溯問案取供的過程中，是否能夠察覺或識別到各種虛僞不實，亦即建構出證據證明成立風險的可預測性。

刑案現場的處理，最爲經典的就是享譽國際的刑事鑑識專家李昌鈺博士所研發的「**邏輯樹**」[23]，是指針對犯罪現場找出共同的特徵與原則，依犯罪的類別以圖示的方法，做出不同的「邏輯樹」，可以避免偵查犯罪產生重大的錯誤。

李昌鈺博士進一步說明，「邏輯樹」是特定偵查方向與模式的基礎，雖不是全面偵查行動的細節，而是告訴我們偵查應保持客觀且開放的寬闊態度，所以要求偵查人員於調查初期，總是需要竭盡所能地蒐集盡可能更多的犯罪資訊，這就是偵查人員的專業精神所在。

例如，李昌鈺博士民國93年間來臺，在一次演講中曾說過：「我曾經在一個殺人的犯罪現場，仔細觀察全身赤裸的屍體（被害人）足足觀察了一

---

[22] 同上註，176頁。

[23] 李昌鈺，犯罪現場（Henry Lee's Crime Scene Handbook），商周出版公司，2004年5月初版，19頁。

個下午的時間，美國鑑識人員還以為我在通靈，事實上我是在不斷地觀察、思考，與屍體所留下的任何跡證，從事『話語』，所以，表面上看起來好像我在跟屍體說話。」在他所著的《化不可能為可能》的一書中，更證實了他棄而不捨辦案的專業精神。

以具體的偵查實踐力而言，偵查開始就犯罪現場所留存下來的物證與犯罪嫌疑之關係、偵查方向、犯罪模式等邏輯思考能力，透過這些「點」，產生跡證如何連結犯罪嫌疑、訊問人與受訊問人間如何互動思考的平臺，產生許多「線」的連結，同時具有不斷地查明或驗證，以找出事實眞相的原創力，產生「面」的連結。

因此，偵查人員絕不是在毫無根據地情況下，憑信自我想像所創發的虛假不實之偵查假設，而是竭盡所能蒐集證據，亦即所獲得的資訊越充分，提出偵查假設的版本就越少，在驗證過程中的障礙或阻力就越少。當然這些資訊轉化成證據的過程，須按照法律程序及偵查歸類蒐集，根據這些證據能夠充分驗證犯罪事實的全部或一部，並能夠排除任何其他可能性的假設或解釋，偵查假設的驗證，至此方告結束[24]。

四、偵訊的極限與偵查計畫

偵查計畫，是屬整體、統整、團隊的偵查犯罪策略，所策劃的藍圖，以增進**偵查效能**的實施；**偵查假設**，是屬局部、具體、個別化的驗證犯罪的各種現象的偵查方法，排除與案件無關的事實，尋到眞正犯罪事實。

廣義的偵查計畫，是屬刑事偵查管理學的部分，是屬「**犯罪偵查的管理方案**」，針對初步偵查、案件篩選、後續偵查、偵查人員與檢察官的關係，以及警察與證人的關係等，予以現實考量與管制，有助於**偵查績效**的改善[25]。

狹義的偵查計畫，是指案件在某特定的偵查作為中，為求周延，所實施的個別計畫擬定。一般而言，是指對於較複雜或變化性大的案件而言，例如單獨執行搜索的人或物藏匿在山區，搜索不易；又如對於犯罪嫌疑人的辨識

[24] 張汝錚譯，E. N.伊申科（俄）著，刑事偵查學，中國人民公安大學出版，2014年12月初版，180頁。

[25] 何明洲，犯罪偵查學，臺灣警察專科學校印行，2015年8月初版，9頁。

或指認工作的進行；查獲大量或特殊的犯罪物件如何保管及實施鑑定工作的進行；組織性犯罪集團雖足以證明其參與犯罪活動，但沒有足夠證據證明眞正支配犯罪的主謀爲何人，其身分爲何，實施犯罪的眞正意圖何在。

偵查計畫有其共同**特點**，爰分述如後[26]：

（一）**獨特性**：是指偵查計畫的獨特性必然與犯罪案件本身的類型有密切關係。因此，制定偵查計畫，不僅要考慮偵查一般的規律性，還應當結合該案件偵查自身的特性。亦即，除一般常規的**偵查推理**外，還要與其並列的**創造性**、**啓發性**的偵查方法。例如組織性犯罪的類型就有多樣性，偵查的獨特性必然存在於各犯罪類型之中。同時，也要嚴防被犯罪集團知悉警方的偵查方式，因此，應顧及其獨特性。

（二）**動態性**：是指在偵查過程中，不斷地出現新的情報訊息，出現新的狀況。於是乎，一部分預定的偵查假設或偵查行動已失去意義，必須根據當下的偵查環境與條件，增加或改變其偵查方針或策略。因此，偵查行爲的動態性說明了偵查計畫具有**發展性**，使之符合新的情勢和新的偵查任務。偵查的對象（**偵查的實體面**）並非呈現出一種靜止的偵查狀態，而與偵查行爲產生**連動**的狀態。

（三）**現實性**：是指偵查資源與時間限制的**平衡性**，受到偵查現實面的考量。若偵查體系無法高效的組織犯罪偵查工作，使得部分偵查措施無法完成，則案件的偵查品質將會受到影響。

（四）**具體性**：是指在偵查計畫中必須具體闡明在偵查過程中需要完成的任務，闡述偵查組織體系中各個人員任務的分工，與行動準則或規範，強調計畫中個別細節的**具體化**、**簡潔化**。

偵查計畫與偵查假設，兩者具有**相當性**、**關聯性**、**延展性**、**實效性**，尤其是偵查計畫本身具有內部審查與監督機制的組織功能的發揮。偵查計畫的擬定，是在說明有關案件本身的需要是一種整體動態的發展，促使偵查資源做出合理的分配，增進偵查實效性，不像處理單一刑事案件，受到當下時空性的局限性，進行偵查，容易形成**偵查斷點**，犯罪容易死灰復燃。也使偵查假設具有多元方向，不致於使案件過於偏執於某個範圍偵查，避免主觀的想

[26] 張汝錚譯，E. N.伊申科（俄）著，刑事偵查學，中國人民公安大學出版，2014年12月初版，181頁。

法導致誤判。

偵訊計畫的周延，可以隨機檢驗或監督偵訊人員偵訊的實效性與正確性，嚴防各種不同虛僞不實的資訊，進入刑事偵查研判體系中，造成誤判。

以**犯罪偵查學**而言，偵查人員偵查或調查的對象，是屬與案情相關的人、事、地、物等各種現象，所運用的偵查方法，找出犯罪事實。案件通常是散見於一些人的記憶和印象之中，則屬偵查人員以外之人所觀察得到的記憶，而不是偵查人員觀察或驗證得知的情況下，所以，偵查人員須透過詢問取供，得以蒐集到這些語言材料，來了解、判斷與案情有關的事實。其中包括證人、被害人、犯罪嫌疑人的供述。

然而，案情尚未明朗化，警察進行初步偵查或調查，而以此爲蒐證的方式，稱之爲**「調查訪問」**。若是警察於法之形式要件通知受詢問人到案說明者，此階段則屬警察之「詢問程序」，非屬「調查訪問」。

就偵訊實務觀點而言，偵訊人員所面對的受訊問人須預估其陳述眞實之可能性，除上述重建犯罪經過外，最重要的就是先要了解受訊問人當時的生理或心理活動的狀態，基於人自我防衛的心理，出自受訊問人本身具體特性所造成。例如經年累月的犯罪人其對抗警察偵訊的抗壓性就高於一般人，專業人士犯罪其對抗警察的訊問能力則比一般人強大、遊民犯罪其自白的機率大於一般人。

因此，偵訊人員須先對偵訊的人與事進行個案分析，並盡可能將所有日常經驗的累積，內化成偵訊時的基本能力。但是，因受限於偵查的實效性與偵查資源的分配，偵訊人員的問案能力也不可能超過其所能負載的現實可能性。

面對面的偵訊，需運用犯罪心理學（如犯罪剖繪的運用）、正確的布局（如偵查計畫的周延）、充分掌握時機（如正確的偵查假設），去突破受訊問人的心防，如何卸下受訊問人的自我防衛的心理，而願意全盤托出案情，雖然偵訊人員無法期待成爲受訊問人的知音，或是成爲他生命啓蒙的宗教家，但是基本上至少不要產生言語衝突或傷及自尊心，而與之產生敵對、輕視、怨恨的狀態發生。

偵訊的情境過於僵化或冰冷結果，一旦行使緘默權時，致使偵訊破裂，阻礙重重，企圖想要再進入受訊問人的內心世界，更是難上加難，偵訊就會走入死胡同。這時就應預先律定出偵查計畫，迫使犯罪集團無法了解警方的布局與偵查策略，利用組織的力量提出正確的資訊與證據，才能正確掌握受訊問人的心理或生理的狀態，完成偵訊任務。

第三節 警察調查與偵查犯罪的特色

第一項 警察偵查犯罪的實質意義

一、檢察官與警察機關

就警察從事犯罪偵查而言，是強調警察於犯罪偵查工作上，具有特別目的性的**保證作用**，以保證檢察官的追訴犯罪，得以落實，不致於落空。同時，警察對於犯罪預防的工作，負有維持治安的擔當，尤其是犯罪控制（Crime Control）與社會政策相關聯，例如減少失業率有助於犯罪率的降低[27]。因此，警察職務上的作爲，除打擊犯罪外，仍須兼顧社會治安的維持。

廣義的犯罪偵查，包括警察機關所爲之蒐集、保全與犯罪案件有關之人和物的證據之偵查或調查活動而言，就此而言，警察機關所爲的刑事司法調查或偵查的活動，自在檢察官偵查作爲範圍之列，以保證日後**公訴權的實行**，不致於落空。

具體而言，若是沒有警察機關詳實的犯罪偵查資訊的蒐集與保全證據，不僅導致偵查工作無法進行，所有的刑事程序的進展將可能陷於停滯，公訴權的目的也將落空，連帶也使得警察**犯罪防制**的工作，毫無實效可言。

職是之故，犯罪偵查工作蒐證及保全證據的落實，以及如何增強犯罪偵查工作的實效性，乃屬犯罪偵查及防制的基礎工作，基於偵查現實的考量，其責任自然落到警察機關[28]，自不待言。

以偵查實務而言，警察機關雖爲偵查輔助機關，但實際上，就其任務的

[27] Penny Green, Andrew Rutherford (2000). Criminal Policy in Transiyion, Hart publishing, P. 31.

[28] 柯耀程，刑事程序理念與重建，元照出版公司，2009年9月初版，81頁。

屬性觀之，是屬於犯罪偵查的「**職能分工**」部分。案件待警察機關調查或偵查完畢，告一段落之後，檢察官對警察機關移送的案件進入起訴與否的**法律審查**。

檢察官在整個刑事訴訟程序而言，檢察官爲控訴權（公訴權）啓動者，雖非眞正實際從事犯罪偵查的機關，但是檢察官握有偵查權的權力基礎，乃源自於公訴權的概念衍生出來的，藉此以觀，因而稱「偵查權」爲檢察官爲提起公訴的準備活動，在法概念的詮釋上，似無疑義。

檢察官爲起訴與否的**法律監控**者，捍衛人權的鬥士，追訴犯罪的主體。蓋因法律的成長與發展是社會良知、道德的客觀形式，人民對於司法的信賴與尊重，檢察官居於把關之首位。蓋因法律在某種形式意義要求之下，是**社會事實的典範，人民遵行的活法律**，是社會規範與社會價值具體化與客觀化最凸顯的指標[29]，基此，法在形式意義與目的性之要求下，檢察官爲法的公益代表者，保證符合人民期待之法正義的實現者，對之具有無法取代的地位。

因此，以狹義的偵查權的實施而言，係指檢察官爲提起公訴之準備活動，受到「起訴法定原則」的拘束——受制與起訴犯罪案件有一定的門檻，並非任何偵查的案件皆會被提起公訴，偵查終結決定不起訴處分的案件，亦占相當比例。因此，檢察官於偵查階段負有**篩選犯罪嫌疑**之有無，以決定起不起訴爲其偵查之主要目的，如此更有助於保障被告權益[30]。

二、現行法制下的犯罪偵查

就我國刑事訴訟法的法條結構觀之，「偵查」限於由具有偵查權之**偵查主體**，即檢察官，始得實施，由偵查主體檢察官所爲之各種犯罪蒐集及保全證據之活動，始稱爲「偵查」[31]。因此，在現行法制下，似乎刻意把**刑事司法調查權與偵查權**，區隔出來。例如法條不稱「偵查」而以「**調查**」稱之，不稱「訊問」而以「**詢問**」稱之，不稱「勘驗」而以「**即時之勘察**」稱之，

---

[29] 洪鎌德，法律社會學（The Sociology of Law），楊智出版公司，2001年12月版，155頁。

[30] 陳運財，偵查與人權，元照出版公司，2014年4月版，9、13頁。

[31] 同上註，10頁。

不稱「傳喚」而以「**通知**」稱之。因此，警察機關於刑事司法調查的種種作爲上，自應依法有其一定的界限與範圍。

由上論述，以現行法制觀之，是以追訴犯罪的形式意義與目的而言，警察機關所爲刑事司法調查活動，應可類歸爲下列三種情形：

（一）檢察官發動偵查權（知悉犯罪嫌疑，開始偵查）之前，司法警察人員所爲的前置作爲（刑訴法第230條第2項、第3項、第231條第2項、第3項），即案件尚未移送該管檢察官之前，由司法警察人員所爲的刑事司法調查活動。

（二）案件已在檢察官指揮之下所進行的偵查活動（刑訴法第228條第1項、同條第2項）中，即司法警察人員所從事的刑事司法調查活動（該管檢察官認爲必要時，得將相關卷證一併發交司法警察人員調查及蒐集證據），已在該管檢察官主動偵辦當中之案件。

（三）案件已移送該管檢察官將案件發回或發交者，即指檢察官將案件退回警察機關，指出其應補足之證據，以期充足起訴要件之完備，或發交其他司法警察人員繼續調查，此時司法警察人員所爲的偵查活動（刑訴法第231條之1），亦可稱之爲刑事司法調查活動。

三、警察偵查實務的探論

以追訴犯罪的實質論而言，警察機關所爲刑事司法調查活動，可歸類爲下列二種情形：

（一）爲提升偵查效能，警察機關的偵查活動在於輔助檢察官完成其蒐集證據與保全證據，爲其重要任務，即所謂「**刑事證據的蒐集面**」。

（二）警察本身基於職權的作用，係依「警察職權行使法」及其相關法令下執行特定的刑事司法調查工作，以維護社會治安，即所謂「**打擊犯罪的警職作爲**」。惟若是警察機關調查違反社會秩序維護法之違序人的活動，性質上，是屬警察行政程序上的行政作用，則非屬刑事訴訟程序所規範的刑事司法調查。

警察從事初步偵查活動中，主要在於蒐證，它具有多樣性、複雜性，且富有流動性。有時爲了要達到偵查效率的發揮，卻與偵查程序的正當性產生衝擊，前者要求偵查的實效性，後者要求人權的保障。然而，前者要求越高，後者侵害的可能性就越大[32]。但是無論如何，程序的正當比眞實的發現更重要，以克盡其客觀義務的法要求。

如何使之兼顧，在於警察機關秉持科學精神與方法辦案，是站在社會實證科學角度而言，使之有效達到控制社會犯罪的功能與目的，適正的舉發犯罪，以回應國民對治安維護的合理期待。因此，以從事社會實證工作的警察而言，所得到的知識或經驗事實，乃不同於一般從事法律工作之司法人員（如檢察官、法官）。不過，在偵查階段之法律監督，必然責成檢察機關爲之，這是「**職能分工**」的問題，因爲偵查與起訴在本質上是無法分割的[33]。

申言之，司法警察人員係感知在各種知識經驗種類中辦案，如此這樣的感受能力與認知能力，稱之爲「感知能力」，促使他們會不斷地運用經驗或知識（包括自然科學方法、技術的輔助）辨識犯罪特徵，去解析犯罪現象，就所蒐集的證據，提出偵查假設後，進行觀察、比對、過濾、還原事實的過程中，逐步地刻劃出犯罪眞實的原貌。

警察偵查犯罪，首重透過感知能力，識別犯罪特徵，建立屬於警察於調查犯罪看待偵查對象的事物所持的態度與立場，依據其對於事物的理解與認知的程度，提出偵查假設，律定處理案件的順序與步驟，去過濾、分析、比對、還原事實眞相等過程後，才會去統整、判斷法律問題。

儘管警察也會重視法律上追訴功能性與起訴的實效性，但是基於警察職能分工的關係，遇到實際案件的處理上，首先著重於蒐集嫌疑證據，運用其職務上專業經驗，做出正確的研判及適當的處理方式，以適時地保全當下瞬間即失的寶貴證據爲要務。例如司法警察人員對於犯罪現場的「即時之勘察」的重點工作，並非以犯罪現場的搜索與物證扣押的「法律問題」爲重心，而是現場重建去推導出犯罪發生的情境，記錄並保全現場出現短暫性證物與狀態性證物，評估現場的種類及範圍，以發現犯罪眞相。

組織性犯罪的興起，嚴重地侵害人民權益的犯罪。警察機關所思考的問題不單是法律規範得否有效制裁，而是在於社會變遷後產生的新興的犯罪現象與結構，如何保全證據、突破瓶頸、揭發犯罪，打擊犯罪。實則，這裡面涉及的基本問題是，社會規範價值觀的解體所形成的，社會貪婪之風氣所

---

32 同上註，13頁。

33 柯耀程，刑事程序理念與重建，元照出版公司，2009年9月初版，83頁。

鼓勵或助長的犯罪型態，貪婪之徒一波又一波的建立組織型態的犯罪結構，在錯誤中學習如何與警方對抗（例如公海上接駁、丟包，境外犯罪等）。因此，警察對於新興犯罪的態樣與結構，需有堅實偵查計畫，發揮警察偵查體系的力量，逐步蒐集到正確且可靠的情資，始能有效的打擊犯罪。

因此，警察在偵查管理上，須不斷地檢討偵查管理上可能的弊端，建立一套管理統合的合理機制，迅速將這些防制新犯罪手法傳遞出去，達到有效打擊犯罪的目的[34]，如偵查計畫的提出與執行等，確立偵查體系判斷的正確性與實效性。

任何犯罪，都是嚴重的反社會行為，犯罪人早就有意識或無意識地甘願脫離或放棄法律或社會規範的約束，恣意地做出嚴重的反社會行為。因此，警察各種職務的擔當與作為，對於**社會治安風險控管**，具有一定程度之治安確保的功能性與目的性等保證作用。

雖然社會的許多犯罪行為乃「其來有自」，而刑法本身的警示與制裁作用，是無法有效說明、解釋犯罪的緣由，以及具體的各種犯罪特徵的識別。因此，警察機關因人力、物力的配置，擁有全面與充分偵查資源之利用，不斷地從事社會科學調查與實證科學的發現，來達成治安控制的風險管理，增進案件偵查的實效性。

有關此點，並非檢察官偵辦刑案的重點工作，檢察官偵查犯罪的重心，是在刑事法規範被侵害後，如何依法達到制裁效果之選擇，並應予以起訴犯罪。職是之故，檢察官在篩選起訴案件是站在與法院的「**權力分立**」之不同立場，不同於偵查犯罪是與警察站在「**權力分工**」的相同立場。前者是避免國家濫用刑罰權的彈劾原則之制度的設計，後者是為貫徹有罪必罰的法定起訴主義（即追訴勵行原則）。

因此，警察的刑事司法調查活動，重點不是在刑事法律規範被侵害後，如何依法做出制裁效果之選擇，應予以起訴犯罪的要求。而是在對於社會各種犯罪現象與犯罪人等犯罪心理的解析，蒐證、過濾、驗證、評估、判斷，找出犯罪事實，還原事實眞相，以達適正的舉發犯罪，有效的打擊犯罪，盡其偵查犯罪中「**職務分工**」的**客觀義務**。

---

[34] 何明洲，犯罪偵查學，臺灣警察專科學校印行，2015年8月初版，9頁。

四、警察於偵查實務中職能分工的重心

警察在偵查犯罪的工作上，首先要認識案件本身的屬性，亦即如何認識該刑事案件的屬性，並化為偵查行動力量。換言之，於具體刑案發生後，在於如何識別該犯罪的各種特徵後，作出各種偵查假設或進行偵查計畫的策劃，以確保在案件在眞實的發現上，具有科學性的實踐功能，以及判斷案情上具有周延性與精準性。這是警察在偵查實務上，對於一任何案件的偵查或調查上，取得偵查實效的關鍵與基本要求。

就警察偵查實務而言，其實際情況發生後在處理的方法與步驟上，必然去向務實與實踐功能為目標。例如一個住宅竊案發生後，警察實際思考的方向與層面可能有[35]：（一）被害人自主管理的層面哪裡出了問題；（二）該案的發生對**社會治安影響**的層面有多大，以評估需要投入多少偵查資源與成本，如何去尋找事實眞相，這才是偵查實質面向中警察所關心的問題。如此的思考模式，是在實踐偵查功能的問題，以及維護治安的偵查犯罪之任務的達成。

茲舉二例說明[36]，警察於偵查實務的「**職能分工**」為重心，分述如後：

例一、若是**公共場所的竊盜集團**，通常是三人為一組，按照一般常理而言，警察一定是先抓正在著手竊盜的現行犯，在可能的範圍內再抓其他共犯，這是站在法的實踐立場所能夠意識到的偵查作為。但是，眞正警察實施有效的辦案方式，則是聞風不動，繼續跟蹤得手而握有贓款的竊盜者，發現其住處或窩藏之地，因為事後分贓是屬必然，以守株待兔的方式，一網打盡，取得偵查的實效。

例二、若是**住宅式竊盜**，則屬**區域性質的犯罪類型**，很少會跨區竊盜。因此，警察於案發後會利用監視器的資料，分析比對地區性犯罪者的犯罪手法，鎖定對象。而且，市區的住宅竊盜，大多發生在老舊的社區房屋，較易攀爬，通常以**單獨竊盜**為主，成為慣竊鎖定的對象，不像新式住宅採封閉式的警衛管理，人員進出受到控制，並非竊盜者選擇的目標。

不過，竊盜者估算犯罪成本與風險結果，亦可能採取多人組合的竊盜犯

---

35 此論點是根據2017年4月臺灣刑事肅竊專家何明洲先生口述紀錄。

36 此論點是根據2017年7月刑事警察局偵查隊施富山先生口述紀錄。

罪（例如內神通外鬼、假裝修理水電、裝修工程人員進入住宅內行竊），對新式住宅進行竊盜，以降低失敗機率之風險。

第二項　警察處理事物與偵查犯罪的關係

警察執行職務的範圍非常廣泛，且多在各種法令的執行層面上，以及許多勤務與報表的填寫與記錄[37]。依據警察實務觀察顯示，警察平常的勤務，多半是在處理瑣碎、繁雜的案件，加上種種繁瑣的法令規範制約下，導致警察的裁量權侷限於較小範圍，有時難以充分抉擇，同時因外在環境的瞬息萬變，不易取捨，影響**警察執勤作爲**的正確性。

於警察在調查犯罪的有限條件下，須直接面對民眾、直接犯罪現場、直接面對犯罪嫌疑人、直接面對犯罪被害人及其家屬，加上每一類型的犯罪都有其**個別化與特殊性**，必須不斷的重建與驗證犯罪經過，客觀的剖析或描述出各種犯罪的可能性，警察工作的繁瑣與複雜可想而知。以偵查犯罪階段性任務而言，警察於偵查程序所蒐證的**情報資料**，甚爲廣泛且瑣碎，如何在最短的時間內做出正確的判斷與處置，非常不容易。

試想一位員警在處理一個無名屍案、一個交通車禍案、一個家暴案件其法令與程序的要求繁雜與瑣碎，其辛勞可想而知。而處理的員警必須使用準確的文字，或使用普通的語言詢問受訊人，而將其聽聞的事情，處理的過程詳細記錄下來，製作成文書或報表，而這些文書有可能日後將可能成爲刑事案件的**證據資料**，例如警察依據「**家庭暴力防治法**」，製作處理家庭暴力與兒少保護案件調查紀錄（通報）表，而爲初步的偵查。因此，現行法制下，刑事訴訟法對於警察犯罪偵查是採廣義的刑事司法爲範圍，強調警察於犯罪偵查職務上的功能性與實效性的現實考量。

基此立場，就可發現能否有效打擊犯罪，以及能否眞正解決犯罪問題，警察首當其衝。不過，這些問題也同時，涉及到國家對於整個**社會安全網**的建構、政府體制外的作爲、刑事司法資源的分配，與政府對於公共安全重視的程度而定等因素。也在在說明警察對於犯罪預防與打擊犯罪的難

[37] Sue Titus Reid (2008). Criminal Justice, 8th ed., Cengage Learning, p. 92.

處[38]，但是，警察在實際工作上，也無法迴避國民對於社會治安期待。

以警察參與刑事司法體系角色分工而言，從現行法制而言，儘管其所爲之偵查工作，是爲順利達成追訴犯罪目的的手段，促使檢察官透過警察的輔助得以制衡審判，具有密不可分的職權分工作用。同時，儘管警察從事偵查工作多屬執行層面，而偵查主體爲檢察官，其主體性的功能在於發揮指揮監督司法警察，促使警察於犯罪偵查上合於法定程序，足以奠定與實現司法性的基礎[39]。

然而，司法警察人員於蒐證與保全證據與調查事物的過程中有其**關鍵性地位**，同時基於法令的要求，如何合法、適當的取得相關證據，作爲還原事實眞相的憑證，一直是警察偵查實務工作的重心，而檢警偵查工作歸屬於**承繼式的緊密關係**，本質上是不會改變的[40]，以強化偵查品質與提升司法公信力。

第三項　犯罪偵查中聯繫與蒐證的重要性

警察機關，在學理上有稱「**實質偵查機關**」，乃指警察所有的偵查作爲，在於證據的蒐集，法律賦予警察此項犯罪偵查的職能，有其特別的屬性。因爲警察的職權遍及各地，針對各種犯罪特徵具有即時識別與掌握的功能，於平日維持治安的工作中自然伴隨著迅速打擊犯罪的功能，從法規範的目的之屬性，也應如此詮釋。

所謂實質偵查機關，在概念的解釋上，應指其所發現的犯罪事實，乃指法律事實（偵查的實體面），而非單純的社會事實。既然因此，警察所偵查對象是從其犯罪實體面的發現，必須要遵守犯罪偵查程序規範，來找尋法所認爲的「事實眞相」的定型。所以，警察機關之所以爲**偵查輔助機關**，精確的說，是在法正當程序的要求之下，所爲各種偵查事物的蒐集或驗證的執行者而言[41]，乃屬偵查**職能分**工上的必然。

基於辦案的實效性，司法警察提出「偵查假設」或「偵查計畫」等刑事

---

38 廖福村，犯罪預防（含實務），臺灣警察專科學校印行，2016年8月4版，79-80頁。

39 檢察官改革白皮書，法務部，1999年3月編印，174頁。

40 柯耀程，刑事偵查理念與重建，元照出版公司，2009年9月初版，84頁。

41 同上註，87頁。

司法調查的作爲，乃出自於職務本身蒐證與找出犯罪事實的必要性而爲之。若以公訴權的立場，警察機關的偵查或調查作爲，就是一種發現眞實所爲公訴偵查的輔助活動，亦屬檢察官爲提起公訴的準備活動的一部分。故學理上稱警察機關爲「實質的偵查機關」，依法賦予警察機關過濾、蒐證以及驗證等任務，做爲執行犯罪偵查的職能分工，意義應當在此。

因此，警察依法蒐證的結果，必然與日後該刑事訴訟程序的發展有關。無論就犯罪事實的建構與追訴犯罪的本質而言，檢察官與警察共同所發現的犯罪事實，具有牢不可破的緊密關係，因此，基於整體偵查功能的發揮，舉凡與涉案的有關資料（包括未破獲或已破獲的案件足供參考的資料與訊息），基於「**檢警一體**」，自應相互保持聯繫，確保蒐集資訊的正確性，以有效打擊犯罪。

司法警察爲防止湮滅、僞造、或變造證據，得聲請檢察官爲搜索或鑑定等保全證據之處分。尤其是司法警察人員發現重大刑案時，應視案情報請檢察官主持偵查，並接受其指揮，以執行偵查任務。

就警察蒐證工作而言，可分爲兩大類，即「**人的偵查**」與「**物的偵查**」兩部分[42]。就警察偵查實務而言，「人的偵查」通常比較爲複雜，必須透過各種查訪或詢（訊）問或通知涉案人到案說明，或對於到案人進行採證等方式，始能取得，其變動性大，且適法性要求高，警察通常非有必要不會先行通知與案情有關係的人，以免打草驚蛇，案件的整體性遭到分割，甚至導致共犯的結構無法突破。

就偵查實務而言，爲防止各種供述的虛僞性，人證的調查往往需與物證相結合，綜合來觀察、驗證、判斷，以發現所作的偵查假設是否與事實眞相相符，尤其是眞正犯罪人會藏身於法規範支配之外，也會利用法律規範的不足，來逃避法律的制裁，並且不斷的繁殖或複製其犯罪的病毒。因此對於人

---

42 林順裕，偵查階段供述證據保全的法理探討—以刑訴法第一百五十八條之二第二項爲中心，月旦法學雜誌，第149期，2007年10月，85頁。證據類型區分上，「人或物」之證據與「供述或非供述」之證據，不僅比較基準有所不同，區別實益也各異其趣。舉例言之，要求相關人「到案」接受身體跡證（如血液、毛髮、唾液等）之採驗，可認爲屬「人的證據方法」；可是，取得者乃「無關供述證據」之身體跡證，並無涉緘默權保障的行使。

證的蒐集與剖析要比物證的取得與驗證繁瑣得多。

宋朝蘇洵的《辨奸論》有云：事有必至，理有固然，惟天下之靜者，乃能見微而知著。月暈而風，礎潤而雨，人人知之。許多犯罪徵候通常在某種不意的瞬間顯露出來，所謂「明察秋毫」的能力，本無須具備超能力或第六感的預知，憑靠著專業經驗，細心觀察、綜合研判而為，涉及到經驗累積下的反應。

就警察偵查犯罪而言，即是出現一種明顯具有共同特徵的「犯罪徵候」，謂之警察刑事司法調查中的「合理懷疑」，是以一般社會通念自其外觀上的事實或事態觀察，顯可疑為犯罪之人者即足，在偵查實務工作上，如何透過盤查發現犯罪可疑，例如夜間行車見警察經過將車燈熄滅轉向離去，依法進行盤查，如何立刻在犯罪現場找到關鍵證據與目擊證人，保存證據，並製作筆錄[43]，例如犯罪現場之茶杯上採集到指紋，經比對結果與某人之指紋相同，又經目擊證人確認。

「人的偵查」在警察調查犯罪過程中既繁瑣且重要，尤其如何突破共犯的結構，甚至是共犯結構以外卻足以支配犯罪實體的結構，這些隱而未現的犯罪結構，時而難以根除。然而「人的偵查」是從受訊問人的供述中取得，同時受制於程序上的適法性與正當性，例如監聽到的資料難以破解，無法繼續偵查下去。

在法規範的要求下，司法警察取得口供的適用範圍有多大，執行公權力的範圍及要求如何，皆足以影響詢問過程中應盡的**客觀義務**。同時，無論是「人的偵查」或是「物的偵查」，如何運用科學偵查的方法，以合理懷疑的態度去查證，促使**關鍵證據**足以浮現在偵查的檯面上。因此，驗證事實的眞僞，不單只是發現物證，也不單只是訊問人證，基於對於蒐集的證據與犯罪嫌疑的識別，再依循著科學偵查的方法與步驟進行，合理的推論事實，或排除與**案情無關及虛僞不實的證據**，皆屬偵查人員的**基本要求**。

---

43 謝瑞智、林吉鶴合譯，David Powis著，The signs of Crime（無跡理論），犯罪徵候（觀察術），文笙書局，1987年8月再版，3頁。David Powis於序言特別指出，機靈是警察首要特性，無此特性，任何其他心智官能均無法適切發揮。而欲警覺出周遭事物，則有待多方學習。

第四節　行政檢查與犯罪偵查

公權力的行使必須在程序上力求正當且明確，任何程序欠缺明確或正當的要求，就可能形成造假的溫床，導致處理的事物陷於錯誤的可能。警察的基本任務在於維持治安與打擊犯罪，兩者如車之輪、鳥之雙翼，不可偏廢。而在執行的程序上皆有其客觀的作業規範，不過，畢竟在操作的執行面上，因爲人的因素而產生事物判斷上的錯誤，如何降低錯誤，正是本節要討論的。

第一項　行政檢查程序

警察執法必須符合程序上實質正當性的要求，這是任何警察行爲的基本要求。無論是警察從事行政檢查工作，或是從事犯罪偵查工作，基本上，一個法治國家，法定程序的遵守要比發現眞實來的重要，而且警察執法係站在法程序的規勸者立場（Legal Adviser Relations）執行職務[44]，期待獲得人民的信賴。本書在這節中，對此問題提出討論。

本書是在探討虛僞供述的問題，爲何仍要對於「**警察行政行爲**」、「**警察行爲的調查程序**」、「**警察刑事司法調查程序**」，做有限度的說明。原因是警察人員在處理各種案件時，認爲這是歷來警察作爲上，經常反覆執行的程序都盡是如此進行，應毫無爭議，理所當然。但是許多警察的行政作用，理應把它說明清楚的警察行政檢查行爲當作處理事物的前提，卻往往忽視**法律程序的明確性與正當性的要求**，導致司法裁判對於警察取證程序是否適法，產生嚴重的質疑。然而，因警察行政行爲所涉及的法律執行的層面仍甚爲廣泛，且警察有時是基於行政作用法的勸導、取締方式進行，寓有防止犯罪的現實考量，就整體治安執行面而言，係將犯罪的發生防範於未然，乃屬警察職務作爲上，非常重要的一環，不可輕忽。因此，兩者如何兼顧，容有討論的空間。

---

[44] David Dixon (1997). Law in Policing: Legal Regulation and Police Practices, clarendon press: Oxford, P. 236.

因此，本書特別將「警察職權行法」與刑事訴訟法等相關問題提出來討論，以強調法程序正當性的重要性，同時，兼顧治安執行面的現實因素，而不囿於形式意義的警察職務行爲。警察行政檢查與犯罪偵查，兩者在本質上皆係基於職務上特定目的的資料蒐集行爲，因此，兩者在手段容有交錯之問題，其程序如何換軌、如何接軌，始符程序正當性與明確性，容有討論空間。

一、警察職權行使法的基本問題

我國大法官會議釋字第535號解釋曾明確說明，即「禁止警察不顧時間、地點及對象任意實施臨檢，並有告知受臨檢人實施之事由」。前者，乃在程序上做出禁止規範的要求；後者，乃於程序實施時，要求須有告知義務，以實現程序的實質正當性。因此，即便是形式上符合行政檢查程序，惟若另有其他之目的者，或超過該項檢查事項者，即便目的是神聖的，仍無法使其不正的方法合法化。如此，若無法充分啓動警察機關內、外部監督的控管機制，則容易形成警察權之逾越或濫用，導致法院認定違法取證之法律效果。

警察人員在沒有任何影響重大危害公共安全與秩序的狀態下，或是在經驗事實上無較高犯罪可能的治安顧慮下，卻如同獵人般的不斷的搜尋獵物，採取釣魚式的、地毯式的、亂槍打鳥式的執行臨檢[45]，並非在增進執法效能，而只以求取績效爲目的。如此，在沒有必要性、合理性的條件下[46]，自行創造治安可能的危害，或以空洞的預防犯罪之名，依據其經驗隨意掌控、伺機尋找可能存在的犯罪嫌疑人或犯罪嫌疑，則其適法性與正當性往往遭到人民質疑，也涉及到行政警察調查權之違法、逾越權力、濫用權力的問題，自爲法所不許[47]。

---

45 林俊益，刑事訴訟法概論（上），新學林出版公司，2017年9月17版，340頁。

46 蔡庭榕，警察職權行使法逐條釋義，五南圖書出版公司，2010年2月初版，127頁。

47 洪家殷，行政調查與刑事偵查之界限，東吳法律學報，第25卷第1期，2014年6月，9頁。行政檢查，其主要是基於特定行政目的，並預防危害之發生，或制止違法之持續；與刑事法中司法警察爲了偵查犯罪實施之搜索，目的不同，手段則類似，皆須進入人民私有處所爲視覺上之觀察或對其物品爲查察，故有稱之爲行政檢查。不過，刑事偵查是以搜查犯罪證據，實現刑罰爲目的，而行政檢查則是爲了預防公共危害，增警察以**行政檢查**的方式進行，須依照「**警察職權行使法**」實施相關法令規定，也僅限於防止危害及預防犯罪爲目的。此危害，係指公共安全與秩序直接受到損害之威脅，但此危害的存在，是指損害未發生前，或損害已形成，但未全然完成或結束之前，依其職權有預防、制止或排除的公法義務存在，且必須有相當客觀危害的具體事實存在爲前提，此時該行政檢查程序才是屬「警察職權行使法」的行使。然若危害已全然完成或結束，警察仍依警察職權行使法採取各項預防危害等措施，則爲法所不許[48]。

警察所爲的行政檢查程序應多屬任意手段，其所爲之合法有形力的行使，仍須在警察職務行爲之規範目的與範圍內行使，亦即應依其**合義務性的裁量**（**合義務性裁量原則**），方爲適法。例如，警察執行**攔停**（警察執行臨檢勤務之「攔阻權」），其目的僅止於「**停止目的之詢問**」，手段上亦僅限於一時性、輕度性、過渡性的拘束[49]，並應將該程序的事由明確告知相對人（警察職權行使法第4條），使其明瞭，不得以任何沉默以對的態度來執行，憑信其「**合理懷疑**」的專業經驗判斷，相信某人的行爲「已構成具體危害」或「即將發生潛在的危害」若無法達成其目的者，應即依職權或因義務人、利害關係人之申請終止執行（警察職權行使法第3條第2項）。

警察依照「警察職權行使法」的目的範圍內執行「確認身分檢查」，「攔阻權」爲警察職權行使法第7條的**盤查**措施之一，於行政檢查程序上可細分，攔停—詢問—命令—檢查等四個階段的程序要求，其中最關鍵的程序就是「詢問」（日本稱之爲「**職務質問**」），警察透過**詢問程序**去發現可能的具體危害或潛在的危害可能性，以及爲處理重大公共安全或秩序有必要者爲限。惟上述任何一個階段的作爲都必須恪遵行政法上之比例原則，若發現已超越其目的範圍或無法達成其目的者，應即終止執行。如此，方無侵害人民基本權利之虞。

進人民安全與福利之行政目的，故仍有差異。

[48] 蔡庭榕、簡建章、李錫棟等，警察職權行使法逐條釋論，五南圖書出版公司，2015年3月版，60頁。

[49] 朱朝亮等，日本刑事判例研究（一）偵查篇，元照出版公司，2012年6月版，20頁。

二、警察職權行使法的範圍

警察**臨檢**，通常藉由「攔停、盤查」的方式執行，以「合理懷疑（Reasonable suspicion）」爲發動門檻，來查證受檢人的身分，不過，爲了保障受檢人之權利不受警察恣意的「攔停、盤查」。警察執行臨檢因有「合理懷疑」所實施的「攔停、盤查」，仍須要有不同「合理懷疑」的原因[50]。蓋因警執法的**盤查**，係以達成預防犯罪之行政警察目的，而對可疑之人所爲**一般性質問**，並非爲取得供述作爲證據爲目的之偵訊，基此目的性的考量通常是限定在**緊急性的態樣較多（包括必要性、緊急性、懷疑事實的輕重程度，一連串的檢查作爲，衡量公共利益與受檢人利益之權衡）**[51]，致其任意性較刑事訴訟法的認定較寬[52]，不過，僅限於觀察人、物或場所之外表（即以「一目了然」爲限）故其執行的手段、範圍應小於刑事訴訟法之相關規定[53]，只是犯罪偵查的起點，若合理懷疑的部分已澄清，應即停止執行。

因此，除非遇到受檢人抗拒，得使用物理之強制力外，查驗身分之必要措施仍屬任意處分[54]，而該受檢人並未拒絕調查，卻有要求任意離去，或要求休息，警察仍不得拒絕之。

目前我國警察職權行使法的範圍包括身分查證、資料蒐集以及管束留置等措施，目的在防止犯罪及維護社會秩序，與刑事訴訟偵查犯罪之目的有別，且行使的主體、相關法律要件及救濟措施，與刑事訴訟程序中刑事司法警察的刑事司法調查，在理論上，法的規範與範圍有所不同，前者爲行政法的範疇，後者爲刑訴法的範疇，據此仍應加以區別之必要。

如警察對人民「**家戶訪查**」是屬於警察爲達成抑制犯罪危害的警職行爲，是屬「**具體危害之先前領域**」，依法必須是以犯行先前領域之案情爲目的，僅限於警察爲若干資料蒐集而行使警職的「訪查」階段，而爲訪查紀錄的記載（包括警察職權行使法第13條、第14條、第15條）。

---

[50] 吳巡龍，刑事訴訟與證據法全集，元照出版公司，2009年11月初版，113-114頁。

[51] 加藤克佳、川崎英明、後藤 昭、百取祐司等，刑事訴訟法，日本評論社，2007年4月2版，16頁。

[52] 陳運財，偵查與人權，元照出版公司，2014年4月版，65頁。

[53] 林俊益，刑事訴訟法概論（上），新學林出版公司，2017年9月17版，346頁。

[54] 田口守一，刑事訴訟法，弘文堂，2005年9月4版，46頁。

警察於執行**臨檢勤務所爲「攔停、盤查」時**，發現有可疑之人（例如依通報，於勤區經常發生深夜搶劫事件，而該受檢人與通報所描述之人相似，或詢問時受檢人的表情、態度、各種情況、持有物品[55]），是否有相當的犯罪嫌疑，是否有逮捕之必要，尚難確認之情形下。惟，從該犯罪嫌疑人陳述或承認的犯罪事實，依客觀情況經合理的判斷顯與事實不符，當下警察有合理懷疑，經研判其陳述有虛僞或隱匿犯罪之可能性者，初步的偵查已開始，則可要求「**任意同行**」[56]，進入警察局、所，做進一步的進行刑事司法調查。

此刻的行政調查，則屬警察職權行使法第7條「**查驗身分之必要措施**」，此與刑訴法第94條之「人別訊問」雖有相同的效果[57]，但其程序性質並不相同；不過，行政上前階段之人別查證與後階段之刑事程序，相當緊密連結，有時難以強行分割。職是之故，此時警察得依「異常之舉動」或「其他周圍情事」，並依據「社會的相當性」做出合理的判斷。例如在執行所謂「半推半就」行政程序上的查證任務，通常係指警察人員搭住受檢人的肩膀，或按住其其手腕使其停下之舉動，以防止可能的危害或蒐集、保全證據爲目的與範圍，此參閱大法官釋字第535號解釋認爲應「賦予警察人員執行勤務時應付突發事故之發生，俾對人民自由與警察自身安全之維護兼籌並顧」。

惟學者認爲警察職權行使法第7條僅規定「採取查證身分、鑑識身分」之權，並未規定警察有「拍觸權」[58]。然而，「身分查驗」的警察作爲，若現實環境下有危害之可能者，適度的使用物理力的壓制，仍符合社會相當性原則。

---

[55] 松尾浩也，刑事訴訟法（上），弘文堂，1999年11月新版，43頁。

[56] 大法官會議第535號解釋：就「同行」的門檻要件規範如後，「臨檢應於現場實施，非經受檢人同意或無從確定其身分或現場爲之對該受臨檢人將有不利影響或妨害交通、安寧者，不得要求其『同行』至警察局、所，進行盤查。」另有關警察職權行使法之「同行」規定，僅以「詢問」或「令出示身證件」之方法而顯無法查驗身分，作爲要求同行之要件。而於「警察職權行使法」公布實施後，則適用該法。

[57] 蔡震榮，警察職權行使法概論，作者自版，2016年5月3版，156頁。

[58] 林俊益，刑事訴訟法概論（上），新學林出版公司，2017年9月17版，342頁。

第二項　刑事司法調查權

一、刑事司法調查權的基本概念

若犯罪行爲已經具體客觀存在，即屬司法警察人員知有犯罪嫌疑的情形發生，應即依據刑訴法第230條第2項、第231條第2項規定，應即開始調查，即所謂「**刑事司法調查權**」的啓動[59]。而有關前述的**警察職權行使法**的「警察行爲調查程序」（如前所述爲「**具體危害之先前領域**」其任意性較之爲寬）所不同者，在於各個警察行爲的法律依據之規範目的不同。「**刑事司法調查權**」受到刑事訴訟法等相關規範的拘束，禁止警察爲任何虛僞事項的記載，當下警察依據相當合理懷疑的事證，進行蒐證的作爲，應綜合警察各種的蒐證行爲其違法之程度如何而定[60]。

蓋因蒐證本身：包括爲辨識犯罪特徵，或是依據偵查假設上各種驗證的不同需要，所爲的偵查作爲，係依照偵查比例原則爲之。

警察人員的**刑事司法調查權**的發動，雖不同於**檢察官偵查權**之發動（刑訴法第228條第1項、第228條第2項、第228條第3項、第231條之1），即便是定位爲任意偵查的範疇，亦同樣受到「**偵查比例原則**」的拘束，從現行法制下，刑訴法第71條之1、第205條之2、第230條第3項、第231條第3項刻意規定「**必要時**」之法文，即可得知，日後於法院審判時仍應受到審判法官的司法審查權之拘束。

有學者認爲[61]，基於職能分工之關係，司法警察人員於調查犯罪，爲從事犯罪偵查的具體工作，屬於事實層面的問題，亦即如何查明事實，調查證據，拘捕犯人的技術問題，但其本質，則屬法律問題，如合法性、起訴要求等。事實與法律，在刑事訴訟上，本來就是一體兩面，具有不可分割的關係。因此，犯罪偵查不但是事實揭示的工作，同時也是法律規範下的合法作爲。如強將事實與法律關係，加以分割，而個別觀察，必然產生規範與運作

---

[59] 蔡庭榕、簡建章、李錫棟等，警察職權行使法逐條釋論，五南圖書出版公司，2015年3月版，60頁。

[60] 笠井 治、前田雅英，ケースブック刑事訴訟法，弘文堂，2012年3月3版，539頁。

[61] 柯耀程，刑事程序理念與重建，元照出版公司，2009年9月初版，93頁。

的不協調。

本書認爲，就刑事訴訟上事實與法律具有不可分割的關係，皆屬刑事訴訟程序之訴訟行爲，而此警察的刑事司法調查的行爲，如執行逮捕、搜索、扣押等行爲是，爲具有程序法效果的訴訟程序所組成的行爲。

在學理上，將訴訟行爲的分類上，分爲「**訴訟法律行爲**」與「**訴訟事實行爲**」。而警察的刑事司法調查行爲居多爲「訴訟事實行爲」，例如逮捕、拘提、搜索、扣押等是。在法的正當程序之要求下，各種強制處分書之簽發，應由法院或檢察官爲之，此屬「訴訟法律行爲」，然若只有警察之執行行爲者，則屬於訴訟事實行爲。不過，若是將二種行爲合併予以觀察，則不失爲**複合的訴訟行爲**[62]。

藉此以觀，刑事司法調查權，事實層面者雖居多，但是如將事實與法律關係，加以分割，而個別觀察，必然產生規範與運作的不協調現象。因此，刑事司法調查權與其在訴訟程序上相關之訴訟法律行爲必須加以合併予以觀察。

二、刑事司法調查權的範圍

司法警察人員依各種客觀情形及犯罪之性質、重大程度綜合檢視，行使刑事司法調查時，仍應在一般社會所能容許的限度內進行。於此情境，若該犯罪嫌疑人的供述，乃基於其自由意志之表達，表面上或許沒有虛僞不實與可懷疑之處[63]。但是，上述情形，並不表示其任意供述，就一定是眞實可信。此時，警察基於犯罪嫌疑調查的必要性，仍可進行下一步詢問取供的動作，或進行下一步蒐證的動作。這裡重要的關鍵點，以當時存在之情況觀之，已合理懷疑，且有蒐證之必要須進一步查證時，須達有**相當理由可信有犯罪嫌疑**（即有客觀事實）之程度，始得爲之。上述所謂「有蒐證之必要」、「有相當理由可信」僅係程度上之差別，並非性質之不同[64]。

---

62 蔡墩銘，刑事訴訟法論，五南圖書出版公司，1999年6月3版，200頁。

63 朱朝亮等，日本刑事訴訟法研究（一）偵查篇，元照出版公司，2012年6月版，64頁。（元照）

64 林俊益，刑事訴訟法概論（上），新學林出版公司，2017年9月17版，373頁。此觀刑訴法第205條之2強制採樣權之法律性質自明。

警察當下採取查訪、訪談、跟監、埋伏等方式，其犯罪情報、勤務之規劃係以蒐證、追緝犯罪爲主，此類**警察勤務**作爲，可類歸爲警察人員的**刑事司法調查**行爲，所適用的程序，應依刑事訴訟法的相關程序爲之。亦即，執行帶有行政檢查程序性質的臨檢，而刑訴法第228條第1項、第230條第2項、第231條2項有「知有犯罪嫌疑」的明文，以做爲行政檢查與犯罪偵查區隔的重要依據，當下警察應憑信其專業經驗及具體之事證，以是否「有充足的事實依據，進行蒐證之必要」「有相當理由可信有犯罪嫌疑」來判斷有無必要轉換爲犯罪偵查之程序，此時執行臨檢職務的警察，不再是單純警執法中的「警察」，而同時具備「司法警察」的身分，因而於**程序轉換之同時**，亦應於當場告知犯罪嫌疑人，而屬刑訴法第94條之「**人別訊問**」的範圍，且已進入刑訴法第95條的**詢問程序**者，則屬「**本案訊問**，須告知其權利事項」（刑訴法第100條之司法警察（官）詢問程序準用訊問程序），俾使警察之勤務作爲，可以達到**依法行政原則及明確原則**[65]。

此類警察的勤務作爲，亦仍受到「**偵查比例原則**」的拘束，且所取得的證據，仍會受到日後法院審判中的**司法審查**（Judicial Review）[66]。不過，要特別要注意的是，警察在**毫無合理懷疑**的犯罪嫌疑狀態下，若僅爲任務的交付，即於專案勤務規劃之時，尚未有具體之犯罪情資或線索（例如警政署曾執行非例行性之重要專案勤務，如「清源專案」、「安康專案」、「治平專案」、「緝仿專案」、「靖土專案」、「靖頻專案」等，原則上均屬「**犯罪鎮壓性之專案性勤務**」），此時之勤務作爲仍屬行政作用之範疇[67]，若進行查訪（對治安顧慮人口的查訪）、訪談（檢舉犯罪紀錄）、跟監、埋伏、盤查等犯罪偵查的蒐證取供等作爲，仍屬刑事司法調查權的濫用。

---

65 陳俊宏，警專論壇，第17期，2015年12月，第10頁。

66 陳運財，偵查與人權，元照出版公司，2014年4月版，20頁。

67 陳俊宏，警專論壇，第17期，2015年12月，11頁。

第三項　行政調查與刑事司法調查

一、在法層面上的幾個問題

若是警察於**行政檢查**（Administrative Inspection）的詢問過程中，發現受檢人持續地為虛偽陳述，在態度上有表現出自我辯解，不肯合作的態度，而且其陳述顯然與警察所發現的事實不符，基於專業經驗累積所反應出的合理懷疑，以及是否進入刑事司法調查的實效性，應可容許警察伴隨著**實力**（**此處分之實力限於極短時間的強制，且須在相對人合作之程度或態度為前提**），行使**任意偵查**的動作[68]，以避免任意偵查活動，受到不合理的限制，但仍須注意到「比例原則」的適用，即在**自由**、**隱私的尊重與警職作為的順遂**間[69]，衡量輕重比例，以保障人權。

有學者引述日本警察實務見解[70]，認為我國的攔停、實施盤查，相當於日本警職法上之「**職務質問**」，其質問的對象不以特定的犯罪嫌疑為其前提，且其對象及於將來可能犯罪之人以及持有相關犯罪線索之關係人，具有預防犯罪的目的考量，所為的是一般性的質問並非以取供之偵訊，應與警察詢問犯罪嫌疑人取供有所區隔，且警察勤務的「**任意同行**」，以緊急性的態樣較多，致其任意性的判斷會較寬於刑事訴訟法上「任意同行」適法性的認定，基於事實關係，兩者具有「法規競合」的適用問題。

本書站在各個法規本身的屬性及「**法規競合**」理論立場，爰分述如後：

（一）警察的作為是由「可疑」到「嫌疑」，只是在懷疑的證據上「量」的問題，本質上皆為特定目的的資訊蒐集。初步的偵查與行政檢查程序

---

[68] 陳運財，偵查與人權，元照出版公司，2014年4月版，24頁。陳運財氏，引用日本學說即判例見解，區分強制偵查與任意偵查，如後（一）形式強制力說，以強制力或實力實行之有無為標準；（二）中間領域說，基於偵查實效性，以實力行使之程度而定；（三）形式權利侵害說，以對象的權益侵害為核心；（四）重要權利侵害說，重視個人的權益有無受到侵害及其程度，因之是以程度侵害為標準。

[69] 松尾浩也，刑事訴訟法（上），弘文堂，1999年11月新版，45頁。

[70] 陳運財，偵查與人權，元照出版公司，2014年4月版，63-68頁。陳運財氏，引用三井誠，刑事訴訟法，補訂版，1995年4月，84頁。

有時很難分隔，就偵查實務而言，現實存在隨機變項因素非常複雜，但是有相當的事實足認有犯罪嫌疑時，此時犯罪嫌疑在證據的量上已由「可疑」到「嫌疑」了。蓋因證據爲證明犯罪事實的原因關係，**沒有證據就沒有犯罪**。警察遵循刑事訴訟法所規範的程序，有相當理由即依據當時客觀具體事證足認爲其存在者，推定警察所爲的刑事司法調查行爲，爲適法、正當，同時也足以兼顧人權的保障。

（二）**爲維護國家法律的秩序與尊嚴，以及法秩序維持的目的性**而言，事實上無法將法律程序做出明顯的分割，而在執行層面上，警察之任務並不侷限於犯罪發生前之「危害防止」，同時亦包括犯罪發生後之「刑事偵查」，前者在我國被劃歸爲行政法的範疇，是在有效的蒐集情資，以消滅潛在的危害於無形，同時後者在我國被劃歸爲刑事訴訟程序的範疇，是在具體犯罪嫌疑發生後之進一步蒐證活動，則顯然無法區分究竟是行政檢查程序或是刑事司法調查之行使者，爲達到法本質層面上一致性的要求，當執法之警察人員發現有具體客觀的事實足以證明，已達到「有相當的理由足以具有犯罪嫌疑」的程度，自應容許其進入刑事訴訟程序的刑事司法調查範疇，這點執行面的觀點而言，應無庸置疑。若未達到上述具體客觀可信的犯罪嫌疑，或該犯罪嫌疑已被排除，應立即停止基於職務上的任何作爲。

（三）刑訴法第88條、第88條之1、第130條、第131條第1項、第131條之1、第133條之2第3項、第137條、第152條等規定，只有在少數例外之情形下，是指司法警察人員在執行拘提、逮捕或羈押，以及逕行扣押、附帶扣押、另案扣押時，依法所爲之不要式強制處分[71]（此乃立法者基於急迫性、相當性、必要性的實際執行面的現實考量，或稱「**緊急之強制處分**」[72]），以增進偵查效能（當然包括執法效能），但事後仍須依照刑事訴訟法相關規定，分別移送或陳報檢察官及法院，接受司法機關監督其程序之適法性。並不因爲我國刑事訴訟法有上述之例外規定，即認爲司法警察人員當然具有強制處分，只是事出緊急，在法律例外規定下，得爲不要式強制處分。

---

71 張麗卿，刑事訴訟法理論與實務，五南圖書出版公司，2016年9月13版，241頁。

72 林俊益，刑事訴訟法概要（上），新學林出版公司，2016年9月16版，218、359頁。

（四）警察執行勤務的行政檢查，廣義而言，包含司法行政機關所爲之情資查詢或蒐集，係基於警職法的行政目的行爲，其性質爲一種事實行爲（Verwaltungsrealakt），只有在義務人或利害關係人請求時，將異議之理由製作紀錄交付時，才被認爲係行政處分。

（五）於少數例外情形下，警察依法得執行**不要式強制處分**，但事後仍須接受檢、審的審查機制，在現行法制下，此屬於訴訟事實行爲，而非訴訟法律行爲。因此，就依法律正當程序的要求，警察執行後仍須依法移送或報請檢察官，藉此以觀，事實上，檢察官與司法警察間具有偵查**職能分工**關係，這點毋庸置疑。

（六）有反對見解認爲，警察執行不要式強制處分當時，尚無刑事訴訟法有關強制處分權的監督審查的問題，就實際上的執行面而言，司法警察有相當自主性與裁量的空間，檢察官也管不到，實際上警察所爲緊急之強制處分，其訴訟事實行爲的認定基礎係依據執行的警察人員當下所爲之目的性裁量。

換言之，也只有在警察機關移送或報告檢察官時，方有刑事訴訟法有關強制處分權的監督審查的問題。藉此以觀，警察進行移送或報告之前所爲之刑事司法調查工作，係屬事實的犯罪偵查的執行面向，在某種程度上具有合目的性的裁量空間，並非完全受制於刑事訴訟法司法審查機制的拘束，在法的層面上並非毫無合目的性的裁量空間。例如警察所爲之**緊急拘提**（刑訴法第88條之1）若不符程序要件，逮捕的犯罪嫌疑人就必須立刻釋放，這並不表示因此就可以限制警察執行緊急拘提的偵查作爲，只是事後必須要接受檢察官的司法審查。

（七）即便是警察**使用通知書**，請犯罪嫌疑人到場接受詢問，關於通知之方式，司法實務見解（最高法院99台上字第6278號判決）亦有認爲，此**「通知」亦屬對人的強制處分**。因此，有學者認爲，警察是否必須使用通知書通知犯罪嫌疑人到案接受詢問，仍有裁量的空間。若因情況急迫或其他原因，臨時以電話、親自登門或其他方式，請犯罪嫌疑人接受詢問，犯罪嫌疑人如願意接受詢問，即同意捨棄其排除違法強制處分之基本權利，如偵訊人員能符合刑事訴訟法規定之程序，因此取得犯罪嫌疑人之自白，非無證據能力[73]。

二、警察執行身分確認的基本問題

有學者認爲[74]，行政檢查程序既有「**身分確認**」之性質，似可與刑訴法「非本案訊問」之「人別訊問」賦予**相同的法律效果**。另有學者認爲[75]，實際上要區分何階段爲行政警察、何階段是司法警察，往往有其困難，且警察在執法中主觀上並無特別區別的意識，採「**法規競合**」較符合實際處理的方式。即當由「可疑」進入「嫌疑」的灰色階段，應從人民基本權利侵害的觀點立論，當依正當法律程序之法則適用之，除依警察職務行使法檢視其有無違法外，同時應適用刑事訴訟法之規定判斷有無違反正當法定之程序。

此階段警察尚未進入刑事司法調查犯罪之「**本案詢問**」（刑訴法第94條以及第95條的「訊問程序」乃準用「訊問程序」，故已進入警察刑事司法調查程序）程序。因此，即便是攔停、盤查或「任意同行」仍行政檢查程序，仍屬行政檢查「**身分確認**」的程序。

若警察於執行警察勤務時，已經明顯發現有「**相當的犯罪嫌疑事實足認之**」存在時（學理上採**客觀的主觀說**），而當下進行行政調查的「**盤查**」程序（例如警察執行臨檢，當下查獲毒品），外觀上已具有執行國家刑罰權的形式者，則屬已進入到刑事司法詢問程序，即警察人員應按照刑事訴訟法規範進行「本案詢問」程序者，以作爲**取供蒐證**的偵查活動（刑訴法第95條）。

一般行政檢查程序的「**查證**」，即所謂「警察職權行使法第6條第1款」該條文所指的範圍，是指有「主觀的合理懷疑」，而受檢人有「**犯罪嫌疑或有犯罪之虞，以防止危害**」，此之較無侵害隱私期待性的問題而言。然而，若屬於司法警察人員應爲**刑事司法調查**之職務行爲，即所謂具有「有蒐證之必要、**相當理由可信**」者，是指以當下實際狀況來觀察，有**具體犯罪嫌疑的證據顯示**，基於「有蒐證之必要、有相當合理懷疑的理由」所爲的判斷，而非主觀猜測或預感而言。

---

[73] 林俊益，刑事訴訟法概論（上），新學林出版公司，2016年9月16版，229頁。

[74] 蔡震榮，警察職權行使法概論，作者自版，2016年5月3版，156頁。蔡庭榕等，警察職權行使法逐條釋義，五南圖書出版公司，2015年3月版，65-66頁。

[75] 陳運財，偵查與人權，元照出版公司，2014年4月版，62、67頁。

在現行法制下「警察犯罪偵查規範」的指導下進行，此時警察的行政檢查行為，若已成為刑事司法調查權之詢問程序的開端，則應盡其履行其罪名的告知義務，並告知得保持緘默及聘請律師等事項，讓受檢人有充分的時間來行使「基本的訴訟防禦權」，此「訴訟防禦權」是以憲法的高度而採廣義的「人民基本訴訟防禦權」。亦即，廣義的「人民基本訴訟防禦權」之行使，自應包括犯罪嫌疑人面對警察詢問所生的基本訴訟防禦權的發動。

因此，警察於執行職務的行為，客觀上依當下證據顯示，有相當理由，已明顯的可為刑事司法調查的發動，若受檢人抗辯執行警察並無履行「本案訊問」的「**告知義務**」，若有爭議警察則負有**釋明義務**[76]，且欲強制帶回詢問，仍須符合刑事訴訟法有關拘提或逮捕之程序要件。

警察於執勤時發現犯罪嫌疑人或犯罪嫌疑時，則已進入到刑事司法調查，故被取締人雖在此處理過程中有發生放棄其憲法上保障之基本權利，但仍可隨時取回，並非一經放棄即永遠放棄，警察是不可以任意剝奪人民應有的基本權利。一旦涉及到警察行政權的逾越或濫用，不僅嚴重違反行政比例原則（警察職權行使法第3條的行使職權的限制，亦即應選擇對人民權益侵害最少之適當方法為之），亦違反警察從事刑事司法調查的規範準則。

警察企圖以任何警察行政檢查的程序，以取得相對人不利於己供述。例如警察利用行政檢查的方式（臨檢、盤查、即時強制等手段），巧妙的規避刑事訴訟程序的規範，當案件移送時再去尋求適法的根據，致生有許多令人看不見的灰色地帶，容有討論之空間。

為避免司法警察人員藉行政檢查程序為手段，擅自以警察行政檢查程序之形式發動，實質上已在進行刑事司法調查權的行使，企圖循此手段，以獲致犯罪嫌疑人不利於己的供述事實，或以自白做為其取供之唯一目的，既以此違法手段進行警詢取供，在證據能力的判斷上，則可能產生不具證據能

---

76 就該事項警察必須釋明，是指警察若遇此情形加以說明後，會使一般人大概相信警察係依其「合目的性裁量原則」下所為，對於受檢人踐行刑事訴訟法第95條各款及第100條之1的準用，有關「本案訊問」的告知義務之前，須受檢人的犯罪嫌疑之程度，已具有「相當理由」足以進行詢問取供，而使得一般人大概相信是如此的程度下進行即可，學理上稱之為「釋明」。若警察無法釋明者，則該詢問取供之程序即非屬合法。

力的問題[77]。上述情形，即便是以任何行政檢查程序下之不正的手段取供，企圖發見犯罪眞實，即屬未遵照刑訴法第96條、第98條、第100條等相關規定，製作警詢（訊）筆錄，仍無法避免證據證明的成立之風險。

職是之故，警察調查犯罪若未遵照刑事訴訟法等相關規範，或使用任何不正方法，就有可能因人爲因素，而製造出虛僞不實的紀錄文書，不僅證據證明成立本身存在著風險，且從國家動用刑罰權觀點而言，終究欠缺程序的實質正當性，侵害到憲法保障人民基本權利。

第五節　警察調查或偵查犯罪的規範基礎

第一項　犯罪偵查的法規範

在刑事訴訟中，存在**職能分立**（division of function）**與分工**的問題。職能分立與分工，其與**訴訟主體**、**訴訟結構**的概念，密切相關。而主體性的問題，關係到各種類型的訴訟行爲的承擔，各自透過應履行之法規範義務，以貫徹其職能分立與分工的發揮。訴訟結構其概念的建構，在於體現及確認各個刑事訴訟的參與者，所處的地位與相互作用的關係[78]。

一般學理研究，或爲掌握訴訟規律之實際便利計，將主體性的問題過於簡化，只論及一些基本的問題。惟若以職能分工的立場，則所形成的關係頗爲複雜。尤其是偵查階段，刑事司法調查權與偵查權間，並非界限分明，時有相互交叉的作用出現，即屬職能分工。因此，本書所論及的犯罪偵查，是以警察偵查本身的職能分工與實效性爲議題。

依照刑訴法第71條之1規定，司法警察官或司法警察，因調查犯罪嫌疑人及蒐集證據之必要，得使用通知書，通知犯罪嫌疑人到場詢問。由上述刑訴法條文觀之，警察依法詢問取供應在調查犯罪嫌疑人及蒐集證據之必要範圍內爲之。亦即，應遵照「法律保留原則」及「偵查比例原則」，作爲警察

---

[77] 朱朝亮等，日本刑事訴訟法研究（一）偵查篇，元照出版公司，2012年6月版，68頁。

[78] 張建偉，證據的容顏、司法的場域，法律出版社，2015年8月初版，312頁。

刑事司法調查權行使的規範基礎與準則，以禁止基本人權之侵害。

刑訴法第228條第3項規定，實施偵查非有必要，不得先行傳訊被告。依照此「偵查比例原則」觀之，警察在通知犯罪嫌疑人到場詢問之前，必須存有相當的證據以有合理懷疑顯示其具有犯罪嫌疑，至少其罪嫌程度須超過一定程度以上，而此相當證據乃指一般嫌疑的量化程度而言，其罪名是否重大，在所不問。

刑事訴訟法第1條所指的「**犯罪**」，是指未經起訴之具體刑事案件中的**犯罪嫌疑（包括犯罪嫌疑人及未經起訴之犯罪事實）**，對此「犯罪」，悉依照刑事訴訟法及其相關的程序法追訴、處罰。這些程序是在限制或約束實施刑事訴訟程序的公務員，必須恪遵程序規範。從其規範目的觀之，即要求國家實施刑罰權者，必須依實質正當法律程序，以發見犯罪的眞實，以兼顧人權的保障。

實施刑事訴訟之公務員所使用的方法，若超過刑事訴訟法之規範目的及範圍，即便是發現了犯罪眞實，卻讓犯罪嫌疑人喪失防禦權，仍屬基本人權的踐踏。因此，警察人員以任何行政檢查的形式或名義，實質上進行刑事司法之調查，則非法所允許[79]。除非是警察於執行勤務時，確實發現有相當的理由相信有犯罪嫌疑存在外，仍須符合刑事訴訟法等有關的程序要件，方得執行之。

於司法警察「詢問」犯罪嫌人時，準用刑訴法第9章訊問被告程序（刑訴法第100條之2），以及司法警察得使用通知書，通知證人到場詢問（刑訴法第196條之1）。司法警察通知犯罪嫌疑人或訴訟關係之人（如證人、鑑定人、被害人、告訴人、告發人等），到案「詢問」以說明案情，刑訴法第43條之1規定準用同法第41條規定，訊問被告、自訴人、證人、鑑定人及通譯，應當場製作筆錄。刑訴法第43條之1規定，司法警察（官）搜索、扣

[79] 洪家殷，行政調查與刑事偵查的界限，東吳法律學報，第25卷第1期，2014年6月，9頁。行政檢查，其主要是基於特定行政目的，並預防危害之發生，或制止違法之持續；與刑事法中司法警察爲了偵查犯罪實施之搜索，目的不同，手段則類似，皆須進入人民私有處所爲視覺上之觀察或對其物品爲查察，故有稱之爲行政檢查。不過，刑事偵查是以搜查犯罪證據，實現刑罰爲目的，而行政檢查則是爲了預防公共危害，增進人民安全與福利之行政目的，故仍有差異。

押時，準用同法第42條規定，應製作筆錄，記載實施之年、月、日及時間、處所並其他必要之事項。

司法警察的詢問，無論是犯罪嫌疑人或訴訟關係人自動或是「通知」到案說明，除非具有緊急逮捕之犯罪嫌疑人之事由外，不得以任何強制力限制受訊問人離去。因此，警察在調查犯罪階段的詢問程序，其通知到案說明的對象相當廣泛，且與受訊問人是處於平等的地位，並無任何優越之地位，供述紀錄的形成過程需嚴謹記錄下來，而與相關證據相連結或組合，以便還原事實，以利犯罪偵查工作的順利進行。

司法警察詢問準用訊問程序，或是司法警察通知犯罪嫌疑人到案說明案情，其詢問或是約談之於偵查程序而言，無關乎國家動用「訴權」的問題。而司法警察的任務在於調查犯罪事實及蒐集證據之調查階段性工作之達成。

有學者認爲，司法警察所發的「通知書」性質與「傳票」效力相同，詢問與訊問僅是主體不同，在偵查犯罪之方法上，並無不同。

第二項　司法警察偵查犯罪的功能性

一、以訴權為中心的偵查程序

以刑事訴訟法爲國家實現「**訴權**」的觀點而言，司法警察人員本身不具有實現國家「訴權」的主體性。此就訴訟程序之訴權爲理論基礎所得之結論，檢察官爲公訴權的發動者，法官基此訴權之提起，得成爲國家刑罰的確認者。

司法警察本身既不具有此訴權之主體性，其所執行刑事訴訟上之程序規範，乃基於國家賦予之調查或偵查犯罪之任務，自不同於檢察官與法院。因此，司法警察的所爲之詢問程序與使用通知書的性質，自與訊問與傳票性質不同，因爲調查事實與調查證據之規範基礎不同，在概念的結構上則有不同。

二、以蒐證為中心的犯罪偵查

警察於偵訊過程，是在不斷地過濾或檢證犯罪嫌疑人或其他受訊問人之供述，並配合犯罪現場的重建、犯罪剖析，以及對於犯罪事實做出完整的紀錄，來證明或反駁犯罪嫌疑人及其他受訊問人的供述眞實性、排除虛僞不實的供述，以及判斷其觀察結果的正確與否[80]，據以偵查專業來認定犯罪嫌疑人與犯罪事實，以完成階段性的移送任務。

警察的各種刑事司法調查，係在假定有犯罪嫌疑的情況或條件下，進行小心求證的工作。因此，**警察初步調查**的目的，包含警察的查訪、訪談等調查案件過程，係屬發現具體犯罪嫌疑的各種現象爲對象，也只限於**了解案情爲目的**而發動刑事司法調查的作爲。

通常只是在了解或釐清案情需要，或過濾或排除相關可疑之人所爲的刑事司法調查階段。因此，與其認爲此階段的偵訊是爲了發現犯罪眞實，毋寧認爲此階段是在進行初步調查以達到了解案情之下，所爲的情報資料蒐集與採證階段。此階段警察透過查訪、訪談等過程加以確認可能足以合理懷疑的對象，至於是否爲犯罪事實，仍有待進一步去確認。以此觀點而言，較符合警察犯罪偵查的實際運作之目的的達成。

無論從偵查事物的本質或偵查實務的經驗來看，當社會發生刑案時，**第一優先處理者**非警察莫屬，爲迅速偵破，證據的保全與人犯的保全刻不容緩，警察通知犯罪嫌疑人或相關的證人到案詢問，乃犯罪偵查活動所必須的作爲，以盡其**客觀義務**（刑訴法第2條第1項）。不過，若案件較爲複雜時，立刻進行通知之程序未必有利於案件之偵破，應視個案的特性與發展而定，動靜之間仍有判斷餘地，因此是否有必要，尚難一概而論，仍應遵守偵查比例原則。

第六節　案件關係的發展

刑事訴訟法所稱的「案件」，是指被告與犯罪事實因起訴而被確定，成爲法院審判的對象。刑事案件必爲過去已發生的事實，在大多數的情況下，刑案本身並不會有後續的發展關係，除非事實有發生變化，例如在傷害案件

[80] 李昌鈺等，犯罪現場（Henry Lee's Crime Scene Handbook），商周出版公司，2004年5月初版，317頁。

中被害人於若干時日因該傷而死亡，方有刑事案件後續發展的問題，然而，該案件就實體面而言，仍屬所謂的「單一案件」，對此部分本書略加說明之。

刑案本身若已起訴而形成訴訟案件（指**訴訟繫屬**而言），當然不會有所謂犯罪事實上的發展關係，否則，將違反**彈劾**（accusatiorial）原則，亦即所謂**控訴原則**（Akkusationsprinzip / Anklagegrundsatz）[81]。蓋因案件經起訴後，才會在訴訟程序上有所謂「重複起訴（刑訴法第8條、第303條第2款、第303條第7款）」或「重複裁判（刑訴法第302條第1款、第379條第12款）」等「同一案件」的問題[82]。

因此，本書所指的案件係指尚在偵查階段的犯罪而言，此犯罪是指「未經起訴」的犯罪嫌疑，當然包括犯罪嫌疑人以及犯罪嫌疑之事實。並非指「已經起訴」的被告（該特定人，於公訴案件則指檢察官所指之被告，於自訴案件則指自訴人所指之被告）及犯罪事實（該特定事實，於公訴案件則指檢察官起訴書所指之犯罪事實，於自訴案件則指自訴人自訴書所指之犯罪事實）[83]。

因爲法院審判的案件，即起訴書所指的「犯罪事實」，如果其描述無法特定檢察官追訴的意思，即所指的犯罪事實時，法院就根本無從確定審判範圍，則違反「禁止再訴的範圍」。此種「**儘量特定**」的要求，對於被告否認起訴犯罪的案件，以及雷同或相似的犯罪複數的案件，尤其重要[84]。

警察對於案件的擴大偵辦（通常是在廣義的偵查計畫中實施），是指警察在犯罪調查或是偵查階段，而事實尚未被確認之前，或案件逐漸明朗化的過程中，仍需要進一步蒐證去驗證其眞實的前提下，通常會呈現出一種事實不確定的狀態。如果案件在基層警察單位，且證據蒐集與證據保全已經處理就緒，以及在查證、驗證與案情有關的證據已臻完備的情況下，此時案件之於移送事實者，已趨近明確，檢察官在篩選有關起訴犯罪之嫌疑證據上，業已臻於完備，偵查程序部分已趨近尾聲。除了案件於起訴後有追加起訴的問

---

81 林鈺雄，刑事訴訟法（上），作者自版，2017年9月8版，84頁。

82 林俊益，刑事訴訟法概論（上），新學林出版公司，2017年9月17版，151頁。

83 同上註，10頁。

84 林鈺雄，刑事法理論與實踐，新學林出版公司，2001年8月初版，84頁。

題（刑訴法第265條）外，案件本身所指的，即是檢察官「起訴書所指的被告及犯罪事實」；對法院審判而言，則屬案件之「待證事實」；就警察偵查犯罪而言，此刻已完全無案件關係的發展問題，犯罪事實已成爲起訴事實。

本書所謂的「案件關係的發展」，精緻一點講，就是案件還在警察犯罪調查或偵查的階段，期待進一步去蒐證以發現眞實，此時需要偵查人力與物力的合理分配與投入，此能量的投入是一種積極偵查作爲的動態發展過程，以期發見犯罪的眞相。

然而，並不是指案件本身在被動地被發現的狀態而言，例如眞正殺人犯出來投案或自首，使得原本偵查的犯罪嫌疑人被排除涉嫌，這是屬於案件本身因犯罪人主動出面承認殺人，而非偵查人員積極偵查作爲呈現出來，使得眞相大白，此並非本書所言的隨案件關係之發展，所發現的事實，而是因相關人或物的證據主動浮現而自然取得的事實。

刑事案件固然是指過去發生的事實。但是本書所討論的案件，是以**警察偵查實務**的立場而言，當社會發生任何具體刑案後，犯罪事實因偵查的作爲，自然會呈現出**各種動態的發展關係**，蓋因任何犯罪事實多半是不會自動浮現出來的，必須要經過蒐證及驗證去證實，在未經確認或需要證據去驗證之前，犯罪事實會隨時空環境或人的因素一再發生的變化，或是隨相關證據的任意出現或強制取得，案情也會有後續發展。

例如，單獨犯的供述，共犯結構才能夠被發現，以及衍生出組織性犯罪的犯罪型態。然若偵查的斷點可能已經形成，就必須逐步進行搜索、扣押等相關證據以求其完整性，以及對於相關證據保全之難度的評估。亦即，偵查需要不斷地觀察，提出質疑，進行推論與研判犯罪眞正的原貌，提出各種偵查假設來確認事實，並確保證據的完善。惟若偵查假設經被確認不能成立，必須另行假設、查證，反覆推論依蒐得的證據進行事實的確認。

因此，任誰也無法在警察蒐證中，就立即可以確認或發現，所指者就是犯罪嫌疑人，或就是犯罪事實，此犯罪事實摻雜著許多的隨機變項因素，必然不同於起訴後以特定的犯罪事實。

不過，就具體的刑事案件而言，若是單一案件，卻衍生出其他各種犯罪案件，或是原來所擬定的偵查假設全部或一部被推翻，或驗證或解釋上出現歧異，呈現出多種結論的可能性，需進一步的進行蒐證及驗證，皆有可能發生擴大偵辦之情形（例如擬定偵查計畫進行下一步的偵查工作）。

擴大偵辦並非僅指在對其他已發生的刑事案件進行偵查，因爲警察在蒐證過程中，不可能會去探究何者是所謂「單一案件」，何者不是所謂「單一案件」，事實上那並不是警察職務上特別關心的事，因爲此時**案件尚未定型**，自然不是警察於此階段會發生的問題。

就警察偵查實務而言，其所關心的是，如何去識別犯罪特徵後，做出多種的偵查假設，以及如何接續於偵查中落實蒐證的工作，去驗證其眞實與正確性，以找出犯罪事實的一部或全部。因此，任何刑事案件的開端，就警察機關偵查犯罪而言，是屬發動刑事司法調查權的開始，而後續隨著偵查行動的進展，不斷地確認或發現可能的犯罪嫌疑，其犯罪嫌疑是在不確定的假設情況下所發動的偵查行爲，而非屬起訴事實須符合「儘量特定」的要求。不過，應注意者，在於此過程中必須依照法定程序及一定的偵查規範進行，俾已順利進行偵查風險的控管，避免偵查體系判斷的錯誤，以增進偵查實效。

第一項　發動刑事司法偵查權的時機

從法規範而言，無論警察發動調查的原因如何，舉凡知有犯罪嫌疑，應即開始調查（刑訴法第230條第2項、第231條第2項）。從偵查實務的觀點來看，警察發動調查時機有多種情形。亦即，警方啓動或展開階段性調查犯罪的任務其原因，說明如後：

（一）以民眾提出告訴或告發的事實來判斷。即便是告訴乃論之罪的案件，於告訴人合法告訴後，其身分關係消滅，告訴效力亦不生影響，或是已受理之告訴乃論的案件被害人死亡時，警察機關仍應移送檢察官。

（二）因處理事故**現場的跡證**中，顯現出的犯罪現象或發現可疑的犯罪嫌疑。

（三）因各種情報的匯集足認爲已達調查犯罪的程度，如從共犯的物證或口供發現其他犯罪嫌疑，或從其他關係人口風中知悉犯罪嫌疑或場所。例如民眾無論以任何方式向警察機關提供偵查線索或情報，包括使用化名、書面、口頭、電話皆屬之。若是警察機關主動蒐集情報之作爲，則稱之爲「**諮詢**」。

（四）依「**警察辦理偵查犯罪手冊**」規定，對有治安顧慮或犯罪傾向者，發現有再犯罪嫌疑時，應立即進行調查。

（五）犯罪嫌疑人向警察機關**自首**，除應調查是否符合自首要件外，須特別注意其身心是否正常及有無冒名頂替。

（六）因警察自身職務上的專業判斷，如對於環境複雜地區，不良分子經常出沒或可能發生犯罪、藏匿犯罪及銷贓地區或場所，除單獨執行勤務外，並得配合行政警察執行**埋伏**、**守候**的逮捕行動，主動調查犯罪。

（七）因處理一般性警察業務中，如巡邏、守望中觀察到的犯罪跡證，主動調查犯罪。

以上述各種發動調查的原因觀察得知，司法警察人員與犯罪嫌疑人產生互動關係不是瞬間形成的，也不是沒有脈絡可循的，隨案件本身的結構或組成形成一種司法動態的發展關係，其中不斷產生許多隨機變項因素，皆足以影響偵查進度與方向，形成偵查風險。

第二項　偵查風險控管

偵查是在假設具有犯罪嫌疑的條件下進行，難免會有錯誤、隱匿、虛假參插其中。因此，警察在偵查實務工作上應做風險控管，以及資源、人力等分配或布置。警察有時會**訪談**或**偵訊**犯罪嫌疑人或案件之關係人，而這些程序都必須是在法規範架構下按部就班地進行。

司法警察人員要發動刑事司法調查權時，這些刑事司法互動的關係，都是在法定「偵查比例原則」下進行，沒有必要時，不會先行通知犯罪嫌疑人或與案件有關係之人到案說明。亦即，司法警察人員所作的偵查假設與實際的蒐證與調查尚未成熟時，不會通知犯罪嫌疑人到案說明。例如，如民眾前來報案其停放在屋外之機車遭竊，管區值勤員警應製作失竊筆錄，並了解失竊周遭有無監視錄影設備，立即通報分局或有關單位，進行過濾、清查，查核比對相關附近作案的手法，再行鎖定特定犯罪嫌疑人進行訪談或調查。

這是屬於警察調查刑案的處理模式，它會不斷的隨著案情發展而產生微妙的變化，可稱為**偵查隨機變項中的事實因素**。例如刑案產生人或物的影響，產生許多重要變化或調查階段告一段落，警察機關以「**續報**」的方式處理案件，而此變項因素也會因與檢察官聯繫或移送的關係，產生更多的司法聯繫與互動關係的變化，這個階段若已發展成為檢察官指揮偵辦之階段，承辦檢察官為因應各個案件**實體性質**的不同，或**訴訟條件**的完備與否，而產生微妙的訴訟關係，應屬**公訴權啓動**前的法律關係，此與警察在司法調查階段，在職能分工上各有所司有所不同，而彼此進行不同的偵查風險的控管。

若案件未臻成熟或只是初露端倪者，就司法警察實務而言，純屬假設性的階段。這個階段犯罪證據與犯罪行爲在事實上的關聯性相當薄弱，故無法直接以刑事案件偵辦，只能本於行政作用法來進行調查。例如[85]，某外籍輪船停泊於我國港口或碼頭，經船上某船員舉發，船長等人涉嫌在公海上喋血殺人，究竟是眞是假，尚屬不明狀態，依據**海岸巡防法**第5條第5款：「對於航行海域內之船舶或其他水上運輸工具，如有損中華民國海域之利益及危害海域秩序行爲或影響安全之虞者，得進行緊迫、登船、檢查、驅離，必要時得以逮捕、扣押或留置。」因此，此階段警察人員僅能搭配港務人員，以該船舶有無適航能力作爲理由，登船進行行政檢查，查驗有無影響「公共安全」之虞，始爲適法。

警察偵辦刑事案件已臻於成熟階段，通常是指在案件已移送檢察官或已偵破後持續擴大偵辦的階段，而**持續擴大偵辦**乃因案件的發展會影響社會治安，此時才會成爲警政工作性的指標性案件。

此際，檢察官與警方也會有著相當緊密的聯繫與合作關係存在，於此階段性的偵查工作會有更加明顯的表徵，此時犯罪的違法狀態已經不能認爲只是單一的社會事件可以處理完成的。因此，外界觀察警察實務工作，會誤解以爲警察在**選擇性辦案**，事實上警察偵辦刑事案件有其各個階段性的工作，必須從警察的各種偵查活動中的動與靜間，所生因果變動關係，始能理解其實際工作上操作的程序或模式。例如**司法警察執行職務聯繫辦法**第11條規

---

[85] 胡念祖，〈從福明輪看司法獨立裁判的可貴〉一文，摘自中國時報，1997年3月8日，第11版。「福明輪」爲我國籍之船舶，該輪船上的船員涉嫌於海上拋棄羅馬尼亞偷渡者一案，經加拿大哈立法克斯引渡法庭判決我六船員「當庭開釋」，其判決基礎在於本案所訴之引渡要求不符合加國國內成文立法中有關之引渡要件，但是，同紙判決書並未排除犯行之可能。本案之發生及其本質自始即爲國家管轄權確認之爭議。本案之所以懸疑，即在所有的指控均係「企圖可疑」的菲律賓籍船員所提出，如果加國警方在第一手偵查下仍無法發現堅實的犯罪證據，則我國檢警在「事發」九個多月後是否可發現任何新的證據，並因而「破案」，相信加國與羅馬尼亞亦不應有太多的期待。但我國仍應藉本案之偵查過程與司法管轄權之行使，向國際社會證明我國司法制度之嚴謹。

定，由司法警察人員帶同被告外出繼續追查贓證、共犯，此時檢警是站在打擊犯罪同一目標上共同辦案，以彰顯其職能合作與分工的關係。

藉此以觀，這裡的案件，不是刑事訴訟法上所論及已**定型的訴訟行爲**，也不是論及到一個起訴的案件得成爲法院審判的對象而言。而是在警察偵查實務中，隨著偵查假設的模式的發展，逐次驗證與案情有關的證據，再連結或組合相關證據，找出犯罪事實的全部或一部。與此同時，警察機關隨著偵查策略或計畫的改變，而改變其偵查模式的方向與步驟。例如警察機關雖然有時已發動刑事司法調查活動，但有時未必能立刻結束活動，甚至需要沉寂一段時間，靜觀犯罪嫌疑人及共犯結構的動態發展性，規劃偵查網的布線與實效性，達到「擒賊擒王」的偵查效能，同時避免假的情報資料或資訊進入，或冒名頂罪，或避免虛假證據進入研判犯罪的資訊之中，須不斷進行過濾與澄清的工作。

第三項　訪談與偵訊的基本問題

爲何要討論訪談與偵訊的問題，與本文有何關係。這裡提出一些解釋，因爲大多數的犯罪嫌疑人在偵訊過程中絕對是不會自白的。而**訪談爲偵訊的前置作業**，適足以彌補這個疑難。蓋因在訪談過程中，受訊問的犯罪嫌疑人的供述，如不在場證明、殺人武器、車禍現場的描述等，這樣的嘗試結果，能夠從其供述中判斷虛僞不實的供述，並且能夠提供偵訊人員在偵訊時的證據，讓犯罪嫌疑人容易認罪，這也是前述偵查風險控管的積極作爲之一種。以下針對兩者的概念、方式、程序等問題，加以說明之。

一、訪談與偵訊的概念

本書所指的**訪談**（the interview process），是一種非指控式（non-accusatory）的蒐證程序，是進入偵訊前必要的前置程序（An interview should precede every interrogation.），其針對的對象或範圍相當廣泛，是以法律做爲後盾，進行廣泛溝通的形式（包括任何形式資料的交流過程）[86]。

---

[86] Fred E. Inbau, John E. Reid, Joseph P. Buckley and Brian C. Jayne (2013). Criminal Interrogation and Confessions, 5th ed., Johns and Bartlett Publishers, p. 9.

所以，訪談就蒐證的目的性而言，是一種廣泛蒐集資訊的程序（The purpose of an interview is to gather information.）[87]，而就形式上而言，是一種警察偵查規範上蒐集資訊的方式之一。

爲取得更多的偵查情報與資訊以及確認犯罪嫌疑，警察在偵查實務上，進行**訪談或偵訊**其對象及範圍，與檢審比較起來，自然非常地廣泛。所以，警察訪談或偵訊的對象，通常具有許多不確定性且暗藏著許多虛僞不實的可能。

站在法正當性的要求下，訪談與偵訊仍有所不同，而偵訊多少帶有一些強制狀態已達到取供的目的。通常案件發生後，因爲無法立刻鎖定犯罪嫌疑人或確認犯罪嫌疑，基本上會先進行一些過濾與清查的蒐證活動，而進行訪談的工作，與偵訊比較其程度自屬較爲任意的狀態。

訪談是蒐證的基本工作項目之一，乃進入偵訊程序之前的前置活動，視案件的情況決定是否有其必要性。以警察實務工作經驗立場，精緻的蒐證得以作爲偵訊之前置活動，與制度化的建立，就有效因應犯罪的現實考量，確有其必要性。因爲畢竟沒有偵訊人員能夠保證在偵訊時，犯罪嫌疑人一定會承認犯罪（自白）及說出事實眞相。

訪談的作業程序與方法，若越務實詳盡、客觀、科學化，使蒐證活動中的訪談紀錄（此紀錄可不拘任何形式要件來完成）能夠與偵查假設相結合，則偵查假設的基礎就越穩固、紮實，也越能夠奠定後續偵訊對象所爲供述的信用性與眞實性，而防制虛僞供述的發生。

然而正値偵訊時，犯罪嫌疑人除承認犯罪及說出事實眞相部分應予記錄外，對於其他非重要事項或情況，則無須製作任何紀錄。不過，偵訊時遇到特殊緊急情況下究竟是訪談或偵訊，因事前仍無法預知情況的變化，而無法刻意區別，但是仍要留下紀錄，有可能助益於日後案情的判斷。

二、訪談與偵訊的不同

本書所指的**偵訊**，是指對於犯罪嫌疑進行的偵訊程序（The Suspect Interrogation Process）而言，特別是指警察爲完成偵查或調查的蒐證任

---

[87] Fred E. Inbau, John E. Reid, Joseph P. Buckley and Brian C. Jayne (2013). Criminal Interrogation and Confessions, 5th ed., Johns and Bartlett Publishers, p. 6.

務，對於受詢問人進行有關犯罪嫌疑之詢問取供的程序，而完全是屬**指控的方式**（An interrogation is accusatory; An interrogation involves active persuasion.），同時，以確認事實爲目的（The purpose of interrogation is to learn truth.）[88]。警察的詢問與檢察官的訊問，除主體不同外，最主要在於偵查或調查分工的不同，但是在此偵訊程序中指控罪嫌疑人的本質並無二致。職是之故，本書所指的偵訊活動（interrogations），是指司法警察人員的詢問取供的程序而言。

在法規範指導下，訪談與偵訊其不同點分述如後[89]：

（一）偵訊，是針對犯罪嫌疑人，以指控（accusatory）的方式下進行，是在暗示（incriminate）受訊問人具有相當犯罪嫌疑之可能性，是屬制度性質的質問（the systematic questioning）是否涉嫌，其中當然包括被告的自白，此時也不是像訪談方式在評估其陳述是否眞實，而是在合理的操作下確認其犯罪嫌疑（An interrogation is conducted only when the investigator is reasonably certain of the suspect's quilt.）[90]。同時，偵訊人員利用之前的訪談資訊，做爲稍後詢問的資料基礎，隨著案情逐步發展，不斷地發現新的資訊（證據）來搭配或驗證，甚至是偵訊人員利用詢問程序，以鞏固犯罪嫌疑人的自白。

訪談，則是利用各種可能的管道（例如布線、諮詢、查訪等方式選擇的作爲），從訪談的內容中去找尋與案情有關及有效的資訊。一般而言，訪談可從目擊者、線民、被害人、告發者、嫌犯等，去獲得與案情有關的資訊。

（二）偵訊，其對話方式，通常是實施**單向對話方式**（一問一答），可阻斷受詢問人願意吐實之前的任何發言。訪談，則是問答形式的雙向對

[88] Fred E. Inbau, John E. Reid, Joseph P. Buckley and Brian C. Jayne (2013). Criminal Interrogation and Confessions, 5th ed., Johns and Bartlett Publishers, p. 7.

[89] Michael D. Lyman (2011). Criminal Investigation: The Art and the Science. 6th ed., p. 193. M. Y. Camal (2014). Police Interpreting: A View from the Australian context, International Journal of Society, Culture & Language, p. 2, 9. Nathan Gordon, Willam L. Fleisher (2011). Effective Interviewing and Interrogation Techniques, Elsevier Ltd. p. 20.

[90] Nathan Gordon, Willam L. Fleisher (2011). Effective Interviewing and Interrogation Techniques. Elsevier Ltd. p. 20.

話，方式、地點的選擇較多，分析與評估的工作較爲專業與繁雜[91]。前者，較偏向於追訴犯罪的取供活動；後者，較偏向犯罪心理學、專業統計、鑑定的分析、研判[92]、評估。

（三）偵訊，其目的在於發見眞實，確認受訊問人對於關鍵證據的供述是否具有相當可信度的價値判斷。若犯罪嫌疑人願意承認犯罪，應立刻設法取得自白或有利於案情發展的嫌疑證據。

訪談，在於獲取與案情有關的資訊，評估、驗證其陳述的眞實性，對於訪談的對象先做評估，包括具有專業的「**犯罪剖繪**」及「**犯罪環境評估**」[93]，作爲下一步偵訊活動的準備。

（四）偵訊，具有追訴犯罪的特質，受訊問人須受到充分緘默權的保護，與聘請辯護律師的訴訟防禦權的保障，筆錄的記載有一定法律規範上的要求。訪談，僅止於廣泛蒐證中，故任何蛛絲馬跡都必須記載下來，從不疑中找疑，方式、地點不拘，使用閒聊的方式亦可。

偵查人員於此非正式場合的查訪，以勸導、刺探方法取得犯罪嫌疑人或相關人之陳述，並未侵害彼等之人身自由，被告若未犯罪，縱偵查人員以私下刺探方法詢問，犯罪嫌疑人也不會承認，因此並不會產生誘發虛僞陳述的危險。因此，偵查人員以此非正式的訪談方式，以此刺探的方式取得之犯罪嫌疑人或關係人陳述，作爲查證線索或偵查方

---

[91] S. Mulayim, M. Lai and C. Norma (2014). Police Investigation Interviews and Interpreting: Context, Challenges, and Strategies. CRC Press. p. 22, 23.

[92] 西山 詮，刑事精神鑑定の実際，新興醫學出版，2004年2月版，214頁以下。例如吸毒人中毒性的精神病所生的幻覺妄想狀態、緊張型精神分裂症（統合失調症）所生外界識別能力的欠缺、分裂病質的人格障礙屬於「適應障礙」的心理反應（妄想性障礙）、激情犯罪的意識障礙（特定的解離性障礙）、多重人格障礙（突發性精神異常）、插間性精神病（犯罪後完全遺忘所做之行爲）、精神遲滯嚴重（完全無識別力或控制力）。

[93] 越智啓太，犯罪捜査の心理学—凶悪犯の心理と行動に迫る—プロファイリングの最先端，新曜社，2015年12月初版，2-4頁。犯罪心理學包括：犯罪原因論、蒐證心理學、審判心理學、更生保護心理學、犯罪預防心理學、被害人心理學等。在在說明犯罪心理學研究方法的多樣化。也說明受訊問人在不同的情境所供述內容，自然會顯現出不同思維型態表達出來，如何統整、辨識，需要累積許多臨床的實務經驗。

向之參考，則爲先進國家偵查實務普遍現象[94]。

（五）偵訊，所要記載重要內容於刑訴法第100條有明文規定。以警察偵查實務而言，應記載者，爰分述如後[95]：1.如何認識犯罪的眞相與如何發生；2.包括嫌犯坦承犯罪（自白）；3.包括嫌犯所有實行犯罪的手段及當時情況；4.組合所有資訊能夠讓偵訊人員有合乎邏輯的推論；5.提供的資訊可供檢察官起訴之用[96]。

訪談的方式與地點，其選擇較無限制，爰分述如後：1.不限於在警察機關的地點，包括住家、辦公室或其他地方皆可；2.不會涉及較複雜的心智訊問，只須提出適當的問題，若提出封閉式的問題時，例如是關鍵性問題，應讓訪談者使用「是」或「不是」來回答即可，但儘量提出開放式的提問，開始訪談時應自由陳述避免不要打斷其陳述，避免使用不實的問題誤導訪談者，也不要對訪談者回答的問題提出爭辯，之後再回到問題點請其解釋爲何如此，沿著既定的計畫或途徑進行提問的控制，所訊問的問題須適合做出警詢（訊）筆錄；3.鼓勵受訊問人清晰的表達與晤談的保密，結束訪談時應創設出友善的印象與進一步的合作關係，仍必須在法律規範以及偵查技巧的策略下進行[97]，其方式較爲任意。例如侵入住宅強制性交的案件，偵訊人員可從犯罪現場的留下的證物，例如指紋、鞋印、血跡、衣物及物品的破損、精液的斑痕等證據，利用輕鬆的場所與被害人進行有效的訪談，未必一定使用偵訊的方式進行，而訪談結果仍有助於眞相的釐清，亦可幫助採證[98]。

三、司法審判實務的運用

警察在偵查階段（包括前述的訪談過程），都僅限於在蒐證與調查的階

---

[94] 吳巡龍，〈偵查與審判法理之不同〉，中國時報，2009/02/12。www.coolloud.org.tw/node/35291，最後瀏覽日期：2017/6/18。

[95] Michael D. Lyman (2011). Criminal Investigation: The Art and the Science, 6th ed., p. 194. Nakane. I (2014). Interpreter Mediated Interviews: A Discourse-pragmatic Approach. Palgrave Macmillan, p. 9.

[96] Michael D. Lyman (2011). Criminal Investigation: The Art and the Science, 6th ed., p. 208.

[97] Michael D. Lyman (2011). Criminal Investigation: The Art and the Science, 6th ed., p. 193.

[98] 李昌鈺等，犯罪現場（Henry Lee’s Crime Scene Handbook），商周出版公司，2004年5月初版，202頁。

段，通常是在模擬或假設犯罪的這些情況下進行蒐證及調查犯罪。

我國現行刑事訴訟法所規定之約談通知（刑訴法第71條之1）以及詢問程序（刑訴法第100條之1）等方式取供，供做確認偵查方向或假設之正確性。

至於起訴後，警察以訪談的方式取得關係人的陳述，得否提出於審判中使用，容有疑義。學者認爲[99]，由於此種詢問取得之陳述，屬於刑訴法第159條之審判外的陳述。惟此種任意方式所取得的供述紀錄，如經被告同意，且法院認爲適當者，得依刑訴法第159條之5同意法則之規定，得承認具有證據能力。倘被告有爭執，如具備有刑訴法第159條之3要件者，仍有容許作爲證據的餘地。

第四項　偵訊的技巧與偵查實務的運用

警察在偵查階段（包括前述的訪談過程），都僅限於在蒐證與調查的階段，通常是在模擬或假設犯罪的情況下，進行蒐證及調查犯罪。因此，警察於偵訊實務上，則經常使用的技巧，即所謂「**認知技巧**」（cognitive techniques），是指訊問時利用受訊問人的心智活動、覺察及語言等方式來解釋或理解其行爲的溝通模式。這個假設是建立在人類的行爲，可以透過一連串外在環境與因素的刺激與減緩，而反應出人的思考、覺察、情緒、欲望等[100]，進而辨識其陳述的眞僞，找到犯罪事實的全部或一部。

事實上，偵訊人員唯一能夠使犯罪嫌疑人認罪，是在當下的環境或找到犯罪者的行爲特徵，而這個條件，是透過訪談非正式的犯罪嫌疑人去查證是否具有犯嫌，並以有限的證據去連結犯罪之可能，從這些資訊偵訊人員去判斷是否需要進行正式的偵訊[101]。換言之，如果蒐證或辨識犯罪特徵仍未達於成熟階段，不妨使用方正式的訪談方式進行，避免眞正犯罪人起了戒心。不過，犯罪嫌疑人有權利決定是否要回答（the right of the individual to decide whether to speak），則關係到偵訊人員有無遵守程序上犯罪嫌疑人行

---

[99] 陳運財，偵查與人權，元照出版公司，2014年4月版，12頁。

[100] Michael D. Lyman (2011). Criminal Investigation: The Art and the Science, 6th ed., p. 208.

[101] Fred E. Inbau, John E. Reid, Joseph P. Buckley and Brian C. Jayne (2013). Criminal Interrogation and Confessions, 5th ed., Johns and Bartlett Publishers, p. 9.

使緘默權的問題[102]。

一、偵查技巧的分類

偵訊人員若於調查犯罪時，使用**誘導或誤導**[103]等提問方式進行溝通，儘管於警察偵查規範上並未明文禁止其行爲，但是即便是使用**引導**的方式進行溝通，宜用**勸導**方式，以避免使用不正的偵訊技巧，否則，有可能導致**非任意性自白**或**虛僞供述**之情形發生，不可不愼。

警察無論是在查訪或是在偵訊等技巧上，自應在法正當程序下進行，爲避免讀者對於本書所詮釋的「偵查技巧」有所誤解，先予說明。因此，本書所論及到的偵查技巧，係在警察犯罪偵查規範下進行，據此將偵訊技巧，大致分爲三大類：

（一）**「放聲思考技巧」**（think-aloud techniques）[104]：是指一種評估與描述認知結構中程序知識方面的技巧。

偵訊人員對於受訊問人可提出較廣泛、概括的各種具體明確的問題，而受訊問者於訊問過程中可將其所想到的任何事情，皆可任意陳述之。這樣的技巧，較類似我國偵訊上「始末連續陳述」（參考刑訴法第96條），較自由陳述的狀態。

所謂**「始末連續陳述」**，較不受偵訊人員的支配與控制，但也有可能受到偵訊人員的強烈暗示或誘導說出的事實。不過，儘管如此，受訊問人若願意將整個事件的始末連貫、完整地陳述其經歷，其思緒或情緒部分通常是比較不會受到太大的影響，但亦有可能虛僞或編造事實。因此，若發現陳述部分之事實，有利於犯罪嫌疑人者，可追問其理由或要求其提出證明，以掌握或控制其陳述的重點，以防止虛僞供述。

---

[102] Julian Alton Hosch (2012). Inside Investigative Crimunal Procedure: What Matters and Why. WOLTER kluwer Law & Business, P. 230.

[103] 偵訊人員「誘導」受訊問人，稱：你既然認爲她是你的母親，那你殺她的理由是什麼呢？偵訊人員「誤導」受訊問人，稱：如果她不是你認識的人，你會殺她嗎？稱：你殺的那人，是眞的穿紅衣服的那位嗎？

[104] Michael D. Lyman (2011). Criminal Inrestigation: The Art and the Science, 6th ed., p. 209. (1980)，指出Ericsson Simon提及The think-aloud interview的概念。

其優點是，可避免對受訊問人產生主觀的偏見，以及只要對偵訊人員施予少量的訓練就可以上手。但是其缺點是，若受訊問人太過於專心，以致於忘記提問的重點或離題，因而偵訊人員必須中斷去追問他的想法，使受訊問人須要將所想到的事情以口頭明確表示出來。所以，偵訊時的錄音、錄影是有必要的，可供偵訊問人員分析。

偵訊問人員將錄音帶（或錄影帶）和筆記所獲得的資料加以謄寫，最後的謄本稱爲**「原案」**（protocols）。接下來是將「原案」中的資料加以歸類，因爲「原案」中有許多不相關的資料，故只將符合預先已分類的項目之資料，或是符合從事實中顯現類別之資料，才予以考慮。

當所有的類別都建立好後，再分析不同組別的受訊問人，其口語反應在各類別的分布情形，藉以了解受訊問人認知的活動。換言之，運用在晤談方面，由於放聲思考法在整個過程能產生豐富的資料，而這些資料在其他方法中是無法得到的，故放聲思考法會比其他方法**優先採用**[105]。

「**放聲思考技巧**」有下列的限制或困難，分述如後：

1. 不經意的暗示（inadvertent cuing）：訊問者在活動一開始應避免具有特定的、導向性的評語，而使受訊問者受到暗示。另外，偵訊期間施測者，偏離了中立的立場給予評述，則可能影響受訊問人的思緒及思路。故這樣的行爲偵訊人員應予避免。
2. 資料的易得性（accessibility）：當個人的認知過程變得自動化時，受訊問人是無法說出思考過程，故避免要求受訊問人說出那些正在自然進行的回答時，而無法回溯的過程。
3. 認知活動的中斷和研究問題方向的扭曲：認知活動的中斷和扭曲可能有兩個原因：(1)當我們把思考移轉至語言時，需要一些過程，但這些過程不會發生在解決問題方面；(2)一些額外的過程處理能力，可能會干擾到正常的過程處理。故可要求受訊問人做配對報告，以避免認知活動的扭曲。

---

105 段曉林，放聲思考（Thinking Aloud），2000年12月，教育大辭書。http://terms.naer.edu.tw/detail/1306468/，最後瀏覽日期：2017/4/29。

4. 原案的謄寫問題：精確的原案謄寫，本身就是一項艱難的工作。例如模稜兩可的曖昧手勢，就使得偵訊人員必須自己作判斷，因此可能造成因人而異的原案，而影響資料的解釋。
5. 對於幼童的問題：幼童的語言表達能力會混淆資料分析結果的準確度，且幼童無法進行或操作複雜的問題與工作，故以幼童為訊問對象可能會有所限制。所以對幼童提供練習時間是有必要的。

（二）**「口語測試技巧」**（verbal probing techniques）：這樣的技巧，較類似我國偵訊上所謂的「一問一答」的問案方式。但是，這種技巧與第一類的技巧，是相互排斥的。所以，偵訊人員只能選擇其一而行之。「口語測試技巧」是屬認知技巧中較為進階的訊問方式，受訊問人在回答調查中的質問時，必須說出原因。受訊問人是可以對於較特殊的相關資訊提出問題，或對於較特殊的問題給予相當的理由來回答。例如請你回答：「當你看到那男人進入她的公寓，是以何種方式得以進入？」、「何時你說你看到那男人開車離開，請描述當時他們駕車離開的方式（manner）」。其缺點是偵訊人員較容易支配或控制受訊問者。就訪談的題材而言，對於偵訊人員是很容易適應這種訊問方式[106]，因為這樣的偵訊較容易解決偵訊人員的各種疑點，可回溯到事實真相的可能性，減省分析案情的過程，亦可搭配警方已經掌握得相當證據來確認自己的偵查假設或方向有無錯誤，並確認真正犯罪者是否承認犯罪或還有其他共犯，或是有共犯其犯罪結構如何，是否有虛偽陳述之情形。

針對虛偽供述、謊報案件如何排除之方法，犯罪學者提出所謂的**「逐層分析法」**（frame-frame analysis）[107]，亦即在訊問程序中穿插一些有關或無關案情的訊問，留意其反應、表情、態度的不同，再穿插一些受訊問者未能預期會被問到，或事先未能準備到的情況，若與事實不符者追問其理由，此時受訊問者可能會編造出理由或保持緘默，提出質疑或發現前後矛盾之處，再去與先前掌握的事證，加以比對結

---

[106] Michael D. Lyman (2011). Criminal Investigation: The Art and the Science, 6th ed., p. 209.
[107] 廖有祿，犯罪剖繪—理論與實務，五南圖書出版公司，2016年5月初版，154頁。

果，發現其供述的虛假部分，將其排除之[108]。這也是屬於本書第二類的偵訊技巧的發揮。

（三）**深入訪談法**（in-depth interview）[109]**：**是指由受訊問人與偵訊人員進行面對面溝通的一種方法，警察使用此方法的目的，在於廣泛蒐集需要資料所實施的方法，有時可針對特定事或人進行多次訪談去過濾，發現具**有價値性的問題**需追問下去，並詢問其資訊來源之可靠性，於訪談完成仍需**分門別類**，歸納其屬性後，再加以整理記錄，逐步發現有用的資訊，找到各種可能的具體模式，進一步建構出**科學化**的理論與策略的發展，擬定偵查的**各種假設條件**與步驟的實質基礎。如此，才能得以累積偵訊時的眞實能量，以防制虛僞供述的發生。

通常使用此法時，訊問者會盡可能使用最少的提示與引導問題，而是鼓勵受訊問者在一個沒有限制的環境裡，就主題自由的談論自己的意見。因此，深入訪談法，除可增加資料蒐集的多元性外，更能藉此了解受訊問者對問題的想法與態度，進一步有助於對於眞相的理解與解析。

另外，深度訪談法，亦強調透過訊問者與受訊問者的互動過程，對問題重新加以釐清，以確認受訊問者內心的眞實感受與行爲認知。簡言之，其功能在於除發覺受訊問者內心的情緒、態度、動機外，理解受訊問者回答：爲什麼的問題，以及**追問其相關的理由何在**。主要在於

---

[108] http://www.profiling.org/journal/subscribers/vol2no2/bpjbs2-2hml，最後瀏覽日期：2017/6/7。J. Baeza, J. Savino (2011). "Frame-frame analysis: An Interview Technique". Journal of Behavioral Profiling. 2(2).

[109] 萬文隆，深度訪談在質性研究中的應用，生活科技教育月刊，第37卷第4期，2004年5月，17-23頁。深度訪談與單純訪談有很大的不同，深度訪談是要深入人心，探究受訪者眞正的想法，得到更眞實的資訊。深度訪談目的在於透析訪談的眞正內幕、眞實意涵、衝擊影響、未來發展以及解決之道。深度訪談的基本素養動力主要是來訪談者熱切探求事實的心，因此，必須分析整個採訪的環境，包括外在環境、內在的資源等，都要研究得相當透徹。訪談並不是隨便談談，唯有透過訪談者嚴謹的訓練，減少題意不清、引導式追問等，才能提高標準化訪談成功的機率，順利的比較各個訪談個案，發展出研究目的所要的模式。深度訪談則是更深入的進行人的研究分析，靠的是事前蒐集資訊的功夫，以及約訪、預訪等前置作業，訪談時則是視情境臨機應變，由大環境及各個面向，來進行剖析，以探求事情的眞相。

擷取受訊問者本身對事物的**內在觀點**的經驗知識爲基礎，作爲理解某**特定地區**或某**特定社群**的人或**事物的特質與發展**的情形。

第一類與第三類，是屬**訪談方式**進行的溝通技巧；第二類，是屬於**正式偵訊**時使用的溝通技巧。

二、偵查實務中偵訊技巧的運用

偵訊技巧以上述第二類「**口語測試技巧**」，較類似我國偵訊上所謂的「一問一答」的問案方式，使用此類方法者較多，因爲不需要耗用太多的時間與人力，可快速的切入問題關鍵，以爭取移送的時效。

不過，因案件的性質需要刑事專業技術較多，需要一些有經驗的刑事警察人員始可勝任，而且通常偵訊都在封閉的偵訊室裡，是在容易控制受訊問人的環境中，可以直接針對犯罪加以訊問。尤其是犯罪嫌疑人已經表示其願意簽下自白書的情形下，最適合使用這類的偵訊技巧。

但是，使用這些技巧，目的是要犯罪嫌疑人認罪及供出事實眞相，所以偵訊人員在未完成此項任務之前，應先不要製作不成熟的紀錄，例如提示某證物當成犯罪嫌疑人認罪的供述，或是禁止爲自己利益辯駁的許可；完整紀錄的製做，是在犯罪嫌疑人完全的承認犯罪時，此自白有極大可能已被其他的偵訊人員證實[110]。

「**口語測試技巧**」是屬偵訊技巧的核心，是在被告承認犯罪及供出事實眞相的偵查技巧。因此，在偵訊技巧上必須要相當縝密，任何關鍵的細節都不能疏漏，尤其在偵訊筆錄的製作或錄音、錄影的要求上就非常嚴格，形成紀錄的連續過程，以利日後查考。

例如犯罪嫌疑人已經認罪的前提下，只要犯罪嫌疑人有涉及多樣性犯罪之可能，而在警察的清單上者，盡可能在筆錄或自白書中要求其承認，否則犯罪嫌疑人到了法院就會不承認犯其他的犯罪（可稱之爲廣義的「**翻供**」），而造成其足以逍遙法外。

爲避免日後產生證據證明成立的風險，犯罪嫌疑人有可能涉及的犯罪類型，全部必須要求其承認於筆錄或自白書上簽名確認之。不過，司法警察

---

[110] Fred E. Inbau, John E. Reid, Joseph P. Buckley and Brian C. Jayne (2013). Criminal Interrogation and Confessions, 5th ed., Johns and Bartlett Publishers, p. 9.

人員使用這些方式偵訊通常都是案件有一些把握且握有相當的證據，始得爲之，茲分述如後：

（一）物證已經找到、其他共犯已經招認等。

（二）犯罪嫌疑人認罪的機會很大，例如人犯是以現行犯遭到逮捕。

（三）犯罪嫌疑人所犯的案件有各種犯罪的可能性，需要釐清，但基本上已經口頭認罪，需要更清楚地確認是何種犯罪類型[111]。例如偵訊人員提出許多可能犯罪的嫌疑加以訊問後，要受訊者在自白書或其筆錄上簽名確認。

（四）找到犯罪嫌疑人供述的矛盾、充分足以對抗的罪嫌證據，以提供犯罪嫌疑人自我利益的考慮，以此建立和諧關係[112]。

不過，狡詐的犯罪嫌疑人除非是現行犯被當場逮捕外，通常都有充裕的時間與空間去對抗警察機關的調查，甚至保持緘默，按兵不動，亦可透過各種管道，不斷的試探警方偵查的方向與策略，甚至有計畫地讓警方陷入錯誤，有計畫的串證、湮滅證據，或找人頂罪。所以，在偵查階段，犯罪嫌疑人儘管是警察調查的客體，但也未必一定是處於不利的地位。

此階段對犯罪者較爲有利，精於算計的犯罪嫌疑人知道此時防備警方的偵查，最好的方法就是積極的鋪陳或突破各種警方可能的偵查策略或技巧，冷靜沉著的讓警方一步一步地進入已經設計好的圈套，達到最小、最少的損失，以解除其面對刑案的壓力。例如犯罪嫌疑人於警察偵訊時故意激怒偵訊人員，出手毆打犯罪嫌疑人（精密策劃出苦肉計），於羈押庭或法院正式審判時，犯嫌供出警察以不正方法偵訊逼供，導致其供詞欠缺憑信力，無法羈押或無證據能力。同時，在犯罪結構尚未明朗化時，最佳的結果就是警察與犯嫌在偵查過程中做出某種程度的讓步或交換，企圖遊走法律制裁的灰色地帶，以達到控制或限縮警方打擊犯罪的範圍與層面，到了檢察官或法院審理

---

111 Michael D. Lyman (2011). Criminal Inrestigation: The Art and the Science, 6th ed., p. 210.

112 Saul M. Kassin, Steven A. Drizin, Thomas Grisso, Gisli H. Gudjonsson, Richard A. Leo and Allison D. Redlich (2010). Police-Induced Confessions: Risk Factors and Recommendations, p. 2, 摘自Google學術搜尋，最後瀏覽日期：2017/11/6。Jessica R. Klaver, Zina Lee, V. Gordon Rose (2008). Effects of personality, interrogation techniques and plausibility in an experimental false confession paradigm, Legal and Criminological Psychology, 13.

時，可獲得更大的訴訟利益，例如緩起訴、不起訴等處分，或無罪、輕罪等判決。

第五項　警察偵查實務的實效性

一、案件的實效性與延展性

偵查假設，是警察於偵查犯罪過程中，於**識別犯罪特徵**後，提出各種可能的假設，來驗證犯罪事實之證明方法。同時，隨著案情的發展，其複雜性與多變性逐漸顯現後，爲了偵查實效及發揮組織的功效，警察機關會擬定**偵查計畫**，以統整各方情報資訊，發揮團隊組織的辦案力量，以精準地且快速地找到犯罪案件有關的人與事物，打擊犯罪，以維護治安。

就**偵查實務**而言，案件從派出所初步的查訪與調查，到警分局偵查隊的調查與訊（詢）問過程，發展到擴大偵辦的階段，隨著階段性任務與職務上義務的履行，案件於偵查的過程本身，不是單打獨鬥的偵訊技巧而已，而是整個警察團隊機能的發揮。

這是本書論述所謂的「案件關係的發展」，是以追訴的實踐性而言，強調在犯罪偵查的程序上，彰顯出警察處理案件的關係上，具有實效性與延展性，作爲論述的基礎。

依據**警察偵查犯罪手冊**第197條規定，案件雖經偵破，仍應根據其查證結果，犯罪模式及犯罪嫌疑人供述澈底追查，擴大偵破，並愼重處理新聞，以兼顧當事人隱私權與名譽之保障。以及依據該手冊第198條規定，破獲重大刑案，應立即通報刑事局偵防犯罪指揮中心，以便轉報有關警察單位協同追查擴大偵破。基於該手冊第24條以及第28條規定，擴大偵辦的刑事案件，有可能是重大刑案、案情特殊、牽連廣泛案件等，應運用整體的團隊力量，全面進行偵查工作，並相互聯繫密切配合，以增強偵查的實效性。

以偵查實務觀之，案件之情境變化多端，須依當下狀況，做適切判斷與規劃。以跟監查組販毒案爲例，警方行動之前須備有多種可能腹案，反覆模擬各種情境，做沙盤推演，並備妥足夠交通工具，齊全應勤裝備、人員、物品，做好綿密勤務規劃，適切警力部署，則較容易克敵致勝，而達成任務。

二、警察偵查實務的務實性

警察在偵案刑事案件具有務實性，即所謂的「除惡務盡」，即指澈底打擊犯罪，防止犯罪死灰復燃的決心。因此，警察在刑事偵查的積極務實的做法上，通常是從這兩方面著手，爰分述如後：

（一）在偵查階段，於識別犯罪特徵後的偵查假設，必須是透過法治的角度與科學驗證的方法，找出犯罪事實，同時讓偵訊程序更加透明化、合理化、標準化，促使警方在還原事實眞相的過程，得以追溯驗證。
在法規範的指導下，得以驗證與檢視犯罪根本問題的解決，如何除惡務盡，儘量避免出現偵查斷點，務必具有連貫性的證據關聯，即以點、線、面的多重角度發現證據保全的重要。

（二）現代化的犯罪偵查模式，是要與整個國家司法體系緊密連結，以專業問題導向爲核心，發展精密偵查模式，擬定偵查計畫，以增強偵辦刑事案件的實效性。

其中，包括問題導向的偵查策略、偵查假設的科學化、客觀化、以策略聯盟的方式進行問題整合與精準蒐證、偵查技巧的精進與科學化。同時，針對各個特殊或新興的犯罪類型，重視各種法規範制度的建立，並以充足的偵查知識與技能，與各行政機關或司法體系相互配合、有效資源的投入與支援，以發見眞實爲前提，適時控制因偵查中的虛僞不實之證據可能帶來的風險，即證據證明的成立的風險。

由於現代的犯罪模式已不同於往昔，傳統的犯罪偵查技術，亦無法勝任多元的複雜犯罪文化。科學鑑識，雖然不能直接證明犯罪事實，但對於犯罪證據的認定，卻有無可取代的作用，對於犯罪偵查工作而言，證據的蒐集，以及科學鑑識的效用，往往是偵破案件的有利憑藉[113]。

當今的**電子數位犯罪**，例如駭客（已非傳統財產犯罪之概念）可透過各種不同網路的破綻，侵入電腦系統來奪取他人的財物或勒索財物，已成爲另一種財產犯罪型態（如我國的妨害電腦使用罪等）。由往昔傳統犯罪類型，逐漸爲網路新興犯罪的型態所取代，當然也不限於電訊詐欺、網路詐欺的電腦犯罪型態，且由傳統的犯罪現場的實體，轉變成網路世界的犯罪偵查，因

---

[113] 柯耀程，刑事程序理念與重建，元照出版公司，2009年9月初版，96頁。

此「數位證據」機制的偵查啓動，逆向追擊犯罪人，業已成爲司法警察人員偵查的重要工作。

不過，**「數位證據」**究竟是供述證據或非供述證據，尚難一概而論。參照美國法對於數位證據區分爲：（一）電腦產生紀錄，爲電腦依其程式自動輸出之資料，不涉及人類思考，並非傳聞陳述，自無傳聞法則之適用；（二）電腦儲存紀錄，是人類將其表達內容以數位化記載於電腦中，其本質上仍爲人的供述，有傳聞法則之適用。惟若該數位證據爲例行性公務紀錄或業務文書，或雖非公務文書或業務文書但具有可信的特別情況所製作的文書，亦有傳聞例外之適用，則該文書以電子化呈現者，則該數位證據亦屬傳聞之例外[114]。

司法警察人員爲蒐證、證據保全之偵查活動中，應具有數位證據的基本知識，以利數位證據之鞏固，防止虛僞不實之數位證據的生成，亦即該數位證據如何與犯罪事實具有連貫性的證據關聯，以利偵查實效。例如電子信件其內容僅有圖檔或並非針對特定事實表示一定主張者，雖屬電腦儲存紀錄，惟難以遽而推論構成傳聞證據。

又如司法警察人員爲刑事司法調查，經網路發現犯罪後，加以儲存者，該儲存紀錄爲保全證據之偵查行爲，具有供述證據之性質，爲傳聞證據，既非特信文書，故有傳聞法則之適用，宜應注意。

三、案件擴大偵辦的實效性

就警方考量擴大偵辦的案件性質而言，並非單純績效的考量，而是以實現社會治安爲其重要指標性工作，因爲重大犯罪的結構有如綿密的蜘蛛網，互通情報、快速流竄，防不勝防，有時偵破的犯罪組織只是冰山之一角，或因爲對於犯罪環境或條件無法充分了解，資訊獲得有限，所有的供述或者是非供述資料都可能只是表面文章，毫無打擊犯罪的實際作用，造成犯罪人仍有死灰復燃的機會。

就一般刑事案件而言，因爲未涉及組織性犯罪的結構，通常蒐證的資料完備，破案後移送該管檢察官整理過濾，並無問題。相對的，較特殊的犯罪

---

114 劉秋伶，數位證據之刑事證據調查程序，國立政治大學法律學研究所碩士論文，2010年1月，94頁。

類型，如重大違紀之貪污、電腦網路犯罪、販賣毒品、販賣人口等案件，其犯罪嫌疑多半屬於**智力型犯罪**，犯罪的結構具有完整性、周延性，其組織嚴謹、龐大，犯罪行動隱密且不公開，沒有犯罪現場與實體跡證。

例如勒索比特幣的國際駭客，大舉入侵臺灣，近來國內多家證券商、學校都遭駭客攻擊，威脅癱瘓網站或毀損資料，並要求以比特幣支付贖金，刑事局展開調查，但駭客藏身隱密網路世界，甚至使用成千上萬個國外IP，追查難度極高，幾乎是「不可能的任務」，警方提醒被害人不要付款，「守住第一道防線」[115]。由偵查人員啓動數位證據機制，由於駭客涉及透過十多國攻擊，採「**洋蔥網路**」手法，層層保護攻擊眞正發起點，偵查人員必須採取逆向追蹤，逐步縮小目標後才能鎖定特定對象開始抓人[116]。

隱性的組織性犯罪型態，表面上看起來是個正派經營的公司，實際上是從事非法犯罪行爲。以公司的組織型態從事犯罪爲例，其未必是以傳統的幫派型態出現，而是以合法掩護非法的跨國關係企業、關係企業、加盟組織等型態出現[117]，不斷地經營人脈而與政商維持關係良好，甚至彼此勾結，轉型成爲一般社會所接納的法人，實際上「自然人」在操控下，簡稱「**法人私有化**」的內控組織[118]。比較特殊的是，例如組織性犯罪的公司，從事販毒或走私槍械，其上層核心的人員絕對被要求不得吸毒或持有武器，避免染上

---

[115] 刑事局指出，癱瘓網站勒索比特幣犯罪手法，在國際上被稱爲「DD4BC」（DDos for Bitcoin），以最早發明此手法的駭客團體命名，2014年起在歐洲氾濫，攻擊目標包含金融機構及民間企業，包括英國、德國、奧地利、波西尼亞都曾受害；去年瑞士數間銀行接到勒索電子郵件，至今尚未破案，瑞士官方的網路應變中心呼籲各銀行「不要付款」。抓到比特幣駭客幾乎是「不可能的任務」，因比特幣錢包不會揭露身分；由於沒有使用者或IP資料，發動攻擊的IP位址，透過跳板來自世界各國，來源是遭駭客以惡意程式綁架的「殭屍電腦」，即便耗費大批警力追查，最終可能仍是徒勞無功。www.pronet-info.com.tw/industry_news_20170301_01.html，最後瀏覽日期：2017/5/23。

[116] https://goo.gl/jzk64m，最後瀏覽日期：2017/5/23。

[117] 楊士隆，犯罪矯治－問題與對策，五南圖書出版公司，2007年11月版，213、215頁。傳統的犯罪幫派，存在著共同情感和價值觀的共同體，而且，經常是被一般社會所隔離排拒的，與社會正常接觸極爲有限。所以，就本質而言，犯罪幫派是低透明度的團體組織。

[118] 陳志龍，集團化公司治理與財經犯罪預防，臺大出版中心，2017年4月初版，46頁。

毒品或持有槍械後容易彼此出賣或檢舉，以鞏固經營地位於不墜，而在實際管理階層上也不會輕易露面，避免被下層的管理者出賣或檢舉。

眞正管理分配毒品或槍械的人員是屬經營管理階層，他們絕對不會親自出馬去交涉，而是派律師、會計師等專業人員出面，但他們才是最後實際利益的分配者與獲利者，其利用各種網路不斷吸收組織成員，擴大經營行銷網路，類似像**多層次直銷公司**或是**老鼠會**等組織，雖然警方一再強調績效，但對眞正上游組織卻莫可奈何。主要原因是因為，眞正犯罪人早就設計出減損點，或防火牆，警方所有的布線情資或紀錄不僅無法切中要害，也無法呈現出整個組織犯罪的全貌，整個警察機關投入的偵查成本，所製造出的犯罪剖繪以及各種文書紀錄，僅止於紙上作業，實際上無法充分呈現出眞實，即日後證據證明仍存在著虛僞不實的風險。

一般而言，警察無法使用傳統偵查方式，即便是使用特殊偵查技巧亦未必能夠深入理解其組織型態，使用突破犯罪嫌疑人的心防技巧無效，使用**污點證人**的策反點仍然有限，同時上層的犯罪者有足夠的金援來聘請專業律師爲其設立防火牆，阻斷任何偵查行爲的介入。這些較特殊的犯罪類型的經營者，通常警察在初步偵查中是無法突破其全部組織的運作，只能在點、線的層面上暫時壓制犯罪的擴散而已。故打擊犯罪的成效仍屬有限，而只有在擴大偵辦的前提下才能全面打擊犯罪，眞正瓦解犯罪組織，澈底消滅犯罪。

又如組織性犯罪，對於一般民眾而言組織性犯罪之活動並無被害人或者只有間接被害人，例如色情、賭博、販毒等，不易使民眾覺得自身受到威脅，故較少向警方提出告發犯罪，警察基本上也無法從任何情報資料中掌握到犯罪的全貌[119]。

於執行職務中可能因爲監聽、跟蹤、盤查或詢問中，由共犯或證人的供述中發現他人涉有重罪之重大嫌疑[120]，或發現有其他共犯在逃、或涉有重嫌者，因情況急迫依法固可立即發動刑訴法第88條之1的緊急拘提之偵查行動。不過，偵辦這類刑案，切勿躁進，避免形成**偵查斷點**，應運用整體團隊力量，全面進行偵查工作，並相互聯繫密切配合，以達到偵查案件的實效

119 林山田、林東茂、林燦璋等，犯罪學（增訂五版），三民書局，2012年11月5版，416頁。

120 黃朝義，概說警察刑事訴訟法，新學林出版公司，2015年9月初版，125頁。

性。

同時，應避免因犯罪嫌疑人之虛僞與狡詐的供述與自白，以達欺騙或故布疑陣的目的，例如犯罪嫌疑人設下假的暗語、物證，或錯誤的指認，警方誤認爲已經解碼，或誤認爲人犯已被確認，導致眞正犯罪人或假證人，得以從容離境，或隨機設下防火牆，以阻斷警方發動擴大偵破的效果。因此，警方若發現犯罪嫌疑有明顯的呈現出「目的性的虛僞供述」，更應步步爲營，避免打草驚蛇，應將相關證據予以環環緊扣後，並擬定偵查計畫去執行，才能逐步收網。因此，於此擴大偵辦階段，警察機關若無擬定整個案件的偵查計畫與行動力，實施擴大偵破的話，其偵訊的成效仍屬相當有限。

第六項　犯罪嫌疑人的偵訊防禦權

這裡要討論一個問題，就是犯罪嫌疑人的偵查防禦權的問題。於警察偵查時，犯罪嫌疑人有可能**聘請辯護律師**爲其辯護，也有可能自己單打獨鬥，來對抗國家偵查權的行使。不過，未聘辯護律師的犯罪嫌疑人，他不知如何面對被起訴的風險，更無法知悉自己如何去建構無罪的論述[121]，使得犯罪嫌疑人在犯罪偵查的初期，就可能已經喪失表達自己無辜的事證。

現行制度下，辯護人與偵查中受拘提或逮捕之犯罪嫌疑人的**接見通信權**，不得限制之（刑訴法第34條第2項）。法律期待辯護律師於偵查中站在客觀義務，爲犯罪嫌疑人進行防禦。因此，於**偵查不公開**的前提下，辯護律師越是能夠了解案情，越能夠發揮保障人權的功能。

但是，在偵訊辯護的過程中，犯罪嫌疑人故意隱藏犯罪事實的全部或一部，固然辯護律師應爲犯罪嫌疑人之利益辯護，陳述其有利的事實，適時的舉出證明之方法，然而，此時辯護律師卻被蒙在鼓裡，不知眞正內情，反而造成更多的無效辯護，甚至發生虛僞自白等情形。

一般而言，犯罪嫌疑人總是會避免證據痕跡留下來，讓眞相無法被發現。因而警察於偵查工作的蒐證開始，都不會放過每一個細節，就是希望找到更多與案情相關的資訊，以能夠獲得足夠的跡證，因爲犯罪的跡證蒐集的

---

[121] Rolando V. del. Carmen (2007). Criminal Procedure Law and Practice, 7th ed., Thomson Wadsworth, P. 464.

越完整，越容易識別出犯罪的特徵，而偵查假設也越是精準，眞相的端倪也因而得以顯現出來。

然而，這點也多少會反映偵訊人員在偵訊過程中，無意間露出偵查的線索與有相關證據，尤其是在偵查「**資訊不對等**」的前提下，辯護律師得以洞悉警察蒐證的程度到何種程度，而考量是否足夠的辯護能力爲犯罪嫌疑人進行防禦的基礎。

不過，其弊端在於罪證容易被隱蔽、證人容易受到威脅，同時，偵訊人員與受訊問的犯罪嫌疑人偵訊時，當冷靜理智且經驗豐富的辯護律師在場，逐漸發現對犯罪嫌疑人有利資料或情報的探究，甚至實施「苦肉計」，先行自白，設定「計中計」，俟起訴後案件之嫌疑證據已被掌握，縮減起訴後的攻擊證據打擊面的力道，提出反證，減弱起訴證據的證據證明力，引發審判法官對於被告無辜之可能性的心證程度，增加被告獲判無罪之可能。

在沒有辯護律師協助下，狡黠的犯罪嫌疑人有可能早就湮滅或隱匿跡證、製造證據的矛盾或不一致，甚至教唆僞證、僞造虛假事證[122]。然而，一般而言，這種情節在偵查實務上並不多見，只有可能在電影情節中出現，不過亦不得輕忽之。例如故布疑陣、製造假輿論、轉移焦點、聲東擊西等反制作爲，以誤導偵查人員調查的方向，或是錯誤的認定犯罪的主體，然而，此刻偵訊人員從未發覺所辨識的對象或偵查的對象，是虛假不實或完全錯誤，卻信以爲眞，從另一個角度而言，犯罪嫌疑人已經成功的欺騙偵訊人員，作出不實的警詢（訊）筆錄，甚至錯誤的判斷。

爲保護個人，因其無法充分對抗警察機關的偵查攻擊，故在各種的刑

---

[122] home.gamer.com.tw/creationDetail.php?sn=3623289，最後瀏覽日期：2017/8/30。西班牙電影《布局》是一部快節奏的懸疑電影，整部重點就在於角色彼此之間針鋒相對，在對話中描述案情與細節部分，導致整個案情有一百八十度的轉彎和又全面翻轉的局面。而整部電影則由一個故事帶出另一個故事，一個計謀又帶出另外一個謀略，最後卻也牽一髮動全身，一步錯，步步錯的局面出現，而導致眞相果眞不是外人所想的那麼簡單。而故事的格局中也有許多推理劇常有的橋段，例如：密室殺人、不在場證明、掩滅證據與製造假事端等等，都增加了《布局》電影的可看性，並也在結局做出巧思讓故事劇本有個完整的收尾，並且呼應那電影最早絲毫被人給忽略的細節，而讓觀眾留下強烈的印象。並靠著主角與律師對於案件整理和敘事，重新回顧整起殺人案件的事由，重返案發現場，在各種不同的辯論之中，挑出矛盾與漏洞之處，而逐漸的接近整個案情的原點。

事政策上或法律規範上不斷的提供法**律協助及法律教育**（例如義務的辯護律師與法律扶助團體、人權團體的出現），以保障犯罪嫌疑人之**基本訴訟防禦權**。

相對的，犯罪案件在本質上為嚴重的反社會行為，國家必須要動用形式司法權之同時，又事關警察維持社會治安的職能要求，警察發動調查之偵查犯罪，自屬廣義的刑事司法的範圍。

以警察偵查實務而言，警察通常會依法運用各種科學偵查的假設與方法，促使犯罪嫌疑人面對這樣的壓力下，承認犯罪。不過，偵訊人員於偵訊過程中，互動關係不佳，而問不到任何供述，例如受訊問人以虛答實，保持緘默，對偵訊人員而言，則是一種警訊，有可能案件有詐或是另有隱情，此刻必須另尋其他事證，或改變訊問方式，以期勸誘其陳述眞實，而切勿動了火氣，以不正方法而違反程序要求下，強制取供。

不過，因為偵訊過程，是在武器並非處於對等的狀態下進行，犯罪嫌疑人發現自己顯不足以抗衡國家偵查，除了保持緘默及聘請辯護律師外，按兵不動乃最佳的訴訟防禦策略，或是在偵訊時有辯護律師在場，或是犯罪嫌疑人因與辯護人接見並充分溝通後，偵訊人員發現犯罪嫌疑人在詢問過程中，突然顯得十分流暢而不再膽怯，或是原本滔滔不絕，竟然沉默不語。這也不表示其陳述即為眞實或虛偽，或許因共犯關係與辯護人進行情報交換後，單獨由共犯中一人來承受犯罪而為虛偽自白[123]，偵訊人員反而是要提高警覺，防範犯罪嫌疑人製造許多矛盾與漏洞，使得事實眞相更加撲朔離迷，難以辨別眞偽。

有經驗的辯護律師，沉得住氣，起訴後法院審理時，利用**民間專家證人**（Expert Witness）的豐富鑑識經驗，就其鑑識專業領域來配合辯護律師的答辯，以因應法院職權調查各個專家的鑑定意見，或是對於起訴的鑑定報告提出質疑，即攻擊是否具備「科學證據的容許性」的觀點，提出質疑，同時是否具有憑信力，經由對該專家證人之交互詰問，以推敲其意見之可信度與眞實性。若發生鑑定意見有兩種以上的不同意見，無法評斷，法院應送其他

---

[123] 佐藤博史，刑事弁護の技術と倫理―刑事弁護の心技体，有斐閣，2007年5月初版，100頁。

鑑定機關再爲鑑定[124]，若是經證明犯罪嫌疑人可能有無辜之情節者，根據無罪推定原則，則案件反敗爲勝的機率大增。

---

[124] 施俊堯、徐建民，科學鑑定證據憑信性之探討—以DNA鑑定證據爲例，東吳法律學報，第21卷第4期，2010年4月，216頁。

第三章 | 調查犯罪的虛偽供述

本書所論述的範圍，限於警察[1]於偵查犯罪及偵訊（interrogations）[2]過程中所記錄的供述[3]。特別於此強調的是，該項紀錄是否眞實，有無「**虛偽供述**」的情形發生，是指警察在調查犯罪中「人的偵查」[4]的虛偽供述的可

---

[1] 本書所稱「警察」，乃包括警察機關及警察人員的總稱。同時，亦強調警察的偵查「職權功能」取向的刑事司法做爲本書探討的範圍。

[2] 林裕順，基本人權與司法改革，新學林出版公司，2010年10月初版，73、77頁。刑事訴訟法對於司法警察人員的「偵訊」特別使用「詢問」，其法律意義，應包括人的證據之蒐集與保全，無論是犯罪嫌疑人或非犯罪嫌疑人法律用語統稱「偵訊」似較簡單明確。「詢問」主要指訴訟參者間的「對等」發問關係而言。引自林鈺雄，刑事訴訟法（上），作者自版，2013年9月版，294頁。

[3] 蔡墩銘，刑事訴訟法論，五南圖書出版公司，1999年6月3版，202-203頁。依證據資料之性質而區別證據，證據分爲供述證據與非供述證據。報告一定事實之體驗或其他知識者，稱爲供述證據。供述不限於以言詞爲之，亦可以文字供述，但證人必須以言詞爲之。以陳述作爲證據，較爲生動，故易引起法官之注意，但其缺點爲容易發生錯誤，故其眞實性比較小，尤其是虛偽之證據，多發生於供述證據。

黃朝義，刑事訴訟法〈證據篇〉，元照出版公司，2002年11月版，484頁。非供述證據，由於並不涉及人的自由陳述意志，亦無記憶、陳述與說謊等不可靠因素，如並非違法蒐集之證據需加以排除，原則上具有證據能力。

[4] 黃朝義，刑事訴訟法〈證據篇〉，元照出版公司，2002年11月版，484頁。人證係指以人的言語陳述其思想內容爲證據而言，此種證據亦可謂之爲口頭證據。證人、鑑定人、通譯等屬人證之範圍。設若被告所爲之任意性陳述可爲證據時，在此限度內被告似亦可爲人證之一種（此種見解無法爲現行法所接受，蓋因依法證人與被告爲不同屬性之兩類個體）。對於人證之證據調查方式爲訊問，或詰問（刑訴第94條以下、第288條、第166條）自不待言。

黃東熊、吳景芳，刑事訴訟法論，三民書局，2002年9月5版，346頁。不稱「人證」，而謂「人的證據」，以避免與現行刑事訴訟法第十二章第二節「人證」所規定者，僅限於證人，故爲避免與其混淆起見，特以「人的證據」稱之。

林裕順，基本人權與司法改革，新學林出版公司，2010年10月初版，70-72頁。供述證據若源於犯罪嫌疑人自述者，即爲「自白」。供述證據若取自犯罪嫌疑人以外之人，如目擊證人、被害人等利害關係人之供述者，我國現行司法實務一般泛稱「證言」。

能性，包括**犯罪嫌疑人、共犯、證人、被害人、告訴人、告發人**等的虛僞供述的可能性。

在警察偵查犯罪階段，尚在偵查假設的條件下進行調查，所以有關人證的供述，應包括犯罪嫌疑人、告訴人、告發人、被害人、涉案關係人與非涉案關係人等調查，也包括警察本於職務行爲所完成的紀錄文書。本書係以警察偵查犯罪所記載該等紀錄的眞僞與犯罪的眞實性的關係，爲研究對象與範圍。

本書所指的「犯罪嫌疑人」，是指警察調查犯罪時犯罪嫌疑人的供述，包括通知到案的人犯、逮捕的人犯（包括現行犯、準現行犯、通緝犯、緊急逮捕的人犯）、拘提的人犯。而到案被詢問的多數犯罪嫌疑人，包括刑法上的共同正犯、教唆犯、幫助犯，以及刑訴法第7條所指「相牽連案件」的人犯[5]等，其所爲的供述，應返還其本然的意思決定及思想表示之自由權，以保障人民基本權利。

至於警察調查犯罪中，「**非犯罪嫌疑人的供述**」亦屬「**人的偵查**」的範圍者，應包括證人、被害人、告訴人、告發人等所爲之供述，同樣在制度上應予尊重其意思決定及思想表示之自由，以保障人權。例如證人有刑訴法第181條得拒絕證言者，應有告知義務，以確保該**證人緘默權**的行使，應否類推適用於警訊中，以防止其虛僞性，值得討論。

透過偵訊的各種虛僞供述之變項因素及其影響，在確保犯罪眞實的發現的前提下，返還受訊問人應然的基本權利。

司法警察人員在偵查犯罪時，基於職務上責任感與義務心的趨使，案發當時爲迅速破案，當發現的事實與偵查計畫及策略相符合者，就會很快的宣布破案，或是移送該管檢察官偵辦。不過，由於訊問不像一般自然科學，具有正確具體的規則性可以評估其眞僞，須對受訊問人進行面對面的察顏觀色

以人的言語表現用作事實認定乃「供述證據」，包括以言語陳述轉化成書面紀錄者，亦屬之，若認定事實過程無涉言語陳述爲「非供述證據」。要求關係人「到案」接受身體跡證（如毛髮、唾液、尿液等）之採驗，可認爲屬「人的證據方法」，可是，取得者乃「無關供述證據」之身體跡證，無涉緘默權保障的行使。

5 於警訊過程中僅止於「共犯的結構性犯罪」的基本概念，較重視形成偵辦案件的原因事實究係一人或數人，惟有在移送司法機關後，才有所謂「共同被告」的概念，重視程序上的訴訟經濟與證據共通原則之適用。

與眞實性的評估，這是偵訊必經的過程[6]。

就偵訊的特質，其本身即具有諸多不可預測性的變項因素。如此，警察移送案件中最容易發生錯誤的關鍵點，仍在警訊中各項供述產生虛僞的可能性，與其他事證連結後所生之誤判結果。因此，警訊時偵訊人員搭配錄音、錄影的製作，其功能是在保護偵訊人員，以證明其偵查程序的正當性[7]，同時偵訊人員亦可從事後製作之錄音、錄影，去發現受訊問人的神態、表情及肢體動作中得以窺視其內心的心理狀態，有助於案情眞相的了解。

虛僞供述形成的原因，大致可區分爲：

（一）「**無法爲完全的陳述**」，是屬陳述人本身「陳述能力」有問題所造成的。

（二）「**非事實的陳述**」，是屬陳述內容本身涉及不眞實所造成的。

這兩種類型，皆爲虛僞供述形成的原因之一，如何辨識其眞僞，須有抽絲剝繭的科學驗證精神，須與本案相關的證據加以連結或組合，綜合研判，以澄清事實眞相。

以受訊問人的觀點而言，受訊問人或基於自我防衛的心理作用，或因其本身溝通、理解、陳述等能力的差異性，所做出各種的供述而有不同。可能是屬「無法爲完全陳述」的供述，亦有可能是屬「非事實的供述」的供述等等。應視各個案件之受訊問人本身屬性的不同，作爲歸納、區辨、查驗其陳述內容的眞僞的判斷標準。大致區分如後：

一、受訊問人爲告訴人時，不因其爲不完全陳述而完全否定其陳述能力，甚至懷疑其有謊報案件之嫌。因此，倘若發生無法爲完全陳述，仍不能否定其具有告訴能力，甚至否定其陳述的眞實。例如單親家庭之十歲兒童遭父親家暴，而向警察機關提出告訴者，雖無法爲完全陳述，但仍不得否定其告訴能力，只要該被害之兒童指出係自父親毆打而露出身體累累傷痕之事實者，請求警察保護者，仍屬合法告訴。至於其供述的內容是否眞實，並非所問。

二、人格或精神狀態異常之被害人爲證人時，雖無法爲完全陳述，但論及被害經過其神情激動或是哀痛之眞情流露的陳述時，亦未必屬於虛僞供

[6] 林吉鶴，心理偵查學，中央警察大學出版，1998年4月增訂版，22頁。

[7] 何明洲，犯罪偵查學，臺灣警察專科學校印行，2015年8月初版，252頁。

述。至於其供述的內容是否眞實，並非所問。

三、屬於社會底層的弱勢人士（the poor and uneducated person）對事物的認知或理解能力較弱，全然或一味迎合偵訊人員的提問，連自己也不知自己已經承認犯罪。因此，偵訊人員若未能站在被訊問人立場，有耐心地充分溝通理解其眞意，單單的只是爲記錄而記錄的心態，其陳述仍舊可能失眞。針對此類受訊問人須理解其供述內容的眞意，並非依其陳述內容依樣畫葫蘆，照錄不誤。例如智障人士被人性侵，可能無法描述其被害經過，需仔細查詢以了解其被害經過，然偵訊人員若照錄不誤的話，恐造成許多錯誤的判斷。

四、犯罪嫌疑人爲精神障礙或心智障礙人士，在溝通、理解能力有顯著障礙，或是外表上無法立刻辨識，並非一定以領有殘障手冊爲判斷基礎。即便是精神醫學醫師或心理師所做出來的鑑定結果，認爲犯罪嫌疑人具有此等障礙時，偵訊人員的訊問態度取向，仍會因人而異。有些認爲該犯罪嫌疑人犯罪手段凶殘，詢問時容易要求坦白承認犯行；有些會認爲該犯罪嫌疑人因其先天上的基因影響而導致的偏差行爲，詢問時態度會趨向同情與憐憫，希望其供出不爲人知的隱情，事實上，儘管犯罪的眞相只有一個，但是因爲偵訊人員的態度與價值觀，會讓犯罪嫌疑人所供出的眞相完全不同。

不過，偵訊的結果，須達到使之爲完全陳述的程度，才不至於發生非事實的供述。例如長期患有憂鬱症之病患，拿刀殺死自己的老伴，手段之兇殘令人髮指，若查證這一段殺人的事實，兇嫌是出自厭惡，還是憐憫他的老伴，還是兇嫌自己的精神狀態有問題，恐怕最後刑事責任的評價會有很大的不同。

若站在偵訊人員的觀點上，如何界定虛偽供述、如何評估虛偽供述、如何控制虛偽供述的訴訟風險、如何避免虛偽供述的產生、如何誠實的面對虛偽供述、如何積極防範虛偽供述等等，並將這方面研究的成果化爲行動的力量，促使在犯罪偵查與虛偽供述間尋求對話的力道，在保障人權與發現眞實間求得衡平之道。偵訊人員無須因爲主觀上認知的錯誤而堅持到底，應大膽的假設、小心求證，以利眞相的還原。

若站在法院證據評價的觀點上，警訊中的供述紀錄都屬於「**傳聞證據**」，於法院審理時，或因證據能力的欠缺，或因證據評價過程中產生變化，或因眞正的犯罪人出現，相對之下皆可能導致其憑信力的欠缺，而無法擔保其供述的眞實性。

不過，初始偵查的環境較單純，證據未被污染，證人的記憶尚屬清晰等因素，故警詢（訊）之證人筆錄雖爲傳聞證據，在可信度高與證明犯罪必要性的前提下，現行法制下，允許在例外情形之下，仍可成爲法庭證據來使用。

以下先就警訊中的虛僞供述與自白的本質討論，以界定虛僞供述的基本概念，再次透過實際案例的解析，發現偵查人員主觀上建構的偵查犯罪模式，取證方面容易產生虛假之情形，造成誤判。

第一節　犯罪嫌疑人於警詢（訊）的虛僞供述

第一項　「非事實供述」的類型與成因

一、「非事實供述」的類型

警察在調查或偵查中所謂的「非事實供述」類型，其所呈現的型態，在歸類上大致可分爲兩種。

（一）虛僞供述：是指「犯罪嫌疑人以外之人」的供述，其片面的陳述未必是眞實，或出於記憶上的錯誤（過失或無意識），或出自配合偵訊人員的應答（故意或過失）等，而其供述內容確實存在全部或一部的虛僞成分。

（二）虛僞自白：是指犯罪嫌疑人的供述，在事實眞相渾沌未明之前，爲混亂偵查方向，混水摸魚，自認爲以虛僞自白可獲得更多的同情與聲援（故意），企圖脫罪或隱瞞更多事實眞相，而其供述內容確實存在全部或一部的虛僞成分。其中參雜著「有罪的一部或全部的自白」，以及「無罪的自白」等。

美國學者將虛僞自白分類爲四種[8]：1.是指強制下順從的自白

[8] Fred E. Inbau, John E. Reid, Joseph P. Buckley and Brian C. Jayne (2013). Criminal Interrogation and Confessions, 5th ed., Johns and Bartlett Publishers, p. 414-416.

（coerced compliant confessons）；2.是指自願性虛僞的自白（voluntary false confessions）；3.是指強制下內化的自白（coerced internalized confession）；4.純粹虛構的自白（the nonexistent confessions）。

不過，大多數的犯罪嫌疑人在偵查情境的壓力下，屈從於偵訊人員的應答（故意或過失），而爲自白，藉以獲得利益（例如早點回家、結束冗長的偵訊、避免受到傷害等）者，此涉及到諸多不正訊問，其法律效果如何，容後討論。

然無論是「虛僞供述」或是「虛僞自白」，偵訊人員也有可能在有意或無意之中，未經查證，透過「虛僞供述或自白」，來誇大偵查效果；甚至是利用涉案關係人的「虛僞供述」，來擴張犯罪嫌疑人的「虛僞自白」；或者是使用疲勞訊問或誘導訊問等偵訊技巧來套取口供，而自行創發出虛僞中的「虛僞供述」，使得眞相更加撲朔迷離。

例如警察受理報案後，依規定向上逐級報告時，將發生的搶奪案報告爲竊盜案，或將竊盜案報告爲強盜案，稱之爲「虛報」。又如警察約談通知犯罪嫌疑人到案詢問時未詳閱案卷，了解案情細節，導致犯罪嫌疑人利用此時機，創發虛僞供述。

二、「非事實供述」之成因

虛僞供述與虛僞自白，如何辨明。警察在初步偵查時刻正在識別各種類別的犯罪特徵，較難去辨識虛僞供述之態樣，畢竟事實眞相尙屬混沌不明，發現非事實的供述，本有其難度，因爲這會涉及到偵查中各種隨機變項因素的影響（因人與事物尙在調查中），同時偵訊人員有時過度熱心，或偵查假設不夠充分或完備，或過分依賴初始偵查因觀察到的事物所假設的條件（涉及到犯罪人故布疑陣），容易造成誤判，職是，不可不愼重操作及小心應對。

司法警察人員造成誤判之情形，又可分爲人的誤判與事物的誤判，這兩種類型，舉出三個實例：

（一）司法警察人員在圍捕販毒過程中，究竟誰爲眞正販毒者？誰是同夥人？誰又是持有槍械者？誰又是吸毒者？誰是陪同在一起的友人？進行圍捕現場的場所主人是誰？於犯罪現場僅能做出初步的過濾，透過客觀的顯在性與逮捕的必要性爲基準點，仍須等到全部帶回偵訊，以釐清其身分與關係之查證之後，偵訊的對象與偵訊的事物為何，才能開始進行偵訊，而後始能逐步發現受訊問人其供述之真偽。

（二）司法警察人員經被害人供述其被害經過，但就外觀形式上可以直接察覺到犯罪的狀況完全不存在，既然司法警察人員已經無法擔保其判斷的客觀性與正確性，就不許其為現行犯逮捕，以避免增加供述的虛偽。

（三）司法警察人員僅係對於犯罪現場附近，針對某可疑人進行盤查，並非依照現場狀況直接發現可疑的狀況，或是僅是基於被害人的通報或是其他犯罪嫌疑人的自白所為的判斷，既難以擔保其供述的正確性，仍不許為現行犯的逮捕[9]，以避免增加供述的虛偽。

三、「非事實供述」的弊端

警察從事犯罪偵查於初步階段，對於案件之人與物的確認上，皆屬不明確的狀態，此階段的偵查，理論上是不可能發生「以人取供」的情況。因此，若認為警察以此逮捕做為取供的手段，似乎言過其實。蓋因此時人與事物的偵訊尚在進行中，未明朗之前，強說「以人取供」，禁止警察以此逮捕方式強迫取供，此乃歪曲偵查本質，脫離偵查的實情。

不過，司法警察人員使用非法的手段拘捕，或以「他案拘捕」的方式，進行詢問取供，有其適法性的質疑，此不正取供，極容易在此強制性的環境下產生。然而，就偵查實效性而言，或許這是偵查的捷徑或技巧，但此運作方式不僅違反現行刑事訴訟法規定之意旨，同時也阻礙科學偵查技術的提升[10]。

探究「非事實供述」所生的原因，除了偵訊人員與受訊問人在溝通上彼此有誤認外，亦有可能來自其他因素。一般認為：或因有來自偵訊人員問案的壓力，或因偵訊環境本身讓受訊問人產生莫名的恐懼與畏縮，或因來自受訊問人本身各種的心理或生理的因素，或因來自於受訊問人個人人格特質等因素所造成。

例如警察以線民為證人，為配合警察的調查順利進行，而供述一些與實

[9] 朱朝亮等，日本刑事訴訟法研究（一），元照出版公司，2012年6月版，122頁。

[10] 陳運財，偵查與人權，元照出版公司，2014年4月版，112頁。

際情況不符的筆錄；或者是被性侵害的被害人在極度恐懼或某種程度的感情糾葛下去指認犯罪嫌疑人，即便是遵循指認程序的規範守則，其陳述仍有極高成分的虛僞性。

就犯罪心理學而言，一般犯罪嫌疑人說假話，比說眞話容易得多，不過仍須輔以視其教育程度而定，以及查詢其人的品格及日常言行是否一致性。通常受訊問人所做的供述，除了排除其個人意見與判斷外，就事實部分雖有眞實者，但多少都內含虛假的成分。

由於偵訊人員因受到初始偵查假設條件的敏感與依賴，容易產生主觀的偏見來詢問受詢問人，在偵訊有利的條件下，只要能夠充分控制受訊問人的「情緒流」，置入其可控制的勸導語言，形成一套標準化的有效偵訊技巧，較容易發現供述之眞實與否。

不過，有時太過於注意偵訊標準作業程序，一旦被識破反而容易被受訊問人操控，而不自知。同時，遇到某些犯罪嫌疑人，或基於某種潛在的因素（例如有難言之隱、攻擊比防禦更能自保的心態），不斷地算計著如何隱瞞事實眞相，企圖以小搏大，創造有利於己的偵訊條件。

因爲犯罪嫌疑人知道「唯一不被操控的方法，就是先學會如何操控他人」，其具體的操作方法就是「制敵機先」，先去找到操控偵訊人員的方法，或在外圍環境中找到任何可能影響或操控案情的證人，或其他關係人。對此，偵訊人員要特別謹愼，於偵訊過程中要不斷與相關的事證連結，改變偵訊技巧，同時，要注意到受訊問人的詭詐與虛僞的部分，隨時排除受訊問人可能發生的虛僞供述，以還原出犯罪事實。

四、「非事實供述」有出自受訊問人的反制

偵訊過程中虛實相應，乃事物之本然。關鍵在於偵訊人員問案時，或因經驗不足，或因相關訊息準備不足，或業已漏出偵訊破綻，或偵查情報已有外洩，使得受訊問人得以在從容的時間內準備與應答，同時也精準的看透偵訊人員的問案企圖，造成實問虛答的結果，導致在偵訊過程中發生一些不可預測的隨機變相因素與虛僞供述的風險。又因受訊問人常常利用虛假的言語操控，或虛假的神情或動作僞裝出假象，穿插於偵訊之中，甚至發生不斷試探偵訊人員的底牌，也不無可能，如此，犯罪嫌疑人混亂了偵訊順利的進行與事實的發現，乃成爲常有之事，不足爲奇。

若要進一步分析「非事實供述」，係出自受訊問人之情形，仍須從個案的犯罪模式中切入去發現。有時供述的內容表面上看似符合「事實供述」，卻隱藏著細節上的詭詐與背後看不見的支配力量，其操作的手法老練而精緻，通常供述事實背後才是事實的眞相，但永遠無法被揭露出來。這時偵查人員本身要有洞察事理的能力，將看似合理的事物中，發見其眞正的動機與原因。

以貪污案件爲例，貪污案件因無犯罪現場、無被害人、無公開性，其偵訊方式不同於傳統偵訊，因爲眞正背後的支配者是不會立刻現形的，甚至永遠也無法發現，蓋因其背後的操控是經過縝密的計畫後逐步實施的，同時，重大貪污案件其手段與犯案的模式呈現出多樣性、隱密性，不是一般偵查模式或思維所能想像到的，故無法與一般貪污案件的偵辦方式實施。

在偵查策略與偵查技巧上，經常會參雜許多的隨機變項因素，因此偵訊人員須具備更充足的專業知識，了解犯罪人如何操縱各式各樣市場的遊戲規則。然此類的犯罪人深諳遊戲規則，且不斷地擴張、鞏固其組織力量，進行各種影響力。誠如有學者提出[11]：「私利幫派經濟型態，是指財團收買官吏，給予賄款，固然製造對於企業本身有利條件，但顯然此種情形，讓財政經濟情狀成爲一小撮團體壟斷幾乎所有資源與利益，恣意專擅，破壞財經法秩序」。

本書認爲針對此類犯罪，通常初始偵查條件與範圍皆從外圍的收受賄賂之人（如公務員，因爲他們在較封閉的公務體系比較容易問出端倪）開始切入，而且其供述的取得與眞實性的驗證，皆有其特殊性與個別化的條件，須等待時機成熟後，才能完成收網行動。尤其是在涉及組織性犯罪案件中，如何策反污點證人的偵訊技巧，如何突破受訊問人的偵訊心防等，以發現虛僞供述的可能，如此才有可能成爲偵破案件的關鍵。

五、「非事實供述」並非出自受訊問人的反制

虛僞供述及自白卻未必一定帶有惡意，也未必一定是出自其本意。可能是過失，也可能是故意，或是不經意的表示，而眞假虛實穿插其中，乃因

---

[11] 陳志龍，集團化公司治理與財經犯罪預防，臺大出版中心，2017年4月初版，225頁。

訊問人員與受訊問人於此過程中皆各有盤算。一般人認爲：謊言係出自說謊者帶有目的性、意圖性的詭詐惡言，可能帶有諷刺、欺騙、羞辱、設計、分化、挑撥、轉移焦點、聲東擊西等，各種語言型態的出現。

即所謂「良言一句三冬暖，惡言一句六月寒」，以實施偵訊者使用所謂「激將法」或「溫情攻勢」，得以打亂對手的思緒，順從於己的偵查策略，而得到對方的應合，也可能適得其反，遭到對方的反制或反諷。以此認知，謊言與惡言似乎具有同質性，皆爲彼此行事溝通的技巧與風格，無論是偵訊人員或是受訊問人，皆有可能無所不用其極，來達到攻擊或防禦的目的。

不過，就偵訊實務觀察而言，所謂虛僞供述，通常情況下是指受訊問人具有防禦性的虛僞供述及自白，而未必一定帶有目的性虛僞供述及虛僞自白（這是屬於典型的虛僞供述）。前者是出自個人自我防衛機制的啓動，所產生的自然心理狀態；後者並非單純自我防衛機制的啓動，其複雜的因素，容後說明。

偵訊人員爲了偵破案件使用偵訊技巧，利用虛僞問話來探究虛實，以檢測其供述眞實之程度。但是，受訊問人亦可能實問虛答，甚至將計就計，誤導偵查方向，讓偵訊人員陷入錯誤的偵查方向；也有可能因爲偵訊人員問不出結果而陷入僵局時，迫使偵訊人員使用各種不正方法來取供，或願意與受訊問人利益相結合而發生虛僞供述之情形，如此的話，這些供述的紀錄，皆會影響到受訊問人日後引用此供述證據，而成爲操控或影響訴訟誤判的因素。

受訊問人的虛僞供述，並非一定具有上述謊言的特質，而是在封閉隔絕的偵訊環境中，或認自己可能受到國家刑罰權的追訴或審判的心理狀態，通常多少都帶著防禦性的陳述。儘管因受訊問人的人格特質所表現出來的態度與言談，各有不同。一般而言，所謂防禦性的陳述，通常是針對曾未被偵訊過之受訊問人，所表現於外部的反應。而且通常人在語言中多少帶有論斷或個人評價的意見，除非受訊問人是以實際經驗爲基礎外，偵訊人員於偵訊過程中都必須將其排除於事實供述之外，偵訊人員若無此經驗的分辨能力，即無法立刻排除其陳述中有虛僞供述的可能性。

六、「非事實供述」成因的複雜性

受訊問人帶著積極肯定陳述的語言於供述之中，或帶著眞誠態度卻暗藏著目的性詭詐供述，皆有可能夾雜在偵訊過程表象之中，不易被發覺其虛假。因此，偵訊人員於訊問過程中須從受訊問人的言行、態度等表徵，去發現各種可能的心理或其他情況，以辨識其眞僞，取捨其供述的內容，同時也要注意到偵訊工作的流暢性、順利性、實效性，以避免受訊問人刻意阻擾偵訊的進行，導致延誤辦案的時機。

申言之，一般人未經訓練其對語言陳述的控制與支配力以及表達力，在偵訊過程中，並非想像中的那麼精準確實，或許有些人經常進出警察機關能夠充分的操弄，並精準的陳述，以控制其語言與表情的力量。

因此，就受訊問人對陳述的支配控制力而言，包括下列三種虛僞陳述型態：

（一）**純粹防禦性的虛僞供述**，是屬自發性且不經意的心理狀態（不自覺的心理狀態，包括反射性的非意識活動、無認識的心理狀態）所爲的非事實供述。

（二）**純粹目的性的虛僞供述**。

（三）**夾雜著防禦性的虛僞供述**，但仍帶有某種程度的目的性供述。

上述（二）、（三）的虛僞供述，則帶著故意（有認識並希望發生或任其發生與記憶相反的事實），或本身的過失（無認識的心理狀態而隨心所欲的陳述，或有認識的心理狀態而確信其應該不會如此的陳述）等心理狀態，所爲的非事實供述。

故意的虛僞供述，是具有刑法上所謂僞證罪所稱之「**表現犯**」的特徵，警醒的偵訊人員會透過跡證去確認其眞實（例如監視器所拍到的畫面經過濾或經指認程序）；但是，**過失的虛僞供述**則不同，因爲是在順著偵訊人員的問話，回答各項問題，一般偵訊人員沒有過往的經驗，較無警覺性，容易輕忽其可疑之處，從**社會心理學**的角度，也較難從受訊問人的言語、態度等行爲特徵立刻發現其虛僞。

上述虛僞供述，其形成的因素頗爲複雜，可能由於偵訊的案件本身具相當的變化性或複雜性，當案情發生戲劇化的轉折之際，或有難以突破的困境；也可能是偵訊人員一直無法察覺出該案件的，或許早就被自己人出賣，或被局外人、犯罪嫌疑人或辯護律師支配或控制中，未能及時發現其虛僞。

七、「非事實供述」類型化的整理

「非事實供述」類型化的整理，大致可分爲四種情況：

（一）通常與偵訊人員偵查技巧與策略有關，受訊問人在被控管的偵查環境中，或是欠缺被偵訊的經驗值，必然會配合或迎合其所爲之供述。若需檢驗其陳述的任意性與眞實性，仍須還原到當時偵訊人員訊問時的偵查模式或偵查犯罪的假設，是否具有合理性與正當性。不過，隨著案情的發展使得原先的偵查模式與偵查假設的條件，或許早就不存在，或者在既有的基礎上發展成與原先不同的偵查模式，或者是已經發展成另一種偵查模式或策略。

動態的偵訊活動中，即便是有錄音與錄影的紀錄，一般人都會認爲必然可以還原當時偵訊的各個情節，事實上多半是做不到的，因爲如上所述，警察每次偵訊皆伴隨著案情需要。但是事後各種偵訊情節的還原並不是這麼容易，若未能緊扣偵訊當時的情境或關鍵事物的呈現，事後要把事情說清楚是有一定程度的困難。所以，當警詢（訊）筆錄與錄音錄影有不符，或者前次警詢（訊）筆錄與這次警詢（訊）筆錄間產生矛盾或不一致等情形，警方未能及時察覺到，到了法院審判時就有可能被排除於證據之外。

（二）通常在整個偵訊過程中，已經被受訊問人或辯護律師充分掌握偵查方向與策略時，偵訊人員若無法立刻覺察出來，其所爲者爲虛僞供述，無法立刻辨識，究屬純粹目的性虛僞供述，或屬純粹防禦性的虛僞供述[12]。但是，如屬前者則在判斷上較難發現虛僞，但在偵訊人員存疑

---

[12] 科學辦案，如何找出「洪仲丘案」誰在說謊？撇開是否有人說謊，其實不同的人在經歷同一件事情後，本來就會有不同的想法，尤其對於一些模稜兩可的事件，各自做的不同詮釋，可能會有天壤之別的差異。十多年前有部法國電影「安琪狂想曲」就是從男女主角的角度來詮釋同一個故事，一個很甜蜜、另一個很驚悚！。即使人們在沒有企圖要說謊時，本身對於事件的詮釋就是不同的。再者，隨著時間的流逝，我們的記憶痕跡會越來越脆弱，越來越容易受到外在世界的影響，導致可能無法區分哪些是自己親身經歷的、哪些是聽來的。那如果有人眞的有意要說謊，我們要怎麼知道他們是否在說謊呢？大家可能會想到測謊器，但其實已經有太多方式可以破解測謊器了。以後或許可以用功能性磁振造影的結果來取代測謊器，這個想法概念上並非不可行，但相信聰明的罪犯者一定會想出別的方式來破解！www.businessweekly.com.tw/

過程之中，很可能已經被受訊問人誘導產生錯誤；如屬後者偵訊人員很快就會察覺出來，通常情況下可從偵訊時受訊問人所表現的言行或態度中即可發現出端倪。

（三）司法警察人員於偵訊時，發現不肖員警涉嫌提供情報給犯罪組織，並參與或掩護多起的犯罪行爲，引發案件與黑道掛勾的疑慮。但礙於自己人不辦自己人的錯誤想法，刻意隱藏此不爲外人所知的秘密。導致案件懸疑或灰色的部分，或無法再追查下去，或終止偵訊不再繼續追問下去，甚至刻意製作虛僞的紀錄。

（四）警察在製作筆錄時，刻意幫助犯罪嫌疑人，明知其犯罪故意而去找某證人以幫忙其脫罪，表面上看到的筆錄是事實，事實上可能已經動了手腳或受其影響。舉例說明之，乙在餐廳與丙發生衝突，於是憤而執玻璃杯扔向丙，丙受傷後，甲親眼目睹此場景，丙提出傷害告訴。

在警察偵訊時，事實上甲並沒有看到丙先動手打乙，只是有名警察在偵訊前就不斷暗示稱：丙是個經常喜歡動手挑釁他人的惡棍。當偵訊時，證人甲向偵訊人員告稱：丙經常喜歡動手挑釁他人，所以丙是先動手打人，他才會出手把玻璃杯丟向丙。當起訴後，該名證人僅可以「誤認」的方式陳述，以迴避其主觀上「故意」而爲違反記憶之虛僞陳述，以避開成立僞證罪之可能。

一般情況下，要檢視在偵訊中受訊問人之供述是否出自任意性供述，並非難事，至少有相當的程序規範可依循與檢視。但是，若要檢視出受訊問人偵訊當時所供述的事實是否眞實，就其心理層面而言，有出自其故意，或過失或無意等心理狀態，想要發現其眞正犯案的動機，則需要廣泛的利用犯罪心理學、社會心理學、普通心理學的知識，去解析其生理、心理的原因，原本就已經是非常困難的。若再進一步去探究其成因，或是出自其目的性謊言，或是其供述中夾雜著防禦性的非事實供述，或是其爲迎合偵訊人員的口味所爲之非事實供述，更是困難重重。此時，偵訊人員必須不斷的佐以相關證據，來判斷其供述的眞假。

有關「**非事實供述**」涉及受訊問人主動誘發，或被動引發的虛僞供

KBlogArticle.aspx?，最後瀏覽日期：2016/7/9。

述，時有出現多樣性的虛僞成分。一般而言，其基本成因分析如後：

（一）在偵訊過程中，受訊問人因本身記憶上的缺陷，如主觀的記憶與客觀的事實不符，或觀察到的事物受到客觀條件與環境的限制導致錯誤，或經過一段時間記憶已模糊，但經偵訊人員的誘導喚起其記憶，以推測的方式做出非事實的虛僞供述。

（二）受訊問人本身心理、生理上的缺陷。如智能或精神障礙之人，或因服用毒品、麻醉藥品、酒類或相類似之物品之人、遭到外力攻擊身心重創無法正確表達記憶等被動引發，所爲非事實的虛僞供述。

（三）受訊問人因有意識的陳述不實之事實，或故意隱藏部分的重要或主要的事實，其主動引發係出自欺騙、或是誣陷、或是刻意迴避所引發之虛構等原因。

（四）偵查人員的誘發或不正行爲所導致的虛僞供述，其動機可能單純出於破案，甚至發展到複雜的利益交換，而被動引發的虛僞供述之風險。

第二項　警詢（訊）中虛僞供述的影響

本書從警訊中的各種供述與自白等作爲論述基礎，以各類刑事案件中虛僞供述的成因與虛僞供述的影響做爲研究範圍。研究的核心問題，仍以警察偵訊時與受訊問人間的互動關係爲核心，除應尊重受訊問人陳述意思的自由外，討論的核心，仍再進一步的聚焦於「非事實的供述」概念與偵訊對象之不同而異，尤其是針對人格異常或精神異常之詢問工作，或誇大刑事鑑識之成果，造成誤判，分述如後。

一、「非事實供述」與偵查對象之差異性

（一）傳統的偵訊，較偏向社會心理學的偵訊技巧，實際經驗的判斷遠超過系統化、組織化、專業化知識的研判。

不過，現代偵訊可從多方多重的角度與立場來進行。從犯罪心理學的角度觀之，犯罪人通常是欠缺法與社會規範的行動準則，藐視社會規範的存在，無視於侵害他人權利，只重視自身利益或快樂，經常反覆誇耀自己，招搖撞騙，毫不考慮他人的安全，持續沒有穩定的工作與經濟來源，將自己犯罪行爲予以正當化，衝動情緒無法控制，有喜愛

操控他人的傾向。由於犯罪人其自我控制力欠缺，具有反社會的性格而無法抑制自己的犯罪[13]。

另一種較特殊的犯罪人的精神狀態的分析，其涉及「司法精神醫學」，關係到刑事責任能力的判斷，例如多重人格障礙、妄想性障礙、酗酒及吸毒中毒性精神病等[14]，統稱之爲「**社會人格失調症**」[15]。這些反社會性格的素行資料，均可提供偵訊人員判斷是否爲虛僞供述的參考資料。

這些犯罪人精神異常或其他心智欠缺而異於一般正常人，導致對於社會規範拘束力認知的欠缺或對於自我控制能力顯著欠缺，以高度自我爲中心呈現出許多外顯偏差行爲與態度，偵訊人員對此等人須有基本認識與訊問的能力，明白確認其犯罪行爲時的心理狀態，以防止虛僞供述的風險發生。以日新月異的毒品犯罪而言，且就嗜醉類藥物的**成癮者**（inebriety）觀之，基本上偵訊人員須先了解其毒品特性與成癮的心歷路程。

一般可分爲：1.生理復原的戒毒；2.心理復原的戒毒；3.全然與毒癮脫鉤的戒毒等三個階段[16]。越是後面之毒癮者，其再犯率越低，偵訊人員可靠著上述毒癮成性者其戒毒的生命歷程，驗證出吸毒者是否爲虛僞供述，進而發現更多的犯罪事實。

（二）非事實的供述，是指與犯罪嫌疑人實際發生的犯罪事實不符的陳述或書面陳述，經連結組合其他證據後，而其他證據在警方誇大某證據效果，甚至間接利用媒體擴大宣傳其發現眞相的效果，首重宣傳的核心在於刑事科學鑑識的成果，卻不顧其他科學證明有相當誤差的可能性（例如監視器照到的人的影像模糊不清，卻以肉眼比對認定具有近似的效果，有相當誤差的鞋印或掌紋比對，彈道的比對呈現多種可能性，卻選擇其中一種可能性最低的情況，血跡鑑定的採樣不足遽而論

---

13 原田隆之，入門犯罪心理学，筑摩書房，2015年3月版，137頁。

14 西山詮，刑事精神鑑定の実際，新興醫學出版社，2004年2月版，343頁。

15 滝沢武久，精神障礙者の事件と犯罪，中央法規出版社，2003年8月版，115頁。

16 安辰赫，藥癮者的復原—晨曦會治療社區戒癮模式之治療因子與戒癮復原歷程，財團法人基督教晨曦會，2013年6月版，163頁。

斷），看似合理正確的偵查假設，卻容易導致錯誤的判斷。

（三）就某些犯罪在偵查中陷入困境，警察爲求有效迅速突破案情，往往忽略受訊問人一方的特質與案情結構的複雜性，不僅忽略程序的正當性，在供述上的任意性與信用性產生嚴重瑕疵，也可能因「非事實的供述」而導致案件眞相難辨，甚至發生錯誤的判斷。就整個刑事訴訟程序的階段性任務觀之，仍有侵害人權之虞。

二、「非事實供述」的影響

本書所要討論的核心，是於警訊中警察所取得相關的供述，於訊問過程中警察與受訊問人間的互動關係，其間可能產生「非事實的供述」，其形成的因素頗爲複雜，亦在所難免。

甚而，有時「**非事實的供述**」與日後所發現的犯罪事實雖不相符，然而卻又偏偏與當時警察所假設的事實及其相關的證據相吻合。然而，此「非事實的供述」卻混雜在警察蒐證的資料中，此隨機的變項經過合理化的連結後，往往使偵查人員產生誤判，而使之成爲該犯罪事實的一部分。

由於供述證據在先天上具有不可靠的因素，法院欲評價供述證據之證明力並非容易的事。因此，司法警察人員在偵訊中有關供述心理學之研究與偵訊技巧之熟練[17]，並完整且正確將各個細節記錄下來，同時秉持科學辦案的精神，「以證找人」、「以人找證」的辦案態度與方法，重建犯罪的要領是將「現場」、「被害人」、「犯罪嫌疑人」、「物證」等四面連結（four-way linkage），作爲問案的基礎，避免虛僞不實之供述，影響日後犯罪眞實的發見。

從犯罪嫌疑人基於自我防衛的心理因素觀之，願意吐露犯罪眞實，是屬異常的心理狀態，故警詢（訊）筆錄自白的信用性與眞實性，因關係到自白本身在證據法上的地位，與警詢（訊）自白適用的規範與範圍等問題[18]，一

---

[17] 黃東熊、吳景芳，刑事訴訟法論，三民書局，2002年9月5版，346頁。

[18] Wayne R. LaFave, Jerold H. Israel and Nancy J. king (2000). Criminal Procedure, 3rd ed., West Group, p. 308. No area of constitutional criminal procedure has provoked more debate over the years than that dealing with police interrogation. In large measure, the debate has centered upon two fundamental questions: (1)how important are confessions in the process of

直是學界與實務界聚焦的問題。

司法警察人員是在偵查假設的條件下進行調查、蒐證、保全等工作，有時犯罪嫌疑人還不知道自己的供述已經是對己不利的供述，即便是偵訊人員已告知其罪名的前提下，仍在不自覺的情況下做出不利於己的供述，且因案情的不同，警察詢問的次數可能不只一次，在反覆詢問下，有可能一部供述的事實，成爲對己不利的供述，如此就有可能成爲日後起訴或定罪的關鍵證據，成爲證據證明成立的風險。同時，被告的供述於起訴後，亦有可能加以翻供，產生矛盾對立證據同時併立，虛假眞實難辨。

以我國司法實務的見解而言[19]，法院基於發現眞實的職權，應依經驗與論理法則衡量其證據價值，是否與犯罪事實有關之必要證據爲調查，不得僅以無關重要之點，遽然推翻被告之自白。因此，偵訊人員詢問取供所製作的警詢（訊）筆錄，雖爲傳聞證據，一旦在法院成爲傳聞之例外，則有可能成爲事實審法院審判的證據資料。

然而，警詢（訊）筆錄若是得以成爲法院審判之證據資料，自有其證據證明成立的可能。惟因司法警察人員基於職務上的熱心，總期待詢問取供時，得以伺機轉化成符合偵查假設中所期待的供述內容，因而導致虛僞不實

---

solving crimes and convicting the perpetrators? and (2)what is the extent and nature of police abuse in seeking to obtain confessions from those suspected of crimes? Conclusive evidence on these two points is lacking and thus it is not surprising that this debate continues. 在刑事訴訟程序中非常重要的，莫過於在討論警察的偵訊過程，以宏觀的角度來看，其中有兩個基本的問題存在：(1)在分析犯罪或法院認定犯罪的過程中，犯罪嫌疑人的自白到底占如何重要的地位？(2)發現何者爲警方能夠濫用犯罪嫌疑人的自白以及其範圍有多大？以上如果這兩項問題沒有釐清，而把自白當成主要證據（Conclusive evidence又稱「確信的證據」）的話，則爭議會不斷發生。

本文認爲，依據我國刑事訴訟法第156條第2項規定將自白當成法庭之主要證據使用，補強證據僅爲擔保主要證據之眞實性，及刑事訴訟法第449條第1項所指的「被告自白或其他現存之證據」，儘管自白的證據證明力因此受到相當限制，但在審判實務上的重要性，不言可喻。對於被告的不利供述，竟可隨著「基本事實同一性」的概念，轉化成爲被告自白，嚴重侵害到被告的訴訟防禦權，也形成法院對於犯罪實體確認的恣意。因此，對於自白的定義與適用的範圍，事實上涉及到法院是否遵守程序的實質正當性。

[19] 參照最高法院30年上字第3038號判例。

之供述，產生證據證明成立的風險。

我國司法實務上，虛僞供述的具體類型的成因既複雜且多變。職是之故，更是凸顯警詢（訊）筆錄正確性的重要性，讓大家知道當偵訊人員在偵查中種下的惡因，在審判時就必得到無法轉變的惡果，其中最可怕的就是冤獄，不可不愼重行之。

第二節　司法警察於警詢（訊）中的幾個問題

第一項　偵查假設與通知到案的對象

一、警察偵訊與通知到案的對象

偵訊，主要目的在於取得犯罪嫌疑人的供述資料，以便核對與犯罪假設是否相符，所以，初始階段通常是不會漫無目的的通知案件關係人到案偵訊。因此，警察於發動詢問前所爲之準備活動中，通常會選擇何人爲其**訪談**（interviews）或約談通知的對象，何物應循何種方式廣泛或減少偵測，以防偵查情報外洩，其優先通知或蒐證的順位，會隨著各種偵查模式或假設的情況或條件之不同而異。

一旦發動偵訊，有關人的調查部分，初始會選擇以人際溝通的訪談方式進行，多了解各個受訊問人的背景資料，以尋找最正確的資訊，並擬定犯罪模式的假設（例如漁船走私、電訊詐欺、夜店吸毒等多數人的犯罪結構，並非針對單一偵查對象的清查與過濾，在逮捕之犯罪現場，就必須針對不同的偵訊對象做初步分類），才會進行蒐證或調查，而詢問取供應定位在蒐證與調查、過濾案情的手段之一，以檢證偵查假設或方向是否正確，避免偵查成本及人力的消耗，而無法找到犯罪事實的全部或一部。

司法警察人員與受訊問人在詢問取供的過程中，若屬犯罪嫌疑人者，首先當然應進行所謂「人別訊問」，在尚未進行「本案訊問」時（犯嫌的犯罪模式的假設），仍須查驗有無頂替犯罪（其中包括各類型的頂罪模式，例如頂人代罪、頂罪代人、彼此頂罪等），以避免詢問取供陷於徒勞無功而返之窘境。例如幫派組織常利用人頭頂替，出獄後可獲得鉅額金錢利益或取得幫派更高的地位，宜避免便宜行事忽略查證，因人的識別錯誤，造成縱放人犯之嫌；同時，若非屬犯罪嫌疑人的詢問取供，亦須驗證其身分之眞僞，避免冒名頂替或產生誣告之嫌。

爲防止犯罪嫌疑人身分的虛僞性，於詢問此部分完成後，司法警察人員在此溝通的過程中，才會逐步地將犯罪嫌疑人，帶入其假設的犯罪模式中取供。然而，此偵查模式的確立是需要與一些相關事物的連結或組合做基礎，而此連結或組合的操作功能，需利用偵訊心理學的各種技巧，以進入到犯罪嫌疑人的內心世界的眞實面，同時在合理合法的期待下於偵訊過程中去影響其的供述，以證實其所提出假設的事實爲眞實。不過，如此的初始假設的態度，多少會影響到受訊問人心理或生理等因素，產生出一些「非事實的供述」，但卻影響深遠，不可不愼。

二、犯罪嫌疑人的緘默權與偵訊的關係

站在人權保障的角度，偵訊過程中，偵訊人員必須尊重犯罪嫌疑人緘默權的保障，與辯護律師在場權的法要求，乃基於偵查武器平等原則的要求，以落實憲法保障人民的基本訴訟防禦權的行使。

一般而言，通知約談的受訊問人，從約談通知書中通知的案由，多少都已經知道相關案件，因而會做出部分緘默的行爲，偵訊人員就會從其已經供述的部分，與未經供述之緘默部分中，找出矛盾或不一致的地方，去探問爲何這部分保持緘默之動機，如此並未有侵害緘默權或自由陳述之問題。例如失智老人將其長期臥病的妻子殺害，雖承認殺害其妻子，但是對於爲何殺害其妻子的動機，在偵訊時始終保持緘默，這關涉到該失智老人是否觸犯普通殺人罪，或是加工自殺罪的刑責問題，必須進一步的偵訊其動機，才能找到眞正的犯罪事實。

第二項　犯罪嫌疑人於警詢（訊）中的緊張關係

偵訊人員與犯罪嫌疑人間，在詢問（訊）取供過程中產生各種不同心理層面的變化關係。

從各個角度來觀察之：（一）犯罪嫌疑人的角度觀之，在面對警察警詢（訊）的壓力下，是緊張的、無助的；（二）偵訊人員的角度觀之，在承受

破案壓力下，於偵訊時其情況不亞於犯罪嫌疑人，是緊張的、急迫的。儘管雙方心理是有些相似之地方，都是處於緊張的狀態下進行，但是因立場的對立，自然呈現出人際關係的緊張狀態。

前者，是無助的，出於偵查環境的封閉、偵查關係的冰冷、無情的壓力下進行，不自覺的陳述自己都不知的記憶，卻認爲是眞實的，如何防止自己非理性的供述。後者，是急迫的，出於破案壓力[20]、績效的壓力、人力的不足、法規的限制等壓力下進行，如何理智冷靜的面對，識破虛僞的供述。

一、犯罪嫌疑人在警詢（訊）時，呈現的狀態

（一）無助孤立的犯罪嫌疑人

在偵訊程序上已經被認定可成爲國家追訴的對象，其所承擔的壓力顯然超過偵訊人員，所能夠實施反偵訊的防禦方法或方式，即便是有委任的辯護律師行使「在場權」，欲增強其偵查防禦能力，仍屬有限，難以與偵訊人員相抗衡。尤其是偵訊人員手中已握有拘票或搜索票，更是如虎添翼，犯罪嫌疑人深知自己已處於下風與被控制的狀態，即便是無辜的犯罪嫌疑人也同樣會有如此的無故孤立的感受。

於此緊張的狀態下，犯罪嫌疑人難以分辯其供述是否對己有利或是不利，因爲偵訊人員偵訊的事項與罪名可能隨時變更，防不勝防，尤其是當偵訊人員實施適當的誘導訊問時，犯罪嫌疑人更是無法抓到偵訊人員想要獲得的供述爲何，當承受不了壓力下只好選擇配合或承認犯罪，事實上，犯罪嫌疑人早就不知道自己已承認些什麼事情。

例如[21]當犯罪嫌疑人會對偵訊人員說出「這種案件，會被判多久徒刑」時，就表示他心裡已經動搖，有意說出內情，偵訊人員會使用更積極的口吻或舉動，加速突破犯罪嫌疑人猶豫不決的防線，願意吐露實情，這時虛僞的供述，反而讓偵訊人員疏忽其供述之查證。

---

[20] 廖有祿，犯罪剖繪—理論與實務，五南圖書出版公司，2016年5月初版，162頁。

[21] 何明洲，犯罪偵查學，臺灣警察專科學校印行，2015年8月初版，240頁。

（二）抗壓性足夠的犯罪嫌疑人

犯罪嫌疑人必然會與偵訊人員，不斷進行各種周旋與對抗，這種抗拒是必然的。不過，換來的可能是更長的偵訊時間與壓力，促使偵訊人員不斷加碼使用各種偵訊技巧，以突破其心防。此時，犯罪嫌疑人發現後，只有選擇一條防禦的路徑，就是緘默權（因爲犯罪嫌疑人在偵訊時無任何供述的義務）。雖然如此，犯罪嫌疑人當下生理、心理上的壓力，可想而知。

因爲有時沉默時，犯罪嫌疑人所呈現的面部表情是無助的、不受尊重的，正好是偵訊人員利用僵局的最好時機。不過，正是因爲如此，基於社會心理學上的研究觀察，犯罪嫌疑人因身處偵查情境的壓力下，自身與日常生活環境迅速抽離，身心難以維持其穩定平安的狀態。往往因未能逃避眼前偵訊的痛苦與壓力下，而會逐漸喪失對於未來刑罰可能的具體感受力，自身容易陷入虛僞自白的情境[22]。

然而，老練的犯罪嫌疑人，往往會提出虛假的不在場證明，或者是承認虛假不實的犯罪經過，以拖延偵訊人員辦案的時效，形成警方移送案件的壓力，激怒偵訊人員導致產生錯誤的判斷。對此因素，不能不列入重要的考慮。畢竟警察偵辦案件，也是人的行爲，不能認爲只有客觀行爲，而不涉及偵訊人員的主觀。

二、冷靜、理智的警詢（訊）人員

急迫辦案的警察，或許有破案壓力，或是績效、工作評比的壓力。但是，在偵查不公開原則與人民有知的權利衝擊下，因案件涉及公共利益，在兼顧輿論，以安定社會人心、求得社會秩序和平的壓力下，警察所面臨的偵查處境，說明如後。

一方面，警察必須防止偵查情報外洩、保全證據、保護相關涉案人的名譽。另一方面，警察在此階段性的偵查任務，必須運用高度辦案的智慧，在未進入眞正訊問階段之前，通常是不會與犯罪嫌疑人採取敵對立場與方式，除非是慣犯外，懇切溫和的態度勝過一切，以獲取其正面的合作關係[23]，以

---

[22] 林裕順，基本人權與司法改革，新學林出版公司，2010年10月初版，80頁。

[23] 何明洲，犯罪偵查學，臺灣警察專科學校印行，2015年8月初版，241頁。

突破案情，使得案件有向上發展偵辦的機會，才能除惡務盡。

學者在「犯罪被害學理論」中亦有提及警察辦案的「被害連帶」[24]，如何調適其工作壓力確實異乎於常人，令人欽佩。因爲警察在辦案中須使用各種不同的偵查技巧，去發現犯罪嫌疑人陳述之各種謊言的可能性，設身處地於案情需要的投入，與情境的模擬，相當耗費心思與體能，超過其限度時，亦可能出現非理性或不正當的問案方式。

總之，這種虛假不實的供述，偵訊人員於警詢（訊）過程中，需有耐心與毅力及膽識，不斷地運用偵查技巧去解析其陳述內容眞假，去驗證、突破，或運用觀察術觀察受訊問人呈現非語言的動作特徵，判斷其陳述與案情的關聯性與眞實性。

例如，犯罪嫌疑人在撒謊時，聲音的高度變得高，會話的暫停變得長，手足的動作變得少，臉的皮膚溫度變化的等行動。不過，這個特徵不是全部都是從謊言本身發生的，而可能是在說謊時，因爲緊張所呈現的行爲特徵而已，所以不可能從其行爲就判定是謊言[25]。不過，在多數人訊問過程中，發現有眼神交換或曖昧神態的關係，至少可以發現案情並非如此單純，尤其是有一定親屬或朋友關係的訊問過程，就要特別注意供述的虛僞性。此時，偵訊人員更應冷靜地觀察受訊問人的各種行爲意涵。

第三項　偵查實務中的虛僞供述

一、發現供述的虛偽性

虛僞供述，就某個角度來觀察，是屬**人格障礙**的類型。蓋因人格障礙類型頗多，因而不同類型者，則會呈現出不同的語言型態。人格障礙的病因，有來自遺傳基因、有來自心理因素、有來自環境影響等。如果要透過人格障礙的分析，去解析其供述的虛僞性，既費時又費力。因此，在偵訊時，爲爭取實效，只能做一些初步的篩選工作，確認受訊問人是否有明顯的**精神障礙**（例如說話很小聲且自言自語，或是說話時無法與人對焦），只要不至於產

---

24 廖有祿，犯罪剖繪—理論與實務，五南圖書出版公司，2016年5月初版，240頁。
25 越智啓太，ケースで学ぶ犯罪心理學，北大路書房，2015年8月初版，122頁。

生嚴重的錯誤判斷即可。

同時，受訊問人保持部分沉默，即就個別問題作選擇性陳述，偵訊人員可就其陳述的部分，察其是否與事實相符，逐步檢視其陳述之事實的一部或全部的眞實性。

就陳述虛構事實的內容而言，可分：

（一）**完全的虛構事實**，如自欺欺人，自己幻想的虛構立場，自我不斷催眠結果所陳述的事實變得非常自然，常常社會經驗豐富的人士也容易遭到欺騙，在犯罪學上是屬高級騙子，其特別的人格障礙表面上根本看不出來。不過，這些人在警察偵訊時都會先行查證，較不容易欺瞞。反倒是，看起來謙恭有禮的老實人，或是怯生膽小的人，特別容易僞裝出誠實的樣態，或是堅持己見的態度與神情，陳述內容卻是顧左右而言他，刻意閃避提出的問題，甚至瞞騙偵訊人員產生誤信錯誤的訊息，通常這些人會做出完全虛構的事實，讓人在毫不知情之下，相信其陳述的眞實。

（二）**不完全眞實的虛構事實**，其虛僞陳述會呈現出謊言的意識與眞實的意識之**雙重傾向**的問題。亦即，陳述事實的過程，非常有個人意見，但是問到細節部分有支吾其詞，或是訊問到較細微的部分，呈現出矛盾或過分誇大事實的變化，甚至產生不關聯或不連貫的現象。詢問到不是重點的事物，卻不斷地強調它的眞實性，明明不是重點的事物卻一再說明誇大論述，避重就輕，卻故意閃避自己的邪念，而以善念立場掩飾之，陳述虛僞的事實時，會不斷地重複其正確無誤。陳述眞實的部分時，則非語言的動作特別顯現出自信，不過，這些人與完全虛構事實的人，相比較結果，其對於整個事實建構的完整性的陳述較爲缺乏。

二、發現警詢（訊）時供述的虛偽性

從警察實務的觀點而言，警詢（訊）中於各種供述與自白，透視出警察於犯罪偵查中虛僞供述結構性問題的提出。從警察實務工作層面切入，觀察出警察職務行爲中依法製作的各種書證所形成的過程如何與影響，而聚焦於警察於從事各類偵查犯罪行爲中所衍生出之虛僞供述。

一個犯罪嫌疑人的自白，對於偵訊人員而言，是否意味著該案件的偵辦將要結束了，還是意味著另一個刑事司法調查案件也將要開始，這樣關係的變化，應視偵訊人員問案的方向與案情的不同而定，也隨犯罪案件犯罪特徵的識別，或是驗證到何種程度，而做不同的偵訊方式，以爲因應。因此，本書提出自白的種類與成因，皆會影響到偵訊的下一個步驟與方向，對偵查實務工作者是有幫助的。

總之，自白是否涉及虛假不實，偵訊人員於警詢（訊）過程中，會不斷地運用偵查技巧去解析其陳述內容眞假，去驗證、突破，或運用觀察術，去辨識受訊問人呈現出非語言的動作特徵，判斷其陳述與案情的關聯性與眞實性。

警詢（訊）過程中，發現更多共犯或有其他犯罪的情況出現在這案件中，如此虛虛實實、眞眞假假的偵辦過程中，警察根據案件關係人的供述及其他事證的檢證或辨識，找出犯罪事實。其過程若發現一部分有破綻或瑕疵者，而足以動搖案件的眞實結構時，基於偵查實效性，必須立刻檢視供述的眞實性，以及相關證據的有效性等，以防堵虛僞不實的供述進入偵查判斷的過程。

於各類刑事案件中虛僞供述的成因，以及如何影響日後檢察官的偵查與法院眞實發見，以作爲犯罪偵查與偵訊人員應有基本認識與條件。同時，有關警訊的供述取得，不限於封閉的偵訊場所，包括臨檢盤查、訪查線民、證人口述與指認、自願性同意搜索、執行搜索、扣押、現行犯與準現行犯、緊急逮捕等過程中如何認定犯罪嫌疑，以獲得供述事實所製作的紀錄文書。甚至從基層警察勤區查察勤務規劃執行中獲得的資料，以及處理犯罪過程中的各項紀錄文書與筆錄等提出，包括即時勘察的紀錄文書，以及偵查實務與國家刑事司法體系的聯繫關係。

不過，就警察調查犯罪中之供述事實，與詢問取供時所提列之其他非供述事實。例如，故意或過失於詢問時，提出「**僞科學證據**」、「**僞造變造之物證**」、「**不具自然關聯性之物證**」、「**與犯罪實體欠缺連結之物證**」、「**錯誤的數位或採樣之物證**」等，皆有造成虛僞供述的可能性，而嚴重影響到供述事實之眞實性。這在探討警察調查犯罪中，如何發現供述的眞僞，有很大的幫助，因爲物證的虛僞性往往是影響供述事實是否眞實的關鍵，此部分於本書警訊虛僞供述案例研究中，更是得到證實。

警訊中各項供述與自白可從警察實務中歸納整理出各種類型，並將各個類型歸納在警察犯罪調查與偵訊的定性與定位上，輔以問題與專題導向之研究方法[26]，搜尋、分析、比對各類「虛僞供述」類型的差異性，透過驗證的步驟獲得較爲可信的結論（假設演繹思考法，Hypothetical-Deductive Thought），進行研究，以說明偵訊中各項虛僞供述的容貌，以及基於任何警察職務行爲，無論是從事行政檢查或是犯罪調查工作者，一旦進入偵訊階段應儘量避開或降低任何虛僞供述，仔細查驗，以控管可能的隨機變項因素，避免證據證明成立的風險，以及兼顧人權之保障。

總之，如何由消極防堵方式轉變爲積極面對偵訊的困境，如何隨機轉變偵查計畫，化爲偵查團隊通力合作的行動力量，以發現眞實。

第四項　偵查實務中「案重初供」的重要與迷思

南宋的宋慈《洗冤集錄序》載有：「獄事莫重於大辟，大辟莫重於初情，初情莫重於檢驗。……每念獄情之失，多起於發端之差；定驗之誤，皆原於歷試之淺。」由此觀之，造成冤獄疏失的原因，多半是案件開始之初未能查清楚案情、驗證案情的錯誤，以及相關經驗不足所導致。

理論上，「案重初供」的概念，是在強調警察於案發之端，任何的跡證或人證都非常鮮明的情況下，犯罪嫌疑人的供述是否眞實，偵查人員很快就可以驗證出來。換言之，犯罪嫌疑人要進行防衛的機制顯然尚未建立起來，即便是偵訊人員以例行詢問的程序進行，甚至只要一個目擊證人的證述，就犯罪嫌疑人的供述，很快就可以檢驗出是否眞實[27]。不過，並非任何案件當然如此，亦有虛僞不實的情況發生。因此，本書提出一些基本的問題，來探討說明之。

---

[26] 林燦璋，論「問題導向警察」，中央警察大學出版，1995年4月版，113頁。以「問題導向警察」超脫當前「案件導向」的作爲模式，蒐集有關案件的資料，並彙整各管道的資訊，俾對問題更深入分析與了解，針對問題的潛在背景情況由根本著手解決，至少所獲得的資訊可以幫助警察重新設定更有效的處置方式。

[27] Fred E. Inbau, John E. Reid, Joseph P. Buckley and Brian C. Jayne (2013). Criminal Interrogation and Confessions, 5th ed., Johns and Bartlett Publishers, p. 410.

一、「案重初供」的基本問題

案重初供，因各種情況的不同，其證據價值性的強弱程度自有差異。大致可分幾種可能性，分述如後：

（一）一般而言，於案發後，犯罪嫌疑人來不及反應而無法隱瞞，而呈現出眞實面向的供述。

（二）案發後，眞正犯罪人已知悉警方掌握一些有力證據，開始警戒，做出不實的供述。

（三）在案發時，警方的偵查情報早就外洩，犯罪人已經設局好，可充分製造出各種不實供述。

（四）犯罪人於案發前就已經預想到，做不實虛僞的假資訊，供給警方製作筆錄。

（五）犯罪人自知已陷入孤立無援的狀態，必須釋放出一些似眞似假的案情（例如發現自己被同夥出賣），供給警方製作筆錄。

因此，案重初供，雖有其一定程度的證據價值，但是並非具有絕對優勢的證據價值。尤其是案件本身具有延展性，會隨著時間、空間，以及人的互動而有所改變。因此，本書論及「案重初供」的概念，以偵查實務的觀點而言，顯然具有許多變動性與不確定性。

不過，基本上，因在警察在訪談或初步詢問過程中時，較容易問出實情的原因，爰分析如後：

（一）犯罪嫌疑人胡亂回答的機會較少，因爲他們還沒有機會準備防禦。

（二）犯罪嫌疑人根本還不知道偵訊人員知道他們的嫌疑證據有多少，在且戰且走的訊問過程中，多少會透露一些實情。

（三）犯罪嫌疑人其目的在試探或找出警察的偵查底線與虛實，有時並非完全是出自於偵訊環境的壓力。

蓋因犯罪嫌疑人一旦受到羈押或長時間偵問時，開始知悉如何對抗詢問人員。其中的因素如下：

（一）與辯護律師接見通信後，知悉如何進行防禦的信心增強。

（二）犯罪嫌疑人本身已發現警察只是在找線索（以人找證），並未充分掌握到關鍵證據，而知道如何進行訴訟防禦。上述情形，此刻犯罪嫌疑人就會出現隱匿、虛僞不實、欺瞞等情形發生。

二、案重初供的司法實務見解

我國最高法院歷來對於「案重初供」有不同的見解，爰分述如後：

（一）反對見解，認為「案重初供」並不符合經驗法則者（參閱最高法院29年上字第795號判例）。

（二）贊成見解，認為「案重初供」是指證人於案發之初供述，較少權衡利害得失或受他人干預。依經驗法則，較之事後翻供之詞為可信。此即所謂案重初供，故除可證明其更異之詞與事實相符，或其初供係虛偽者外，自不得任意捨棄初供而不採。

（三）折衷見解，認為法院之自由判斷，亦不能違背經驗法則及論理法則，尤無所謂「案重初供」的原則存在；又刑事訴訟法第159條之2規定：「被告以外之人於檢察事務官、司法警察官或司法警察調查中所為之陳述，與審判中不符時，其先前之陳述具有較可信之特別情形，且為證明犯罪事實存否所必要者，得為證據」，係以被告以外之人於檢察事務官、司法警察官、司法警察調查中之陳述，性質上屬傳聞證據，違背直接審理及言詞審理原則，原則上不認其具證據能力，惟若一律予以排除，自違實體眞實發見之訴訟目的，是以先前與審判中不符之陳述，具有較可信之特別情形，且為證明犯罪事實存否所必要者，例外認有證據能力，此與籠統之所謂「案重初供」者截然不同；例外之情形，自應於判決理由中說明，否則即有理由不備之違法（參閱最高法院94年度台上字第5594號、95年度台上字第2288號判決）。

本書認為：經驗法則並非一成不變的，其應受到一般客觀社會生活定則與自然科學定律的拘束，同時也受到科學實驗與證明的挑戰，專業法官的自由心證，因此也受到相當的限制[28]。同時，「案重初供」之供述是否被採信，關鍵點在於事實審法院如何透過證據調查方法，去認定警察製作筆錄過程當下的細節是否已有充分掌握到證據的取供（例如，以證找人以及初步偵查方向是否正確性與合理性）。

---

[28] 林鈺雄，刑事訴訟法（上），作者自版，2017年9月8版，78頁。林鈺雄氏認為，適用經驗法則之際，必須區分「一般有效」的經驗法則與「非一般有效」的經驗法則，如果是一般有效的經驗法則，尤其是自然科學已經證實的經驗法則，則具有拘束法官的效力，反之則否。

司法警察人員在詢問取供之前需要有相當的準備，若無周全之準備，則在取供方面，恐將未盡其意。而犯罪嫌疑人實際上也並非想像中那麼容易承認犯罪，即便是未出現目的性的非事實供述，通常情形之下，防禦性的非事實供述，也經常會出現在偵訊過程中，導致其供述的眞假難辨。

警察在此過程中，基於職務的熱心，只要犯嫌露出一些口風，顯現出犯罪的蛛絲馬跡，就見獵心喜，以爲已現破案曙光，造成錯誤的判斷。司法實務界也會陷入「案重初供」、「前後供詞一致」的迷思，認爲「初供」、「供詞一致」的憑信性與眞實性，高過日後翻供之證據價值[29]，做爲判斷較爲可信之理由。

三、案重初供的國外見解

「案重初供」這如此的想法，並非完全沒有根據。根據國外研究指出，犯罪嫌疑人在初始偵訊時，通常會相信坦承犯罪是與警方合作最好的方式，而在詢問前犯罪嫌疑人總希望說服偵訊人員願意聽他所講的犯罪情況，取得信賴。詢問中的自白被確認，通常是在警察詢問取供時，能夠正確判斷嫌犯爲何犯罪其動機如何，而且警察依其經驗相信什麼是犯罪嫌疑人必須說明的，並解釋他犯案的動機後，才會停止詢問[30]。不過，這是美國警察進行本案訊問時，是直接切入犯罪的罪嫌之詢問，因此，犯罪嫌疑人也深知其嚴

---

[29] 即使近年來最高法院經常於判決揭示「並無所謂『案重初供原則』，對於證據之採酌，要求須分別就該證據之價值、證據力進行判斷……。」但實際上，被告之「初供」，尤其是包含自白性質之初供，往往能令部分公訴人、審判者愛不釋手，以致冤屈憾事，總難因社會進步而減少。在證據不明的情況下，自白內容竟成爲死刑判決的十行紙三面未滿，單就內容比對卷證資料，即不難發現矛盾之處眾多：案發現場指、掌紋比對，均無一與江國慶相符；廁所垃圾桶衛生紙團上的所謂「可疑斑跡」也無法驗出精液，DNA型別鑑定亦與江國慶不符；所謂扣案「兇刀」，實際上亦無法驗出有被害女童之血液。但在軍事長官已公開宣告破案的背景下，儘管找不到不利江國慶的直接證據，然「測謊未過」加上「自白書」等兩項偵審機關的神主牌，再加上「向司令官下跪」、「現場表演神態自若」、「與父親、兄長會客時陳述內容沒有明確否認犯案」等事後所謂的「補強證據」，成爲判決書上自欺欺人的判決理由。正所謂：「凡事要憑眞實見，古今冤屈有誰知？」引自legalaid.http://reader.roodo.com/laf/archives/17830537.html，最後瀏覽日期：2016/1/8。

[30] Michael D. Lyman (2011). Criminal Investigation: The Art and the Science, 6th ed., p. 207.

重性。

由於犯罪嫌疑人在警察詢問過程中，並沒有任何陳述眞實的義務，其供述必然站在其有利方面，除非是犯罪嫌疑人先前的犯罪計畫，或動機被警察識破或突破，才有可能坦承不諱，促使眞相大白。這點是任何國家的犯罪嫌疑人的基本心理。

四、「案重初供」實例的提出

以下舉出兩個實例，說明「案重初供」的重要性。關鍵點在於警察於刑案發生的第一時間內蒐集、保全證據的完備，使得犯罪嫌疑人無法抵賴，只有誠實以對。

（一）警察例行勤務，巡邏時發現一位中年男子鬼鬼祟祟的牽著一輛腳踏車，去前盤查，發現該輛腳踏車的車把上貼有兒童玩的便利貼圖，眼尖的警察發現該圖貼上有電話號碼，順著查詢的口氣詢問該電話號碼爲何，該男子竟神色顯露慌張，無法回答，警察立刻察覺到該男子涉嫌竊車。因此，警察人員當下憑著其職務上的覺察，進行詢問立刻發現犯罪嫌疑人，當下該男子就承認該輛腳踏車是偷來的。

（二）國內重大刑案，於民國87年3月9日上午9時左右國立清華大學研究生許○○被同學發現陳屍於二樓專題演講會場內冷氣機房旁，因係校風純樸的知名學府，引起社會上相當注意。爲期早日偵破，警方組成專案小組，集合偵查與鑑識專家，分偵查與鑑識兩組同時進行，除查訪關係人對於許○○案發時間附近的行蹤外，發現許○○屍體上有不明腐蝕成分經分析爲具有硝酸與鹽酸成分，再仔細勘察發現死者身上有一小片段指甲與兇嫌洪○○的右小指甲紋路相符。

另外警方分析研判推論死者許○○之緊身長褲僅拉鍊被拉下，褲子並未被脫下或移位，又保險套位置於明顯部位，此種過度暴露方式，發現可能是兇嫌洪○○事前故布疑陣的計畫，事後被警方一一突破，同時警方在握有十足的證據下，凶嫌即爲被害人許○○之同學洪○○才坦承招認，偵破震驚全國的校園殺人毀屍案[31]。

---

[31] 侯友宜，刑事偵查與鑑識之結合—案例報告，中央警察大學年鑑識科學研討會，2001年10月18日，6頁。

因此，本案以「案重初供」的概念而言，關鍵點仍在於現場所有物證皆被警方充分掌握下，嫌犯案發不久就伏首認罪。

第三節　非犯罪嫌疑人於警詢（訊）中的虛偽供述

第一項　非犯罪嫌疑人供述的基本問題

一、警察調查或詢問非犯罪嫌疑人的屬性與實踐

警察所調查或詢問的對象，通常具有許多不確定性與虛僞性。警察在調查或偵查實務上，其訪談或偵訊的對象，由於非常的廣泛且複雜，自然具有**不確定性與虛僞性**。大致上包括告訴人、告發人、被害人、涉案關係人、非涉案關係之第三人等五大類。而以警察偵查實務觀點而言，通常會將這些人列入「證人」來調查或約談，故其偵查的對象及涵蓋面非常廣泛，就此而言，應超過檢察官與法院訊問證人的範圍。蓋刑案的發生涉及到案件本身人與事的糾葛，案件本身又具有延展性，從四面八方出現的資訊需要經過過濾，自然非常廣泛與具有不確定性的因素。

刑案的發生涉及到案件本身人與事的糾葛，案件本身又具有延展性，從四面八方出現的資訊，自然非常廣泛與不確定，爲增強偵查實效，須要經過蒐集、過濾、分析、統整、研判，以縮小偵查範圍或掌握特定案情的發展，凸顯出警察偵查犯罪的科學性與邏輯性之特色。因此，訪談與詢問在偵查實務上係屬蒐證的重要一環，就其本質而言，其因具有變異性的高難度，甚至高於物證的不可變性。

案件在警察調查階段，究竟誰爲證人或犯罪嫌疑人，尚不明朗，而且此調查階段，不僅係在偵查假設的條件下進行調查，以清查與過濾人犯及蒐證爲主，且通知到案的「案件關係人」涵蓋面非常的廣泛，包括被害人、共犯、告訴人、告發人、證人或關係人等爲對象，此乃因警察調查犯罪的屬性

洪曉慧殺人案是指民國97年3月間，時任國立清華大學女研究生洪曉慧因感情糾紛而謀殺同系同學的案件。引自zh.wikipedia.org/zh/，最後瀏覽日期：2016/7/23。

使然。

司法警察人員因調查犯罪及蒐集證據之必要，得使用通知書通知證人到場詢問（刑訴法第196條之1），然而，證人並不負有到場、具結義務及僞證罪責（刑訴法第196條之1第2項規定，有關證人之到場義務（刑訴法第178條）、具結義務（刑訴法第186條）、陳述義務（刑訴法第193條）、眞實義務（刑法第168條）均不在準用之列）。申言之，本條司法警察人員所詢問的對象與刑訴法證人的訊問程序，其法律義務性並不相同，其法律規範的義務性不具強制性質，而且司法警察人員所製作的警詢（訊）筆錄，除有傳聞例外始可容許（刑訴法第159條之1至第159條之5）外，不得作爲證據（傳聞證據），因之在實務運作結果，其不確定性與虛僞性自然存在。

就警察偵查實務而言，司法警察人員於調查犯罪或於詢問證人中，通常具有許多不確定性與暗藏虛僞可能性。證人的虛假性，往往不亞於犯罪嫌疑人，甚至證人可能出賣警察、陷害警察、摘贓給警察、拉攏警察、行賄警察，造成案件處理的複雜性與不確定性。

在警察偵查實務上，爲因應偵查或調查的必要，以取得可靠的偵查情報與資訊，須隨時過濾或研判偵辦線索的可靠性與可信度，除須長期的布線、跟蹤、埋伏、監聽外，偵查人員其訪談或偵訊的對象，也非常的廣泛與複雜，其對象大致上包括告訴人、告發人、被害人、涉案關係人、非涉案關係之第三人等五大類。

警察於調查或偵查犯罪之際，雖然有時因案件的特殊性，無法事前刻意區分究竟是否應該進行訪談或詢問程序。不過，無論如何，皆應遵守警察偵查規範進行，或是依照刑事訴訟程序的規範進行，以謀求程序的正當性。惟若發現所蒐集到的資訊或線索欠缺可靠性，仍須暫時留下紀錄，進一步的驗證或查證，或有助益於日後案情發展或他案判斷上的需要。

刑事司法警察人員之調查犯罪，針對上述所謂之「證人」的身分，通常是在尚未移送該管檢察官偵辦之前，或檢察官尚未主動偵辦之前，對於案件有關的「證人」，進行訪談或約談，是屬於該管檢察官開始發動偵查權之前，由司法警察人員進行的刑事司法調查權的通知到案約談的階段（刑訴法第71條之1），多半是在初步偵查階段的過濾、澄清案情之需要下進行。

二、證人分類的基本問題

在警察偵查實務上，將證人分類的方法不盡相同。本書從作證的動機模式分類，從證人兼具被害人身分的特殊類型分類，加以說明虛僞不實的問題所在。

就其作證的動機而言，大致可包括下列幾種類型：

（一）自願作證者，有可能出自仗義執言，也有可能出自挾怨報復、維護親友，或自己就是凶嫌或共犯、或爲隱藏更多的犯罪等不同的動機所趨使，故意誇大虛僞的可能性較大。

（二）不願作證者，有可能是怕別人找麻煩、怕挾怨以報復、怕自己被牽連到本案或他案、怕被別人誣指爲共犯而惹火上身，或者自己就是眞正的犯罪人。

（三）居中類型，對案件有所見聞，了解案情，但是可能有一段時間已記不清楚，或是雖然記憶上非常清晰，但是不願意積極出面作證（例如有法律上拒絕證言之情形發生，在欠缺法律期待可能的兩難情況下）。因此，通常抱持著閃避的作證心態，而視偵訊人員偵辦的態度是否積極來決定其配合度。

本書將司法警察調查之「證人」分兩大類：

（一）單純證人身分，包括告訴人、告發人、專家證人、涉案關係人、非涉案關係之第三人等。

（二）證人兼被害人的身分。不過，有時「證人兼被害人」的證人，1.可能就是眞正的犯罪人；2.可能是此類證人，爲了自身「隱藏的利益」，而做出僞證或是誣陷的虛僞不實的供述，因而時有出賣犯罪嫌疑人或其他被害人，甚至出賣、誣陷警察入罪，此類型尤爲特殊。

三、有關被害人參與犯罪的保護

有關我國刑事訴訟之參與者或訴訟關係人，鮮少站在犯罪被害人立場思考，通常被害人都是透過告訴、再議、交付審判之聲請，或於偵查中爲保全證據之聲請，或以自訴的方式加以凸顯[32]，來保護自身利益。事實上，就

---

[32] 黃朝義，刑事訴訟法，新學林出版公司，2014年9月4版，110頁。

整個犯罪歷程觀之，被害人或其家屬的供述，也可能成爲發現事實的關鍵證據，重視被害人及其家屬參與訪談或詢問程序，有其必要性。

根據犯罪學者所發展出的「**被害者學**」（Victimology），是在研究犯罪人與被害人間互動的意義與關係[33]。在日本從1965年以後，有關藥物濫用、賣春、賭博等犯罪，這些犯罪類型已經被稱呼爲「**被害者犯罪**」（crimes without victims; victimless crimes），普遍主張將其除罪化，總之形成許多對立的立場，而與此關聯的另一問題，認爲「被害者犯罪」沒有一定的範圍[34]。因此，若從「被害者學」或「被害者犯罪」的角度來觀察這些關係，可將其運用在偵訊上，以解析出犯罪人的行爲動機與犯罪的模式，以杜絕偵查人員的誘捕偵查或不正訊問的產生。

惟若無法從被害人分析出爲何被害原因的話，則從犯罪人的犯罪特徵之「質」的問題來分析，去發現加害人（犯罪嫌疑人）何以認爲自己就是被害人，惟若案件的被害人已死而無法作證其被害經過，站在「被害者學」角度而言，可依循此理論去查證加害人（犯罪嫌疑人）所言是否眞實。甚至，可從證人的言談之中，發現被害人對於加害人本身，亦有嚴重加害的生活事實，或是許多不爲人知而被隱藏的生活事實。

如何變革偵訊程序，其應呈現的新面貌，在於各參予訴訟程序之人應摒除非理性的作爲，眞誠且客觀地面對自己與他人的難處，以及針對傳統犯罪觀、刑罰觀的「袪僞」，使之臻於**修復式正義的轉向**[35]，以求得某種程度的諒解與寬容，進而期待獲得眞實的供述。

例如家暴案件中，發現妻子經常口出惡言侮辱丈夫無力賺錢養家，竟然又在公開場合斥責丈夫外遇眞是可恥等輕蔑的口吻，其惡言相向，終於埋下暴力犯罪的動機，此時妻爲家暴之被害人，但是卻在被傷害前自己也曾扮演過加害人的角色。丈夫在忍無可忍之情形下以亂刀砍死妻子。

這種承認犯罪的類型爲：加害人即被害人的犯罪案例，也有可能涉及司

---

33 林山田、林東茂、林燦璋等，犯罪學（增訂五版），三民書局，2012年11月5版，227頁。

34 松尾浩也，刑事訴訟法（下），弘文堂，1999年11月新版，221頁。

35 姜敏，刑事和解：中國刑事司法從報應正義向恢復正義轉型的路徑，政法論壇，第31卷第5期，中國政法大學，2013年9月，162頁。

法精神醫學的鑑定專業問題[36]。例如加害人本身罹患嚴重的**被害妄想症**，懷疑妻子要殺害他，某日竟將睡夢中的妻子勒斃。因此，應針對加害人層層的犯罪生理與心理狀態的剖析與鑑定，以確認犯罪人本身是否有足夠的陳述能力，以及刑事責任能力承擔的問題。

蓋因加害人是屬人格障礙的精神病症者，若根本無法透過醫療改善其症狀，偵訊人員在詢問取供或認定犯罪嫌疑時，則應具備基礎的**司法精神醫學**與**犯罪學**的知識[37]。醫學研究認爲，遺傳、幼年環境、神經科學及心理與社會歷程，是導致精神分裂症的重要因素，但是現今從事醫療觀察鑑定工作者，仍未找出合理的生理病因[38]。例如，親生母親拋棄男友，並且棄養與其所生的幼女，幼女長大成人後，極渴望找回親生母親的關愛，卻遭到母親斷然拒絕，當她看見母親另組的家庭爲三代同堂和樂融融時，內心的渴望完全破碎的情形下，精神崩潰，犯下嚴重的殺人罪。

在人類對於精神醫學認知有限性的前提下，如何將「犯罪被害者學」與司法精神醫學的觀察法，實際的運用到偵訊學上，有助於事實發見，兼顧被告（「自認爲被害人之加害人」）人權之保障。因此，偵訊人員需特別注意，以防止非事實的虛僞供述。

在刑事訴訟程序上如何給予被害人兼證人身分者給予較周延的保護，例如強暴犯侵入住宅強暴某女子，該女子認識該名強暴犯，恐因作證遭到更嚴厲的報復，不敢說出內情，爲避免被害人兼證人於偵訊時受到二度傷害，可能造成其隱私權的侵害[39]。因此，偵訊人員可從犯罪現場留下的證物，例如指紋、鞋印、血跡、衣物及物品的破損、精液的斑痕等證據，作些評估後，決定採用何種方式進行。例如，偵訊人員一開始可利用輕鬆的場所進行訪談，未必一定要使用較直接的偵訊取供的方式進行，就其所採用較柔性或開

---

[36] 影山任佐，犯罪学の精神医学史研究，金剛出版社，2015年1月初版，33頁以下。

[37] 岩波 明，精神障礙の犯罪，南雲堂，2008年3月初版，94頁。

[38] 根據維基百科指出，2002年日本精神病學和神經學協會曾試圖將「精神分裂症」改名爲「統合失調」，以改變傳統的字面上「精神分裂」帶給人們的誤解，並且這個新名稱是符合最新的生物－心理－社會模型的。http://tsaiesther460.pixnet.net/blog/post/48843864，最後瀏覽日期：2017/6/24。

[39] 黃朝義，刑事訴訟法，新學林出版公司，2014年9月4版，111頁。

放的訪談方式進行（asking an initial open question）[40]，就其仍有助於事實眞相的發見。

四、證人與偵訊人員的互動模式

偵訊是一種既攻擊又防禦的溝通模式，偵訊人員與證人間互動結果，在供述的蒐證上會呈現出非常微妙的變動關係。本書所要探討的部分，是指互動過程中產生的虛僞供述之類型，其具體類型大致分析如後：

（一）證人想利用警方偵訊的疏失或弱點，或對於物證錯誤的判斷，或刻意迴避自己可能被訴的風險，或強化對於犯罪嫌疑人的惡質犯罪的觀感，以達火上加油的僞證或誣陷的目的，係屬目的性的虛僞供述。

（二）警方主觀的預設，想利用被害人或證人的陳述或指認，有利於案件的偵破之契機。

（三）犯罪嫌疑人想要利用證人（通常是指具有共犯結構的證人）於警方偵訊時，製造出虛僞陳述或指認，誤導警方辦案爲其目的。

（四）證人爲避免二度受到傷害，特別進行防禦性的虛僞供述，甚至拒絕回答任何問題。

（五）證人懷疑自己可能就是下一個被害人，刻意進行防禦性的虛僞供述，甚至拒絕回答任何問題。

（六）證人實際上就是眞正的犯罪人，偵訊時刻意進行目的性的虛僞供述。

藉此以觀，證人站在不同訴訟利益的風險上，就會表現出各種不同虛僞供述或指認的類型之可能。

第二項　保障證人於供述上的自由

一、證人供述的任意性

我國司法實務，有關證人供述任意性保護之見解，爰分述如後：

（一）在偵訊中是否出於任意性之供述，認爲證人陳述具任意性，刑事訴

---

[40] Fred E. Inbau, John E. Reid, Joseph P. Buckley and Brian C. Jayne (2013). Criminal Interrogation and Confessions, 5th ed., Johns and Bartlett Publishers, p. 102.

訟法雖無明文，儘管被告受「緘默權」保障之地位（刑訴法第287條），與任何人原則上有供述義務之證人地位（刑訴法第176條之1），雖然二者在本質上互相排斥，但是本於被告供述任意性之同一法理，審理事實之法院亦應詳加調查，以擔保該證人陳述之任意性。證人的拒絕證言權，與被告之緘默權，同屬不自證己罪之特權（參考最高法院99年度台上字第51號、第4913號判決）。

（二）惟法律賦予證人得拒絕證言，此特權並非絕對性，如證人放棄此特權，其證言仍具有容許性，必證人主張此特權，始得拒絕。證人作證時，就具體問題的訊問或詰問，發生刑訴法第181條之情形，只須釋明其與訴訟關係人有一定身分或利害關係，即得主張拒絕證言，法官或檢察官依職權可予以許可之處分後，不再行訊問或詰問（參考最高法院100年度台上字第5064號、第6246號判決）。據此，不能強制要求證人因作證成爲招致自己罪責供述之權利，如此保障機制，是讓證人無論在作證或陳述意願上，皆有自由選擇的權利。

（三）若法官或檢察官違背刑訴法第186條第2項之告知義務而取得之證言，自應依刑訴法第158條之4權衡法則規定，審酌人權保障及公共利益之均衡維護，而定其證據能力之有無（參考最高法院99年度台上字第6372號判決）。若該證人因此成爲「被告」追訴之對象，則先前居於證人身分所爲不利於己之陳述，應認爲對該證人（被告）不得作爲證據（最高法院97年度台上字第3480號判決）。

（四）法院或檢察官違反刑訴法第186條第2項之告知義務所生之法律效果，僅對證人生效，故違反告知義務之證人之證詞，對於訴訟當事人仍具證據能力，至於證據證明力如何，則有法院依具體個案判斷之（最高法院101年度台上字第641號判決）。

（五）被告對於證人所爲不利於己之陳述，有詰問究明眞僞之權利，此爲憲法第16條所保障之訴訟基本權及同法第8條第1項實質正當法律程序所保障之權利，亦不得任意剝奪（最高法院104年度台上字第3631號判決）。

二、證人供述於警察實務之運用

我國司法實務，有關偵查中對於證人以不正方法取證，見解如後：

（一）偵查中施以不正方法取證者，不以負責詢問或製作筆錄之公務員爲限。若是其他第三人亦包括在內，且不以當場施用此等不正之方法爲必要，縱由第三人於訊問前爲之，倘使證人精神上、身體上受恐懼、壓迫之狀態延續至應訊時，致不能爲任意陳述者，該證人之陳述仍屬非任意性，依法不得採爲判斷事實之根據（最高法院100年度台上字第3099號判決）。

（二）檢察官於偵查中，蓄意規避刑訴法第95條所定的告知義務，對於犯罪嫌疑人以關係人或證人之身分予以傳喚，令其陳述後，又採其陳述爲不利之證據，列爲被告，提起公訴，無異剝奪被告緘默權及防禦權之行使，難謂非以詐欺之方法而取得自白（最高法院95年度台上字第2119號判決）。

我國司法實務，有關證人供述眞實性擔保，見解如後：

（一）對於施用毒品之人，指證某人爲毒販者，該施用毒品之人爲對向性正犯證人，非屬共同正犯、教唆犯、幫助犯等證人之類型，因其證言存有較大虛僞危險性，爲擔保其陳述眞實性，依照刑訴法第156條第2項之同一法理，仍應認爲有補強證據之必要性，藉以限制其證據價值。此補強證據之要求，係供述證據之本質所使然（最高法院100年度台上字第1914號判決）。

（二）共同被告中之一人，就其所陳述之內容與本身有無共同參與犯罪無關者，則非共犯之自白，即係資爲證明他人被告案件之證據，自應依人證之證據方法處理，否則其陳述因欠缺法定之程序要件，即難認爲係合法之證據資料（最高法院102年度台上字第880號判決）。

（三）共同被告就自己部分所爲不利之陳述，得否成爲證據，端視其陳述自由權有無因此項程序上的瑕疵（法院或檢察官訊問時應個別進行刑訴法第95條、第186條第2項之告知義務）受到妨害爲斷。如已受妨害，應認與自白之不具任意性同其評價（最高法院98年度台上字第5952號判決）。

惟因警察偵查犯罪所約談通知到案之證人或關係人，通常都係在偵查初步階段，進行廣泛的蒐證作爲。雖然司法警察人員之詢問程序，有刑訴法第196條之1有關司法警察（官）詢問證人之程序，準用刑訴法相關之人證訊問程序之規定，但是刑訴法第186條第1項、同條第2項（具結義務與不得令其具結事由），皆未在刑訴法第196條之1準用之列，此爲立法之疏漏[41]。如此，警察於詢問程序中無須告知證人，因身分關係得拒絕證言（刑訴法第181條之1的情形），無形中剝奪其緘默權，而且容易造成證人爲配合警方調查，而爲非事實的虛僞供述，又無僞證罪的刑責問題，不可不愼。

三、偵訊人員對證人「誘之以利」

就我國司法實務見解而言，訊問者若誘之以利，讓受訊問人認爲是一種條件交換之允諾，足以影響其陳述之意思決定自由，應認爲其供述不具任意性，故爲證據使用之禁止（最高法院97年度台上字第1655號判決）。

證人在偵訊人員的利誘下，此利誘之基礎在於相互得利的前提下，應係出自任意性供述，但也有可能未必出於任意性。亦即，在偵訊人員之利誘下，足以影響證人陳述的意思自由時，則可認爲該證言不具任意性，自當排除於法庭證據之外而無證據能力。然而，若該證言係出自證人之任意性者，則具有證據能力，但仍可能具有虛僞的成分，故須以其他證據以擔保其眞實性（證據證明力）。

申言之，此因偵訊人員之利誘而爲交換條件的結果，仍須以證人因其意思決定之自由受到影響爲其必要條件。因此，證人若是出於自己自由意志下所爲之陳述，且願意接受利益之交換，仍具有證據能力，僅是證據證明力強弱的問題，惟其供述內容是否虛僞不實，則屬證據可信度的問題。不過，除可能涉及偵訊人員違反偵查紀律，或該證人有其他違法情事發生外，若具有公務員身分者會涉及到刑法瀆職罪罪責的追究。

然證人並未因偵訊人員不法手段而做出不利犯罪嫌疑人之陳述或推斷等，對證人於偵訊過程中之供述自由權之保障並無妨礙。若該證人之供述，經過查證結果，不具有任何虛僞成分且與事實相符者，雖有利益交換之不正取供，然因與其自由供述之間並無因果關係，該證言仍非法所禁止使用。

---

41 張麗卿，刑事程序中之拒絕證言權，刑與思—林山田教授紀念論文集，元照出版公司，2008年11月，456頁。參閱最高法院100年度台上字第6216號、第6009號判決。

第三項　證人的虛偽陳述與錯誤指認

一、證人於警訊中的陳述與指認

記憶這東西可能是有意識或無意識的存在我們的腦海裡，只要我們聽過的或是看過的，永遠都存在我們的腦海中。亦即，人類記憶，是透過其五官的知覺，將聽聞的事實儲藏在自己的大腦裡，有可能是長期記憶，有可能是短期記憶，因人而異。

不過，這裡要特別指出，眞實的事物通常都有些奇怪，有時甚至比起小說更是奇怪，因爲人會有一種自我防衛的心理，通常會把許多眞實的想法或記憶隱藏起來。所以，陳述出來自然不具連貫性，甚至欠缺關聯性，有時確實是眞實的，但看起來卻不具眞實性，但是，有時陳述出來非常流暢，具有邏輯性，但是實質上卻是虛僞不實的陳述。因此，辨識受訊問人其陳述的眞假虛實，必須佐以相當正確無誤的事證，來證實其陳述之眞僞。

有人說：「眞相存在你的記憶中，但謊話是由你的想像力創造出來的，比起說實話，說謊會讓大腦費力，通常可用測謊儀器測出來」。不過，本書採保留態度，因爲當我們在陳述事實眞相時，有時連我們自己都無法了解到陳述的內容，究竟是自己創發出來的想法，還是早就存放在大腦裡面的眞實記憶，還是部分眞實而部分虛僞。換言之，供述證據的過程，分認知、記憶、表達等三個過程在進行，任何一個過程有問題，都會呈現出虛假的成分。因爲所謂「說謊是會讓大腦的費力」，固然有其科學的憑據，但是仍無法驗證出「人對事物認知本身的錯誤」而導致誤判。

要人們喚起一些記憶效果有限[42]，有時需要專業判斷。因爲喚起這回憶的過程其實是一個心智活動的建構過程，本身充滿具有不確定性與虛僞性的成分。例如，有時證人做證時，會把某個人的臉或身體剪下來，貼到一個完全不同的情境裡來確認，而這些動作完全不需要警方的介入，就會發生。

---

[42] 林淑貞譯，Elizabeth Loftus、Katherine Ketcham著，辯方證人（一個心理學家的法庭故事），商周出版公司，1999年5月版，13頁。

二、外國學者的見解

警察對於犯罪嫌疑的識別，在警察實務上各國於程序規範皆有規範（Code of Practice for the Identification of Persons by Police Officers）。例如搜索的權限與範圍、拘提、逮捕、詢問程序要件等[43]。

美國學者認爲[44]，根據經驗或研究結果顯示，證人的指認（可能成爲法庭的供述證據）並不可靠，且經常指認錯誤，例如證人的感知有無法精確的傾向，特別是在壓力的情境下，尤其是面對被害人或犯罪人，一般的證人都沒有受過專業的觀察訓練，很少能夠正確的描述犯罪，亦無法確認誰是犯罪人，在指認過程中很容易受到許多不正確的建議而影響其指認。

法院爲要防止錯誤指認，須在完善的環境下進行，而有六大因素的考量如後：

（一）證人觀察到的時機是否是在犯罪時間點內。
（二）證人本身專注的程度如何。
（三）證人對於犯罪第一時間內描述的精準性如何。
（四）證人證明犯罪前的衝突的正確性如何。
（五）犯罪前的衝突與犯罪時間隔多久。
（六）證人是否爲單純的證人或者是犯罪被害人。

如此是屬確保證人證言的信用性（safeguarding against misidentification）的基本防護措施的要求。

根據外國的司法實際經驗來看[45]，美國紐澤西州最高法院曾指出，缺乏可信度的證人之指認會造成誤判，而且確實存在錯誤的指認。所以，若法院使用目擊證人的證詞時，如果被告提出證據，證明證人可能受到不應容許的影響下所爲的供述，則檢察官必須負舉證責任。尤其是具有相當爭議性的指認，法官必須提供適當的資訊，告知陪審團說明此錯誤的指認，是有證據證

[43] 稲田隆司，イギリスの自白排除法則，熊本大学法学会叢書，成文堂，2011年9月初版，155頁。

[44] Michael D. Lyman (2011). Criminal Investigation: The Art and the Science, 6th ed., p. 133.

[45] 堯嘉寧譯，Adam Benforado著，不平等的審判：心理學與精神學告訴你，爲何司法判決還是這麼不公平（The New Science of Criminal Injustice），城邦文化事業公司，2016年9月初版，157頁。

明上的風險。同時，美國有研究顯示：在案發的一個月之後，證人能夠正確指出行兇者的機率，只有案件發生一週時的一半機率[46]。

儘管如此，喚起記憶仍是偵訊人員偵訊心理學中必備的技能，是容許有限度的進行誘導訊問。但是，必須是在喚起證人能夠記憶的前提下進行，否則仍屬以誘導方式之不正訊問。例如，偵訊人員基於效率與方便起見，「犯罪現場模擬」（show-up）會要求證人觀察某一位犯罪嫌疑人的各種犯罪模擬的動作，確認是否其行爲態樣是否爲當時的行爲態樣，讓證人更能喚起記憶，但是這方法具有高度的暗示性，通常會造成錯誤指認的結果[47]。雖然這不符偵查規範的指認程序的要求，或許警察會認爲那才是最貼近眞實的偵查手段，甚至先做了這些動作，再按照偵查犯罪之規範來執行指認程序，乍看之下是謹愼爲之的動作，但如此的指認卻多少存在著虛僞成分之可能。

三、警察偵查實務上的基本作法

警察對於證人詢問取供，通常係在偵查假設的條件下進行，無論是訊問對象的選擇、內容、範圍皆在刑事司法調查下進行，爲蒐集證據手段之一，即係在證人願意或不侵害其實質權益下進行調查。此種情形，與現行法制下，證人須到法庭作證，接受當事人的詢問（刑訴法第163條第1項），或經交互詰問程序的**反對詰問**（刑訴法第166條）等程序的要求，以發現證言的信用性與眞實性，在例外的情況下，才能行誘導訊問（刑訴法第166條之2），兩者並不相同[48]。

警察的詢問取供，因其僅是在於偵查假設下進行取證活動，通常不帶有任何強制性，也不需要如同法庭交互詰問受到嚴謹訴訟程序的規範，只要是在喚起證人記憶之必要的前提下，皆可做多方且廣泛的詢問，以旁敲側擊，找出犯罪事實的全部或一部，如此進行誘導訊問是被允許的。因此，警察的誘導訊問必須是在喚起證人的記憶爲前提，超過此範圍的部分仍非法所許。

在偵查實務上，警察經常僅用眾多人頭照片做爲指認的對象，當警察告

---

[46] 同上註，154頁。

[47] 同上註，155頁。John L. Worrall (2010). Criminal Procedure From First Contact to Appeal, Prentice Hall, p. 260.

[48] 陳運財，被害人之訊問與具結，月旦法學教室，第47期，2006年9月，23頁。

訴證人所指證的人並非嫌犯的話，證人通常就不會再回頭來指認。所以，警察可能會不斷的告訴證人那人不是嫌犯，甚至提示近來新聞媒體報導，或透過先前與其他證人閒聊，或先前與警察互動得知的訊息之結果，這些額外的資訊可能讓證人記憶更加鮮明，但通常是帶來反效果，而且警察的偵訊會直到證人指認結果，讓警方認爲恰當爲止。不過，警察要證人進行多次指認，通常是出於善意，眞心希望能夠確認逮捕的人犯是正確的[49]。所以，在此過程偵訊人員本於理性專業，基於職務要求進行，無須進行任何道德、宗教、社會，或先入爲主的法律評斷，儘量按照規範程序進行即可。

在偵查實務首重實效性，在功能取向的作用下，使用排除法是最有效的偵查模式，尤其是針對證人的訊問、指認、測謊等程序，皆屬刑事偵訊學的專門技能，同時，透過偵查模式的建構與犯罪結構的描繪與剖析相互連結或組合，才能緊抓偵查方向的正確性，迅速打擊犯罪。然而，這樣的偵查技巧，優點是可以有效的發現**關鍵證據**，缺點是大量的蒐證結果，**虛偽證據**容易進入刑事判斷體系中，以混亂眞實的發現。因此，若偵辦案件時，一旦證據出現矛盾或不一致時，案件就很快地陷入膠著。

必須注意的是，任何犯罪案件皆有其個別化的特徵，不可能完全套用完全相同的偵查模式來問案，證人的偵訊模式，亦復如此。具體而言，警察在偵訊時證人時，任何一個用詞或動作，甚至是態度，出示任何跡證，都可能改變證人的記憶，導致其陳述或指認被誤導[50]，爲避免虛僞不實的供述，必須透過各種偵查假設，識別該犯罪的特徵，逐步驗證出犯罪事實。

因此，偵訊人員在偵訊時應注意的事項中，必須將其供述中所發現的事實與事證來相對應之，發現有任何不合理的心理或物理的現象，必須存留證據接受驗證或鑑定，例如到現場進行勘察、查究其供述與其經驗事實是否相符、喚起證人記憶範圍的精準度、識別證人本身的特質與屬性如何。

幼童爲目擊證人需爲特別的保護（in need of special pretection）[51]，例

[49] 堯嘉寧譯，Adam Benforado著，不平等的審判：心理學與精神科學告訴你，爲何司法判決還是這麼不公平（The New Science of Criminal Injustice），城邦文化事業公司，2016年9月初版，156頁。

[50] 同上註，157頁。

[51] Roderick Munday (2009). Evidence, 5th ed., Oxford University Press, P. 216.

如家中沒有成年人看家，只有三個十歲的孩童在家，家中突然起火，起火的原因有可能是孩童玩火，有可能是用電量過大引起電線走火，有可能孩童使用電器不當引起火災，或是其他可能原因。警方調查中確認起火點是在：客廳矮櫃的牆壁上，因有嚴重燃燒的狀態呈現（起火點的鑑定主要是依據燃燒痕跡，從燃燒重嚴重的地方去搜尋可以發現許多物證，進行採樣與鑑定分析[52]），於是偵訊的重點放在，由誰來證明發現電線走火的地方不在天花板，也不在地板，而是在客廳矮櫃的牆壁上。

偵訊人員立刻展開訊問，經該目擊起火點之孩童（證人）證稱：我看見櫃子那邊開始冒煙起火。於是偵訊人員緊接著就問：當時還有沒有看見其他地方也起火，如地板或天花板？該孩童立即回答：沒有看見其他地方有著火。如此，即可證實起火點確實發生在矮櫃下方，因爲矮櫃上放置的檯燈老舊電線走火後引發火災。因此，立刻排除其他人爲起火原因，而可以認定是意外事故。

本案分析如後，警方於偵訊該名證人之前就已經確認出起火點，關於該證人是否具有陳述能力以及其陳述內容是否眞實，主要是根據警方已經確認的事實，與證人的陳述正相吻合作出更進一步地確認。不過，該名證人雖然年僅十歲，但以本案而言，警方在證人優劣的選擇上似乎已經無考量的空間，只能專注於該未成年人之記憶與認知上去發見，去查驗有無錯誤陳述之可能，有無背離該年齡層的經驗事實，如果可能的話，可追問其判斷的理由爲何，並查證有無任何不當的動機，其供述並無被誘導或被污染的可能。

例如誤解或無法認知偵訊人員訊問的意思，或兒童受到或害怕受到處罰斥責，而故爲謊言，甚至被大人當成鬥爭誣陷的工具[53]。因此，可以確認該明證人所陳述之證言爲實在。不過，當偵訊人員訊問後認爲重要的陳述，亦即與案件有重要關係者，必須聯繫檢察官複訊[54]，以鞏固證據能力。

---

52 李昌鈺等，犯罪現場（Henry Lee's Crime Scene Handbook），商周出版公司，2004年5月初版，206頁。

53 莊忠進，論兒童性侵害案件之偵查，臺灣警察專科學校101年精進校務發展研究成果發表論文集，2012年12月，63頁。

54 何明洲，犯罪偵查學，臺灣警察專科學校印行，2015年8月初版，244頁。

四、證人於警訊中供述的缺陷

刑事訴訟法上，有關證人的「證人能力」，乃指就該案件有關的事實依其所見所聞，且具有陳述能力之人，即具備證人資格要件，除此以外，並無特別的限制。但是，因警察蒐證的範圍係屬不確定性，針對某種類型的證人，其陳述的憑信力與眞實性，尤須進一步去查證，分述如後：

（一）兒童或老年人，或是精神障礙或心智障礙之人，陳述能力較弱，又特別容易受到錯誤資訊的影響，或證人的個性特別偏好迎合別人，則證言的虛僞性較多。

（二）告訴人或被害人爲證人時，其眞實性自不同於一般的證人，但是仍與其證人能力無關。不過，在詢問時儘量使用開放性提問，使其能充分陳述，並利用其可以理解的方式輔助詢問，或找尋專業心理輔導師、社工人員、醫療專業人員等人陪同在場，以輔助詢問，以彌補其陳述能力之不足。

如果發現該等證人，確實無法爲完全陳述，可徵詢陪同在場之心理輔導師、社工人員、醫療專業人員等人之專業意見後，適時終止訊問，必要時仍應錄音或錄影，並作爲紀錄文書，以便日後查考之用，無須勉強偵訊，反而造成虛僞供述之情事發生。

爲偵查的效能與方便計，以警察偵查實務的觀點而言，偵訊人員所找的證人，通常是對警方有利的（友性證人，非敵性證人，這些語詞是運用在法庭交互詰問程序中，爲說明方便故拿來使用）。蓋因每一個證人皆有其「可靠」的一面，也有其「不可靠」的一面，關鍵在於偵訊人員應愼審明察，以防止虛僞供述。不過，有時警方與某些證人的關係，亦敵亦友，隨機應變。

以經驗法則來看，一般而言，住戶警衛人員的觀察力應大於一般的住戶、計程車司機的警覺性應高於一般小自客車駕駛人的程度、被害人的記憶力應大於一般行路人的記憶力、醉酒的遊民其觀察力應小於一般路人。所以，警察對於不可靠的證人，除非萬不得已是不會接觸的，因爲一旦錯誤所承擔的風險過大。尤其是在警察欲利用與案情發展相關的犯罪嫌疑人爲證人時，則其間呈現的法律關係極爲曖昧不明，也會儘量防止被栽贓或出賣，或偵查情報外洩等。

以法律規範而言，在警訊中，證人無須負擔僞證罪責，證人沒有說眞話的義務，即便就案情有關重要事項爲虛僞陳述，亦不會擔負起僞證罪之刑事責任。因此，可能存在著虛僞陳述的訴訟風險。故利弊權衡之下警察通常不會接觸該等證人，除非能有效地透過可靠線民的策反或諮詢，取得相當的信賴後，始得通知其到案說明。

偵訊人員沒有相當的把握通常是不會使用通知書，通知相關的證人到案，只會運用任意偵查的方式，逐步過濾案情，以免打草驚蛇。因爲，一旦偵查情報被犯罪者偵測出來，驚動眞正主嫌的警覺，不僅日後偵查線索斷絕，且易產生串證、湮滅證據或逃亡等情事，詢問證人所獲得的供述，虛僞性也必大增，甚至可能混淆或誤導警方偵查方向，使得整個偵查工作被眞正犯罪人輕易掌控支配，導致警方好不容易建構的偵查網被破壞殆盡。因此，相關證人的傳訊皆與偵查計畫與策略息息相關，不可不愼。

在警訊過程中，證人原則上無須直接面對犯罪嫌疑人，例外爲發現眞實之必要，才須要求證人或犯罪嫌疑人對質。就偵查實務而言，偵訊人員通常不會要求證人與犯罪嫌疑人對質，以免偵查手段被識破或偵查情報洩露，造成串證或湮滅證據之情形發生。

更重要的關鍵點在於，警察爲使案情有所突破，爭取時效，爲取證迅速又方便計，會千方百計的說服證人作證說出實情，所以除非犯罪嫌疑人主動要求對質，通常是不會發生證人與犯罪嫌疑人對質。因此，證人有了這種（的）保護傘，通常都會願意配合有利警方偵查方向或策略做出有利於警方的供述。因此，證人在偵訊過程中願意配合偵訊人員的提問，這是非常正常的事。

但是，有可能就是因爲這樣的態度，導致警察人員容易疏忽，未經查證該證人的相關背景資料與供述之可信度與眞實性。而該證人就很有可能與犯罪嫌疑人進行利益掛勾，或是避免警察將其一併移送之犯罪嫌疑人，且該證人於警詢（訊）時必然夾雜著防禦性的虛僞供述，同時也具有某種程度的目的性虛僞供述。此刻，證人也必然存在著潛在性的虛僞供述之可能。例如吸毒者爲求毒品價格低廉、供應無缺之前提下，在警詢（訊）時替「藥頭」做出虛僞陳述，以規避警察查緝「藥頭」歸案。

有時，偵訊人員想要利用有利的偵訊條件下，進行偵訊時，仍不可不愼重行事。尤其是針對具有共犯結構的犯罪嫌疑人，於詢問（偵）訊程序上警察若是強求共犯中之一人，對其不利益的部分加以陳述，無形之中容易引發強制取供之情形。

因此，不應對於共犯中的一人要求等同於證人之證據方式進行偵訊[55]，容易引發栽贓、誣告、虛僞供述之可能，故應加以避免之，蓋因共犯作證畢竟與一般證人不同。例如警察面對實行正犯的偵訊時，企圖偵破背後的教唆犯、幫助犯，即所謂的「整體共犯結構的組織」，甚至是針對共謀共同正犯的供出（即所謂的「藏鏡人」或主謀者」），但要特別小心可能面對的栽贓、誣告、虛僞供述之情形發生。

有時，警察基於雙贏的策略下，證人也可能在警方誘導下發生虛僞供述或指認的情形。例如證人在警方充分掌握犯罪事證的重重壓力下，或是基於自身利益的考慮，或是與犯罪嫌疑人具有深厚的交情，或是具有任何有形、無形組織的裙帶結構關係，或與警方利益交換，警察會告訴污點證人說：「如此做，對你不會有任何損失或風險」。

證人願意提供偵查情報給警察，其成因非常複雜，或因爲警方急於破案才願意與證人發生利益交換，或企圖以小案養大案，或不想擴及或追擊其他共犯之人，或認爲案件繼續偵辦反而不利於掌握更多的犯罪人或事實，姑不論是否是否受限於偵查資源或是偵查案件之本身問題。在警察偵查實務上，稱爲偵查斷點，如此逐漸發展成爲警察偵查實務中自成一格的辦案手法。

如此，主要形成證人虛僞陳述或指認之原因，係該證人以當時警訊的氛圍下，認爲警察基於案情發展的需要配合陳述，如此陳述並不會自陷僞證罪的風險擔保下，自願爲虛僞的陳述或虛僞的指認，證人在不需要理解警察辦案的態度如何，容易做出防禦性與目的性的虛僞的供述，或錯誤的指認，結果發生非事實的供述。

---

[55] 林裕順，基本人權與司法改革，新學林出版公司，2010年10月初版，289頁。該文係指於具體的訴訟案件中原本就難區別利益與不利益者，在程序上要求被告爲不利益之釋明，反而容易引發強制供述之情形（引自光藤景皎，口述刑事訴訟法（上），成文堂，2000年2版，106頁）。

不過，本書認爲若共同被告中之一人就他共同被告之事項，不得拒絕證言之前提下，具當事人地位之共同被告者，雖不應強制要求等同於證人之證據方法而爲詰問，避免引發強制供述之情形，但是若共同被告間的自白若不利於其他共同被告之供述，仍得以證人方式進行交互詰問或訊問，此乃爲保護被告權利之必要所衍生的法庭訴訟指揮權行使之正當性。

因此，當證人爲虛僞供述與錯誤指認的結果，進而與相關證據連結或組合，若與當初警方建構的偵查假設及預測相符者，此時在警察偵查工作中，通常都認爲犯罪嫌疑人與犯罪具有某種程度的關聯性，如此卻會增加案件判斷錯誤的偵查風險。

司法警察人員對於交通事故在認定過失責任之歸屬，於偵訊時使用的詞句有可能會影響到證人的供述，是純屬所謂的「純粹防禦性的虛僞供述」，是屬自發性且不經意的心理狀態（不自覺的心理狀態，包括反射性的非意識活動、無認識的心理狀態）所爲的非事實供述。有一個研究實驗，是讓兩組人看同一車禍事故的影片，看完後，對其中一組詢問：覺得當時車子「衝撞」時車速是多少；對另一組詢問：覺得當時車子「擦撞」時車速是多少。結果是聽到「衝撞」的這一小組要比聽到「擦撞」的那一小組，預估的平均時速快了許多。而且「衝撞」的小組的受測者也比較容易記起車禍現場有玻璃破碎，可是其實影片中並沒有這種情況[56]。因此，偵訊人員避免誤導受訊問人，在詢問過程中應儘量使用中性語詞。

以上述案例而言，應採用連貫性的車輛動態詢問方式。例如，詢問：當時你看見那輛車先撞到的，當時撞上去的速度大概有多少，你站在何處看見的，兩車距離有多遠。除此以外，還需要配合使用現場圖以及各種情況證據，綜合研判，才能還原出車禍當時現場的狀態。同時觀察現場圖的車輛位置的撞擊點擊落土碎片等外，還需要懂得車輛相撞的基本物理原理。

要求偵訊人員絕對不得使用誘導訊問是不可能的，只能要求偵訊人員不能使用強制的手段逼迫證人做出任何供述，甚至虛僞供述。

以警察偵查實務而言，事實上警察於偵訊時的問話，是不可能完全不會影響到證人的回答。而大部分的警察並沒有受過嚴格專業的訓練（尤其是在初步調查階段），因爲要能夠提出準確問題的關鍵點，必須具備偵訊心理學、犯罪心理學、刑事鑑識學、刑法與刑事證據法等基本知識與經驗，更需具備各種犯罪類型與模式的偵查技巧，如欠缺這些詢問能力，反而會常常妨礙證人回答的完整、正確的記憶，使眞相無法呈現出來。

---

[56] 堯嘉寧譯，Adam Benforado著，不平等的審判：心理學家與精神科學告訴你，爲何司法判決還是這麼不公平（The New Science of Criminal Injustice），城邦文化事業公司，2016年9月初版，157頁。

即便是如此，也有可能非常老練且辦案經驗豐碩的警察，因為過於自信的結果，提供一些具體的資訊，甚至為了破案在許多訊問的場合都提出相同的問題給證人，且刻意營造可能的氛圍，反而會讓證人越來越相信自己的記憶，不管是否是眞的或是假的[57]，創發出虛構的證詞。

五、證人於警訊中指認的缺陷

一般經驗而言，目擊證人的指認，是對被告最嚴酷的證據，當目擊證人將手指向被告說「我親眼看見他」的時候，這案子眞如檢察官所講的是「銅牆鐵壁、密不透風」。

但是，證人的記憶可能產生天衣無縫的變化，而證人以為自己所知道的事情，全心全意相信的事情，不見得就是事實眞正的過程。如果犯罪嫌疑人的基本人權是因為證人出自短暫記憶的選擇性錯誤，這是任何人都無法承受這「錯誤」的後果，可悲的是人性的基本尊嚴卻赤裸裸地以獸性相待[58]，為避免錯誤，訴訟程序的實質正當性必須嚴格落實。

當警方的數個證人完全依照警察偵查犯罪手冊之規範程序指認犯罪嫌疑人，而犯罪嫌疑人或其辯護律師及專業心理師等，若要想和證人記憶錯誤來對抗，是艱苦異常的，因為那可能是法庭得以使用的直接證據，得以定罪的關鍵，甚至會遭到被害人家屬的控訴其惡毒。因此，避免誤判，法院於審理時有關任何證人的指認或供述，原則上必須透過直接審理與交互詰問的程序，透過驗證與推敲，以排除任何錯誤的指認或虛偽陳述。

依警察偵查犯罪手冊第91條規定，指認前應由指認人先陳述犯罪嫌疑人特徵；指認前不得有任何可能暗示、誘導之安排出現；指認前必須告知指認人，犯罪嫌疑人並不一定存在於被指認人之中；實施指認，應於偵訊室或適當處所為之；應為非一對一指之成列指認（選擇式指認）；被指認之人在外形上不得有重大差異；實施指認應拍攝被指認人照片，並製作紀錄存證；實施照片指認，不得以單一相片提供指認，並避免提供老舊過時照片指認。

例如在民國96年5月9日，在高雄市鳳山五福一路前，有一輛計程車行

---

57 同上註，159頁。

58 林淑貞譯，Elizabeth Loftus、Katherine Ketcham著，辯方證人（一個心理學家的法庭故事），商周出版公司，1999年5月版，17-18頁。

經該路段時，乘客即該兇嫌持槍朝王姓司機頭部開槍，該司機之後衝撞進民宅騎樓，經送醫不治死亡。案發後警察於供證人指認犯人時，挑選了四位嫌犯，然而，四張黑白照片中只有被告的是半身照，被告的左手被手銬銬在其身體後，其餘三位被指認的嫌犯皆爲普通大頭照（警方在照片選擇上有實施誘導與暗示），指認單上出現二位證人於指認後按壓的指印。法官在證據不足之情況下，不採用對被告有利測謊結果，且採信程序不正當的指認和證人單方面的證詞[59]。

第四項　被害人兼證人在警詢（訊）的虛僞供述

一、被害人兼證人的基本問題

當被害人兼具證人身分時，因其最了解犯罪行爲的過程及其結果。有些案件的被害人往往與犯罪人有過正面接觸，對於犯罪者的體貌、特徵等有具體、深刻準確的了解，適時的訊問是有必要的[60]。尤其是暴力犯罪類型的案例（如強制性交、殺人、傷害、妨害自由、強奪、強盜、恐嚇取財、擄人勒贖等），許多資訊需要靠被害人提供，主要包括接近方法、抵抗反應、攻擊的行爲特徵、語言的突然改變、物品損害情形[61]。

但是，此種身分之人，有時因各種因素而不願意配合警察的調查與偵訊，或供給的資訊不夠充分，導致案情無法明朗。其不願意配合的原因，可能出自懼怕被二度傷害，或遭到其他被害的損害，或個人隱私的暴露可能是商業機密、個人財產、人格的缺陷、健康狀態等隱私，被告或警方利用偵訊的發動，攫獲更多的情報資訊，被害人不堪其擾，願意私下和解，撤回告訴。例如被性侵害的被害人或遭擄人勒贖的被害人，或因心裡的恐懼或受其他因素的影響，抱著懷疑或抗拒不信任的態度，拒絕接受訊問，而有任何可能的線索都全然拒絕提供給警方，造成警察必須以其他方式找尋或發現犯罪人或犯罪跡證，這也是常有的事。不過，當警方偵辦案件陷入膠著，在苦無

---

[59] 無期冤獄—林金貴案聲請再審案，https://tw.news.yahoo.com/051100428.htm，最後瀏覽日期：2017/1/18。

[60] 王傳道，刑事偵查學，中國法政大學出版，2013年6月4版，90頁。

[61] 廖有祿，犯罪剖繪—理論與實務，五南圖書出版公司，2016年5月初版，158頁。

良策之際，企圖使用不正方法以壓迫或利誘證人配合調查。如此，也有可能發生虛僞供述，或錯誤指認之情形發生。

反對論者認爲[62]，警察在案件破獲當時所爲之調查筆錄，係依其經驗法則與論理法則之判斷，證人在案發當時所爲之供述，較少權衡利害得失或受外力的干預，比事後翻異之詞更爲有信，除可證明其事後於法院審理時，翻異之供述確實與事實較爲相符，而其在檢警偵訊時供述缺乏憑信力（即所謂「顯有不可信」），係虛僞不實之供述，則應予以排除於證據之外，通常以警方訊問時所得之供述，較具可信度。

在警察實務作爲上[63]，警方於被害人調查過程中，給予適時的心理治療，不但有益於被害人及其家屬的調適，亦有利於偵查工作，基本原則爲合作互助、共同計畫、評估處理技巧及資源等，例如隨著被害人之各種條件與被害經過作出不同的設計，其供述之眞實性較無問題。

一般而言，證人爲何產生虛僞陳述，從事實際偵訊人員會以較客觀明確的具體類型化爲其判斷標準[64]，輔以經驗與論理法則之說理後，通常較有公信力，不致於產生虛僞供述，尤其是針對犯罪被害人的心理而言，通常都不願意再度面對過往被害的傷痛而做證。

如果證人眞願意挺身出來作證，同時法律在程序上給予充分的保護，例如有關特定證人住所等事項，可不對相關人告知[65]，甚至於偵訊時辯護律師偶然得知的資訊亦應予以相當的限制，偵訊人員應予以告知有業務上應遵守秘密之事項。如此，虛僞供述的成因必然減少。

---

[62] 林培仁，偵訊筆錄與移送作業，臺灣警察專科學校印行，2015年2月5版，63頁。

[63] 廖有祿，犯罪剖繪—理論與實務，五南圖書出版公司，2016年5月初版，162頁。

[64] 何明洲，犯罪偵查學，臺灣警察專科學校印行，2015年8月初版，30頁。證人陳述的虛僞類型，計有下列三種類型分析：(1)故意虛僞供述型，其發生之原因事實爲：①與案件有利害關係時，被勸誘爲僞證，或已被收買。②因報復、怨恨、訴訟或因其他理由而意圖使特定人不利時。③共犯或共同被告之關係。④有關感情偏頗挾怨，所作不利被告之指證。(2)過失虛僞陳述型，其發生之原因事實爲：①因觀察錯誤。②因記憶錯誤。(3)供述錯誤型，其發生之原因事實爲：證人雖其經驗及記憶並無錯誤，但於供述時，發生描述不當導致虛僞之供述。

[65] 黃朝義，刑事訴訟法，新學林出版公司，2014年9月4版，111頁。

二、被害人兼證人的虛偽供述

有些具有被害人兼證人身分之人，最容易產生虛僞供述者，爰分述如後。

（一）是指**非犯罪嫌疑人的被害人**，其可能是單純的被害人，有可能是涉案的幫助犯或教唆犯，但未被發現是共犯，其供述有可能涉及誣告與僞證。

（二）是指**被害人本身就是犯罪人**，但未被發現他就是眞正的犯罪人。而此眞正的犯罪人隱藏在證人之中，甚至集結參與犯罪之人串證誣陷他人犯罪，而該他人可能是共同正犯中之一人，或者是幫助犯或教唆犯，或根本就是無涉案單純來頂替之人，而這些人到警察那邊來做證人，可能的原因分析如後：1.不甘願被強迫的；2.可能是因利益交換的；3.可能是因江湖道義驅使的。

然而，通常最容易到法院去翻供的犯罪嫌疑人，就是本身不是心甘情願去做被告的當事人，此時非犯罪嫌疑人的被害人在警訊中的供述自然禁不起訴訟的風險。

若是出自警方基於破案的壓力或其他壓力，以擴大臨檢、盤查的勤務，掃蕩幫派組織等手段，迫使當地黑社會的某幫派交出犯罪嫌疑人，這時眞正的犯罪人反而成爲證人兼被害人。例如幫派有可能找人頂罪，或是在與警方妥協之下交出非犯罪嫌疑人的犯人；或是警察與犯罪人私下達成協議，彼此交換利益，以案養案、以重大案件換成輕案件、以共同正犯之多數人換成少數人或一人犯罪。因非眞正的犯罪人或非眞實犯罪結構的呈現，其供述的虛僞性大增，雖有可能於起訴後翻供，但是若有相當的利益交換或是江湖道義之前提下，使得訴訟風險相對的降低，導致整個虛僞供述能夠被推翻的機率下降，這種情形因無涉及強迫取供，所以較難發現供述的虛僞性。

第四章　各國警詢（訊）虛僞供述實例研究

臺灣治安史上的首件「持槍搶劫銀行」重大刑案，發生於民國71年5月7日臺北市計程車司機李師科犯下「先襲擊警察奪槍，再持槍搶劫銀行」（本案發生在臺灣戒嚴時期），當時警方承受破案的壓力下，誤抓計程車司機王迎先加以非法拘禁、刑求逼供、被迫承認搶劫銀行，王迎先不堪折磨跳河自殺身亡，警方還誤認爲其畏罪自殺，待眞正犯罪人李師科被捕後，才發現事態嚴重。進而，也促使我國刑事訴訟法第27條增訂，被告得隨時選任辯護人，犯罪嫌疑人受司法警察官或司法警察調查者，亦同。此後犯罪嫌疑人在偵查過程得隨時選任辯護人，以防止警方刑求逼供，而後逐漸發展出偵查辯護權的必要，以防止虛僞自白或供述。

犯罪控制並非發現犯罪的主要手段與目的，正當法律程序的遵守才是刑事訴訟法的終極目的。例如國家爲促使金融秩序穩定使用刑罰手段制裁人民，如此控制犯罪的手段已超出社會控制的目的與範圍，無論就實體上或程序上，皆欠缺實質正當性（如戒嚴時期曾以違反票據法科以刑責之情形）。

偵查中偵訊人員的告知義務（刑訴法第95條），乃在於程序上確保犯罪嫌疑人於供述上的充分自由。緘默權的行使，除有此消極性防禦權，還有辯護人在場權（包括陳述意見權）的積極性防禦權。兩者在國家偵查犯罪時，是犯罪嫌疑人對抗國家刑法追訴權行使的唯一利器，當然有包括警察調查權的行使[1]。亦即，國家動用刑罰權猶如利刃之兩鋒，而此防禦權正是避

---

[1] 吳景欽，臺灣刑事訴訟法新增告知義務違反效果之探討，http://www.angle.com.tw/lawdata.asp，月旦法學知識庫，最後瀏覽日期：2017/5/7。在米蘭達判決中，華倫即提到，警察所常使用的黑白臉詢問技巧問題，在缺乏與外界接觸下，除非被告爲累犯，否則在警局中必然產生畏懼，且陷於一種孤立無助的狀態，如果警察先以強勢詢問，然後適度的顯現出欲幫助被告的柔情，即便不使用任何暴力，也可以輕易取得自白，甚且還會因此對警察，由害怕轉爲依賴的心理，此即爲斯德哥爾摩症候群（Stockholm syndrome）。關於此症狀之介紹可參考黃富源、侯友宜，談判與危機處理，元照出版

免國家濫用追訴權的煞車器，也可以避免國家偵查機關使用不正方法取供，造成冤獄。

我國刑事訴訟法第176條之1規定，任何人就他人案件有爲證人之義務，即於自己的案件不得爲證人，被告若爲證人將使之產生衝突，因此被告基本上是不具有證人地位，若被告放棄緘默權而爲陳述，也毋庸負擔刑法僞證罪的罪責，因此犯罪嫌疑人於偵查階段說謊是無法制裁的。

以下各節引述各國警詢（訊）虛僞供述，導致冤獄之情形發生的實例，爰分述如後。

第一節 美國虛僞供述的實例

1970年的Noel fellows案[2]發生在美國，67歲「債權收取屋」的負責人被殺害，當時一名計程車司機Noel fellows被懷疑犯了此案而遭到逮捕。

該嫌犯Noel fellows最冤枉的事情，乃是從死者的保險箱中發現有嫌犯岳母名字之紀錄，並且還有一位證人指認於殺人當日，看見該被害人乘坐某計程車。

上述這兩項薄弱的片面證據，警察確信Noel fellows就是殺人犯。經過約6個小時的嚴厲偵訊（interrogations），嫌犯始終否認與被害人認識，即使警方使用各種高壓手段，嫌犯認爲自己是無罪，何來自白之有。儘管警察也不認爲有不利的事證可認定嫌犯有親自犯罪。

但是，警察始終認爲嫌犯對於被害人是懷有恨意，於是不斷的去說服某證人作出不利於嫌犯的證詞，事實上，嫌犯卻從未見過被害人。儘管如此，警察卻不讓嫌犯提出有利的證據，當嫌犯提出被害人遭殺害時，其正在執行勤務中，而有該計程車公司提供的紀錄可爲憑證，竟遭到警方散失，使得犯

公司，2002年6月初版，216頁。引自lawdata.com.tw/tw/detail.aspx?no=145063。

[2] 庭山英雄、渡部保夫、浜田壽美男、村岡啓一、高野隆譯，ギスリー・ズッドョンソン（Gisli H. Gudjonsson），取調べ自白・証言の心理学（The Psychology Of Interrogations, Confessions And Testimony），2001年4月初版，306頁。

罪嫌疑人的不在場證明成爲不可能。

Noel fellows之後被判殺人罪，宣判有期徒刑7年。因爲無其他犯罪，於服刑4年後，獲得假釋出獄。數年後因眞正殺人兇手被逮捕歸案，於1985年7月經上級法院撤銷其有罪判決。

第一項　警察熱心於相關供述之取證

一、警察辦案的態度

從警察偵查實務而言，最重要關鍵，是因爲警察過度熱心職務，經常持著任何片段的情況證據去結合犯罪者與犯罪的關聯性，而被視爲過度熱心。警察希望得到如此的結果，通常皆爲強烈的企圖心所驅使。

發現警察在偵辦程序中，對於本案所持的態度，分述如後：

（一）警察不斷嘗試對於犯罪嫌疑人脅迫而求取自白。

（二）警察給予證人相當的壓力，以促成其供述係出自警方所希望的證詞。

（三）警察關於其他證人對於被告有利的證言，不提出或無視其存在。

（四）警察對於有關犯罪嫌疑人不在場證明（alibi）的出勤時間表等書證，有所散失[3]。

日本相當著名偵查活動的實證研究中，對於警察偵訊態度亦曾提及：「警察務必取得自白的強烈職業意識下，不免實施偵訊的作爲上嚴苛、偏執。例如假借建立相互友好關係，創造客觀上自己優勢地位，以便掌控犯罪嫌疑人。並且經常先放任其發表意見以點出矛盾，並促使供述所謂非犯人未能得知之眞相，而伺機轉化成符合先前偵查中所期待自白內容。」[4]因此警察辦案的態度決定這一切，不可不愼。

二、虛僞自白如何被誘發

一般說來，虛僞自白的主要原因爲何？依據美國學者Munsterberg

---

[3] 同上註，306頁。

[4] 林裕順，基本人權與司法改革，新學林出版公司，2010年10月初版，79頁。引自宮沢節生，犯罪捜査をめぐる第一線刑事の意識と行動—組織内統制への認識と反応，成文堂，1985年5月，261頁。

（1908）認爲，有關這個問題的研究，最初是由心理學者所寫出來的。關於人在受調查中因感情的衝擊等等，被誘發去刻意改變記憶的承認犯罪行爲，即所謂的虛僞自白。

因此，虛僞自白，通常犯罪嫌疑人是在異常的狀況下所引發的虛僞性陳述，這是極爲正常的心理狀態。的確，虛僞自白是由多數不同的原因所形成的，透過各種不同的因素結合而成，而且相互依存於每個事件當中[5]。

學者Kennedy雖未提出有力的論點，因爲被告的自白在心理學之要素的種類上是非常單純的。嫌犯Noel fellows就殺害債權收取人雖沒有任何的自白，但是Kennedy於1985年書中抄錄該案之調查技術的模式與個人脆弱的虛僞自白的結果，有關心理的因素上卻能給予重要實例的提供[6]。

毋庸懷疑的是，犯罪者自白犯罪有許多種不同的理由。文獻報告是基於心理學的理論基礎，就各個案例分析其人格態度的變化。Kassin和Wrightsman主張，虛僞自白因心理學而有三種的不同的類型，其命名爲「任意虛僞自白型」、「強制結果的迎合型」、「強制結果的認同型」，但在類型上它們是相互排斥的關係。其中所謂的任意主動的虛僞自白，此種虛僞自白是來自警察以外個人的任何壓力造成的。通常個人親自去警察局，對警察陳述犯罪所形成的問題。他或許已經讀過報紙，或者從電視看到該犯罪的報導。另外，因爲沒有犯罪，個人卻故意主動承認犯罪，誤導警察方向，誤信其爲眞實[7]。

虛僞自白在偵訊中發生毫無疑問的，多半是來自無罪的犯罪嫌疑人。無論如何，虛僞自白被廣泛性的報導後，儘管對於偵訊的批評者，也都認爲大部分的自白是眞實的，但是，爭論的重點在於如何去確認自白的眞實，尤其是有些自白看起來存在著虛僞供述（亦即，具相當客觀的證據顯示，已達到合理懷疑的程度，呈現其具有非眞實性）[8]。比較極端的例子認爲：警察慣

---

[5] 庭山英雄、渡部保夫、浜田壽美男、村岡啓一、高野隆譯，ギスリー・ズッドョンソン（Gisli H. Gudjonsson），取調べ自白・証言の心理学（The Psychology Of Interrogations, Confessions And Testimony），2001年4月初版，305頁。

[6] 同上註，306頁。

[7] 同上註，307頁。

[8] Fred E. Inbau, John E. Reid, Joseph P. Buckley and Brian C. Jayne (2013). Criminal Interrogation and Confessions, 5th ed., Johns and Bartlett Publishers, p. 411-412. “There

於誘發虛僞自白，參見該著者「虛僞自白的影響」一書指出：在那偵訊的年代不僅剝奪犯罪嫌疑人的自由而且也造成誤判[9]，而其中隱藏在法院重要案件之中[10]。

第二項　評析意見

一、警察作為的缺失

誠如該國學者所言大部分的自白都是眞實的。但是如果少數自白是虛僞的，無形中卻會剝奪犯罪嫌疑人的陳述的自由，而且也容易造成誤判。所以，刑事訴訟法的目的告訴我們，保障人權乃是發現眞實的極限，切勿熱心過頭，相信自白。

自白在警訊中原本是毫無可疑之處，有來自無罪的犯罪嫌疑人，但也有可能來自有罪的犯罪嫌疑人。不過，當證據發生兩極化（conflicting evidence[11]）的情狀下，警方爲了破案選擇了不利於嫌犯之供述，日後在法院審理時有「無罪推定」與「罪疑惟輕」原則適用的結果[12]，動搖警訊中的

---

is no question that interrogations have resulted in false confessions from innocent suspect, however, the reported incidence of false confessions varies widely. Even critics of police interrogation agree that most confessions are true. At issue, therefore, is identifying those characteristics that might help identify confessions that are likely to be false."

[9] The most extreme example of this is the statement that "police routinely elicit false confessions." See R. Leo and R. Ofshe (1998). "The Consequences of False Confessions: Deprivation of Liberty and Miscarriages of Justice in the Age of Psychological Interrogation," Journal of Criminal Law and Criminology 88, p. 429.

[10] Reported in A. Bedau and M. Radelt (1987). "Miscarriages of Justice in Potentially Capital Cases," Stanford Law Review 40, p. 21-179.

[11] conflicting evidence. it means Evidence that comes from different sources and is often irreconcilable. 衝突證據，是指各項證據的來源不同，並且是不一致的。Bryan A. Garner (2004). Blacks Law Dictionary, 8th ed., Thomson West, p. 596.

[12] 陳志龍，罪疑唯有利於被告原則與選擇確定，法學叢刊，第52卷第1期，2007年1月，5頁。刑事審判，法官要以證據爲認定被告的犯罪行爲，遇到有懷疑的時候所認定的規則，即罪疑唯有利於被告原則，是屬法律判斷的規則，指的是倘若有懷疑的時候，採取有利於被告原則的法（構成要件），其不是證據法則，而是認定法律的規則。

自白，嫌犯卻利用了警訊中的自白逃過了司法的制裁，使案件陷入迷團。因此，警察機關遇此相類似之案件，應明察秋毫。

警方在犯罪偵查時，對於犯罪嫌疑人無論有利、不利的證據，皆須仔細的查證，案件有時看似符合經驗法則及論理法則，然實際上恐充滿蹊蹺與可疑，但攤在眼前的事證看似鐵證如山，到頭來眞正證據出爐或眞正兇手出現，才發現錯誤百出。因此，辦案重效率，固無須多疑，但仍需在不疑之處，發現可疑之蛛絲馬跡，以查明事實眞相。

以本案爲例，雖然該計程車司機一再否認其認識被害人，警方卻堅信在犯罪現場的保險箱發現其岳母的相關事證，證實其與本案有關。從犯罪的動機研判犯罪嫌疑人涉案之可能性，「因果關係」乃偵查犯罪研判案情的一個重要法則，確認犯罪動機，必須重視犯罪痕跡，清查死者的歷史關係、社會關係、經濟關係、交友情況、職業關係，在其各種關係中發現可疑的線索，縮小偵查的對象與範圍[13]。因此，被害人之保險箱內有被告岳母之紀錄，被警察當成破案之有利線索之一。

二、警察作為的改進方式

本案警察所做的偵查假設被確認後，因流於主觀，未能繼續反覆查證，導致其他有利於被告之證據（不在場證明）不僅不加理會，結果反而錯失偵查契機（不可忽視時間即證據，比對行蹤查證，並防止證人的錯覺反應）。因此，殺人案件犯案時間的確認乃初步偵查的突破案情發展之關鍵點，本案警察不僅散失犯罪嫌疑人當天的執勤紀錄，甚至誘導證人指證[14]看見案發當天該計程車停滯在案發現場，竟供出不利於被告的證詞，來證明被告一再說謊，造成誤判。

---

[13] 王乾榮，犯罪偵查，臺灣警察專科學校出版，2000年9月版，112頁。

[14] 證人於警察訊問時針對犯罪嫌疑人的「指認」過程，屬供述證據與傳聞證據。我國未如美國聯邦證據法在對「傳聞」下定義時，將「審判外指認」排除於證據之外，仍應依刑事訴訟法第159條之1至第159條之5規定，以逐條檢驗其證據能力。如此一來，傳聞法則之例外，在我國司法實務運作多年的結果，反而變成法院的普通審判程序的一般處理原則，導致證據判斷的誤差，違反直接審理原則。

第二節　日本虛僞供述的實例

第一項　菅家利和冤案[15]

1990年5月12日，日本足利市某柏青哥店老闆的女兒，行蹤不明，隔日清晨，被發現陳屍於附近的河川邊，而在被害者的衣服上，發現有行爲人的陰毛與精液斑，警察研判是對於幼女的拐殺事件，警方並同時發現，此於1979至1984年間，於附近所發生的兩起案件，在手法上相同，而認爲是同一兇手所爲。

由於三起案件皆無目擊者，因此，警方將矛頭指向死者所就讀的幼稚園司機，即當時43歲的菅家利和，並要求其提供精子以爲鑑定，而由於當時DNA的比對技術剛剛萌芽，且比起發源地英國來說，日本的技術尙屬落後，日本科學警察研究所在鑑定報告中，也記載準確率爲千分之一點二。

在警方僅掌握此證據下，警察僅能持續爲調查，在事件經過一年半後，警察爲規避律師辯護下，僅以關係人身分，強制菅家前往警局，並以疲勞轟炸的詢問方式，不斷的恐嚇菅家，並聲稱警方已掌握充足證據，若不自白，必然會受死刑宣判。直至夜晚，菅家在無助、無奈與驚恐下，自白三件誘拐事件皆爲其所爲，而警方早已在媒體等待與期盼之下，對外宣布破案。

但事件卻未因此落幕，由於被告在審判一開始，爲罪狀的否認，且檢方所能掌握的證據僅有被告自白與DNA的鑑定報告，甚至因被告43歲未結婚，也成爲其誘拐孩童而殺人的主要動機與輔助證據，原本輿論一片肯定警方的聲浪，開始出現質疑，但檢方仍堅持被告即爲三個事件的行爲人，只是不敢具體求爲死刑。而在經過約一年半的審理後，日本宇都地方法院終於判決被告無期徒刑，案件雖經上訴，仍在2000年7月17日，在日本最高法院駁回上訴後確定，被告雖免於一死，卻已注定其後半生必須與司法抗爭的命運。

在判決確定後，日本律師界開始展開救援行動，提出再審聲請，卻一

---

[15] 引自http://enews.url.com.tw/human/58551，發報時間：2010/6/28，最後瀏覽日期：2016/1/2。

再遭到駁回，但由於DNA比對技術的進步，終於在2008年12月24日，東京高等法院同意再行鑑定，鑑定結果確認被害女童身上的DNA與菅家的DNA不同，因此高等法院終於在2009年6月同意再審開始，並釋放被告，菅家終獲自由。再審開始之後，經過六次辯論，在2015年3月26日進行最後言詞辯論，檢察官竟向審判法官爲無罪論告，也史無前例的當庭向被告認錯，法官在宣告無罪的同時，也代表司法向被告承認錯誤。菅家在經過17年半的奮鬥之後，司法終於還他清白。

一、評析意見

本案被稱爲誤判的典型案例，警方不斷的偵訊該犯罪嫌疑人，爲求自白而不擇手段，就連被告的未婚也竟然成爲其誘拐孩童而殺人的主要動機與輔助證據，加上當時警方所送之鑑定技術並不夠精確。檢察官濫權起訴，與法官的草率審理等等因素所造成，被告受此冤獄之累，卻無一人可爲事後歸責。日本司法人員很有勇氣的，向被告認錯，雖然是遲來的正義，已無法挽回錯誤且損害已經造成，但這種勇氣是堅持公平與正義的實現，仍是值得肯定。

本案當初日本科學警察研究所在鑑定報告中，也明確記載其準確率爲千分之一點二。換言之，也說明該鑑定報告明確說明其具有邊界條件的侷限性，這是鑑定機關負責任的表現，該鑑定報告雖不夠精準，但該鑑定報告並不是虛假的，並非「僞科學」證據，當時鑑定報告並未誇大鑑定的效果。後來因爲有更精準的鑑定技術確認與被告DNA不同，始能還給被告一個清白的機會。因此，謹守分際絕不誇大鑑定效果，以免接續的偵審程序陷入迷思，進退兩難。

二、司法實務上正確的做法

旅美刑事鑑識專家李昌鈺博士曾說到：以美國爲例，有關當局利用DNA進行冤獄再審鑑定以來，已經發現了三百多件案件審判錯誤的案例，使因爲早年鑑識技術尚未成熟，人證不可靠，既然有了新的技術，很多過去的案件疑點也可以重新被審視[16]。

我國刑事訴訟法採改良式當事人進行主義，雖在調查證據方面受到限縮，但對於已經舉證或職權調查取得鑑定證據之憑信性，法院仍應依據職權審查，蓋因法院將取捨證據認定事實委託予鑑定人，與鑑定僅為一種調查證據之方法的立法本旨違背（參閱最高法院79年台上字第540號判例）。

近年來我國在刑事審判實務上，認為法院對於鑑定證據之審查，需負起如同美國聯邦或地區各級法院法官對於鑑定證據審查之守門員（Gatekeeper）責任，以確保憲法第8條與第16條保障被告正當訴訟權[17]。在現代科技被運用於各項專業鑑定證據之同時，調查與判斷證據者（應包括所有實施刑事訴訟的公務員）如何具備相當基礎之專業知識，用以正確審查科學證據[18]，即成為運用科學證據，以認定事實之重要前提[19]。

同時，本文要強調的是，DNA的鑑定與現場指紋等科學證據也可能有被否定的可能性。例如犯殺人罪的被告為70歲的老人，於犯罪現場採集的數枚指紋與DNA的鑑定結果皆與被告相符。不過，揮動鏟子一百次以上進行毆打的殺人行為，以70歲的被告在體力上既不可能，實際上亦不符被告的性格特徵，而且殺人的鏟子上並無被告指紋或體組織碎屑，可是以犯罪現場來觀察，有他人可能在另一時間點進入犯罪現場進行殺人行為，既然無法否定這種可能性，依據無罪推定原則而認定被告無罪[20]。

---

16 李昌鈺，李昌鈺的鑑識人生—化不可能為可能，平安文化有限公司，2014年12月初版，186頁。

17 施俊堯、徐健民，科學鑑定證據憑信性之探討—以DNA鑑定證據為例，東吳法律學報，第21卷第4期，2010年4月，220頁。

18 李承龍，建置國家級鑑識科學中心和實驗室之評估研究，犯罪防治專刊，第1期，2014年7月，2頁。美國確立科學證據之容許性規則，基於下列原則：(1)防止科學證據對陪審團的不當影響；(2)防止科學證據的不當使用；(3)科學的不確定性。

19 施俊堯、徐健民，科學鑑定證據憑信性之探討—以DNA鑑定證據為例，東吳法律學報，第21卷第4期，2010年4月，218頁。

20 洪維德等譯，森炎著，冤罪論—關於冤罪的一百種可能，商周出版公司，2015年11月初版，175頁。

第二項　心智欠缺所為虛偽供述

一、亞斯伯格症之被告的緘默權的侵害

日本2010年（平成22年）12月6日東京高等法院，對於被告違反「迷惑行為防止條例」案件[21]，認為是對患有亞斯伯格症之被告的緘默權的侵害，否定被告自白的信用性，進而判處被告無罪。這個案例，不僅對於患有亞斯伯格症者之自由陳述的侵害，屬於較新類型的案例外，而且針對本案被告所謂的溝通障礙，其供述究竟是否應否定其證據能力，此涉及自白的任意性與信用性評價的問題，具有參考價值。

經精神科醫師鑑定結果，被告在人際溝通上有顯著的障礙，有因過度專注於某事物上的傾向而無法與人溝通。本案事實係因被告涉嫌在車站的電梯裡以行動電話偷拍某女子大腿內側，但是因為被害女子並未直接目擊被告有偷拍的事實，而且被告所辯解的情形與現場客觀的情況對比之下，顯得非常不合理，導致法院於審理時對於被害女子的供詞其信用性提出質疑。

然而，警方在調查事證方面，只是單方面採信車站處理人員的證詞，該站務員當時觀察到被告慌張的神色，並承認已經將拍到的照片刪除。但事後查證結果，是因為被害人在電梯大叫，使得被告非常恐懼，而持續緊張到被站務員詢問的事務室裡，當時被告並不知道自己已經被懷疑有偷拍的事實，而被告當時的道歉是，因為他在人際溝通上有問題，容易過度集中於行動電話裡的照片而產生的懼怕，導致他完全無法聽到其他人士（包括站務員及警察）針對他偷拍照片這件事詢問，也完全不清楚對方質問的是什麼。但是警方在事後調查上也完全忽視被告的陳述能力與特異的性格傾向，其人際溝通能力有顯著地欠缺，卻相信這一連串的處理過程並無問題，導致誤判。

二、評析意見

遇到犯罪嫌疑人因精神障礙或其他心智缺陷之人，訊問時未必能發現是「無法為完全陳述」之人，或發現是「**部分無法為陳述**」之人。

---

[21] 京明，要支援被疑者の供述の自由（Vulnerable Suspects），關西學院大學出版，2013年3月初版，80-81頁。

不過，如何判斷是否為部分或完全無陳述能力，係屬偵訊人員須具備的經驗科學之辦案能力，確認後始有依據刑事訴訟程序規範的判斷問題。例如亞斯伯格症之犯罪嫌疑人是屬自閉症之一，有些並非表現在認知上有障礙或語言發展上有障礙，故在陳述能力上很難立刻辨別其是否屬於無完全陳述能力人。

由於該人腦部發展過程中有連續性的障礙，特別是表現在**人際社會溝通上有相當的障礙**[22]，通常可以由該人的視覺注視、臉部表情、身體姿勢及手勢等，透過觀察以發現其社會互動能力有顯著的障礙之情形發生，雖仍有適當的語言能力，但是在和其他人開始或維持會話的能力方面，則會發現有顯著的障礙，此類型之人雖尚有**部分陳述能力**，但仍非為完全無法陳述能力之人，而是屬於「部分無法為陳述」之人。然而，此與刑訴法第27條第3項與第31條第5項規定之人不同，因為刑訴法第27條第3項與第31條第5項之被告，必須是**無法完全陳述**之人為限，偵訊人員應通知家屬為其選任或指派辯護律師[23]不同。

---

22 同上註，81-82頁。

23 於民國104年1月14日修正刑事訴訟法第31條第5項關於偵查中需指派律師為其辯護的案件，均僅智能障礙者。為避免其他心智障礙，如自閉症、精神障礙、失智症等群族有此需求但被排除，特參考民法第14條、刑法第19條修正為精神障礙或其他心智缺陷者，擴大於所有心智障礙類族群。修正後之刑事訴訟法第31條第5項規定，被告或犯罪嫌疑人因精神障礙或其他心智缺陷，無法為完全之陳述，於偵查未經選任辯護人，檢察官或司法警察應通知依法設立之法律扶助機構指派律師到場為其辯護（刑訴法第31條第5項）。有疑義者，乃是該條項所指的是因精神障礙或其他心智缺陷，無法為完全陳述之人，有不同的學說見解：(1)屬於「強制辯護」案件，此等人既已像刑法第19條規定，其精神狀態已達到對於外界違法性的識別力或控制力有所欠缺的程度，基於保障其基本訴訟防禦權的人權概念，自屬強制辯護案件為宜。(2)屬於「選任辯護」案件，法律只是要提供被告一個毋庸自行付費之律師扶助平臺即可，即類似刑訴法第95條「權利告知」之效果，不必然強迫必須「強制」辯護，因此，其本質上仍屬於「選任辯護」案件，即被告未表明希望律師到場協助，或積極表明無須律師到場協助，以避免對此等特殊身分人產生「標籤化」的負面效應，且法條只規定「應通知依法設立之法律扶助機構指派律師到場為其辯護」，「應」是指偵查中檢察官、司法警察（官）有義務為其「通知」法律扶助基金會派律師為其辯護而已，其選任辯護律師的委任關係之本質仍屬不變，對於心智障礙之人未必願意接受國家委託的基金會派任之律師訂立委任契約，自應尊重犯罪嫌疑人之意願。本文針對此問題，特別提出討

三、司法實務上正確的做法

一般而言，後者的虛僞供述必然大於前者之供述。因此，法院在檢視自白與其他人證的供述，其證據能力與證據證明力應隨個案之不同做出不同的檢視標準。但是，在警訊中犯罪嫌疑人無論是完全無法爲陳述或部分無法爲完全陳述之人的自白，若當時並未依其意願爲其通知義務辯護人，或未通知其家屬選任辯護人，亦未通知家屬以輔佐人的身分陪同在場者，犯罪嫌疑人又非出於任意性者，則無證據能力。

若該犯罪嫌疑人的自白，雖出於任意性者，然而當時警察並未通知其家屬選任辯護人，或未通知家屬以輔佐人的身分陪同在場者，則該警詢（訊）筆錄應採「不利益推定說」。據此，警方除非能證明其供述係出自善意且任意性者外（例如有全程錄音或錄影），否則仍不具無證據能力（刑訴法第158條第2項）。其他人證之供述，亦應類推適用此規範，以保障受訊問人的基本權利。

以人權保障的立場，需藉由受訊問人偵訊時的全程錄音或錄影，以檢視分析其於偵訊時顯現之態度與行爲的心理狀態，避免誤判。依靠偵訊心理學的知識，尤其特別是其臉部與眼睛的反應，可透過錄影觀察受訊問人於供述所表現的心理及生理反應，以驗證所言的眞僞，防止虛僞供述。

例如兇手涉嫌殺害某教師，但在訊問過程中，當詢問到爲何殺害該教師時，其眼睛的表情並未顯示出憤怒與仇視的反應，而是充滿淚光的痛苦表情，或許可確認有師生戀的隱情，並或許可證明該學生不是殺人的兇手，但是仍應防止犯罪嫌疑人有詐騙（如**實施詐病**）而爲虛僞供述之可能。

論，爲何偵查中，精神障礙及心智障礙之人必須採強制辯護案件。要解決這個問題，須先解決下列兩個問題。第一、需探討此等人對於犯罪的適應能力是否一定弱於其他社會一般人士，以及能否適應偵訊的條件與環境，就此兩部分來觀察，以發現該等人是否屬於刑事訴訟程序的眞正弱勢群族，而是否與其資力有關，足以自行選任律師，是否與其涉及法定刑較重的犯罪無關。第二、在偵查中的訊問，在偵訊透過訊問程序取得供述的過程，是否通知輔佐人（包含社工專業人員在場即可）在場陳述意見，就已經足夠保障其基本訴訟防禦權，毋庸另行通知法律扶助基金會之律師義務爲其辯護，至於是否要求檢察官、司法警察（官）通知義務律師爲其辯護，悉依遵照犯罪嫌疑人的意願行之。

第三節　我國虛僞供述的實例

涉及虛僞供述之案例甚多。爰引一則暴力致死案例及其審理經過，如後[24]。呂○○（男性，34歲）被控於2000年7月21日凌晨，在臺北市內湖區住處附近5號公園與郭女爲感情問題爭吵後，持鈍器狠打郭女頭骨破裂致死，再掀起郭女上衣脫掉褲子，棄屍行道樹旁故布疑陣，僞裝遭他人性侵殺害，當天清晨4時許被清道婦發現遺體。

檢警從郭女下體驗出呂○○精液，郭女左胸一枚齒痕也與呂○○咬痕相符，且經法醫研判屬於「仇恨性咬痕」，據此起訴呂○○涉犯殺人罪嫌。但一審法院認爲檢方爲呂○○測謊過程草率，以證據不足爲由，判決呂○○無罪，二審法院也維持無罪判決。高等法院更一審時逆轉改判呂○○有期徒刑11年，再經最高法院兩度發回更審，高院更三審改判呂○○有期徒刑13年，最高法院於2010年駁回上訴而告定讞。

2015年5月因高檢署重做DNA鑑定出現新證據，高等法院准許呂○○再審並釋放，呂○○堅稱沒殺人，經高等法院審理結果逆轉判呂○○無罪。高等法院經再審後，判呂○○無罪的理由，包括郭女左胸部殘留「微弱之男性唾液」經過最新技術的「男性Y染色體DNA-STR型別鑑定方法」比對，確認不是呂○○留下的唾液，甚至呂○○曾經承認郭女左胸部「咬痕」是他造成的。但是，再審法院之合議庭推翻這項事證，認爲呂○○一開始並沒有承認「咬痕」是他所造成的，後來是因爲偵訊機關陸續提示法務部法醫研究所、臺大醫院鑑定報告及刑事警察局函文，均指出：比對後認定咬痕確爲呂○○所爲，甚至準確率高達99.99%，呂○○才順著這些事證承認。

再審法院合議庭認爲，咬痕比對不能當成證據。因爲美國國家科學院2009年針對美國鑑識制度提出檢討報告，明確指出「齒痕比對無法計算其機率」。而呂○○於再審開庭時，曾告訴合議庭：「因我相信當時（咬痕）鑑定報告是我的（齒痕），所以我也沒有什麼好否認。」該合議庭認爲，呂

---

[24] 引自http://www.appledaily.com.tw/realtimenews/article/new/20160101/765511/，最後瀏覽日期：2016/1/2。

○○的情況與日本「足利事件」類似，均係被告受到鑑定報告影響而承認，事實上鑑定結果並非事實眞相。

因此，本案「唾液」、「咬痕」二項主要事證，都無法認定是呂○○所爲，高等法院再審後判決呂男無罪。另由於呂○○先前曾二度獲判無罪，合議庭指出，依據刑事妥速審判法第9條第1項規定，除非有「判決所適用之法令牴觸憲法、判決違背司法院解釋、判決違背判例」等情形，否則檢察官不得上訴至最高法院。

呂母在兒子入監後不斷奔走陳情，高檢署於2015年初重新鑑定當年保存齒痕上的唾液DNA，向服刑中的呂○○採集唾液，交由刑事局重新鑑定比對是否與死者左胸咬痕上唾液相符；刑事局採「Y染色體DNA-STR型別」最新鑑定技術比對結果，確定呂○○與死者身上殘留的男性DNA不符，因鑑識技術進步，赫然發現當年驗不出來的DNA，如今確認Y染色體非呂○○所有。高等法院裁定釋放呂○○並准許再審。呂○○於再審出庭宣稱：「案發時他在家睡覺，案發前一天，他加班到晚間9時許，還去陪郭女吃宵夜，幫她打掃以及修電話，兩人感情不差」，呂○○也強調：「這件不是我做的，希望法官找到眞凶。」

第一項　警訊自白之不可靠

呂○○承認犯罪，係因爲受到鑑定報告的影響。值得注意的是，呂○○承認自己的齒痕與被害人左胸一枚咬痕相符，是因爲受到「仇恨性咬痕」的鑑定意見的影響。

換言之，其自白確實受到當時鑑定意見的影響，令人懷疑的是單純咬痕的深淺，豈能立即判斷出行爲當時係屬仇恨的心理狀態，仍應探究其仇恨的動機何在。倘若在鑑定書上未能確切對此加以說明的話，所爲的鑑定推論過於跳躍，即屬不備理由的鑑定意見，顯不足採信。且再審法院也認爲，被告齒痕比對不得作爲證據使用，因爲無法計算其機率。

因此，存在於被害人身上咬痕是屬物證，根據此物證，尚應參研犯罪人的心理狀態，以建立與本案有關的事實，排除無關之可能性[25]，足徵呂○○

---

[25] 林山田、林東茂、林燦璋等，犯罪學（增訂五版），三民書局，2012年11月5版，212頁。

是在無形的心理壓力下對其涉嫌殺人部分為虛偽供述，應屬不正訊問。

即便是如此不正訊問，另在被害人身上採集到呂○○的精液，也僅屬強制性交之間接證據，仍不足以證明呂○○涉嫌殺人，蓋因「仇恨性咬痕」與強制性交殺人罪的證據是否具有關聯性，仍須進一步查證，找出更多與本案之關聯性證據。

本案的鑑定報告只能成為間接證據，且當時確實存在其他無罪可能性的事證。例如呂○○供述：案發時他在家睡覺，案發前一天，他加班到晚間9時許，還去陪郭女吃宵夜，幫她打掃以及修電話，兩人感情不差，更足以證明「仇恨性咬痕」的不真實性，這些有利於被告的事證。若當時偵訊者要求被告提出上述有利的證明方法，或許可進一步認知被告是否為防禦性的供述，或是虛偽的謊言。

另外，可針對法醫師研判「仇恨性咬痕」的鑑定意見與被害人交往情形查證比較，查驗其犯案之動機、日常交往的深淺狀態、有無錢財的糾紛、有無第三者的介入等情況，察其是否與事實相符，做為判斷被告供述是否存在虛偽之可能性。

第二項　評析意見

一、本案評價證據之缺失

本案值得注意的部分有三點：

第一、在於被告的自白，一旦成為法院認定事實的主要證據後，而與有關的補強證據相關聯者，原審法院認為：根據被告之「仇恨性咬痕」，以及被告的精液等鑑定報告，其發生錯誤的機會較少，自足以擔保其自白的真實性。

第二、該鑑定報告的鑑定結論之憑信性，雖經法院做出評價，不過其證據調查程序中是否有被告辯護律師提出質疑，應要求與鑑定人進行詰問，以確保其鑑定意見的憑信性與真實性，事關被告訴訟利益之保護，法院應踐行其調查證據程序而進行調查。

第三、物證仍須連結被告的犯罪心理狀態應相互映證參酌，而非單獨仰賴物證去推論事理的必然結果，而主觀的憑信被告的供述，不具虛偽性。

申言之，審理法院雖不具有專業的鑑定能力，但是對於專業鑑定的判斷，仍應具有一般人以理解的基本認知之能力，被害人身上的咬痕是否與仇恨的心理狀態有所關聯，事實審法院仍應本於職權調查其是否眞實可信，諭知當事人應提出更確切的證明，或要求傳喚鑑定人到庭接受訊問或由當事人詰問之。

二、偵查鑑定意見的缺失

偵查鑑定的結論，分述如後[26]：

（一）得出絕對性的結論，即完全確認客體或是被鑑定的客體之間，絕對具有本質上的關聯性。

（二）得出可能性的結論，即可能確認客體或是被鑑定的客體之間，不具有本質性的關聯性。

（三）無法得出被鑑定客體之間具有本質性關聯性。因爲該犯罪特徵的識別度，並不顯著，或者是研究顯示根據該犯罪特徵，無法與偵查客體進行分類。

幸好，本案再審法院合議庭認爲，咬痕比對不能當成證據。理由是：美國國家科學院2009年針對美國鑑識制度提出檢討報告，明確指出「齒痕比對無法計算其機率」，顯然是屬上述之（三）的結論。例如關於DNA、指紋、工具痕跡、彈頭紋線等證物比對，均需要使用統計推論說明，所使用之方法爲該領域所普遍認可，低錯誤率，以及有檢核制度確保其正確性，推論有科學統計依據等等[27]。因此，法院形式上雖得以一般經驗法則與論理法則判斷，若實質上無法發現其正確性者，有存疑的前提下，法院仍不得任意做出判斷。

由於本案「仇恨性咬痕」的關鍵性之非供述證據被推翻後，自白的眞

26 張汝錚譯，E. N.伊申科（俄）著，刑事偵查學，中國人民公安大學出版，2014年12月初版，35頁。

27 施俊堯、徐健民，科學鑑定證據憑信性之探討—以DNA鑑定證據爲例，東吳法律學報，第21卷第4期，2010年4月，236頁。引自C. G. G. Aitken, David Alan, The Use of Statistics in Forensic, Ellis Horwood Ltd. (1991), p. 168-176. Koehler, J. J., When do courts think base rate statistics are relevant. 42 Jurimetrics Journal. (2002), p. 373-402.

實性即無法獲得擔保。換言之，發現當年保存被害人左胸上被告咬痕的唾液DNA，與死者身上殘留男性的DNA並不相符時，造成檢方提出「仇恨性咬痕」的證明基礎根本就不存在，相對的被告的自白也失去證明實體犯罪的實質基礎。

因此，本文認為，此嫌犯的自白是屬防禦性之非事實的供述，並非刻意製造虛偽性之謊言。蓋因從嫌犯一開始就未承認被害人的咬痕是他所為，更可證明其後之供述係屬非事實的供述。因此，殺人刑案的鑑定是屬刑事司法醫學的鑑定任務，其重點在於人身鑑定、死亡時間、死因診斷、犯罪行為與死因的因果關係、蒐集相關證物、保存證物等虛心謹慎的研判，並應有嚴謹的刑事司法醫事檢驗報告，必要時應以專家證人的身分出庭作證。

第五章｜人權保障與犯罪偵查

犯罪偵查行爲，或可能造成偵查方向不正確，使無辜之人受害，因此，犯罪偵審程序應視爲正當程序與犯罪控制之間的衡平（Criminal Procedure As the Balance between Due Precess and Criminal Control）[1]。固然，無罪推定原則懸爲理念，但實際上犯罪偵查，因係由人所爲，而人的因素，有偏見、有不明而導致許多侵害人權之事發生，所以對於人權保障列爲犯罪偵查的原則與規範。

第一節　人權保障與偵訊

第一項　人權保障的基本問題

世界人權宣言及聯合國憲章揭示，人性尊嚴的尊重，具有普世價值，而爲各國法律所遵守的指導原則[2]。申言之，人權者，乃指「道德的權利」，不同於「法定的權利」，是國家應對每一個國民其人格實現的尊重與保護的過程，期待透過法律予以制度化，以實現「人生而自由平等」的理念。

刑事法（包括實體與程序的法規範）乃國家動用刑罰權的規範，侵害人權的可能性極大，蓋因任何人皆有可能是國家「潛在的被告」，當被告與國家進行刑罰對抗時，國家有義務維護任何國民在刑事訴訟程序上的基本權利，以還給人民最基本的人性尊嚴。

刑事訴訟程序，乃國家爲發現犯罪眞實以實現刑罰權爲目的的程序規範，其終極目的是在保障人權，超過此目的而發現的眞實仍屬人權的侵犯。

---

1 John N. Ferdico, Henry F. Fradella, Christopher D. Totten (2009). Criminal Procedure for the Criminal Justice Professional, 10th ed., Wadsworth, P. 4.

2 參照世界人權宣言及各條規定；聯合國憲章前言及第1條、第55條。

因此之故，國家爲了取得刑罰權的正當性，本應落實刑事訴訟實質正當程序的遵守，以貫徹人權的保障[3]。

在刑事偵查程序中，偵訊人員所爲的偵訊（interrogations）活動，不單單只是爲了發現眞實，同時，爲保障人民基本權利，偵訊人員所爲的偵訊活動，應受到憲法的位階來拘束[4]，亦即所謂實質正當法律程序之踐行的遵守，偵訊人員於調查犯罪製作警詢（訊）筆錄時，就犯罪事實未曾詢問，檢察官於起訴前亦未就犯罪事實進行偵訊，並給予辨明犯罪嫌疑之機會——無異剝奪被告知訴訟防禦權，有違實質正當之法律程序（最高法院104年度台上第192號判決）。尤其是對人身自由及程序正當性的保障，我國憲法第8、16、23條訂有明文，憲法與刑事訴訟的密切關係[5]，乃得理解。因此，偵訊在程序上的正當性，備受重視。

第二項　偵訊的正當性

爲貫徹憲法所保障人民的基本權利，應澈底解放封閉與異化的偵查環境，以破除人民對於「偵訊情境壓力」的恐懼感與無力感，在程序上要求實質正當性的遵守，促使受訊問人的意思決定與思想表示之自由，得以獲致充分的保障，以落實人民基本權利的實質保障[6]。因此，法律必須嚴格禁止以任何形式的強制手段，迫使受訊問人履行其供述義務，方能澈底解除「國家權力」與「人民基本權」的矛盾與衝突，以實現人權之保障，以因應世界民主法治國潮流的趨勢。

犯罪嫌疑人之身體在合法之拘提、逮捕或羈押的狀態下，偵查機關（包括警察機關）利用此一狀態實施之偵訊，不論是司法警察人員抑或檢察

---

3 田口守一，刑事訴訟法の目的，成文堂，2010年12月增補版，52頁。

4 李震山，人性尊嚴與人權保障，元照出版公司，2011年10月4版，19頁。國家係爲人民的意願而存在，而非人民爲國家的意願而存在。事實上，個人尊嚴獲得維護與尊重，團體利益與尊嚴自然水漲船高。反之，在過分強調集體主義時空環境下，個人尊嚴往往被漠視、踐踏，從近代人權發展史中可獲得教訓與啓發。若能認清「人即是目的」之眞諦，人性尊嚴之保障方得落實。

5 張麗卿，刑事訴訟法理論與實務，五南圖書出版公司，2016年9月13版，241頁。林俊益，刑事訴訟法概論（上），新學林出版公司，2017年9月17版，7頁。

6 林裕順，基本人權與司法改革，新學林出版公司，2010年10月初版，46頁。

官所為，受訊問人其心理或身體必然是處於一種被強制的狀態。犯罪嫌疑人之所以負有忍受偵訊之義務而不得隨意離去，係因附隨於拘提、逮捕或羈押狀態下的效果，並非表示偵查機關得使用強制力來達到偵訊之目的。

因之，偵訊本身仍屬任意處分，僅因此項偵訊係利用犯罪嫌疑人受合法拘提、逮捕或羈押的狀態下所為，而具有附隨的強制色彩而已。而與其不同者，是指警察人員所為之通知詢問以及檢察官所為之傳喚訊問之情形，對之若犯罪嫌疑人任意的離開偵訊場所，除於證據上可能受檢察官之不利益的認定外，應不負有其他自由權益受限制的負擔，才是合理的解釋，至於是否被告因無正當理由拒絕傳喚到庭，產生拘提的間接強制效果，係屬另一問題[7]。

偵訊程序與偵訊方法看似無關聯性，前者為偵查人員應遵守的程序法則，後者為偵訊人員問案的技巧問題。不過，若要嚴格遵守訴訟程序的實質正當性者，就會涉及到偵訊方法是否不當的問題，若使用不正的偵訊方法的話，自然有可能不符訴訟程序上實質正當性的要求。

偵訊固屬任意處分，但就偵查情境而言，受訊問人所處的任何偵查環境，確實其生理或心理皆處於一種強制的狀態之中，只要偵訊人員使用任何不當的方法，迫使受訊問人供述的話，在程序實質正當性而言，有可能涉及違法蒐證。因此，偵查程序的正當性與偵訊方法有互為因果的關係，基此，來判別受訊問人是否出於任意性之陳述。

若是違反自白任意性法則，固然會影響其證據能力。惟，若偵訊人員遵守偵查程序的正當性，然在處理複雜多變的蒐證取供過程中，仍會夾雜著許許多多的虛偽不實的供述，不可不慎。

第二節　刑案蒐證與人權保障

第一項　前言

以偵查實務的觀點而言，所謂司法警察人員的詢（訊）問，就是寓偵查

[7] 陳運財，偵查與人權，元照出版公司，2014年4月版，110頁。

認知，而於訊問之中予以檢視，亦即以詢（訊）問的方式來從事犯罪偵查而言。簡言之，警察機關詢（訊）問的主要目的，其實就是透過一連串蒐證活動後，以詢（訊）問的方式取供並製作書面紀錄，以完成移送案件的程序。

不過，司法警察人員進行警詢（訊）問程序，通常是憑信已蒐集到的資訊，存有合理懷疑時，做爲其發動刑事司法調查的詢問取供之條件（刑訴法第230條第2項、第231條第2項）。但是，無論是「以人找證」或是「以證找人」的蒐證活動中，都未必能夠迅速完成移送的程序要件，因而所謂「檢警聯繫的關係」，在於該管檢察官須檢視移送之證據與案件是否具有相當的關聯性，使之成爲司法警察人員調查犯罪得以完備移送案件的核心。

警察機關移送案件得以在該管檢察官成案（刑訴法第231條之1退案審查制度），完全在於說明「調查事實」與「調查證據」的關聯性是否完備，以做爲檢察官發動偵查的基礎，依法進行各項偵查的作爲，不過，司法警察人員移送的案件，是否成爲日後檢察官起不起訴的依據，並非所問。同時，警察機關於移送案件之前若發現有明顯犯罪嫌疑的人或物時，依照檢警連繫辦法等相關規定下，仍必須立即報請檢察官親自指揮偵辦，以保全證據，以完備起訴條件。

就警察偵查實務而言，警察機關在處理刑案有其職務上的義務與規範上的拘束，儘管警詢（訊）工作雖然相當廣泛與龐雜，實際上確實有助於警察從事蒐證與保全證據任務的達成，以確認在警察調查犯罪所爲偵查假設的正確性，兼顧偵查的有效性及人權的保障。

在警察機關各層級於處理刑案過程中，舉凡與案件有關的蒐證與調查，依法皆應留下紀錄，無論是查訪、詢問、搜索、扣押、現場即時之勘察等刑事司法調查行爲，這些紀錄或文書的保全，必須依刑事訴訟法及其特別法，及其相關法規（如警察犯罪偵查規範）層報完成之，自不待言。

然而，司法警察人員製作的書面紀錄或是資訊的獲得，若是不夠充分、有瑕疵或不合乎常規者，導致證據證明的成立的風險（或因罪嫌不足或因犯罪不成立等因素），造成檢察官舉證負擔的加重，使得犯罪的眞相無法被揭露或無法完全被揭露，因此，警詢（訊）筆錄在證據證明上有其某種程度的重要性。

在警察實務工作上，所謂「**刑事資訊系統**」是泛指犯罪人之犯罪紀錄，包括警察機關在所有處理移送犯罪案件，（包括素行資料、不起訴、起訴、無罪、有罪等等資料），所建立犯罪嫌疑人之犯罪紀錄。就刑事司法體系的運作而言，可從司法警察人員調查與移送，經地方法院檢察署偵查起訴，及法院審理判決後，到入監服刑等，各階段之刑事司法機關，除其自有的建置系統及資料庫外，並透過交換或以專案方式連結的資訊系統，提供清查、整合、檢索犯罪嫌疑人的資料庫[8]，可謂相當完整的資料庫。

尤其是警察在從事實務工作上，負責**蒐集**與**諮詢**的各種資訊相當龐雜與廣泛，殊非一般人所能想像。因此，儘管其資訊的來源、蒐集與保密、留存皆有其相關法令的依據。但最令人擔心的是，仍是在於**資料留存與否的行政裁量部分**。例如應留存下來的未留存，不應留存的卻未刪除掉，或受到時效限制但不應刪除的資料，卻無例外的遭到刪除或錯誤其更正，或錯誤的紀錄未即時刪除或更正而留存下來、或本來無誤的卻在轉傳中錯誤，嚴重影響資料的正確性、時效性，造成日後偵辦刑案的虛僞成因與誤判的結果，且有侵害人權的顧慮。

物證的鑑定與個化分析及其結論，來重建案件發生的經過。犯罪重建工作，通常使用歸納與演繹推理、統計數據、犯罪現場的資訊、痕跡型態分析及各種物證的實驗室分析結果，重建可能是非常複雜的工作，連結很多類型的物證、痕跡型態訊息、分析結果、偵查線索及其他文書或供述紀錄，形成完整的犯罪實體[9]。

無論是刑事資訊系統或是犯罪案件的重建，皆爲警察犯罪偵查中的蒐集過程，其一連串刑事司法調查行爲組成犯罪重建的步驟與偵查的方向。藉此以觀，警察調查犯罪的涵蓋面，無論是人、事、時、地、物，皆非常的廣泛。不過，警察機關有時受到偵查時效、資源、條件及法令等限制，使犯罪的眞相被隱瞞或被虛構，或一部分未能有效偵破而告終止，使得眞相無法立刻水落石出，這些皆有待警察於偵查中所保留下的紀錄去查證或檢驗是否有錯誤，是否有被冤枉的地方。

如果案件構成要件不夠明確、撤回告訴案件，依據**警察偵查犯罪手冊**

---

8 陳俊宏，檢策我國犯罪偵查對個人資料隱私權的侵犯，警專學報，第5卷第3期，2012年4月，90頁。

9 李昌鈺等，犯罪現場（Henry Lee's Crime Scene Handbook），商周出版公司，2004年5月初版，288頁。

第187條規定，警察機關偵查刑案，有下列情形之一者，得函送管轄法院或檢察署：（一）告訴乃論案件，經撤回告訴，或尚未調查完竣，而告訴人已向檢察官告訴者；（二）證據證明力薄弱或行爲事實是否構成犯罪顯有疑義者；（三）犯罪證據不明確，但被害人堅持提出告訴者。如此，在說明司法警察人員本身並無無終結案件之權力，仍須函送檢察署偵辦。

惟有可議者，在於報案的民眾（被害人）只有報案證明，基於偵查不公開原則下，程序無法透明化，亦無法閱覽警方查辦經過的資訊或其他證明文件，導致案件是否屬於不成立犯罪或犯罪無法證明，或是還在調查、蒐證中，告訴人、告發人、被害人及其家屬仍存疑問而求問無門。故有關此部分程序應給予透明化、制度化之保障，以符正當法律程序，避免涉及公共利益的刑案卻操控在警察手中，甚至取代偵查主體檢察官的地位。

這裡面也衍生出一個問題就是，警察如何說服報案的民眾相信該案件犯罪不成立或顯無法證明犯罪，其依據何種權責認定之。倘若以行政簽結，其行政程序的規範依據爲何，因爲民眾所報之案件本質上若屬刑事案件者，豈可依照行政程序任意簽結，且警察處理刑案乃具有刑事訴訟法上之客觀性義務，其處理的義務恆大於民眾的告訴或告發的權利性。更可怕的是，司法警察機關聲請指派檢察官指揮偵查之情形，應開始偵查，竟以他案調查行之，及簽結。亦即，檢察官判斷是否有犯罪嫌疑存在，決定是否開始偵查，在法理解釋上應可容許此範圍內之準備活動，無須法律明文授權，若係司法警察機關聲請之案件，其聲請偵辦之案件所附之證據已達相當程度之眞實及可信者，自應開始偵查[10]。蓋因刑事訴訟法第228條第1項規定所謂「知有犯罪嫌疑」，係指客觀上依據相關證據或資料，主觀上足以確認可疑有特定犯罪存在者而言。

司法警察人員法律上具有主動發見犯罪的義務，以及刑案逐漸形成的態樣或徵兆時的覺察與警覺性，即使如此，警察在行政程序上仍需踐行其相關證據的保全，以盡其執行法律的義務。因此，若民眾告發的案件數量超過一定數量，或者是警察在勤區主動發現與區域性的特質產生異常的質變現象，則應列入管制，查明有無濫報、虛報、謊報、匿報案件，專案進行**識別**

---

[10] 陳運財，偵查與人權，元照出版公司，2014年4月版，33頁。

（identification）、**評估**（assessment）、**處理**（management），避免刑案分析統計上產生錯誤的分析（Fail Analysis Report），與犯罪黑數的產生，導致眞正要去處理犯罪案件時，產生誤判的結果。

至於警方所有案件紀錄或證物被隱瞞，或被刪除或未能翔實記錄者，其原因仍無法考查。然而若發現故意隱瞞或湮滅者，則可能會涉及湮滅他人刑事案件罪、僞證罪、公務員登載不實罪。由於刑案的發生有的是長期的累積，再加上環境因素所造成的，或是偶發事件所造成的，若忽視或未覺察其變項因素，甚至警方故意隱匿或誇大其不存在的事實，使得案件的眞相無法完全被呈現出來，當案件眞相眞正浮上檯面時，則已喪失破案的先機。然而，此部分僅涉及警察調查資訊的隱藏或誇大，尚未涉及偵查資訊的公開與揭露[11]，故**無偵查不公開原則**，及**政府資訊公開法及個人資訊保護法**等法則之適用。

爲使報案人之程序予以透明化，並使報案人的個人資料受到隱私權相當的保障，以符正當法律程序。同時，警察的訪談（interviews）或查訪過程中，雖非一定受限於警察機關的偵訊室裡，基本上仍應予以簡要記錄，以利於偵訊時資訊的充分利用，不可以偵查不公開原則爲理由，忽視重要關鍵資訊之留存。同時，舉凡警察人員依法所製作的任何偵查紀錄，無論是警察的鑑識工作、即時之勘察、搜索、扣押、指認、偵訊等程序上所取得之供述與指認，皆應包括在內。即便是行政調查事項尚未轉化成刑案之前，舉凡與刑案有關的證據，基於執行職務所必須，皆應予以保全之。

新興犯罪如電腦網路犯罪，其類型繁多，有時涉及洗錢罪、販毒罪、妨害電腦使用罪、恐嚇安全罪、恐嚇取財罪、擄人勒贖罪、詐欺取財罪、詐欺得利罪等犯罪類型，因涉及電腦之數位證據的保全，然而因有「**個人資料保護法**」的限制，若被害之民眾沒有基刑訴法律常識與電腦存證的概念，在警方偵查資源有限的條件下，很難查到犯罪人IP位置，形成犯罪黑數。不過，雖然IP位址在網路上有多種軟體可以查詢，然而，基於保護個人隱私，基本上是無法查到確切使用人的位址，但是可以大範圍的追擊到國家、都市，乃至GPS的概略來源，因爲IP發送的基地臺都有其發送範圍，足以讓警方逐漸

---

[11] 朱朝亮，偵查中案件資訊公開及揭露原則，法學叢刊，第60卷第1期，2015年1月，112頁。

縮小偵辦的範圍。因此，警察於調查階段若無法進行查處偵辦，仍應向被害人說明之，而這部分程序應給予報案人程序透明化之保障，以符正當法律程序。倘若處理的案件無明確事證足以類歸於犯罪偵查時，則應先以行政調查爲主，這部分程序亦應給予報案人程序透明化之充分保障，以符行政之正當程序，降低警方匿報或民眾謊報之情事發生，也同時讓偵查不公開原則在實踐過程中，使說理上得以合理化、程序得以透明化、處理標準得以客觀化。

傳統的偵查實務工作者，往往認爲詢（訊）問是**偵查的最後手段或結果**，固然有刑事司法調查權任務的考量，但是仍應隨時檢視或查驗與**本案有關證據之關聯性**，以排除其錯誤或虛僞的地方。至於司法警察人員所使用的詢（訊）問，究竟是偵查的手段或是結果，應視每一個案件的情況而定，尚難一概而論。

例如警方針對殺人案件，業經犯罪嫌疑人於警察偵訊時自白，有扣案的凶槍一把，槍上也採集到該犯罪嫌疑人的指紋，被害人的死因經鑑定爲腦部近距離遭致命一槍，子彈卡在被害人腦部，腦部子彈與扣案的凶槍所裝填的子彈完全相符，在犯罪現場共採集到3枚彈殼，及現場的幾個彈孔（射入口、射出口）皆是由該犯罪現場的室內往室外的窗戶射擊三槍，證人聽到的槍聲數目，凶槍所能裝填的子彈數量，凶槍經比對現場遺留的空彈殼與該槍相符，整個犯罪現場地記錄過程相當完備。唯獨扣案之凶槍經鑑定結果爲「從未擊發過的乾淨手槍」，導致該扣案之凶槍，成爲無關聯的證據，但警方又無法提出眞正殺人的凶槍藏匿於何處，其結果因爲證據的變化產生證據證明的成立的風險，該犯罪嫌疑人獲判無罪。

因此，從警察發動刑事司法調查權開始，依據犯罪蒐集證據，識別犯罪特徵，以偵查假設去檢證事證，重建犯罪眞實的結構，皆是支撐警察移送檢察官的基礎事實。以警察偵查實務的觀點來看，與其說檢察官在篩選證據，不如說檢察官乃再度確認司法警察機關移送的基礎事證，主觀上必須做出判斷去認定，司法警察機關移送之犯罪嫌疑人及其所指的犯罪嫌疑的事證，是否足以認爲被告具有犯罪嫌疑，以盡其客觀義務，學理上稱爲「起訴法定主義」（刑訴法第2條第1項及第251條）。

以警察偵查實務的觀點來看，與其說司法警察機關是屬偵查的輔助機關，倒不如說司法警察機關爲偵查的實質機關。如此的論點，是在強調檢察官的基本任務在於公訴的提起與實行，蓋因**公訴權**是屬典型的刑事司法發動權的核心概念，捨此不由，則盡失其刑事訴訟程序的起訴意義與追訴目的，職是之故，從公訴權的訴權觀點而言，檢察官不僅是偵查主體，且是起訴的主體，不待贅述而自明。

就警察偵查實務觀之，就發現事實眞相的因果關係而言，任何事物其因果的發生原本環環相扣，相生相應。因此，當偵查所獲得的證據成爲了證明該事實的原因後，然已經成爲證明的原因者，其相應所生的結果，此結果又可能相生成爲另一個原因事實，而此原因事實又可能相應出另一個結果關係。其相生相應的因果關係有其中斷與連結的關係，而此關係乃是判斷事實眞相的重要關鍵，而此中斷與連結的關係，到了法院審判時則會涉及到證據法則、經驗法則、論理法則[12]等法則的運用，其結果有可能因警詢（訊）筆錄的缺失，而不能達到證據證明目的。

由於刑事案件是屬動態因果關係的變化，此關係的變化，就警察實務機關於各層級處理刑案的發展關係，直到移送案件於司法機關後產生的各種證據之變化關係來觀察，基本上溯源自警察機關蒐集證據所得的資訊，與警詢（訊）筆錄之記錄過程中等諸問題，透過各訴訟程序階段的檢證與推理的過程，以發見眞相。

時值今日，隨著英美法系國家訴訟精髓引進我國刑事訴訟制度當中，警察調查犯罪嫌疑人及相關的供述證據的資料，受到英美傳聞法則以及交互詰問制度的影響結果，就偵查程序中有關警察實務工作上，對於刑事案件形成的動態發展與傳聞紀錄的關係，相信日後將成爲重要課題。

第二項　蒐集資料與案件的關係

社群生活中越容易被忽略的人或事物，卻往往代表著這個地區的特色及根本。基層警察是最接近社會各種社群的公務員，所以也應該是最了解警勤區內各種人或事物的關係與發展。因此，無論從警察實務工作而言，或是警

---

[12] 黃朝義，證據在犯罪程序中之地位，中央警察大學90年鑑識科學研討會，2001年10月18日，25頁。廣義的證據能力之限制，乃在於限制證據的使用，而法官之自由心證，乃在於要求法官在爲證據評價時，必須謹守評價上的合理與合法。一般的論理法則與經驗法則，即在驗證法官自由心證合理與否之一種手段。其權限之範圍內，不得存有此種超越常識以外之事實認定。

察勤務規劃而言，基層警察在警勤區處理各項警察事物中，有其一定標準作業程序與方式。

例如基層警察執行勤務規劃的工作，而勤區查察勤務係警勤區員警在勤務區內，以**家戶查訪方式**擔任犯罪預防、爲民服務及社會治安調查等任務時，進行查察發現犯罪之可能，或於查訪時有人諮詢並提供資訊，或由線民提供線索，以預防犯罪、保護社會治安爲目的。以上是依據警察職權行使法之規定，以發揮維護社會治安的功能，基本上尚無架空刑事訴訟法規範的問題。

不過，警察人員因平常勤務需要而蒐集情資，若涉及侵害人民隱私權部分，則必須有所退讓，因隱私權受到憲法第22條規定之保障，及司法院釋字第585號解釋，就隱私權部分，其中論及到個人自主控制其個人資料之資訊隱私權，保障人民決定是否揭露其個人資料、在何種範圍內、於何時、以何種方式、向何人揭露之決定權，並保障人民對其個人資料之使用有知悉與控制權籍資料記載錯誤之更正權。學者以德國聯邦憲法法院見解認爲，人民隱私權受保護的範圍，可依據個人與社會群體接觸密度分爲「**隱私領域**」、「**私人生活領域**」、「**社會生活領域**」等三大部分，若屬於「社會生活領域」之範圍，通常不需要特別保護。但於具體訴訟中將系爭證據放入上述何種標準，即有困難[13]。

就警察實務觀點而言，通常會執行廣泛蒐證的調查工作，就是因爲警察權的行使相當廣泛，所蒐集到的資訊往往會遭到濫用而無管制，但是警察基於職務上的要求對於事實調查上又必須獲得廣泛的調查權，以利犯罪偵防的工作，如何謀求衡平，這部分確實欠缺透明化與法制化。

依據警察實務的觀點而言，警察的行政調查權的行使，無論是對象、範圍、內容等皆甚爲廣泛，因而行政調查的結果可能普遍大量使用所謂的「傳聞證據」[14]，事實上這些所謂的「傳聞證據」，未必會在警察移送的卷證資

[13] 楊雲驊，賠了夫人又折兵—私人違法取得證據在刑事訴訟程序的證據能力處理，台灣本土法學雜誌，第41期，2002年12月，12-13頁。

[14] 謝長志，論違法調查蒐集之證據於撤銷訴訟中之證據能力—兼評最高法院103年度判字第407號判決，臺灣警察專科學校刑事科學術與實務研討會論文集，2016年12月25日，74頁。

料裡面呈現出來，如此的灰色地帶，讓警察實施犯罪調查時有更寬廣的蒐證的機會，使得假設性偵查條件更趨於正確與妥當，以降低證據證明的風險可能性。

不過，警察以**戶口查察**的方式，進行**刑案蒐集資料**的正當性頗受質疑，雖是任意性之工作，不具強制性。因此，現行**警察勤務條例**第11條第1款已將原來的戶口查察，改爲家戶查訪，其辦法由內政部定之，使員警執法有所依據。依據**警察勤務區家戶訪查實施辦法**第16條規定，警勤區員警於家戶訪查所做成之資料，僅供警察機關內部執行犯罪預防、爲民服務或維持社會治安使用。前項資料，有關個人隱私、職業上秘密或個人、法人或團體營業上秘密、經營事業有關之資訊或犯罪偵查應秘密事項者，應限制公開或不予提供使用。

不過，雖然僅供警察機關內部執行犯罪預防、爲民服務或維護社會治安使用，但是該辦法並無有關資料儲存、傳遞與利用之相關規範，致使員警不知內部傳遞或利用的程序與界限爲何，故對此等資料的利用或存廢任意處置，可能形成警察權的濫用[15]。亦即，警察從事此等行政調查權，可從各方面的管道獲得各種情報資料，可能肆無忌憚的濫用，而侵犯人民基本權利。

因此，警察以任何違法的方式，實質上進行犯罪偵查以取得證據，可分：

（一）直接侵犯人民基本權，無論是牴觸法律禁止規定、其他違反法令的等方式取得證據，皆無證據能力。

（二）間接侵害人民基本權，如違法監聽得知某人販毒，再用其他管道得知其販毒的地點。或非法侵入嫌犯家搜索得知毒品藏匿之場所，再合法聲請搜索票進行搜索，依據「毒樹毒果原則」，亦無證據能力。

在警察於調查犯罪後，當員正接受檢察官指揮偵查或移送刑事案件時，上述情報與資訊通常都不會被帶進蒐證資料袋或移送的卷證資料中。不過，這些資料是警察透過警察職權行使法等相關規定所獲得的資訊，特別是運用在偵查情報上作出各種警察調查犯罪的廣泛運用，未必與「合義務性裁量原則」相符，而違反比例原則，卻非當事人所能提出或主張的，也未必受

---

15 陳俊宏，檢策我國犯罪偵查對個人資料隱私權的侵犯，警專學報，第5卷第3期，2012年4月，99頁。

到嚴格的行政監督，形成灰色地帶，而這些都可能嚴重到侵害人民隱私權，甚至被警方誤用或濫用到犯罪偵查上，即便是涉及權力濫用或不當連結之行政作爲，卻無法眞正的被揭露出來，爲外人所不知者，卻以藉此誇耀其偵查效能。

不過，這個問題是在：當我國透過立法採用偵查制度（在謹守偵查不公開的原則下），允許辯護律師在偵查階段於必要時，得經法院同意進行閱卷時，發現警察未針對特定案件資料做符合目的性使用的話，將會被一一浮現出來，此時法令上必然會對於警察於調查程序中更趨嚴格的要求，必須透明化、標準化、客觀化，以保障犯罪嫌疑人的偵查防禦權，若涉及嚴重侵害隱私權所得的證據，法院得宣告其無證據能力，以保障人權。

警方係依照警察勤務條例之規劃，在特定地區執行特定勤務工作，依照法規執行警察勤務，包括行政執行法、刑法、刑事訴訟法、警察職務執行法、社會秩序維護法、道路交通處罰條例，以及相關標準作業程序之規定。當警察於執行勤務時，遇到刑案之處理程序則係按照警察偵查犯罪手冊來辦理。前者，就廣義的偵查而言，是屬**偵查實務的前置行爲**。例如警察攔停交通違規車輛，發現該駕駛有喝醉酒，而不能安全駕駛之情形。前者，逕爲交通違規裁罰。後者，就狹義的偵查而言，此刻實際上警察已經進入犯罪偵查階段，而開始偵查其有無犯罪嫌疑之可能。

警察人員往往是個人單獨的擔任執法的工作，在其工作過程中，常常須做「**即時決定**」，或從事「當街就地治療」。換言之，警察工作常須依靠執勤員警自己臨機應變的即時決定，而無法等待長官的指示或同事的建議[16]，不過，也可能受到外來勢力的干擾或人情的壓力而遲疑或怠惰執行。因此，基層警察通常在其勤務區執行警察勤務工作時，涉及到取締違規之干涉行政，以及刑事案件的處理，如何當下遵守法律原則並妥適處理，喚起民眾合作，柔性執法，以履行正當法律程序，皆屬警察專業職能與倫理上的要求。

基層警察平常執行勤區查察勤務亦屬犯罪預防工作之範圍，藉由家戶查訪、巡邏、盤查、臨檢等工作，進行蒐集勤區內與犯罪可能有關的各種素行資料或情報資料的初步分析，尤其是根據犯罪學者的分析，各種犯罪類型多

---

[16] 林山田、林東茂、林燦璋等，犯罪學（增訂五版），三民書局，2012年11月5版，690頁。

半與地緣有關，因此勤區查訪紀錄並對特定人爲其諮詢對象，以及勤區發生刑事案件時須立即封鎖犯罪現場，充分保持犯罪現場跡證的完整，針對地區性與案情有關的可疑人物進行清查與過濾等。

基層警察通常是最先到達犯罪現場之人，通常是對刑事案件做初步處理的警察人員，皆可能成爲案件的重要證人。警察偵查犯罪所爲的各種紀錄，原則上皆爲「**傳聞證據**」，亦非屬刑事證據法上之「**特信文書**」。不過，就個案情況之不同，犯罪偵查的各項紀錄亦隨著個案而有不同的認定基礎，但是就發現眞實而言，有時仍屬法院審判過程中不可或缺的必要調查事實。例如基層警察到達被害人家中處理家暴案件時，發現家暴現場有打鬥的現象，妻子及小孩都在哭泣的聲音，但是當時丈夫及妻子並未要求警察處理，因爲是鄰居聽聞吵架聲而報案，該員警離開未做任何處理。半年後，妻子被發現在家中被亂刀砍死，而丈夫涉有重嫌，當時該警察目睹的家暴事實，就可能成爲案件要調查的關鍵證據。但是，也有可能當時該員警處理的家暴案件，只是該殺人案件之前的偶發事件，與殺人案件無關。

許多刑案於檢察官主動偵查案件或司法警察機關移送之案件中，從司法警察人員蒐集的資料及相關證據中，若發現有更多的犯罪事實尙待澄清，或是尙有其他犯罪嫌疑人在逃，使得整個犯罪輪廓尙待整合與涉案關係人到案說明，此時檢察官將案件發回，並限期要求補足或再行調查（刑訴法第231條之1）。惟須注意的是，若檢察官於偵辦中發現另外有需要偵辦的疑點或案件，則會主動要求分案辦理，以發現整個事實的眞相。因此，司法警察人員爲避免節外生枝，在處理案件中寧可事後再補送資料，儘量避免過多的資訊顯露在移送資料中，以免造成日後不必要的麻煩，無形中使得整個案件無法窺得全貌。

就審判實務而言，事實審法院於審理過程中，法院依職權調查證據中，可能從勘驗中發現蛛絲馬跡，也可能是從司法警察人員所爲的各種紀錄文書中去發現，卻發現案件的證據顯與待證事實不符，或證據本身存有不實之處，因此，司法警察人員所記載的各項紀錄文書，仍屬法院審理時所無法忽略的判斷依據。

不過，以警察偵查實務而言，由於警方蒐集的資料都未必完全的呈現在移送書或起訴書內的卷證資料中，因涉及警察機關內部本身控管與調查層級的因素所爲的篩選與考量，事後要追查這些資料恐怕曠日廢時，早就煙消雲散。

再就司法審判實務的觀點來看，司法警察人員在處理各種刑案中，因受到各種變項因素的影響，有時也未必能夠完整地記錄下整個犯罪過程，其所爲之蒐證、保全、拼湊、研判的結果，或許也僅能發現犯罪事實的一部分。

第三項　逐級層報與案件發展關係

任何刑事案件都不是偶發的，一定事出有因，層層堆疊在一起，必須抽絲剝繭，認知眞相。往往因爲存在許多虛僞不實的各種因素參雜其中，須透過警察各單位的逐級層報，有篩選虛僞不實的資訊之必要與功能性，促使案件有一定的風險管控，防止虛僞不實的資訊參雜於事證之中。

各級警察機關陳報案件的基礎，在於各級機關的聯繫與合作分工，以有效的打擊犯罪。從各級警察機關就轄區內刑案的陳報而言，以警察偵查犯罪手冊第15條規定，就案件發生與破獲之報告時機，分爲「初報」、「續報」、「結報」等三個階段。此陳報，乃重在案件的風險控制，以維護社會治安工作的落實。

（一）初報階段：是指案件發生或發現之初的層報。

（二）續報階段：是指重大變化或重要階段告一段落時的層報。

（三）結報階段：是指破獲後或結案時的層報。

警察機關針對刑事案件，透過逐級層報，不僅在於重是偵查的時效性及正確性。亦即，就法規範層面而言，是以各種刑案歸屬的偵查責任區分與程序爲依循，依據該手冊第14、15條規定，各級警察機關若發現案件爲匿報或虛報等情事，應循行政程序報請更正或撤銷管制，拒絕或推諉受理民眾刑事辦案者，以匿報論[17]，並且採一條鞭的刑事警察指揮體系（由**刑事警察局統籌規劃調派支援**）。

案件從派出所初步的查訪與調查，到警分局偵查隊的調查與訊（詢）問過程，發展到擴大偵辦的階段，隨著階段性任務與職務上義務的履行，案件於偵查的過程本身，不是單打獨鬥的偵訊技巧而已，而是整體警察團隊的功能發揮。

---

[17] 呂明都，犯罪偵查實務，鼎茂圖書出版公司，2016年5月初版，53頁。

司法警察人員知有犯罪嫌疑者，應即開始調查且將調查情形報告直屬長官，並視案情報請檢察官主持偵辦。亦即，就警察各種刑案實體的調查與聯繫部分，依據該手冊第17、18條規定，該規範之核心在於，該刑事案件的調查是否已經臻於完備。

例如鑑識工作的進行，跡證如何妥善保存與運送，鑑定結果如何，整個犯罪的結構是否已全部被發現，共犯的結構如何，其整理與過濾仍需要一段時間的沉澱與過濾，能夠在有限的時空環境與偵查條件之下，案件才能逐漸浮現出曙光，於此階段性的任務，是期待可將犯罪眞實的最大可能性呈現出來，並加以完整的記錄下來，然後再移送到該管檢察官或報請檢察官主持偵辦。

司法警察人員在調查刑案的各階段所製作的各種紀錄文書，就警察偵查實務觀之，於客觀上是屬警察蒐集到的情報資料（包括警詢（訊）筆錄、指認紀錄、監聽譯文、即時之勘察紀錄、調查報告、鑑定報告書等書面供述，相當廣泛，並非一定成爲日後法院之「資料評價」）。蓋因檢察官提出於法庭的證據，乃經檢察官篩選過之起訴的「嫌疑證據」，或實行公訴所提出的證據，才可能成爲法院的「評價資料」。

隨著案件進入到審判階段，以及訴訟關係人不斷的參與訴訟活動，見證知悉（如當事人、代理人、辯護人或輔佐人於法院訊問證人、鑑定人與勘驗時的在場權，及被告有與證人的對質詰問權，以及專家證人的引進）[18]，不斷地對之提出質疑（對質、詰問等）或證據（反證），同時法官對於證據的評價本身就存著主觀的價值判斷，進行證據評價，使得警察機關所認證之事實（法庭的「評價資料」），存在許多隨機變項因素，眞實性與否，必然會產生證據證明成立的風險。例如，什麼樣的時間點證人所供述是最接近眞實，若是認爲「時間是最好的證人」，則「案重初供」的判斷標準，被經驗法則所肯定的結果下，證人於警詢（訊）筆錄的供述，於法庭訴訟時則具有相當的證據價值，對此，亦爲警詢（訊）筆錄的證據證明所不可忽略之點。

警察於處理刑案過程中根據本身所採集到的證據，而提列出的各項紀錄，在許多刑案中仍是無法忽略的歷史紀錄。就警察蒐集的「**情報資料**」可

---

[18] 林裕順，基本人權與司法改革，新學林出版公司，2010年10月初版，28-29頁。

成爲法院之「**評價資料**」，就法院審判而言，可爲「**證據評價**」之「**證據資料**」。

但是，警察於偵查中礙於時效性，而無法蒐集到完全的事證，不但因事過境遷的事實呈現碎片（情報資料），而此控制偵查風險所賦予的情境，也只是事後的假設條件（偵查假設，亦即爲假設的過去情境），於是所判斷及重組的過去社會發生的事實所賦予的意義，並不可能完全同於過去的事實，所確認的事實亦不可能完全相同於事件發生當時的情況[19]。

警察的各項紀錄是屬發現事實眞相的紀錄文書，經移送由檢察官篩選證據後於偵查終結提起公訴，而後法院根據該公訴的事實加以審理以還原事實眞相。僅管公訴事實可能是檢察官本於警察蒐證資料的篩選結果所認定的犯罪事實。但是，檢察官於起訴書所載的僅爲「假設性事實」，這樣的「暫時性的結論」，並非是已經還原事實的眞相，而這假設性事實是否得以成爲犯罪的眞實，仍必須要透過審理法院的「**嚴格證明法則**」與「**自由心證**」的合法調查證據程序與評價結果，才能還原出事實的眞相。

第四項　參與刑事司法的正當性

歷史的軌跡不一定導向正義，但是我們相信以警察的職能與專業有義務將它導向正義，基於這樣的歷史使命感與責任心的前提下。以今日的警察偵查的能力觀之，警察比往昔更具有充沛的資源與科技，來追蹤、指認、防治犯罪的發生。

今日的警察有更好、更優勢的專業能力，貫徹打擊犯罪，消弭犯罪，維持社會治安的目的。因此，在警察實務的作法上，強化教育訓練、建立科學辦案的方法，輔以高科技的偵防器材，以及刑案資料系統化、標準化的紀錄、分析、歸納、整合及管理，並彙集成完整的電腦檔案系統化建檔，增強各類犯罪辨識功能，組織各類刑事偵查人員的智慧、經驗及各種偵查的技能，縝密偵查假設的推理能力，與犯罪鑑識的精準，統整全盤案情的歸納能力，排除任何虛僞不實之訊息，進入刑事司法判斷體系，避免任何誤判，找到犯罪事實。

---

[19] 李茂生，自白與事實認定的結構，臺大法學論叢，第25卷第3期，1996年4月，8頁。

隨著政府職能的擴張，就廣義的犯罪偵查所涵蓋的面向，更可擴大到整個刑事司法體系的運作，更可以包括到社會安全網體系的建構與工作的執行，這不是在說明我們是警察國家，而是因爲現代警察職能與專業素養的提升與健全的結果，使警察依法有義務爲社會安定做出更多的貢獻，實現以人民爲主的警察專業導向。

以整體治安維護的角度觀之，刑事案件的偵破與社會犯罪事件的澈底解決，並非警察本身所能單獨面對的治安問題，警察需要有更高度的視野與政府各單位的配合支援，以有效的問題導向來面對犯罪問題，爲人民解決犯罪的問題，例如近來政府展現出反毒的決心與政策的實施即爲適例。

警察處理案件的態度與方法，仍應注意到執法的界限，不得爲破案或績效，而熱心過頭超越法律的界限，亦不得以消極的態度去處理刑事案件。前者，如偵查中假借偵查本案之名，逕行對犯罪嫌疑人的其他案件進行廣泛的蒐證，利用向檢察官以辦理本案之名聲請拘票，強制犯罪嫌疑人到案。後者，以消極的心理處理民眾報案，或發生虛報或匿報等情形，以下從民眾舉發食安的刑事案件與刑案的關係，到警察偵查案件資訊整合有利偵查工作進行，加以說明司法警察人員執法的態度與方式。

一、刑事案件與民眾舉發的關係

民國98年左右，屏東縣某村老農從北部退休回老家種田、養雞鴨，隔幾個月，發現郭○○在附近購地設「地下油廠」，因惡臭難聞，曾與當地居民多次向屏東縣政府檢舉無效後，自行蒐證；直到民國102年8月以後，透過友人找上臺中市政府警察局報案，承辦員警蒐證後，因路途遙遠，民國103年4月轉請屏東地方法院檢察署指揮偵辦，才讓危害大眾的食品安全案件得以破獲。媒體到該村採訪，引起村民抱怨，心生恐慌。檢警人員指出，強冠公司爲國內的老牌油品大廠，部分產品擁有ISO和WHO食品GMP的認證，2014年初強冠豬油漲價，比行情高出約一成，除欺騙千家中、下游業者，更殃及全臺民眾。

董事長葉○○，40年前就開始從事油品加工，期間多次被人檢舉收購餿水油製作黑心油，自民國97年以來從香港進口動物飼料油，累積56批共2385噸豬油，偷天換日加工成劣質食用油，惡行可能長達多年。民國103年9月4日，衛生福利部食品藥物管理署表示，強冠公司收購自「屏東郭○○

工廠」所回收榨過的廢油和餿水油，以33%劣質油混合67%豬油，出廠成爲「全統香豬油」油品，多家知名下游廠商皆中標使用強冠公司黑心。臺北市政府衛生局晚間召開記者會，說明頂新集團味全公司製造的肉醬、肉酥等十二款加工製品，皆使用強冠公司「全統香豬油」製成，味全主動針對產品通報、封存、預防性下架，衛生局呼籲食品業者若有使用或販售全統香豬油製成的加工產品，應主動停止製造、加工、販賣及回收，並通報衛生局清點及流向[20]。

老農和鄰居五度向屏東縣環保局檢舉，最後都不了了之，業者盤根錯節惡勢力太大，只好自己買數位相機、監視器蒐證2年，不得已的情況下還遠從屏東跑到臺中向警方報案。該老農說，於民國100年時犯罪嫌疑人在屏東縣竹田鄉的地下油廠，只有一座小型儲油槽，想不到隔年就增加到七、八座油槽，每天出入運送餿水油的油罐車川流不息，該犯罪嫌疑人原本開銀色賓士車，最近又買了一輛黑色賓士車及休旅車，可見做餿水油多麼好賺。他激動指著蒐證畫面痛罵說：「屏東縣環保局太敷衍，才會查不到，太令人失望！」又傳出在該犯罪嫌疑人於第一次交保後，檢舉的老農差點遭到兩名黑衣人挾持，現在避免招致恐嚇，已經遠走避風頭了，整個村里瀰漫不尋常的詭異氛圍，偏僻的鄉鎮多了新面孔，陌生車輛都讓村民提高警覺，曾五度向屏東縣政府檢舉都沒用，還需要老農經過跨縣市的報警，以揪出黑心餿水油。

老農勇敢力抗邪惡勢力，和一切怠惰的行政作爲，沒想到如今生命財產卻是飽受威脅[21]。民眾參與犯罪的告發，儘管是屬權利告發，若無警察的全力配合擔當後續處理的工作，與實現社會正義仍有相當的差距。

警方接受民眾舉發案件，通常是指自己是被害人的身分向警方報案，若自己並非犯罪被害人而向警方報案時，難免會讓人懷疑其報案的動機，甚至聯想到有無誣陷之情事，況且我國對於一般國民而言，除非以證人身分負有到案陳述義務外，無論案件大小，由民眾舉發的案件若尚未明朗時，警方一律以證人身分約談較爲穩妥，這種保守的偵查作爲，讓人感覺到偵查工作與

---

[20] 引自https://zh.wikipedia.org/wiki/6，最後瀏覽日期：2017/1/14。

[21] http://www.ettoday.net/news/20140915/401526.htm#ixzz4VhLwlLEP，最後瀏覽日期：2017/1/14。

一般民眾無關，不要好管閒事。

以上述案例觀之，地區警方容易礙於人情或地方勢力與績效的壓力，對案件做出不同的處理方式，甚至跟隨媒體辦案，使得社會正義的實現受到壓抑。同時，在警察實務工作上，或因爲偵查線索不夠明確，或因爲告發檢舉人陳述事實不夠明確，或因案件沒有績效的壓力及獎金。例如，槍枝的查獲獎勵績效高於販賣毒品的查獲，食品安全的查獲績效遠低於吸食毒品的查獲，強盜案件的偵破遠勝於竊盜案件的績效，盜採砂石案件的偵破的獎金遠高於逮捕山老鼠的績效[22]。因此，除政治或媒體的壓力外，警察績效的評比與獎勵，促動警察調查犯罪的誘因，這本是無可厚非的事實，不過不得因爲如此而作假的事證，例如虛構證言、利益交換、提供不實的物證，或刻意製造僞科學證據。

就警察實務而言，警察在偵查的第一線上，其所面對社會已發生的刑案，來自於肩負社會治安的良否，其所承受案件的壓力，並非局外人所能想像，這樣的壓力源是必然存在的。因此，警察人員面對刑案的責任感與義務心，基本上是來自維護社會治安的使命感所趨使，並非一定來自高層的壓力，尤其是當社會許多犯罪發生結構性的重大改變，犯罪偵查的團隊合作基礎早就成爲警察各級機關，在組織上分工必然有其緊密關係的存在。

二、犯罪資訊的整合有助於偵訊工作

無論地區發生何種型態的犯罪類型，警察對於例行犯罪預防的工作都一直在進行中。同時對於社會已經發生的刑事案件，以偵查實務的觀點而言，通常案件多與地緣有一定關係存在，當然這就犯罪學理論而言，也是有相當的理論依據，除非是偶發性犯罪或外來介入的犯罪歷程，理論可提供實務辦案的參考。

就警勤轄區責任制而言，講究的是基於打擊犯罪的效率與社會治安的考量，故迅速將主要犯罪嫌疑人逮捕歸案後，警方則會自行宣布「破案」[23]，

---

[22] 曾春橋，僞農藥查緝現況與困境實證研究，臺灣警察專科學校刑事科學術與實務研討會論文集，2016年12月15日，86頁。

[23] 陳漢彬等，刑事偵查實務，中國廣州暨南大學出版，2013年3月初版，32頁。以破案的時間點而言，大致有下列的幾種類型：(1)犯罪事實已蒐集到相當的證據顯示。如①

這在警察實務上，也一直認爲這是其責無旁貸的責任。

儘管許多刑事案件並非一定與地區性犯罪有關，但是，在眞相尚未明朗之前，以實際操作的面向與警察職務的規範層面而言，通常很難將案件即刻區隔，是外來的、偶發的，或是經常性發生，在該轄區內的案件。因此，從實務的觀點出發，就會很快發現偵查犯罪的第一個要突破案情的工作，勢必就會落在地區警察的身上。這樣的條件與環境也促使地區警察對於刑事案件的發生，有一定破案壓力的存在。

不過，隨著通訊及網路的發達，各種犯罪結構也隨之改變，人與物的連結快速而隱密，區域性的犯罪結構逐漸產生變化，犯罪可以快速的流動，犯罪偵查與預防工作因此也產生許多結構性的改變，相對的犯罪跡證的蒐集不同於往昔，犯罪黑數不斷增加，在各類刑案偵查領域內具備專精鑑識和偵查技巧。例如部分犯罪類型的犯罪者常會透過嘗試新類型電信服務或系統犯罪[24]，或是各類毒品的製造與研發的產品，警察對此若是熟悉度不高，在偵查實務上操作困難，容易產生偵查斷層的現象，故需隨時充實各類型犯罪的知識，並藉高科技器材輔助從事犯罪偵查工作，如此才能應付日新月異、變化莫測新興的犯罪問題，刑事案件跡證的蒐集與保全，已經不再是傳統偵查實務上的單純紀錄文書工作而已，例如電磁紀錄的搜索與扣押，及其筆錄的製作（學理上稱之爲數位證據）皆屬之。

以往傳統偵辦刑案之處理模式，乃就犯罪嫌疑人逮捕歸案作爲破案的唯一解讀，逐漸的已經不具時代意義了。現代警察犯罪偵查，拜電子資通科技

警察將案件移送檢察官，需對於立案的條件已經完備，而且是在犯罪證明程度上有相當程度和客觀的標準，嫌疑證據相當完善。②警察在調查階段已經獲得相當確切的證據，證明確已發生應當追究該行爲人刑事責任之刑事案件。(2)有證據證明犯罪事實是犯罪嫌疑人實施的。警察蒐證是否於移送後爲檢察官所採用，仍必須透過檢察官的訊問證人、勘驗、或鑑定或其他規定取得證據程序的合法性等。(3)犯罪嫌疑人或主要犯罪嫌疑人已經歸案。

[24] 曾德文著、呂明都編審，資通科技犯罪偵查—通訊篇，作者自版，2013年8月初版，5頁。該書提到爲何需要科技犯罪偵查，有幾個因素來說明其重要性：(1)新型態犯罪，透過科技通訊技術進行，傳統布線、監聽、跟監在偵查過程派不上用場，導致此類型案件發生的件數不斷攀升；(2)歹徒反偵查能力增強；(3)偵查活動中法律限制監聽，在「通訊監察保障法」的施行，及「通訊監察書」的核發由法院核發，程序更趨嚴格；(4)刑事警察人力不足；(5)布線受到限制，警察風紀問題浮上檯面。

發達之賜，其利器有：（一）閉路監視器；（二）通聯紀錄；（三）通訊監察。其中通聯紀錄、通訊監察的主體都與通訊有關，在分析過程需要使用到資訊技術與觀念。因此，面對網路新世代，資訊與通訊的整合運用，已是警察在偵查實務上不得不面對的課題[25]。在警察實務工作上，基層警察人員應具備對於數位證據的保全的一般知識的訓練，且應學習到如何在偵查活動中不會侵害到人民基本權，其法律界限爲何，而不需要每位警察都需具備分析資訊技術的能力，以增進警察從事任何犯罪偵查的基本蒐證能力，且在偵辦案件時必須有客觀嫌疑而與該案有關聯者，始得在取證上取得程序上的正當性。例如警察透過手機將現場所蒐集到的跡證等影像傳送比對，做爲初步鑑識或排除涉案之可能性；或扣押手機搜索到相關情報或與案情有關聯性的證據。

不過，大型與專業的犯罪產業，如電話詐騙的犯罪集團、跨國際的販毒集團，在犯罪偵查工作必須針對該集團所形成的價值鏈的任一環節予以長久性破壞，截斷其連結網路的關係，該集團自然而然就不復存在，使得犯罪得以控制[26]，產生較單一案件更強而有力的偵查功能。但是，對於毒品犯罪案件偵辦則有不同，因爲毒品犯罪案件是由吸毒、販毒所組成的宛如蜘蛛網一樣，發現嫌犯與哪個通緝犯或與偵辦中的嫌犯聯繫，進而找出相關的聯繫點，進而擴大連結，最後把整體共犯結構連根拔除[27]，同時警察對於勤區內的小案亦不能忽視，有時它反而是偵破大案的關鍵，因爲組織性的販毒集團，通常其組織嚴密且隱藏於正常商業活動中，不見得能追到眞正販毒的上游。例如美國早期義大利的黑手黨在美國各地販毒，其販毒網路快速成長，結果發現黑手黨是利用各地的披薩店做爲販賣據點，進而逐一突破後，才將販毒的黑手黨集團逐出美國國境之外。

以臺灣詐欺案件來看，警政署的統計數字有關詐欺案件逐年不斷增加，尤其是電訊及網際網路的發達，爲詐騙集團提供非常好的保護，同時透過運用新科技，加上與不肖或非法電信業者掛勾，加深偵辦詐騙案件的困

---

[25] 曾德文著、呂明督編審，資通科技犯罪偵查—通訊篇，作者自版，2013年8月初版，5頁。

[26] 同上註，400頁。

[27] 呂明都，犯罪偵查實務，鼎茂圖書出版公司，2016年5月初版，269頁。

難，且詐騙手法變化快速，很容易使警覺性不高的民眾一時不察而受騙，而且金融企業不願意花下成本在風險預警機制上努力，政府監督體系又未能有效的行政裁罰。因此，在低風險、高報酬的誘因下，使詐騙案件日益猖獗，被害人財產損失不計其數[28]。

臺灣新興毒品種類，趨向於更多元、混搭。目前毒品區分爲4種，各級毒品種類合計265種，成年人吸食者以海洛因爲主，少年則爲合成藥物爲主[29]。查緝毒品的犯罪案件，其數量與人數不斷的增加[30]，年齡層也不斷的往下降[31]，且其犯罪的型態已經不再僅限於地區性。我國反毒策略及分工，以往反毒工作較偏重於供給面之毒品查緝，而對於需求面之拒毒及戒毒工作，所投入之資源相對較低。

我國於2004年1月9日「毒品危害防制條例」及其相關子法之修正施行，原由「肅清煙毒條例」以亂世重典的立法原則，改爲將施用部分視爲「病患」特質，以觀察勒戒、強制戒治之除罪化政策取代之[32]。又於2006年行政院爲澈底達到毒品防制之治本效能，刑事政策以過去「斷絕供給，降低需求」，調整爲「首重降低需求，平衡抑制供需」，其重心工作的調整在於降低需求面爲其根本要圖[33]。

---

[28] 有關詐欺案件，本文引用民國105年4月29日，內政部警政署105年第4次署務會報資料，27頁。就當前治安狀況分析，本期民國105年1月1日至5月22日與去年同期比較，本期詐欺犯罪案件發生8199件，較去年同期增加687件，詐欺案件財損金額125億元之多，較去年同期增加110多萬元，其中以網路詐欺案件的財損金額與去年比較增加71.18%最爲嚴重。本期發生較多案類分析表排序，假冒名義、解除分期付款詐欺（ATM）、假網路拍賣（購物）、拒付款項（賴帳）、僞稱買賣、假冒機構（公務員）、投資詐欺、其他詐欺等類型。曾德文著、呂明督編審，資通科技犯罪偵查—通訊篇，作者自版，2013年8月初版，380頁。

[29] 呂明都，犯罪偵查實務，鼎茂圖書出版公司，2016年5月初版，256頁。

[30] 引用民國105年4月29日內政部警政署105年第4次署務會報資料，27頁，本期查獲毒品犯罪1萬9556件、2萬1167人，分別較104年同期增加2506件（＋14.70%）、2719人（＋14.74%），其中以境內查獲增加14.78%。

[31] http://news.ltn.com.tw/news/society/breakingnews/，最後瀏覽日期：2016/7/9，法務部針對103年度統計資料指出，實際追查校園毒品案件，校方粗估總人口數的5%人數有染毒的可能，而光是102年資料就抓到1700名未成年吸毒人口。

[32] 呂明都，犯罪偵查實務，鼎茂圖書出版公司，2016年5月初版，249頁。

[33] 行政院特於民國95年6月2日召開之「行政院毒品防制會報」中所提出的刑事政策方

本書所要論述的是，訊問紀錄的眞實，會讓犯罪統計數字更符合社會眞實的現象，有利於政府大數據分析，利於及早防治犯罪，此說明警察偵查實務紀錄的重要性，故不再只是書面的靜態資料，而是一一連串社會犯罪現象的動態發展史。就我國2015年官方統計犯罪資料顯示，少年兒童毒品犯罪人數高達2,100人，人數、比例逐年明顯增加[34]。因此，對於少年兒童毒品犯罪者，除偵查人員應發現新興毒品及增強查緝外，在少年兒童毒品犯罪的訪談或是偵訊工作上，基本上應了解其家庭背景與生長環境，「重點式記錄」（take brief notes）其毒品犯罪動機、時間、來源等資訊，以利於阻隔或改善其環境的誘因，配合國家的刑事政策之要求。刑事政策上既已由「懲罰模式」（punishment model）轉化爲「處遇模式」（treatment model）[35]，應利用各種管道促使、增強其戒毒的決心。青少年毒品犯罪最大原因是源自其家庭內部人際關係的病態或破碎的家庭，促使外在毒品犯罪條件得以成熟，此施用毒品的成因，讓青少年施用毒品得以自我合理化，無法自拔。

在警察實務工作上，應詳細了解其前次施用毒品的時間與地點，以確認其是否爲毒品危害防制條例第20條之「初犯」，以免錯誤記錄。同時，爲斷絕貨源，警察不再只是爲移送案件而移送，更需進一步查緝上游的藥頭，以斷絕毒品來源。否則，警察雖不斷的查獲毒品執行成效良好，但是卻無法斷其毒品供應的貨源，犯罪眞實的問題無法呈現在統計資料分析上，殊爲可惜。

於民國98年5月5日我國毒品危害條例第20條修正通過，規定違犯第10條之罪者，檢察官應聲請法院裁定，或少年法院（地方法院少年法庭）應先裁定，令被告或少年入勒戒處所觀察、勒戒，其期間不得逾二月。觀察、勒戒後，檢察官或少年法院（地方法院少年法庭）依據勒戒處所之陳報，認受觀察、勒戒人無繼續施用毒品傾向者，應即釋放，並爲不起訴之處分或不付審理之裁定；認受觀察、勒戒人有繼續施用毒品傾向者，檢察官應聲請法院

案。

[34] 法務部司法官學院委託臺北大學辦理，中華民國104年犯罪狀況及其分析—2015犯罪趨勢關鍵報告，法務部司法官學院出版，2016年12月，154頁。

[35] 陳淑雲，「明恥整合理論」對少年犯罪預防之啓示，警專學報，第5卷第3期，2012年4月，142頁。

裁定或由少年法院（地方法院少年法庭）裁定令入戒治處所強制戒治，其期間爲六個月以上，至無繼續強制戒治之必要爲止。但最長不得逾一年。依前項規定爲觀察、勒戒或強制戒治執行完畢釋放後，五年後再犯第10條之罪者，適用本條前二項之規定。

而警察實務應注意事項，是指施用毒品之人，受觀察勒戒或強制戒治後五年後「再犯」仍適用初犯之規定，界定「再犯」之時點限於觀察勒戒或強制戒治執行完畢爲準，不是以不起訴處分或不付審理裁定爲準。且受觀察勒戒或強制戒治執行完畢後超過五年再度施用毒品者，仍應以初犯視之，不得直接裁定強制勒戒處分。

由於新興的犯罪類型具有快速流動與隱密性的特質，逐漸隨著網際網路的發達，發展成跨國境的犯罪類型，許多案件已經不再是警察傳統偵查方式所能偵破的，甚至警察的傳統的偵查技巧已被犯罪集團所熟悉，儘量避開警察的查緝或偵查的方式，導致犯罪的黑數不斷攀升。爲統整各類的犯罪結構，已經不僅僅著重在地域性警察查緝工作的落實，警察在偵查實務工作上，已不在是地區性點或面的打擊犯罪，甚至是具有跨國際性打擊犯罪的專業「偵查計畫」的統整，或刑事政策白皮書的提出。

申言之，警察若一再固守傳統偵查方式，當偶然破獲某刑案時才驚覺到犯罪者提供的資訊皆爲假情報，讓警方誤認爲地區沒有此犯罪現象。因此，警察平常需要透過各種管道情資的蒐證，建立數位化的各種資料庫，隨時整合或檢測資料的正確性，便於日後進行資料探勘（Data Mining），方能於偵查時判斷的資料正確無誤，也能整合各種資訊，關聯各種案件，適時擴大偵辦[36]，並能夠有效防止虛僞供述的產生。

以日本竊盜案件來看，隨著日本老齡化的結果，老年人的輕微竊盜案件逐年增加，發現已經不再是區域性竊盜案件的犯罪結構，日本的刑事政策也隨之而因應，以解決老年化犯罪的問題[37]，可供參考。就我國2015年官方

[36] 李承龍等，偵查科技情資整合在犯罪現場之運用，臺灣警察專科學校刑事科學術與實務研討會論文集，2016年12月15日，第103頁。

[37] 浜井治一，少子・高齢化がに与える影響とそので持續可能な刑罰（刑事政策）の在り方ー犯罪学からの提示，網路引自：NII-Electronic Library Service, Japanese Association of Sociological Criminology, No. 36, 2011，最後瀏覽日期：2016/1/12，著者

統計高齡（60歲以上）犯罪資料顯示，近三年來，高年齡觸犯普通刑法的犯罪類型，以公共危險罪最多，其次是賭博罪，再次才是竊盜罪，人數有逐年上升趨勢。2015年以公共危險罪5935人最多（占45.41%），其次是賭博罪2314（占17.70%）及竊盜罪1510（占11.41%）。高年齡觸犯特別刑法的犯罪類型，以觸犯毒品危害防制條列之罪者爲多有422人（占26.81%），其次是觸犯家庭暴力防治法者[38]。

就警察實務工作而言，臺灣老齡化的現象已經出現，如何對老人的保護與犯罪預防，以及失智老年人或有精神疾病的老人所造成各類型的犯罪之處理，是必須面對的課題，日本在2004年改爲消費者基刑訴法，將保護二字拿掉，從法律名稱到規範之基本面已經轉變，讓其成爲獨立化之消費群族，重視高齡族被害的救濟。臺灣高齡化社會嚴重，高齡消費會越來越多，如何因應老人的加害或被害的具體措施，政府應及早設想[39]，例如政府應加強高齡群族的消費教育與保護政策。

因此，高齡族群如何在警察於調查犯罪過程中做出完全的陳述，偵訊人員若不從該老人的病理與心理層面去了解其被害或加害的背景資料，蓋因所謂「老者安之」，其所重視者在於心靈層面的滿足。即便是有社工人員的陪同輔助，若不願意表達其動機與行爲態樣的模式，有時仍無法適時地完成筆錄的製作，甚至出現虛僞供述。因此，社工人員經政府單位實施專業認證後，成爲警察訊問程序之輔助人，有助於警察偵訊工作的順利進行。

隨著犯罪條件與環境的改變，某類型的刑案應該歸類在刑事政策上充分討論並擬定對策，不再把它當成區域性的犯罪問題。同時警政單位除建議改進國家刑事政策、配合國家刑事政策外，同時不斷研發各種不同的偵查技巧，以突破犯罪者不斷或連續的發生相類似的犯罪模式，以整合提供完整的

認爲應將更生保護的犯罪者重返社會做爲刑事司法政策的核心，因此應將原本「應報型刑事司法」政策改變成爲「解決問題導向型的刑事司法」政策。因此，本文認爲此乃折衷之道，否則警察不斷的逮捕人犯移送司法單位，仍舊無法根本解決驟增的社會高齡化犯罪的問題。

[38] 法務部司法官學院委託臺北大學辦理，中華民國104年犯罪狀況及其分析—2015犯罪趨勢關鍵報告，法務部司法官學院出版，2016年12月，220頁。

[39] 2015年兩岸消費者權益保護研討會成果報告，www.cpc.ey.gov.tw/Upload/RelFile/1149/3379，最後瀏覽日期：2017/3/23。

情報[40]，增強政府單位或經政府認可的鑑定機構，能夠快速且正確進行廣泛之篩選及鑑定，不但可以提供嚴格客觀標準的科學依據在防制上足以嚇阻犯罪[41]，同時也能提供偵訊人員於偵訊時使用，避免虛僞供述的產生。

刑事司法的功能不僅是爲了破案而努力外，以問題導向的刑事司法，乃是解決刑事司法案件驟增的最有效方法，以節約國家投入的治安成本，紓解某特定刑事案件增加的壓力[42]。亦即，針對社會結構變化所產生的各犯罪類型，不斷的提出問題導向的解決方法，不僅僅是偵查的方法或策略的改變，更是配合著國家刑事政策的走向，並且在刑事司法方面採勵行起訴，或給予緩起訴，或隨個案給予不同的處遇措施，澈底有效的打擊犯罪與預防犯罪。總而言之，偵查犯罪並非獨立於整個國家刑事司法體系之外，需配合國家相關的刑事政策，兩者有如車之兩輪並行不悖，相輔相成。

第三節　刑案偵訊與犯罪事實

就警察偵查犯罪而言，偵訊是廣義蒐證之一種，爲訴訟事實行爲之一種。由於偵訊之取供得以成爲日後證據使用，而蒐證過程中所獲得的證據，得以在偵訊過程中使用以發揮一定的取供作用。因此，無論是蒐證或是偵訊取供，皆受到刑事證據法則的拘束。偵訊，是屬人的供述，在屬性上具有先

40 李承龍等，偵查科技情資整合在犯罪現場之運用，臺灣警察專科學校刑事科學術與實務研討會論文集，2016年12月15日，95頁。

41 潘日南等，濫用藥物的檢驗分析及認證制度，警專學報，第4卷第5期，2009年4月，44頁。

42 http://web.ntpu.edu.tw/~sjou/campbell/reviews/20081103DW，最後瀏覽日期：2016/7/1。問題導向型的警政，主要是指將警政力量主要集中於解決問題上，並非只是一味的等待報警呼救和犯罪事件的出現，它要求警察在仔細分析何種影響因素的基礎上，積極地制定應對犯罪和社會失序的措施。問題導向警政對於犯罪和社會失序的影響（The Effects of Problem-oriented Policing on Crime and Disorder）一文，陳澤尚譯。該文係美國學者Herman Goldstein於1979年首先提出了問題導向型警政（POP）。在20世紀70年代和80年代的時候，警政在有效性和合法性方面曾出現過危機，而問題導向型警政正是當時一系列應對措施的其中之一。

天上不可信的宿命，涉及本案訊問時，其遵守之程序尤應嚴謹，避免產生許多虛僞不實的供述。

不過，警察的初始偵訊犯罪嫌疑人受到相當大的心理壓力，加上警察接續對其蒐證，以致於犯罪嫌疑人有新供述，或變更其原來的供述[43]，甚至於犯罪嫌疑人自偵訊開始到結束，或數次偵訊的結果，其自白的內容亦可能反反覆覆。

但是，偵訊中犯罪嫌疑人的自白，在我國現行法制下，係屬訴訟事實行爲，於證據法的「待證事實」（審判的證明對象），具有證明的關係存在，得以成爲法院之證據資料使用，不可不愼。

第一項　刑事訴訟程序與警詢（訊）筆錄

就法院審判的觀點而言，檢察官的起訴事實成爲法院確認刑罰權及其範圍的對象（起訴書所指的被告及犯罪事實即成爲法院審判的案件），既已訴訟繫屬產生訴訟法律關係，檢察官實行公訴所扮演追訴的法庭角色非常明顯。

然而，法官受到無罪推定原則及嚴格證明法則的拘束，有發現被告無辜可能性的義務，若起訴證據無法成爲法庭使用的證據資料，則應予以排除之（亦即證明犯罪之證據需具有證據能力）。不過，若警察的蒐證包括警詢（訊）筆錄，若在起訴證據中，無證據證明的連貫性之關聯證據，自然被排除於法庭證據之外。

法官須嚴格遵守刑事訴訟法踐行合法調查證據程序，因之前於偵查中取得證據不夠充分，導致起訴之待證事實的結構不夠完整，事實審法官無法依其所調查的證據憑信被告有罪，亦無法完全認定被告無辜的可能性，即證明被告有罪與否，陷入困境，而被告的辯護律師於審判中也會不斷提出異議或反證（例如傳聞證據的排除，交互詰問的反對詰問、不在場證明之反證的提出），甚至會因此而動搖或推翻檢察官起訴所建構的事證。

然而，冗長的訴訟程序未嘗不是一種基本人權的踐踏。爲杜絕此問題，有關警詢（訊）的虛僞陳述，居於舉足輕重的重要地位。

---

[43] 小坂井久，取調べ可視化論の現在，株式会社現代人文社，2009年9月初版，105頁。

第二項　偵詢（訊）筆錄與犯罪事實

一、警詢（訊）問的重要性

就犯罪偵查的實質意義而言，偵訊，是將各種蒐集或保存的證據透過問話的過程，驗證其供述與犯罪是否具有關聯性，以找到犯罪事實的全部或一部，同時警察在詢問取供之調查犯罪上，物證終須透過偵訊（詢）的內容的連結，以呈現出案件的完整面貌。因此，偵訊的科學化、透明化、人性化是犯罪偵查的重要課題。

本書從警察偵查實務出發，透過各類犯罪心理學的知識[44]，與偵訊實務工作的經驗，了解偵訊不再只是偵查程序的終結，它不再只是犯罪偵查中為取供，而製作的書面紀錄而已，而是透過各種的偵查假設，並以科學的偵查方法，去驗證供述的眞假，做爲發見犯罪事實，所呈現出的是一種動態發展的過程。

偵查假設是在假設有犯罪嫌疑條件下，局部、具體、個化的觀察與驗證犯罪的各種現象，而偵查計畫是在假設組織性犯罪結構下的犯罪現象，是屬整體、統整、團隊的偵查犯罪策略，兩者有其關聯性、延展性、實效性的動態過程。

無論是偵查假設或偵查計畫，在在說明案件本身發展的動態過程，而非侷限於單一案件的時空性。強調司法警察人員的詢問取供，是從事社會法實證調查工作。

案件會隨者時間、空間，與人際的互動關係之不同，當下偵訊人員製作的警詢（訊）筆錄，就會不同。如有些筆錄看似虛僞不實，卻是實情，有些筆錄看似眞實，卻是虛僞，有些筆錄是眞假參雜其中，難辨眞假，不一而足。

司法警察人員移送的刑事案件，僅在說明警察機關在案件的調查與蒐證過程已告一個段落，移送該管檢察官偵辦。不過，就整個刑事訴訟程序而言，仍屬偵查程序中階段性任務所發現的「眞實」，不表示其所確認之犯罪事實，即屬「客觀的犯罪眞實」。

---

[44] 内山絢子，犯罪心理學，西東社，2015年1月初版，230頁以下。

以殺人案件爲例，一位年輕的女性陳屍在一排公寓的樹林裡，從現場勘察所得去建立邏輯樹：該現場是第一現場，還是棄屍的第二現場，陳屍的位置、遺失或破損的衣服、外傷的型態及其他特徵，去區別或辨識這是主動現場還是被動現場，是有組織或無組織的現場，是自然或僞裝的現場，這些問題在分辨犯罪嫌疑人的種類上有很大的幫助。因爲屍體本身就是現場、就是物證、甚至可比喻爲「會說話的證據」，如此，再配合警詢（訊）的取供，就可成爲關鍵證據。

司法警察人員於進行訪談或詢問時，宛如電影情節的慢動作，當發現可疑的地方就應停頓下來檢視，分析其可能的眞正原因與眞實的可能性。

無論是詢問或是訪談，皆是一種訊問人與被訊問人，彼此互動而透過語言所表達思考所表達的過程。這樣的詢問或訪談紀錄過程中，應使用正式的分析法，最好是採取以當面澄清的方式爲之作出紀錄的過程，不要等到詢問或訪談完畢後，再檢視書面紀錄是否正確。

而且，在詢問過程中要仔細傾聽，不要打斷，並由其供述中找出每一個細節的合理化及可靠性，才能有助於偵訊人員有效地認知犯罪經過事實是否眞實。

二、偵訊未必是偵查犯罪的最後階段

就警察實務觀點而言，偵查人員就蒐集的證據做出各種的偵查假設，以使用各種偵查方式，如以排除、過濾與案情有關或無關的事實等方法來驗證，確認偵查假設是否成立，再逐步縮小調查或偵查範圍。以偵訊爲例，偵訊人員於進行約談時，未必立刻進入本案詢問的程序，若已進入本案詢問階段時，必須先確認犯罪嫌疑人具有相當合理懷疑而可能涉案者，始能發動偵訊程序。

不過，偵訊未必是警察偵查程序中最後一個階段，就警察人員執行司法調查階段，在確認偵查假設無誤，且驗證有關證據，找出犯罪事實，精準無誤時，警察偵查犯罪的行動，才會告一段落。

若偵查假設不成立，或須蒐集更多證據來證明偵查的對象，或因犯嫌嫌疑人的供述，發現有其他共犯在逃者，則偵查的活動仍會持續進行。所以，案件相關的偵訊活動仍會持續進行，直到偵查人員找出犯罪事實的全部，才會告一段落。

不過，根據國外研究發現，對於犯罪嫌疑人的詢問，是警察日常工作最常執行的任務之一，且以警察實務的觀點，最重要的工作就是警詢（訊）[45]。況且，許多刑案現場所蒐集的證據並不充分，難倚靠物證勾勒犯罪的輪廓，有時關鍵證人的證詞或者是犯罪嫌疑人的自白，能爲陷入泥淖的刑案偵查帶來突破。因此，只能說警察偵查實務上，警詢（訊）是刑案偵查非常重要的工作，但不是警察從事調查或偵查犯罪過程中最後階段的工作。

第四節　傳聞證據與案件的隨機變項因素

第一項　傳聞證據與司法審判

一、案件與證據的關係

就法院審判的觀點而言，檢察官的起訴事實，爲法院確認刑罰權及其範圍的對象，即起訴書所指的被告及犯罪事實，是爲審判的案件，或以「待證事實」稱之。案件既已訴訟繫屬就會發生基本的訴訟法律關係。因而，檢察官在法院的公判庭，實行公訴，充分扮演追訴者的角色，就非常明顯，尤其是針對起訴案件在法院的舉證活動。

不過，審判法院因受到**無罪推定原則**及**嚴格證明法則**的拘束，本有**澄清案情義務**，依法調查證據，以發現被告有無無辜之可能。尤其是針對無法成爲法庭使用的證據資料者，應予以排除之，所指稱者，爲證明犯罪之**證據資料**本身，必須具有證據能力爲前提，且法官須嚴格遵守刑事訴訟法所規定的調查證據程序踐行之，來**評價證據**，以期發現犯罪眞實或還原事實眞相。

法院於調查證據程序中所形成心證，在於認定被告係無辜的可能性，即證明被告有罪與否，當被告的辯護律師在法庭不斷提出異議或反證（例如傳聞證據的排除、交互詰問的反對詰問、不在場證明之反證的提出，逐步建構審判筆錄的眞實性，以動搖或推翻檢察官起訴所建構的事實或證據），如此

[45] S. Mulayim, M. Lai. and C. Norma (2014), Police Investigation Interviews and Interpreting: Context, Challenges, and Strategies. CRC Press, p. 22.

一來，相對地加重檢察官在法庭的實質舉證義務。

爲貫徹**彈劾原則**（控訴原則），追訴犯罪之原告當事人即公訴檢察官，與審判案件之法官，各司其職，各盡其責。

又，在訴訟程序進展過程中，**證據與待證事實**間，因參與訴訟之人的訴訟行爲等因素的影響，而產生證據法上證據證明的成立之風險。尤其是供述證據與犯罪實體間，因訴訟行爲的行使，而產生訴訟法上的隨機變項因素與效果，進而影響證據證明的成立之風險。

舉例說明之，例如一位販毒被告於偵查中自白並供出共犯，但進入第一審審判後否認販毒，僅承認合資購買海洛因而持有毒品並無販賣意圖，到了第二審審判時又自白承認販毒，其目的在求減刑的判決，蓋因毒品危害防制條例第17條第2項規定，於偵查及審判中自白者，減輕其刑。但是，究竟被告有無販毒事實或是替人頂罪，經第二審法院調查事實發現被告是替人頂罪而爲虛僞自白，此時法院應爲無罪判決[46]。

二、傳聞證據與我國司法實務的運作

傳聞證據，在證據法上，未必與案件「**待證事實**」間，毫無證據證明的關係存在。案件與證據能否緊扣在一起，應視傳聞法則，在該案件中整個訴訟運作的結果，來決定其變動關係。因此，以刑事訴訟法的觀點而言，**案件與傳聞證據**的關係，存在著連動的關係。

刑事訴訟法之**傳聞法則**，法院審判實務實際運作的結果，之所以對於警

---

[46] 參閱最高法院100台上字第6027號判決，凡供出者並非爲圖減輕或免除刑責，故意虛構其他正犯或共犯之犯罪事證，或所供明顯不合情理者，則縱該被查獲之其他正犯或共犯嗣後被判決無罪，仍應有前揭減輕或免除其刑條文之適用。關於原判決附表編號二至九部分，黃○○於民國98年11月16日警詢時，明確供出所販賣或轉讓之第一級毒品係源自胡○○（見警詢卷第3頁），偵查單位因而於同年月18日將胡○○拘提到案，並經檢察官偵查後提起公訴。原審僅因黃○○販賣、轉讓海洛因之買受人或受讓人，無法確切指認胡○○是否爲本件販賣、轉讓海洛因之共犯，或僅由黃○○一人出面交易，買受人根本不知其上手爲何人，而公訴人所舉之證據，又不足作爲胡○○與黃○○共犯，如原判決附表編號二至九所示犯罪之積極證據之情況下，就胡○○此部分犯嫌判決無罪，並進而認黃○○關於此部分並無毒品危害防制條例第17條第1項規定之適用，自嫌率斷，其關於適用法律之判斷，自有不當。

詢（訊）筆錄的不加採用，乃**太重於形式**，而不是以**實質**爲據。我國的傳聞法則重點，在於法院與證據之關係，其排斥傳聞證據之理由，在於該證據非透過法院**直接調查證據**之結果[47]，故**無證據能力**。

以偵查實務觀之，警察蒐證活動既深且廣，且警察是以偵查假設爲前提進行詢問取供，法院直接審理的重點應在偵查前段的警訊內容，而內容是否眞實或虛僞，足以影響到事實法院對於眞實的發見。被告以外之人於審判的陳述或書面陳述，未經法院直接調查，其信用性受到質疑。

檢察官公訴之提起，須使法院有可能對被告爲有罪判決之某種合理懷疑即可。而檢察官起訴書所提出證據（形式的舉證義務），係與起訴書所描述的犯罪事實間具有自然的關聯性，以供法院參考。

警察與受訊問人於警訊之關係，不僅應以偵查人員的詢問面向爲重心，兼及受訊問人的立場於警訊中的供述，做爲整個犯罪過程觀察的基礎。隨著我國訴訟制度的改良，以及刑事訴訟辯護人制度於偵查程序的強化後，**偵查對等原則**逐步形成[48]。

因此，往往犯罪嫌疑人或受訊問人（如證人、鑑定人、告訴人、告發人等）之陳述，看似對偵訊人員讓步或配合，事實上警訊中供述及自白眞實性卻相對地陷入不確定性，甚至眞實的犯罪結構澈底被隱匿起來，眞正的犯罪嫌疑人企圖靜觀其變，伺機而動，以求死灰復燃。

---

[47] 參照刑訴法第159條之修正理由（民國92年2月6日），英美法系採當事人進行主義，重視當事人與證據關係，排斥傳聞證據，以保障被告知反對詰問權；大陸法系採職權進行主義，重視法院與證據關係，排斥傳聞證據，乃因該證據非在法院直接調查之故。

[48] 林裕順，偵查階段供述證據保全的法理探討—以刑訴法第一百五十八條之二第二項爲中心，月旦法學雜誌，第149期，2007年10月，45頁。考量肯定「忍受偵訊義務」的說理的背景，似乎不免過度偏重罪證蒐集保全中偵訊（以人找證）的重要，而使犯罪嫌疑人的地位倒退爲偵訊之客體。因此，爲避免偵查機關誤用、濫用逮捕、羈押等強制處分作爲偵訊取得供述之手段，落實緘默權保障以維護犯罪嫌疑人當事人地位的主體性定位，雖不能否定相關強制處分限制人身自由的法律效果，犯罪嫌疑人既得保持緘默權，乃拒絕接受偵訊之舉措，偵訊人員應不得繼續要求犯罪嫌疑人忍耐接受偵訊。並且，該人即使一時接受偵訊，亦可隨時停止要求偵查機關終止偵訊，故應否定「忍受偵訊義務」的說理較可採（引自三井誠，刑事手続法（1），1997年新版，131、132頁）。

從事犯罪偵查之工作者，如何不斷地去建立各種犯罪偵查的模式（犯罪實體與證據之關聯性），如何去發現供述者供述之內容與事實是否相符，以辨識各種供述之信用性與眞實性，以發現各犯罪類型的犯罪事實，破除「以人找證」錯誤觀念，秉持科學辦案的精神與態度。

三、法官評價證據與犯罪事實

基本上，犯罪人與犯罪行爲間之結合關係的證明，通常可由供述證據與非供述證據相互映證的結果，並非必須先藉由非供述證據的證明力，才能使用供述證據去推論犯罪事實的眞實性[49]，亦即兩者並無先後的順序關係存在，須要在推理與鑑識之中，去不斷嘗試以發現犯罪的眞實。

舉出兩個不同的案例作比較，以了解隨不同案件其證據的判斷或推理亦不盡相同。例如收賄案件或販毒案件等犯罪由於皆是在暗中秘密進行，且在犯罪現場能夠當場扣押到證物幾乎少之又少，因此通常需先仰賴供述證據。

不過，如果是遇到性侵害的犯罪案件，或是醉酒駕車撞死人的案件，其犯罪現場必然留下一些跡證，但此類型之犯罪人通常不太會承認犯罪，所以非得仰賴非供述證據來證明，此乃發現事物眞實之必然。

刑法是行爲刑法，是以行爲人行爲當時的行爲態樣作爲其刑事責任處罰的基礎，並非以行爲人行爲當時的人格態樣作爲處罰的基礎。申言之，犯罪構成要件的故意或過失或意圖，皆爲主觀不法構成要件，客觀的行爲事實是仰賴客觀存在的證據，去推論犯罪人行爲當時的動機或心理狀態。但是，同樣一個客觀存在的證據，去推論當時的犯罪心理狀態，評價的結果卻是因人而異（構成要件該當性及違法性），同時也必須顧及犯罪人行爲當時的心神狀態作爲其責任之歸咎基礎（有責性）。

例如某殺人案件，被害人被兇嫌拿開山刀連砍數十刀，而且刀刀見

---

[49] 劉邦繡，貪污、毒品、槍砲案件被告自白減刑之研究，軍法專刊，第56卷第1期，2010年2月，108頁。劉邦繡氏認爲，物證通常是取得被告自白之後。
本書認爲，任何犯罪的偵查模式皆不盡相同，存在著隨機變項的因素，供述證據與非供述證據取得先後次序，固然有其經驗法則的基礎，然並非所有案件還原事實眞相的必要條件，證據等價條件下應相互應證，反覆檢驗，才是偵查與審判正確性的唯一方法。

骨，如此兇殘的行為事實，可以說明兇嫌具有殺人的直接故意（構成要件該當性及違法性）。但是，如果認為兇嫌拿刀砍被害人，所傷及之部位都不是身體致命部位，既然未刀刀致命，且開山刀本身就是一種很銳利的刀械，刀刀見骨乃事物的本然，不足為奇，甚且兇嫌平常表現熱心助人，推測當時拿刀砍傷被害人應該是被害人激怒了兇嫌，才會如此，所以僅為普通傷害的故意而已（構成要件該當性及違法性）。

案發後兇嫌會利用各種技巧說明自己也是被害人，甚至詐稱自己精神異常或詐病[50]，例如自己是這家餐廳的廚師，因長時間受到老闆的壓榨，身心俱疲，無法正常上下班，當天刻意在眾人面前一直侮辱他，忍無可忍的情況下才出手傷人（有責性）。因此，證據與犯罪實體的變項因素，所生的訴訟風險，未必是來自證據的虛偽不實之結果所造成，也有可能來自法院對於證據評價之結果而產生歧異。

四、客觀真實與真實發現的極限

法律所指的眞相如何呢？以刑事訴訟法的觀點來看，偵查階段的犯罪偵查是在偵查假設的條件下進行，在排除各種涉案的可能性，建構出犯罪事實，做為起訴事實；法院審判所發現的眞相是指：法院認定犯罪事實，是以起訴書所指的犯罪事實，而依憑著證據資料評價證據，而此證明犯罪眞實的程度，須達於一般人均不致有所懷疑，而得確信其為眞實之程度者，始得為有罪的認定。

亦即，法院對於事實的認定是以檢察官起訴書所載之假設性的事實眞相為基準與範圍，透過「嚴格證明法則」所得的證據資料來調查與評價證據，以發現事實的眞相，以落實程序的實質正當性。

為貫徹「無罪推定原則」（刑訴法第154條第1項），法院於調查證據程序中，發見檢察官所提出的嫌疑證據，被告仍有無辜之可能性，導致法官心證之形成仍未達到毫無合理懷疑，接近於眞實的確信程度者，實行公訴之檢察官仍須排除之，即便是檢察官所起訴之案件已達於起訴門檻，那也只是盡到「形式舉證責任」而已，仍負有說服法院之「實質舉證責任」，不可不

---

[50] 西山詮，詐病と精神鑑定，東京大學出版會，2012年2月版，370頁。

辨明之。

然而，本書強調的是，法官在證據調查程序中，須具備對於事物本身之鑑定專業的「認知能力」。亦即，非指法官須有專業鑑定能力，而是指法官必須具備相當程度的鑑定專業的「認知能力」。申言之，證據證明力，由法院本於確信自由判斷，但不得違背經驗法則及論理法則（刑訴法第156條第1項規定），亦即證據證明力乃是法官認定犯罪事實的專屬權力，法律是不會拘束的，但並非漫無限制，此限制是指自由心證受到經驗法則的限制。所謂經驗法則，包括自然科學的基礎知識，以及依照社會一般通念所能夠理解的經驗事實。前者，是指法官專業鑑定水準的認知能力；後者，是指法院判斷時應按照社會一般通念所能夠理解的程度是否相當而言。

法官違背經驗法則的情況，例如，廠商對於進口的原物料所提煉的食用油，若無法證明對於消費者沒有食安問題，法官則依職權有義務必需要考慮到公共利益的法正義的實踐（刑訴法第163條第2項但書規定），而要求廠商必須證明來源不明之原物料，顯無害人體健康之程度始可（如同犯罪者將不潔之食物投入他人大樓的蓄水塔中，法官卻要被害人證明到對人體有害之程度始能成罪之荒謬）。然而，若法官於調查證據程序時，要求檢察官必須證明到：此來源不明的進口原物料，所製造出來的食用油，會有害人體健康。然而，既然已經確認該原物料爲來源不明，此要求證明之程度顯已違反一般社會通念，又非當時科技所能鑑定是否對人體有害之因果，如此則屬自由心證之濫用。

法官若將無罪推定原則無限上綱，亦屬自由心證之濫用。事實上實體法本身的「混摻」行爲，以將此類歸爲抽象危險犯者，其舉證的歸屬已昭然若揭，法官以無罪推定原則的證據法則，一推無罪。蓋因證據永遠無法解決實體上的爭議問題，法官漠視實體法上「混摻」的法規範上的意義，才是眞正問題的關鍵。因此，法官的誤判未必均可歸屬於偵查所獲的供述證據不夠充分，有時涉及到法官本身誤用實體法，造成的誤判。事實上，刑事訴訟法的舉證問題，涉及實體法的本體論的問題，舉證的問題並非法官得以恣意而爲，仍須依照實體法規範爲之。

又如，同一案件檢察官已開始偵查而被害人再提起自訴者，公訴則應優先處理（刑訴法第323條第1項），但該自訴人另有目的，其所爲的供述內容純屬空穴來風，捕風捉影，其目的是利用法院的審判程序去窺探被告的營業或商業秘密，若檢察官不察內情提起公訴，此時法院便成有心之人士的犯罪工具或生財工具。

第二項　偵查的真相在訴訟程序上的變化

物證與人證的證據價值，在法官**自由心證的證據評價**上，並無優劣、等差之別。現場物證隱含的意義，必須仰賴「**行為跡證**」的分析，這套警察偵查實務的輔助技巧，是行為科學與鑑識科學的整合，串連犯罪偵查學、犯罪心理學、刑事鑑識學，所創發分析犯為現場的方法，可直接探尋到犯罪行為人的價值取向和思考模式，以及犯案過程和行為意涵[51]。

蓋因物證本身的證據蓋然性，永遠無法取代犯罪行為人行為當時的心理狀態，仍需辦案人員細心的推理推論，使用排除法則與偵查假設之模式情況是否相符或矛盾，以還原出犯罪行為人行為當時的真正犯罪模式，然而此非辦案人員自行創發的假設模式，而是在反覆驗證偵查假設的情況是否為真實，同時，應輔以物證的間接事實，來綜合判斷。蓋因物證本身具有不變性與客觀性的特質，若據此進行分析，可避免辦案人員在判斷行為人犯罪動機或心理狀態時，認知上過於主觀導致誤判。

案件於法院審理時，雖非供述證據本身瑕疵的問題。而是被告所為的供述，表面上雖為事實的供述（不利於己的事實供述，亦稱**自認**）。但此事實的供述，卻發現是科學技術所無法被證明的，或是以科學方法證明亦可能呈現出多種可能性，卻無法被反覆驗證其正確性，稱此為「**偽科學**」。這是被告或辯護律師或是專家證人充分利用科學本身的侷限性，巧妙的利用科學實驗專業，轉化本來不可能存在犯罪現場的事物，呈現出各種可能性，即原本的證明因無法通過反覆驗證其結果的同一性，而遭到質疑。

被告或辯護律師利用此高度訴訟技巧或科技上的盲點，足以影響法官證據評價的結果，巧妙的規避法律的適用，使得原本不利於被告的供述反而成為有利於被告的無罪證據，甚至誤導法院判決的情形，而此巧詐的訴訟結果，讓真正犯罪人逍遙法外。

---

[51] 林山田、林東茂、林燦璋等合著，犯罪學（增訂五版），三民書局，2012年11月5版，214頁。

因此，即便是犯罪嫌疑人爲事實的供述（表面上爲被告之目的性的防禦供述），若無堅實的客觀證據予以支持，仍屬徒勞無功，如此巧詐的訴訟技巧，通常需要精心設計，因爲事實背後眞正動機通常是很難被證明的，更足以證明偵訊並非犯罪偵查的最後手段，更非目的，訴訟上證據的隨機變項因素，是無法從單項因素去發現其犯罪之全貌。

例如被害人（死者）的頭顱上的傷痕究竟係一種或多種兇器所造成，因訴訟長達數十年之久，被害人死者的頭顱已經無法鑑定係由何種兇器造成，使得當年兇嫌之一供出其他共犯之供述筆錄，究竟是誣告或是眞實，已無法被確認，又根據無罪推定原則，當年被告在警方不利的供述卻成日後共犯間有利的證據，導致警詢（訊）筆錄中被確認的共犯無法被證明涉案。

就警察偵查實務觀之，就發現事實眞相的因果關係而言，任何事物其因果的發生原本環環相扣，相生相應。因此，當偵查所獲得的證據成爲了證明該事實的原因後，然已經成爲證明的原因者，其相應所生的結果，此結果又可能相生成爲另一個原因事實，而此原因事實又可能相應出另一個結果關係。其相生相應的因果關係有其中斷與連結的關係，而此關係乃是判斷事實眞相的重要關鍵，而此中斷與連結的關係，到了法院審判時則會涉及到證據法則、經驗法則、論理法則[52]等法則的運用，其結果有可能使得訴訟產生巨大的變化。

由於刑事案件是屬動態因果關係的變化，此關係的變化，就警察實務機關於各層級處理刑案的發展關係，直到移送案件於司法機關後產生的各種證據之變化關係來觀察，基本上溯源自警察機關取證與保全證據所得的資料，透過各訴訟程序階段的檢證與推理的過程，以發現眞相。

當今，隨著英美法系國家訴訟精髓引進我國刑事訴訟制度當中，司法警察人員調查犯罪嫌疑人及相關的供述證據的資料，受到英美傳聞法則以及交互詰問制度的影響，不謂不大。

因此，就偵查程序中有關警察實務工作上，人與物的偵查關係原本就非常複雜，在此雜亂中要理出具有關聯性的關聯證據，不僅無法如同犯罪理論絕對套用某個犯罪模式，且刑事案件其動態發展與傳聞證據的關係也很複

---

[52] 黃朝義，概說警察刑事訴訟法，新學林出版公司，2015年9月初版，25頁。

雜，在在都考驗著司法警察人員的辦案能力，本書加以闡述，希望有助刑事偵查與刑事訴訟具有一定的銜接關係。

第六章 偵訊中犯罪嫌疑人的自白

第一節 前言

以警察偵查實務而言，犯罪嫌疑人於偵查時的自白，是否會影響到法院眞實的判斷，首先要探討的問題有二。

第一，犯罪嫌疑人在警察偵訊（interrogations）時自白的虛僞不實的可能性問題的探討。這個問題在前面第三章及第四章已經討論過了。這裡要討論的是，一般偵查實務而言，經警察移送的案件，而犯罪嫌疑人業已自白者，又經檢察官復訊無誤後，理論上就可以假設該自白爲眞實，即便是認爲該自白不是完全眞實的，但是至少有可能是一半眞的，一半是假的。然而，實際上那一半被當作眞的自白去使用的話，若以實務經驗而言，應該不會再去懷疑了，但是這是完全錯誤的想法。

事實上，眞正的錯誤也就在這裡，因爲被警察誘導出來的虛僞自白（police routinely elicit false confession），卻經常理所當然地被視爲眞實。藉此以觀，**虛僞自白發生影響的重複率**是非常廣的（the reported incidence of confessions varies widely）[1]。

供述部分，分爲眞實陳述與非眞實陳述。在犯罪偵查實務中，眞實陳述的比例並不高，尤其是一些自願性自白[2]。根據1987年美國學者A. Bedau

---

[1] Fred E. Inbau, John E. Reid, Joseph P. Buckley and Brian C. Jayne (2013). Criminal Interrogation and Confessions, 5th ed. Johns and Bartlett Publishers, p. 412. The most extreme example of the statement that "police routinely elicit false confession." See R. Leo and R. Ofsh (1988), "The Consequences of False Confessions: Deprivation of Liberty and Miscarriages of Justice in the Age of Psychological Interrogation," Journal of Criminal Law and Criminology 88, p. 429.

[2] I. H. Dennis (2013). The Law of Evidence, Sweet & Maxwell, 5th ed., P. 216.

和M. Radelet在史丹福大學期刊發表一項研究[3]，對數百位犯罪者進行訪談（interviews），發現堅信自己是無罪的犯人，其眞實陳述的比例並不高。但是，非眞實陳述的部分比例很高，尤其在犯罪自白的領域最嚴重不實的自白，占45%，而此最嚴重不實的自白，係出自警察強制手段所造成的。而自願性被警察誘發而爲虛僞不實的陳述，占34%，例如利益交換等因素[4]。

以**審判心理學**而言，法官面對被告的自白，半信半疑的心理狀態下，很容易表現在審判上的主觀認定，例如被告實際上沒有強制性交，但至少有強制猥褻；被告實際上沒有犯強盜罪，但至少有準強盜罪的問題；被告實際上沒有妨害自由，但至少有強制罪的問題。如此一來，自白影響法官的心證始終揮之不去，虛僞自白的部分就有可能成爲眞實的犯罪事實。

最嚴重的問題是，在法官根據自白及補強證據法則等相關證據法則之規定，評價證據以之認定犯罪事實，自有其判決的證據與理由。然而，警察製作犯罪嫌疑人的自白既非眞實，虛僞不實的自白卻被法院使用爲證據資料，成爲法院判決的證據與理由，造成誤判。例如蘇建和三名死刑犯的案例即是。

第二，站在心理及法律規範層面，警察獲得犯罪嫌疑人的自白無論是眞的或是假的，最後是否應由偵訊的警察來承擔。

於司法警察人員開始調查犯罪嫌疑時，由於犯罪嫌疑人受到緘默權保護，與辯護律師在場權的保障，犯罪嫌疑人並無忍受偵訊的絕對義務。司法警察人員詢問取供犯罪嫌疑人時，應賦予辨明犯罪嫌疑之機會（刑訴法第96條），且其所爲陳述有利之事實與指出證明之方法，應於訊問筆錄內明確載明（刑訴法第100條），而且就該管案件實施之詢問，應於犯罪嫌疑人有利及不利之情形一律注意（刑訴法第2條第1項），不得僅偏重於自白之取得[5]。

---

[3] 摘自Fred E. Inbau, John E. Reid, Joseph P. Buckley and Brian C. Jayne (2013). Criminal Interrogation and Confessions, 5th ed., Johns and Bartlett Publishers.

[4] Fred E. Inbau, John E. Reid, Joseph P. Buckley and Brian C. Jayne (2013). Criminal Interrogation and Confessions, 5th ed., Johns and Bartlett Publishers, p. 412.

[5] 陳運財，偵查與人權，元照出版公司，2014年4月版，113頁。

我國學者對於警察偵查實務偏重自白的問題，有看法如[6]：認為警察機關仍沿襲傳統的由人找物證的偵查方式，過度依賴犯罪嫌疑人的自白，且偏重內部績效考核，致未能嚴格遵守法定程序以及遵守應有的職業倫理，忽視整體的偵查犯罪的技能和專業訓練，相對未能隨著犯罪行為日趨多樣化、巧妙化等現象而相對提升偵訊技能，過度的依賴自白，澈底追求自白的偵訊型態，正因如此是造成不正取供的結構問題。

若司法警察人員於訊問取供，未能嚴守程序正義（包括警察機關所訂的程序規範或偵查紀律規範的遵守），且未能秉持著科學的精神與方法去認定犯罪事實。則其可能的弊端，說明如後：

（一）或因供述筆錄本身自相矛盾、鑑定報告與警方取得的供述完全不一致。

（二）或因警方誇大鑑定的成效，迫使犯罪嫌疑人承認犯罪。

（三）或因司法警察人員受制於上級長官、輿論、壓力團體本身（包括政治團體、利益團體的利益糾葛），將筆錄動了手腳。

（四）或因證人或被害人隱瞞部分的事實。

上述情形，則徒增警察刑事司法調查判斷的錯誤可能，以及檢察官舉證證明的風險，與日後法院誤判的可能性。因此，雖然警詢（訊）筆錄載有明確的犯罪時間或地點，但是仍無法被確認眞實或有被推翻的可能。

又因為被害人死亡的原因無法被確認該自白之眞實，或者歸因於警詢（訊）筆錄有矛盾或不一致的地方，使得自白眞假難辨，或者是雖有被告的自白，但是因為相關的跡證被污染，使得無法擔保自白之眞實性，或者是製作筆錄的偵訊人員，有意或無意地遺漏對犯罪嫌疑人有利事實（同時亦未要求犯罪嫌疑人指出證明的方法之遺漏），僅記載不利的事實及自白，也暗藏犯罪嫌疑人日後翻供的機會等之各種情形，導致警詢（訊）筆錄之虛僞不實。

惟，因警察的偵訊程序，通常是在封閉的偵查環境與偵查假設下進行，基於犯罪偵查的職務上的專業，必然存在著主觀判斷的成分，所製作的警詢（訊）筆錄，在證據法則上仍屬傳聞證據，且警察機關於刑事司法調查

6　同上註，114頁。

中所獲得的各種的供述，於法院審理時有關證據能力與證據證明力會先後調查，涉及受訊問人的供述是否出自任意性與眞實性等問題。因此，在警詢（訊）過程中偵訊人員對於各種虛僞供述的錯誤判斷，不僅易生證據證明成立的風險，且足以影響日後法院眞實的發現，基於保障人權的觀點，不可不愼。

刑訴法第231條之1的退案審查制，以及刑訴法第251條的起訴法定主義的遵守。案件於法院審理時，例如起訴書所指之犯罪事實，成爲法院審判之對象與範圍的約制，法院得依職權調查警察於偵查階段所蒐集的證據是否得以成爲證據使用，進而評價其是否具有某種程度的眞實。

偵訊人員對於各種供述的判斷，須具備豐富的社會經驗與推理事理的判斷能力，以觀察比較受訊問人其陳述過程中的各種細膩事項與其行爲態樣，進而以推理方式判斷與案情有關事物的眞僞與連結。例如警察於偵訊時，可要求證人對於照片所示之嫌犯爲指認，其著重於利用照相之機械性記錄功能，所形成事物報告的過程，具有與人之供述同一性質（參閱最高法院99年度台上字第2519號判決），在證據法上有傳聞法則的適用，即指無論是被告以外之人於審判外之言詞或書面陳述，凡具有供述性質的證據，而屬傳聞證據。

於偵查程序中警察所獲得或製作成的各項供述，除被告之自白外，皆屬傳聞證據，即便是經過檢察官的複訊程序，先天上供述證據仍具有相當不可信之的程度存在，故於法院審判時必須踐行直接審理與交互詰問的訴訟程序，以貫徹傳聞法則。

司法警察人員在偵查的實踐作爲上，並非一成不變，於司法調查犯罪嫌疑的階段中首要識別犯罪特徵後，接著提出各種偵查假設（例如變更偵查方向或策略，追查共犯等），並將蒐集各種證據加以驗證，做出正確合理的假設去組合連結整個犯罪事實，並履行其「現場重建」的程序要求，其中以保持現場的紀錄及現場蒐證爲其重點，而且經過不斷的修正偵查方向，排除與案情無關的各種情況，再配合現場跡證驗證其結果，同時以偵訊查證的技巧，以達正確合理的案情判斷，促使犯罪嫌疑人俯首認罪，以揭穿找人頂罪的詭計[7]。

---

[7] 王乾榮，犯罪偵查，臺灣警察專科學校出版，2000年9月版，95頁。

不僅如此，所有警察機關移送的案件中經檢證最後製作出各種文書紀錄，所發現的「事實眞相」，不僅有利於起訴及裁判者於證據評價上有跡可循，且警察機關所移送之案件，亦足以接受社會相當的檢視與公評等作用，以回應舉凡涉及公共利益者人民有知的權利，並達成回復社會安定與和平秩序的心理作用。

基此保障人權的觀點，基於犯罪偵查所實施的偵訊目的與偵訊技巧，已經不再是警察內部不公開的偵查過程或對內規範，或是師徒傳承的經驗或職業倫理，或只是迎合或配合媒體的需求所提供的假象。而是嚴謹的遵守重建犯罪現場程序要求，並在建構犯罪事實中，如何發現眞實，確切的保全新鮮完整的證據，並予以翔實的記載，此乃偵訊時必備的基本條件。

警察犯罪偵查，除需要在犯罪心理學、社會學、刑事鑑識學、精神醫學、偵查學等學科，加以綜合、統整、歸納，而與刑法及其特別法所明文規定的各個犯罪類型做相關偵查模式之研究外，更需要謀求透明化、系統化、專業化、知識化等方面的努力，去建構偵查知識的判斷體系網，以便於調查或偵查犯罪時，隨時有可遵循的犯罪模式作爲依據與處理程序的標準規範。

就已發生之刑案，首先爲各種的犯罪特徵的識別，來進行蒐證，而做出偵查假設後，以及提出證明犯罪的驗證方法與理論基礎，做出正確合理的說明與判斷。就刑事訴訟程序規範而言，日後可以接受司法機關的各種嚴格的檢證，使其建構的事證成爲法院的訴訟資料。

實際上，過去在我國司法實務上，多半以警察取得犯罪嫌疑人之自白爲移送案件之前提，檢察官的起訴書也多引用警察之移送書，法院調查也都偏重於程序上的眞正，而未能發現實質眞實，而且警察調查所得的各項紀錄除特殊情形外，多數判決心證受到直接的影響，甚至於判決理由中直接引用警察調查筆錄[8]。

由於偵查實務上，檢察官未能發揮**監督制衡**機制的功能，秘密違法偵訊時有所聞，事過了無痕，等到案件進入法院[9]，法院又過度接受偵查機關（包括檢察官的偵訊筆錄）之筆錄記載內容，以書證調查之證據方法偷渡，

---

[8] 施俊堯，警訊筆錄—刑事訴訟程序證據之實務見解分析與實例研討，刑事科學月刊，第40期，1995年3月，34頁。

[9] 陳運財，偵查與人權，元照出版公司，2014年4月版，117頁。

反而擴大筆錄適用範圍之嫌，侵害到被告之訴訟防禦權之行使，疏離法院與證據之關係，有違**直接審理原則**[10]。

惟因，舉凡警察機關對於刑事案件所製作的各種紀錄的信用性與眞實性，多半係屬「人的供述」，足以影響到人民基本訴訟防禦權，以及證據證明成立的風險，尤其在我國審判實務**傾向傳聞例外**的運用之影響下，此乃無法忽視的事實，不可不愼。

第二節　偵查中自白的幾個問題

第一項　偵查中自白的意義

話說「人心隔肚皮」，譬如說共犯中之一人已於案發後不久自殺身亡，留下許多的跡證證明是自殺，其所留下的遺書，去發現其自殺的動機何在，去分析出其眞正的死因，爲何要輕生，是被逼迫的、還是心理失常，還是有其他的原因，以防堵東窗事發[11]。惟若其遺書指向共犯中之一人逼使其自殺之原因者，又與其共犯之案件有關者，亦屬自白書之一種。又如乍看起來是明顯的失火案件或自殺案件，從各種跡證看來亦皆屬意外事件而無他殺原因，但是從自白書中卻會發現，其失火或自殺並非單純，完全是詐領鉅額保險金所爲。

從上述案例，發現人類的行爲有時是有跡可循的，有時卻莫測高深。這裡要強調的是，案件發生應儘量設法找尋或理出可能使用的經驗法則，包括一般社會的經驗事實與自然科學法則的運用。同時，自白書的發現是在表明隔著肚皮卻能直達人心的供述證據，以發揮眞實的發現，防止虛僞性的發生。警察偵查實務上，警察於調查犯罪時須要經過廣泛與繁複的蒐證與保全

---

10 黃朝義，刑事訴訟法，元照出版公司，2014年9月4版，568頁。

11 例如南迴鐵路於2004年至2006年期間一連串的鐵路遭破壞而導致列車翻覆和人員傷亡的事件，由於事故後李〇〇在自宅附近自殺，死前留下遺書一封，令檢察官懷疑李〇〇及其胞兄李〇〇可能涉入案情。經由科學鑑定後得知，陳氏並非死於事故，而極可能是人爲加工才致命，李〇〇兄弟涉嫌詐領保險金。

證據，除現場調查外還包括其他事實的調查，當然包括針對自白書如何做出合理評估，不可不慎。

自白是指被告對犯罪事實承認有罪（亦即，承認自己之刑事責任），通說見解認爲須對犯罪事實之全部或主要部分爲承認，不包括不利事實之陳述。例如群毆事件中有人死傷，被告只承認當時在犯罪現場，並不承認有殺人的行爲，亦不承認有傷害的行爲，就聚眾鬥毆罪而言，被告的承認則爲自白。如被告否認殺人，只承認當時在現場傷害。就殺人罪而言，被告的承認爲不利事實之陳述，而非自白，就傷害罪而言，則爲被告之自白。

因此，警察在調查階段，針對犯罪嫌疑人的自白的部分，應予以擴張其範圍或解釋。蓋因此階段尚屬假設的偵查條件下進行，故通常是暫時先做其假設的論證爲眞實，然後逐步排除其各種涉案的可能性，以便縮小偵查範圍與對象。

被告所承認的犯罪事實，是否符合何種類型的犯罪事實，就警察偵查實務而言，無論犯嫌初始即承認犯罪或結果才承認犯罪，都需要透過司法警察人員的調查與詢問過程，始能確認。

不過，犯罪嫌疑人在警察調查中自白，或是在其他事證中發現其自白（日記本、切結書），只是調查的開始，或許只是案件移送前的發現，或許是擴大偵查的基礎事實，或許能夠成爲破案關鍵。

然而，自白是否得以成爲法庭的直接證據或是主要證據，法院仍應先調查其他證據後始能認定之，如此自白不是在審判法官當庭承認之自白，未必是被告有罪之關鍵性證據，自白此一供述證據並非支配刑事司法程序圓滿運作之關鍵，自白並非在證據法上具有不可取代的地位。

第二項　自白在證據法上的迷思

以實務經驗或是學理的探論觀之，無論是無罪自白或有罪自白，自白往往不是事實的全貌，或是任何人使用語言建構的事實，或只是個虛象，確實是個不爭的事實。事實背後的眞相可能才是眞正的實體，千萬不要輕易陷入「自白爲證據之王」的迷思。

誠如美國學者[12]認為，大部分所有值得信賴的自白（almost all trustworthy confessions），結果是經常在警察詢問過程中產生。所以，警察這此問案過程中，必須給犯罪嫌疑人提供鼓勵或是積極（provide some incentive or motivation）的面向，讓他可以選擇說出眞話，這也只是程序正當性的要求。然而，是否為眞實的陳述，則屬警察必須要盡的查證義務。因而，法律是允許警察提供鼓勵的方式勸導犯罪嫌疑人自白，但是不允許恰好誘發無罪的犯罪嫌疑人去承認犯罪，更不允許刑求逼供。

不過，無論取得被告的自白是否合法或是正當，自白終究只是被告願意選擇陳述事實眞相的一部分。如前所述自白或許只是個虛象，背後的眞相仍待發掘。

例如貪污收受鉅額的賄款，只承認一小部分金額，企圖以自白以換取減刑或緩刑，日後可以享用更多的賄款利益。又如貪污案件只承認自己貪污，避免更多人被捲入貪污案件，將集體貪污案件轉化為單獨貪瀆行為，自己概括承受所有貪污款項[13]。

從偵查時效觀點，或從訴訟經濟觀之，其與保障人權的觀點來比較，是否有所衝突之處。由於案件一旦進入刑事訴訟程序，其程序的冗長與繁瑣，乃是不爭的事實，這是為追求實質正當法律程序所必須付出的代價，但是無論對被告或被害人而言，遲來的正義未必是眞正的正義。

因為經過冗長與繁瑣的訴訟程序，事實的眞相早就模糊不清了。不僅如此，被告不斷的被人貼上標籤，甚至被害人或其家屬也可能被社會貼上標籤，日子久了，人們所見到的只是被告或被害人及其家屬的標籤，事實的眞相人們早就淡忘，甚至一點也不關心了。如此，人們所要的眞相與人權都化為烏有，所得到的是過去的傷痛利用時間來治療罷了。

刑事訴訟的制度本身，並無所謂對錯與是非之別，只希望被告或被害人及其家屬透過制度有更多的的選擇機會而已，而被告的自白事實上就是在這樣的基礎上，提供給被告在訴訟上選擇自新的機會，也促使參與訴訟者皆得以早日脫離冗長訴訟的枷鎖。然而，國家基於動用刑罰權的正當性，為避免

---

[12] Fred E. Inbau, John E. Reid, Joseph P. Buckley and Brian C. Jayne (2013). Criminal Interrogation and Confessions, 5th ed., Johns and Bartlett Publishers, p. 413.

[13] 拙著，重大貪污的偵查及防治之道，刑事法雜誌，第60卷第1期，2016年2月，64頁。

虛僞不實的供述進入法庭，使得事實眞相無法大白，虛僞自白的問題尤不得忽視。

自白作爲有罪證據，是在法院調查證據程序中與起訴事實具有評價證據上的關聯，具有實質證據的價值，而非指檢察官提出於法院得爲證據之自白，該自白爲彈劾證據，係屬表面證據，不可不辨。

證據，未經合法的調查程序，法院無從形成正確的心證。證據，無證據能力，法院不得做爲裁判的基礎。證據能力之有無，乃證據調查後之問題，並非於調查前決定的事項。法院調查證據的目的，分爲證據能力的調查與證據證明力的調查，證據是否具有證據能力如有疑義者，應先就有無證據能力加以調查，始有證據證明力的問題。

法院審理於準備程序中，若對於自白有爭執或非經審判期日之證據調查無法判斷其證據能力者，法院仍應於調查證據程序中，就該自白爲實質的證據調查，察其是否具有證據能力而爲認定之（請參閱刑事訴訟法應行注意事項第136項之規定）。不過，當法院進行調查證據程序中，檢察官開頭即提出之自白爲證據，實際上法官對此自白的檢視已經對被告產生偏見，爲排除國人普遍疑慮自白可能遭到法院濫用，同時避免檢察官濫用自白成爲彈劾證據。因此，認爲這部分應加以釐清，以建立人民信賴的公平法院。

自白的變項因素頗多，以開放的心去發現自白在刑事訴訟制度上的可塑性與可變性，使得任何參與刑事訴訟程序者，能夠正視這問題的重要與嚴重性。

第三節　自白在刑事訴訟的證據地位

從我國目前的訴訟制度來說明，自白在訴訟上的影響。我國刑事訴訟法採用所謂「改良式當事人主義」，從事物認知的道理而言，來說明我國訴訟主體所扮演的角色以及程序的正當性，可從「能知」、「未知」、「被知」、「已知」，四個角度來詮釋出我國目前的訴訟基本結構。

「改良式當事人主義」基本上法院仍居於「能知」者之地位，以掌握審判之主導權，職權主義的色彩仍存在訴訟結構之中。不過，法院對於訴訟防禦之被告，列入「未知」爲審判的對象（包括案件的被告與犯罪事實），原則上於審判時「能知」者是不能主動蒐集訴訟資料，添加了當事人進行主義的色彩於訴訟結構中。

相對的，我國刑事訴訟法不僅同意也期待攻擊與防禦之「被知」者，能夠充分提供「被知」的素材，得以成爲審判的素材（當事人進行主義的色彩），讓法院之「能知」者，能夠充分地從「未知」的事物發展進行中認知、評價、判斷「未知」者所提供的「物」究竟爲何，得否還原出「已知」的眞相（職權主義的色彩）。如果攻擊之「被知」者，無法充分提供「被知」的素材，就加擔實質舉證責任之義務，讓「能知」者透過「被知」的素材能夠完全相信「未知」究竟爲何「物」。

攻擊之「被知」者無法充分提供證明「未知」的素材，讓「能知」者發現眞正的眞相，則防禦之「被知」者，應無罪開釋。「能知」者除非在認知與評價過程中發現案件若不以職權介入調查有違背司法正義，必須於判決理由中說明爲何介入之原因事實，以便在實體眞實發現與人權保障中做出抉擇，這點就成爲我國「改良式當事人主義」的核心價值。否則「能知」者就不能將「未知」的審判對象，認定爲「已知」事物的眞相，仍應將事物還原到起訴的原點，就是「未知」。

若將自白當作主要證據來觀察，在「能知」與「被知」的對應關係中，原本應該是以「能知」者作主導，「被知」者只是提供「被知」的素材。當「能知」者與「被知」者主客易位的結果，卻任由「被知」者擺布「能知」者，自由心證反遭濫用，造成誤判之可能。

法院若使用自白當成主要證據，仍應有其界限，以貫徹被告基本訴訟權之保障。換言之，若將自白當成主要證據，固然會受到補強法則的規範。不過，該自白至少要達到形式上有罪的眞實性，方可讓補強證據的補強作用發生，但是若發現該自白本身欠缺形式上的犯罪眞實，仍應將其排除於證據資料之外，而無自白補強法則適用的問題發生。此與自白任意性法則的眞實不同。後者是指自白必須先符合形式上的犯罪眞實，亦即自白必須出於任意性的犯罪眞實，故非任意性的自白，縱然存在著實質的犯罪眞實，但因欠缺形式的犯罪眞實，仍無證據能力。

自白任意性法則，是指被告之自白有嚴重瑕疵，因欠缺形式上的犯罪眞實，而無證據能力，禁止法官使用。自白的補強法則，是指被告之自白，具備形式上的犯罪眞實者，必須以補強證據來充足其證據證明力，而爲證據證明力之限制，若無補強證據，則禁止法官使用之。

本節討論的核心在於，一旦自白成爲法院得作爲證據之自白後，自白成爲訴訟法上的直接證據、主要證據、關鍵證據、法定證據方法。司法實務上，因此，我國司法實務上一直把「自白做爲主要證據、關鍵證據」，容易使「能知」者被「被知」者支配，也就是說該自白只要存有可信度，只要在論理法則上不會出現矛盾的推論，皆能輕易地成爲被告有罪之決定性證據，此一供述證據可謂支配刑事司法程序運作圓滿運作之關鍵，頗受爭議或詬病。

主要是因爲，一般法官認爲被告的自白，經檢察官提出作爲攻擊證據，只要在證據能力上沒有問題的話，自白的補強證據並非完全具有獨立證據證明力之證據，若無透過交互詰問的反對詰問，自無法成爲有罪判決的唯一證據。即便是補強證據足以補足自白的不足之處，也未必能夠眞正證明該自白毫無虛僞性。蓋因許多再審案件中，我們仍然可以發現自白的任意性與自白補強法則，皆無法阻斷或防止自白的虛僞性之發生。

第一項　自白概念的重新構思

犯罪必須以證據證明之，證據成爲證明犯罪事實的原因，沒有證據就沒有犯罪。證據可分爲供述證據與非供述證據，供述證據可成爲連結或組合非供述證據的關鍵證據之一，而自白在供述證據中占舉足輕重的地位。

尤其是針對無犯罪現場的犯罪或爲突破案情或發現事實眞相的關鍵性證據。然就犯罪心理學的角度而言，犯罪嫌疑人自白或坦承不利於己的供述，皆屬異常的心理狀態，其供述必然令人存疑，另有蹊蹺，容有合理懷疑之處。

尤其是在司法警察人員訊問時取得的自白，頗受質疑。因爲一般人很少進入警察偵訊處所，且偵訊時必然與外界環境阻隔，趨附於警方的支配狀態乃屬必然，形式上所謂合作，實際上就是一種心理強制的作用，理論上所謂的「禁止強制偵訊」，實際上是強人所難，根本做不到。因此，在現行法下，偵查中的任何形式訊問活動，必須嚴格遵守被告的緘默權與辯護律師的在場權，此乃被告最基本之訴訟防禦權的行使。

自白，要成爲審判上的證據資料，必須要透過嚴格證明法則的檢驗，此乃在強調刑事訴訟法上的程序正義的保障，亦不爲過。蓋因自白與犯罪實體的關係，實質上就是在說明該自白於起訴事實之間的證據關係，這在訴訟關係上有相當重要的影響力，無怪乎參與訴訟的關係人無不圍繞自白做事實認定的基礎，甚至居於訴訟防禦地位的被告或其辯護律師，亦無不極力尋求其他事證以推翻自白的憑信力與眞實性，以謀案情的逆轉。

因此，自白在證據法上的地位，足以影響自白與審判的關係，甚至影響到整個訴訟事實重新解體、重新建構，導致被告無罪或再審的原因事實。不過，這裡所要討論的核心概念僅在於，自白是否必須脫離傳統以自白爲主要證據、關鍵證據、直接證據、主要的證據方法的思考模式，做一個重新的構思。如此的想法，可能出現以下三種不同的見解，分述如後。

一、否定說

（一）有學者認爲[14]，自白只是導出主要證據的一種開端，或者自白是對於其他已經存在的主要的物證，用來加強對於證據認知者的心證，而不能夠以自白本體做爲證據。

（二）有學者認爲[15]，共犯的自白，若不具有獨立且完全的證據價値者，亦僅得做爲補強證據。

（三）有學者認爲[16]，爲避免自白（僅具外觀型態的證據）此種證據容易受到事實認定者過度的評價，同時被告本人既已自白，即便有錯誤也是被告本身自作自受的結果。當自白成爲法官解除疑點的關鍵證據，而法官會偏向該自白所證明的方向做出事實的認定，尙且法官會以此爲建構事實的基礎，對於無法以證據驗證之事實全數予以包括認定，此即爲猶如「補漏洞式之事實認定」，然此種認定事實的方式，有違反

---

14 林山田主持，刑事訴訟法改革對案，刑事訴訟法研討系列（一），元照出版公司，2000年10月初版，194頁。

15 黃東熊、吳景芳，刑事訴訟法論，三民書局，2002年9月5版，363頁。共犯自白，在性質上，如非具有獨立且完全之證據價值之證據，則屬補強證據，故縱使於調查證據伊始，即調查共犯自白，亦無不可。

16 黃朝義，概說警察刑事訴訟法，新學林出版公司，2015年9月初版，23頁。

合理確信之心證原則。

（四）有學者認爲[17]，得創造自白眞實性是建構在補強證據的眞實之上，但是那些補強證據的眞實性，卻又是因爲有自白的存在而獲得，眞是一個詭異的自體結構關係。

在偵查程序中發現被告的自白，因爲尚未起訴的結果，自白只是偵查假設的一種情況而已。因此，舉凡在司法警察人員調查階段僅爲偵查的開始，故此階段的自白一概不得成爲法庭合法調查證據的對象，唯獨經檢察官起訴書所列之自白而提出於法院者，始得以成爲法院調查證據程序的對象，此爲對於自白在法官對於自白進行評價證據之前應做的必要限制，在訴權理論基礎下，以公訴權存在始得以成爲法庭進行調查證據程序的條件做爲限制。

自白就發現眞相本身而言，它只是使不確定的事態開始轉化成確定事態的開端而已。所以，一般人慣性的思維或選擇自白成爲認識事實的連結系統，這樣的思維模式，甚至容易誤導裁判者認爲：以自白來認定事實，會使誤判率降低，且自白本身適足以成爲壓抑對事物的懷疑或不確定性的關鍵證據[18]。然而，由於自白只是一種正向思考的面向，並無逆向思考的面向，所謂的補強證據本身也不一定可做爲逆向思考的面向。以邏輯的辯證法觀之，補強證據是否能擔保實體的眞實，令人懷疑。蓋因補強證據本身是不具有完全且獨立的證據價值，除非該項得爲證據之自白與補強證據具有相當互補的作用，亦即必須互補到超越合理的懷疑之心證的程度。

自白本身若不足證明犯罪的本體，而有其他證據足以證明犯罪之際，使用自白作爲證據無異是畫蛇添足，而且把自白當成主要證據或是主要法定證據方法來調查犯罪，反而產生本末倒置的現象。以補強證據對自白而言，所謂具有互補作用，也僅在說明自白與補強證據並列補足之關係，並非自白本身具有證據優先地位或具有優勢證據之特質。因此，刑訴法第156條第2項規定，所謂自白不得作爲「有罪判決之

---

[17] 李茂生，自白與事實認定的結構，臺大法學論叢，第25卷第3期，1996年4月，8頁。

[18] 洪蘭譯，Daniel Kahneman著，快思慢想，天下遠見出版公司，2012年12月版，126頁。

唯一證據」，即使自白是有罪證據，若無其他補強證據，即限制法院爲有罪判決，是針對自白證據證明力的限制，因此，在解釋上刑訴法對於自白在證據的使用上是非常嚴格的。不過，若未透過解釋，容易產生制度性的誤解，以爲立法者過度干涉法官自由心證，或是讓人誤解，以爲立法者揭示自白的優位地位或主體，並已經充分授權法官，自白得以作爲主要證據或成爲主要證據調查之方法。

（五）有學者認爲，法院審判時至少在自白可被容許建立前，罪體必須先建立[19]。以自白作爲犯罪事實的假設狀態，是非常危險的一件事，一旦假設不成立的情況下，徒增誤判機率。以實質正當法律程序而言，犯罪的實體要件，尙未在法院調查證據之前，即便是容許檢察官提出自白作爲彈劾證據，但是在法院於調查證據程序完畢之前，自白是被禁止提出於法庭，亦即自白在法庭當作證據使用雖未被禁止，但在法庭於調查證據程序之前，至少不得視爲法庭的主要法定調查證據之方法。以證據價値本身觀之，在法庭於調查證據程序之前，自白不得視爲實質證據。

二、肯定說

基本上，人在本質上是値得信賴的，由於人本身具備了解自己與解決自身問題的無比潛力[20]。基於這樣的一個前提，於是產生一個無法否認的事實：那就是我們可以透過犯罪嫌疑人的自白這樣的「成品」，引領我們進入他內心世界，例如如何知悉販毒者爲何販毒的動機，以證明其「販賣意圖」，刑法將犯罪的主觀構成要件列入「意圖」即必須要證明其犯罪動機，亦即行爲人之犯罪目的是需要被證明的，而無關於行爲當時主觀的故意之犯意。從這個角度切入，自白在本質上有其値得信賴的地方，就算是在證據法則上以物證爲中心，但是以被告的供述作爲證據的自白，亦無法全然排除不用，就連否定論者亦認爲它是發現眞實的一個開端，藉此觀點，自白可做爲

---

[19] 郭乃嘉譯，蔡兆誠審定，Brian Kennedy著，證人詢問的技巧，元照出版公司，2002年9月版，146頁。

[20] 陸雅青，藝術治療：繪畫詮釋—從美術進入孩子的心靈世界，心靈出版社，2002年10月4版，21頁。

證據，應無疑義，亦即所謂的「瑕不掩瑜」。

從另外一個角度來觀察，我們會發現自白是犯罪嫌疑人透過其心理的認知作用，反映他對於過去經歷的事情，所做的自我回顧之陳述及心理之剖析，這樣的陳述過程，事實上充滿人性心理層面的複雜性與矛盾的結構性，其本身屬於人性最黑暗的一部分，在在說明自白本身反映出人性最幽暗的一個面向。

就警察實務的觀點而言，自白不僅能提供偵查人員研判犯案的動機、偵查線索、偵查假設的正確與否等，而且警察在偵訊實務上，通常是先以證人身分訪談關係人，俟適當時機才會進行通知約談犯罪嫌疑人到案說明，因此，犯罪嫌疑人自白或不利於己的陳述，皆已經是進入正式偵訊階段才會出現的，故虛僞的成分並不多見。

自白，通常只是供法官判斷故意或意圖以及科刑酌量的依據，而且自白在證據法則上，也未必能夠完全排除其證據價值，同時自白也須要與其他證據間相輔相成，即便是自白有虛僞的成分，其他事證也未必是虛假的，尙能推斷出犯罪事實。

刑事訴訟程序，基本結構是：審判者是「未知」者同時也是「能知」者，法律賦予審判者，從「被知」中去發現「未知」。因此，犯罪事實在未經審判證明之前，自白只是一個「未知」，只要可能成爲證據資料素材的對象，它就是「被知」，只要得以成爲還原犯罪事實的素材，皆可能成爲證據資料的素材。就證據法則而言，法律對於證據種類並無限制，所以「被知」的對象（得以成爲證據資料）有許多，凡與本案事實有關者均屬之。「被知」相對應的是「能知」，「能知」者掌握主導權，「被知」者是無主導權，它是被動的，所以作不了主。「能知」者以「被知」來發現「未知」。因此，我們沒有必要去限制自白之提出，更無必要去否定自白爲直接證據或主要證據，因爲它只是個「未知」或「被知」的對象物，尙待法院職權調查之。而且我國司法院大法官會議第592號解釋亦承認，自白爲主要證據，其證明力之強弱應依其他必要證據之質量，與自白相互印證，綜合判斷，足以確信犯罪事實的眞實性，始足當之。

三、折衷說

基本上，我們把一個非常複雜的案件交給法院來審理，當然是希望法院能夠發現眞正的事實眞相，同時又能夠迅速審理完畢，讓被告或被害人，甚至其他訴訟關係人早日脫離冗長的訴訟程序，以實現實質的司法正義，這是基本人權的嚴肅問題。

因此，站在功利主義的立場，把自白當成主要證據來認定犯罪事實，這是最佳的立法形成自由的一種選擇，本無可厚非，只要予以程序上正當化的保障即足。換言之，若能儘量避免人爲的操弄的前提下，儘管虛僞自白在警察調查犯罪過程中就已經夾雜在其中。因此，必須要在兩方面把關，分述如後：

（一）於警察調查過程中予以透明化、合理化、標準化，檢察官於偵查程序中被告或其辯護律師的閱卷權，偵訊程序被害人陳述權及其隱私權的保護程序，以符合人民正當法律程序的期待。

（二）任何訴訟上的供述證據都具有先天上不可靠的宿命，爲避免遭到濫用，只要在審判程序上儘量限制使用自白的機會或範圍即足。例如共犯自白與共同被告所爲不利於被告的自白，如何適用補強法則或有關人證規定的適用，才是問題關鍵的核心。

自白可能是有效的證據方法之一，即便是如否定論者認爲，自白是偵查發動的開端，或是自白本身雖無法證明犯罪的實體，但不可否認的是，自白仍可成爲確認被告犯罪的最終結論，因而自白既然被公認是實現司法正義的選項之一，有這樣選項的存在，無論從任何觀點來看，是無法否認其功能性。職是之故，只有在訴訟程序各階段中，如何在追求實質的正當法律程序下，排除虛僞自白，才是問題關鍵之所在。

第二項　偵查犯罪與自白的關係

偵查程序中，犯罪嫌疑人的自白，對司法警察而言，只是調查犯罪嫌疑的開端；對於檢察官而言，自白是否成爲犯罪偵查的重要線索，自白對偵查犯罪到底有多少影響力？可能有不同的看法，至少犯罪嫌疑人的自白足以縮小偵查的範圍，聚焦於特定的人或事物爲調查，如此，不僅可以節省司法調查的資源，而且能夠充足起訴的可能性。然而，也的確可能導致自白在偵查程序中被扭曲，以爲自白是破案的最大契機。

爲求自白的眞實性，以避免被告或犯罪嫌疑人利用自白於訴訟上的盲點，及因人爲操控或間接支配的手段，企圖妨害司法，或利用起訴機制上的盲點，皆有可能造成法院的誤判，因此，偵查犯罪與自白的關係，乃一切自白呈現虛僞性的源頭，實有探究之必要。

一、自白的證據能力及調查法

利用不正方法強取自白，自白的信用性減少。爲防止法院濫用自白，減少誤判，各國刑事訴訟法對於自白均設有限制，近年來我國增修的刑事訴訟法有關自白亦增加許多設限的規定[21]，於警察偵查實務，關係到人民的訴訟防禦權之告知義務的履行，至關重要。臚列如下：

（一）拘提逮捕前置主義，刑訴法第93條第2項、第3項、第228條第4項、第229條第3項規定，緣於羈押人犯對於人身自由侵害猶烈，法律爲保障人權計，悉仿日本立法例。檢察官欲聲請羈押被告，須經過逮捕、拘提之程序，於二十四小時內訊問被告有無羈押的原因與必要性後，得向所屬的法院聲請羈押之。透過法律要求經過雙重的程序保障，來審查羈押的要件及必要性，以防止偵查人員以羈押爲由，不當的要求被告自白，或交出相關證據。

（二）偵查人員拘捕被告後於法定障礙事由之經過時間內不得訊問（刑訴法第93條之1）、警察人員夜間不得訊問（刑訴法第100條之3），如違背前述規定而訊問者，所取得被告或犯罪嫌疑人之自白及其他不利之陳述，不得作爲證據。但經證明其違背非出於惡意，且該自白或陳述係出於自由意志者，不在此限（刑訴法第158條之2）。係採相對排除原則，其有無證據能力，法院有裁量取捨之權，並非一律排除，法院在權衡公共利益與人權保障之下，認爲有違公平正義時，即得排除其證據能力（刑訴法第158條之4）。

（三）訊問有關的告知義務（刑訴法第95條）。尤其是警察於詢問程序時須

---

21 從我國刑事訴訟法陸續增修來觀察，法律爲防止自白遭到國家機關的濫用，從嫌犯的偵訊程序、到移送程序到羈押程序，最後至審判程序上無論是證據能力、證據證明力，或是調查證據程序上如何規範自白等問題，皆有進一步的明確規定。

告知被告得保持緘默的權利、聘請辯護律師權利（刑訴法第95條第2款第3款），無須違背自己的意思而爲陳述及得聘請律師提供法律專業知識進行訴訟防禦權。有無違背產生疑義時，悉以錄音或錄影爲依據。就被告之自白是否出於自由意志而爲陳述，應依錄音或錄影爲證，而非單單依據警詢（訊）筆錄之記載[22]。檢察事務官、司法警察官或司法警察詢問受拘提、逮捕之被告或犯罪嫌疑人時，違反刑訴法第95條第2款、第3款之規定者，準用第158條之2第1項規定不得作爲證據（刑訴法第158條之2第2項），採相對排除原則。

另外，訊問被告應告知其罪名，認爲應變更者，應再告知（刑訴法第95條第1款），犯罪嫌疑人或被告如欲於訊問人員面前自白者，於訊問時應告知其罪名，讓其明瞭係針對何項罪名自白，以利其進行訴訟防禦與緘默權的行使，若未告知而有自白者，該自白非於警詢（訊）筆錄中恐生無證據能力之疑慮。惟對被告防禦權並無妨害，對人權保障無直接關係者，仍具證據能力（最高法院93年度台上957號判決）。

（四）筆錄應記載事項（刑訴法第100條），依照刑訴法第100條規定，被告陳述之記載。被告對於犯罪之自白及其他不利之陳述，以及其所陳述有利之事實與指出證明之方法，應於筆錄內記載明確[23]。筆錄應記載事項如對於犯罪之自白未記載時，而錄音、錄影中有記錄者，視爲筆錄所載的內容與錄音或錄影之內容不符者，不得作爲證據。在司法實務上採相對排除原則。

---

[22] 蔡墩銘，起訴前羈押之原因與目的，月旦法學教室，刑事法學篇（4），2002年3月，205頁。本書贊同蔡墩銘氏的見解，因爲被告或犯罪嫌疑人在偵訊過程中所爲的自白，當時的情境難以複製，訊問者的心態往往會影響到受訊問者對事情的陳述，應以錄音配合錄影來綜合觀察，反覆的查證，自白是否出於自由意志其信用性可以肯定，而其眞實性與否？尚須調查其他事證，或由檢察官爲實質的舉證。

[23] 警察明知犯罪嫌疑人爲虛僞自白仍記載於警訊筆錄，例如嫌犯稱：每包海洛因分別販賣300元或100元不等。警察仍以被告之供述內容記載於警訊筆錄（參閱臺灣高等法院92年度上訴字第2562號判決）。此爲被告不利於己的陳述依法應記載於筆錄，但不符經驗法則不得做爲法院判斷犯罪事實的依據。諸如：嫌犯指出的證明方法竟是誤導事實的詭詐方法等事項。

（五）訊問被告要全程錄音、錄影（刑訴法第100條之1）。刑訴法第100條之1第1項規定，訊問被告，應全程連續錄音；必要時，並應全程連續錄影。但有急迫情況且經記明筆錄者，不在此限。同條第2項規定，筆錄內所載之被告陳述與錄音或錄影之內容不符者，除有前項但書情形外，其不符之部分，不得作爲證據。亦即，筆錄內所載之被告之自白與錄音或錄影之內容不符者，除有前項但書情形外，其不符之部分，不得作爲證據，在解釋上採相對排除原則[24]。

（六）自白非出於任意性，刑訴法第156條第1項規定，自白的證據能力的限制，故以任何不正方法或值得懷疑的不正方法取供自白者，採絕對排除原則，無證據能力。

（七）自白不得作爲唯一證據，刑訴法第156條第2項規定，自白的證據證明力的限制，在解釋上自白需要有補強證據，且須與事實相符，自白始得作爲證據。

（八）有懷疑非出於任意性的自白應先於其他事證調查，刑訴法第156條第3項，自白證據能力的限制，法院有職權調查的義務。相對的，如自白如係由檢察官提出者，檢察官除就自白之出於任意性舉證外，並應指出證明的方法，所謂檢察官「指出證明的方法」，在解釋上：檢察官對於起訴事實與自白間有事實及法律之關聯性，有說明的義務，爲檢察官對此說明義務的界限。檢察官須就上述兩項盡其客觀舉證義務，亦即檢察官對於任意性的證明必須達到排除任何合理懷疑的程度[25]，否則該自白推定非出於任意性，自不得作爲證據。

（九）法院對於得爲證據之被告自白，除有特別規定外，非於有關犯罪事實之其他證據調查完畢後，不得調查，刑訴法第161條之3，對於自白的調查順序的違反者，其判決違背法令而影響判決，依照刑訴法第380

---

[24] 陳運財，警訊錄音之研究，台灣法學雜誌，第24期，2001年7月，17-32頁。認爲本條的本旨在保障被告或犯罪嫌疑人的自由陳述，附帶擔保筆錄的眞實性，訊問機關違反本條第1項義務時，應如何處理該筆錄證據能力的見解：(1)本條第2項效果的適用；(2)違法排除說，又分絕對排除說與相對排除說；(3)不利推定說。陳運財氏採不利推定說。88年度台上字第5762號判決，採違法排除說之相對排除說。

[25] 董璠輿、宋英輝譯，土本武司著，日本刑事訴訟法要義，五南圖書出版公司，1997年8月版，331頁。法院並非僅要求檢察官調閱警訊與偵訊的錄音錄影帶進行勘驗而已。

條規定得上訴第三審法院撤銷之。

（十）交通接見權不當的限制或禁止，而取得的自白，違反刑訴法第34條、第245條等規定，係依照刑訴法第158條之4由法院權衡裁量之。例如嚴格限制交通接見時間只有2至3分鐘[26]。

二、我國司法實務對於自白之依賴性

我國實務界或學術界，多年來沒有人就我國刑事判決係以被告或共犯的自白，來建構被告犯罪事實，進行一些實證研究的文獻與記錄。惟有學者[27]就我國現行制度提出質疑認為，即使有限制法院訊問被告及調查自白之順序的新增規定，在維持卷證併送制度的前提下，實際上能否發揮防止法官偏重自白而形成預斷的效果，不無疑問。

由於我國法院對於重罪依賴被告自白或坦承犯罪之案件的比例，非常之高。適足以反映出下列幾個現象，分述如後：

（一）重罪案件，法院以被告自白來建構犯罪的可能性非常之大。

（二）重罪案件不因被告自白或坦承犯罪，而甘服法院最低刑度的判決，是否受到「虛偽自白」的影響，不無疑義。

（三）我國司法實務對於證據能力殊少限制，舉凡法律未規定不得為證據者，得以成為證據資料，導致虛偽自白混雜於證據資料之中。

（四）自白前後不一、有矛盾者，法院仍可擇一判斷，導致證據證明成立的風險與誤判之危險增加。

如果自白仍得作為證據之前提下，那麼其瑕疵程度如何？在何種情況下認為虛偽的自白無證據能力，不得作為證據；又在何種情況之下認為虛偽的自白仍具有證據能力，並非當然無證據證明力。

共犯之虛偽自白，欠缺證據能力之情形者，分述如後：（一）共同被告之共犯之自白，發生相互矛盾，有缺乏關聯性者，致與要證事實不相適合者，均欠缺證據能力；（二）共同被告之自白，共同被告中之一人對於本案被告作證者，未經具結者，不得作為證據；（三）非共同被告之共犯自白，

---

26 池田 修，接見制限の自白，刑事訴訟法判例百選（第七版）ジュリスト別冊，松尾浩也・井上正仁編，有斐閣，1998年8月版，171頁。

27 陳運財，偵查與人權，元照出版公司，2014年4月版，116頁。

不符自白法則，欠缺證據能力；（四）非共同被告之共犯自白，其自白本身就本案之被告未經交互詰問，為傳聞證據，故無證據能力。

不論證據資料本身存有如何的瑕疵，其瑕疵足以影響其證明力，在瑕疵未究明前，不得遽行採為證據（32年上字第971號判例）。因此，有瑕疵的自白容易發生虛偽自白之情形，例如自白其先後有矛盾，或本身有矛盾，或其全部矛盾或一部矛盾，其證據證明力如何，原則上由法院本於心證自由判斷，尚難一概而論。

不過，為以防止法院裁判過度依賴自白，以符實質的正當法律程序。事實審法院應針對矛盾的自白本身進行調查，以防止虛偽自白或供述的產生，除「與事實相符」的自白未矛盾者，具有證據證明力外，（一）凡顯然自相矛盾的自白，應無證據能力；（二）不得就供述前後不一的自白，允許法官自由選擇判斷其一作為認定犯罪之依據，而判決理由又無法清楚的說明擇一自白判斷的依據為何，與不採其他自白的理由為何，則屬判決不備理由之違法判決。

三、自白與其他證據之關係

自白是否成為主要證據，事關被告或共犯基本人權的保障，應先就被告或共犯之自白所表徵的態樣，來發現各種自白的類型與其他證據之關係。

偵查人員、證人、鑑定人、法官等參與訴訟之人，在某種程度上或多或少會影響被告或共犯之自白，自白本身往往會呈現出一種惰性的心理力[28]。例如偵查人員的暗示，鑑定人或證人的誘導或屈從，法官的預斷或先入為主的觀念，加上調查其他證據的不確實，而使被告或因盲從或因刻意做出虛偽自白。其結果造成不具關聯性的證據相互連結在一起，或自白在暗示下所生虛偽性，其排除可能性亦受到判斷者主觀心態的影響，與其他證據連結，被視之為當然的結論。

四、自白在訴訟上的其他問題

我國「簡易訴訟程序」、「協商程序」與「簡式審判程序」都有針對被

---

[28] 渡部保夫，無罪の発見—証拠の分析と判断基準，勁草書局，1998年3月初版，45頁。

告對於犯罪事實爲自白的情形出現[29]，如檢察官起訴的案件被告依簡易訴訟程序或協商程序進行「量刑協商」，多少意味著對於檢察官的處分行爲有所同意[30]，姑不論「自白與自認」的區分。然而，以訴訟經濟與疏減訟源的觀點來察考，自白本身在我國上述這些程序中必然會被大量使用，且犯罪嫌疑人既已明白承認犯罪，不需要再利用其他證據來認定犯罪事實，不僅符合訴訟經濟的原則，而且在審判實務上亦符合所謂「明案速辦」的當然道理[31]。況且，自白的存在，對於我國實施刑事訴訟之公務員，普遍仍具有相當的影響力，審判實務上所重視的如「案重初供」[32]與「裁判上一罪」，即爲適

[29] 何賴傑主持、王梅英等與談、吳巡龍報告，「認罪協商制度之立法檢討」座談會，台灣法學雜誌，第50期，2003年9月，107-108頁。我國近年來已數度擴大簡易判決處刑的適用範圍，而法官於簡易判決處刑不需要訊問被告就可以宣判，導致無法確保被告是否在不正當的情況下自白。許哲嘉，析論自白之補強法則（上）—以刑事訴訟法第156條第2項爲契機，刑事法學雜誌，第4期第93卷，1998年8月，76頁。該文對自白與自認有詳細說明。

[30] 黃朝義，刑事訴訟法（證據篇），元照出版公司，2002年11月版，53頁。「自認」本身具有一種擁有同意檢察官主張之處分行爲的性格。（陳樸生，刑事證據法（重訂再版），作者自版，1992年10月版，353頁。）簡式審判程序是指於準備程序中被告就起訴的輕微案件做出有罪的陳述，由法院裁定依此程序進行審判，於此程序自白與自認是同等對待。在刑事訴訟法上有「自白」、「自認」、「承認」其中在程度上有相同者在於肯定全部或一部的犯罪事實，所差異者在於「承認」者必然否定刑事責任，而自白與自認則肯定刑事責任（參閱董璠輿、宋英輝譯，土本武司著，日本刑事訴訟法要義，五南圖書出版公司，1997年8月版，318-319頁）。

[31] 以實證經驗告訴我們，檢察官適當的具體求刑與法官公正公平的量刑，確實能鼓勵被告於偵審程序中自白，以減少司法資源的浪費。事實上縝密的刑事偵查工作有助於精密司法制度的建立與人權的保障，然而過於期望檢察官公平公正的發現犯罪似乎是一種不切實際的想法，且爲了澈底發現眞實而進行長期的偵查，對於犯罪嫌疑人未嘗不是一種人權迫害，因此透過法的檢視與討論來，確立每一個刑事訴訟程序的規範價值，才能眞正建立值得人民信賴的公平法院。不過，實務上有檢察官濫用「簡易處刑程序」（應指被告自白）（林山田主持，刑事訴訟法改革對策，刑事訴訟法研討系列（一），元照出版公司，2000年10月初版，364頁）或可能發生法院濫用「簡式審判程序」，甚至有虛僞自白等潛在問題，顯爲不當起訴，本書認爲應運用「中間審查程序」予以過濾，此衍生的相關問題，請參閱拙著，論我國中間審查制度與被告地位，刑事法雜誌，第47卷第5期，2003年10月，23頁。

[32] 案重初供的事證，在我國最高法院的判例見解認爲：這並不符合符經驗法則（29年上字第795號判例）。事實上經驗法則並非一成不變的，有受到一般客觀生活定則的拘

例。

不過，單以自白來認定犯罪，似有可議之處，或與人權保障不符，徵諸人類的歷史經驗，屈打成招的自白、誣陷他人的自白比比皆是，也造成許多冤獄。反之，嫌犯主動自白而伏法認罪者所在多有，如此似乎能夠滿足國民的法律情感與社會正義，單以自白來認定犯罪足堪認罪，有何不可？兩者爲何會產生價值衝突，不覺令人好奇[33]，容於後述。爲此，如何調和？可否應依照「正當的法律程序」的理念，來處理自白的問題，以符合法的實質正義，在我國整個刑事訴訟程序的規範目的來看，似乎是一個不可忽視的問題[34]。

第四節　偵訊中自白的定位

第一項　偵查假設下的自白

警察於犯罪偵查階段之被告自白，爲審判外之自白，若是肯定該自白

束，同時受到科學實驗與證明的挑戰，促使專業法官的自由心證受到相當的限制。

33 鎮壓犯罪與保障人權兩者的價值觀係由法正義來調和，過於強調鎮壓犯罪以滿足國民的法律情感，相對的犧牲人權的保障，終將法正義淪爲黑暗一面。正因爲如此，程序正義與實體正義爲刑事訴訟法一體兩面的法本質，進而得到發現眞實的極限就是保障人權，以彰顯憲法保障人權的法正義之象徵。「法正義」一詞，請參閱拙著，追訴犯罪與法本質之研究，2003年5月初版，100頁。

34 實施刑事訴訟程序的公務員，如檢警人員以被告的自白做爲假設「被告犯罪」的工作指標，再整合有限的偵查資源去發現犯罪，以偵查犯罪的性質與階段性的規範目的來觀察，雖有不當，然尚符合刑事訴訟程序的規範目的。如就法院以被告的自白爲主要證據先調查其犯罪，再找補強證據以擔保自白的眞實性，以法院審判犯罪的性質與規範目的來觀察，難免產生法官預斷審判的偏頗心理，違反實質正當程序，亦造成不公平的裁判。目前我國這種刑事訴訟類似「接力賽」的審判程序，類似公司的管理模式「係指經由他人的努力及成就而將事情做好」。不過，公平審判並非如上述公司管理的方式，如此並不符合訴訟彈劾原則的精神，同時也造成國家審判的空洞化、形骸化。有關「訴訟彈劾原則」，參閱拙著，追訴犯罪與法本質之研究，2003年5月初版，56頁。

爲法定證據、主要證據、直接證據的話，此被告於法庭外的自白，其內容於法院審理時除非是無須再運用其他事證推理來認定犯罪事實，始稱之爲自白外，否則只是自認或是辯解陳述[35]，不得作爲法院直接認定被告犯罪事實之基礎，而僅得做爲法院之補強證據。

以警察偵查實務而言，警察於調查階段只是處於偵查的假設尚待查證情況下，許多事證尚待查證或驗證，與同時進行的偵訊工作，並行不悖且相輔相成，當犯罪嫌疑人的供述，是否爲非事實供述，尚待查證，尤其是因爲警察調查階段案情尚未明朗，初步偵訊工作才剛剛啓動，犯罪嫌疑人的自白很可能只有爲了脫罪，掩人耳目，尤其共犯結構的犯罪類型，這種虛僞供述的情況更是常見。因此，此階段犯罪嫌疑人的自白，是否爲眞正承認犯罪事實的自白，仍有待查證，因此，偵查中的自白得以成爲證據資料，應做有條件的限制。

第二項　偵查中的自白與審判

自白在審判時可成爲主要證據，然自認或辯解，嚴格而言，非屬自白的概念範疇之中。不過，警察調查階段，姑且將自認或辯解擴張解釋爲自白之一種，因爲此階段之目的，僅在於確認偵查假設的方向與策略的正確性，尚無法確認犯罪眞實，尚屬合理。

然而，法庭審判時的自認或辯解，若將其歸類一部承認犯罪的自白，且與主要犯罪事實有關者，自可成爲主要證據之一部分。若犯罪嫌疑人於偵訊時爲不利於己供述的自認或辯解，若已經涉及主要犯罪事實之供述者，則必須出於犯罪嫌疑人之任意性，始具有證據能力，如此解釋，似較有利於被告，故審判的自白應不限於偵訊中的自白，而包括偵訊中不利於己供述的自認或辯解應包括在內。

---

[35] 自認，通常是指被告所爲之不利己之供述外，還須要其他事證去推論犯罪事實者稱之；辯解陳述，通常是指被告不否認犯罪事實，但對於犯罪事實的主要部分卻加以否認。前者，被告雖承認殺人但又主張正當防衛，有學者對此有不同的主張，認爲正當防衛爲法定阻卻違法事由之一，若有此阻卻違法事由之證據，其可用爲佐證所供述之犯罪事實非虛僞，具有補強證據之作用，如此一來，自認與自白則無區別之必要。後者，被告承認在殺人犯罪現場持槍，但卻否認開槍殺人。

不過，若是犯罪嫌疑人於偵訊時所爲不利於己供述，若非關於主要犯罪事實的自認或辯解者，因不具有獨立完全的證據價值，即便是非出自任意性，仍具有證據能力，如此解釋尚屬恰當。例如犯罪嫌疑人於殺人案件中，其雖供述本人有在犯罪現場但並未持刀殺害被害人，其在犯罪現場之供述爲不利己之供述，因非屬自白，自不受自白任意性法則之拘束。

刑訴法第156條第1項是有關證據能力的規定，其所謂「與事實相符」乃屬表面上與事實相符，在解釋上不問其實質上是否與事實相符。不過，犯罪嫌疑人對自己所爲不利於己供述或辯解，若與起訴的主要犯罪事實有關者，且幾近於自白之程度，亦屬被告自白。

蓋因此時，法律對於被告自白是屬擔保其信用性爲其規範目的，亦即在於擔保其所爲不利於己供述之信用性，而非擔保自白之實質上的眞實性，與刑訴法第156條第2項規定針對自白之證據證明力限制，顯不相同。刑訴法第156條第1項規定旨在於杜絕違法偵查、防止虛僞供述證據滲入，以期確實保障人權，故欠缺任意性的自認或辯解供述不具有證據能力，應有絕對證據排除法則的適用[36]。

不過，任意性的自認或辯解陳述雖具有證據能力，在法院的證據適用上，須另有其他證據，始有可能認定被告有罪[37]，然而自認或辯解既非自白，自始即無自白補強法則之問題。因此，偵訊人員發現犯罪嫌疑人之自認或辯解得爲證據，毋庸沾沾自喜，仍須蒐集其他證據以爲增強犯罪眞實的眞實性，始達到足以還原事實的眞相。故偵查中犯罪嫌疑人的自認或辯解，若無其他證據增強主要犯罪事實的眞實，起訴後因偵查中的自認或辯解是不具有完全獨立的證據價值，不可不愼。

---

[36] 黃東熊、吳景芳，刑事訴訟法論，三民書局，2002年9月5版，364頁。

[37] 同上註，360頁。

第五節　偵訊中自白的取得

第一項　偵訊的面向

本節所論及的偵訊是最狹義的警察調查犯罪時的偵訊（interrogations）。而不同於本書第四章第三節所論及的訪談（interviews）。就警察偵查實務而言，偵訊可分為兩個面向來討論。

第一個面向是指**偵訊的技巧**。它屬於透過觀察識人的一種心智活動，以及與人對話的溝通藝術，並廣泛的利用社會心理學、犯罪心理學的知識。曾國藩識人的一個口訣：「邪正看眼鼻，眞假看嘴唇；功名看氣概，富貴看精神；主意看指爪，風波看腳筋；若要看條理，全在言語中」與現代心理學的成果有異曲同工之妙[38]。

警察於初步偵訊階段時，除非眞正犯罪人已經警覺到自己成為警察調查的對象，或是警察的前置偵查作為已經窮盡，非得採取公開偵查作為必要者，通常警方是不會輕易暴露自己偵查的種種作為。

偵破任何刑案掌握「時機」非常重要，也是關鍵。所以，警察在初步偵查的步驟上，非得傳訊與案情有關的人等，始能馬上解開案件的關鍵外，通常不會輕舉妄動，因為若傳訊與案情有關之人，而無相當的事證，仍然無法突破案情，反而使得案件陷入膠著。因此，警察在初步進行傳訊過程，為防止與案情有關的人會串證或湮滅證據，需視案情發展與偵訊人員的前置偵查作業是否完善，來決定其步驟，以何種方式或方法來傳訊與案情有關之人。

初步偵查階段時，只須達到受訊問人（未必是犯罪嫌疑人，可能是證人或是案件的關係人）願意說、願意說出實情、願意說出別人無法知悉的實情即足。但是，這些「願意」並不表示就是犯罪的眞實，只不過在警察偵查模式下受訊問人願意配合調查，偵訊人員所使用的溝通技巧。嚴格而言，初步偵訊只是為了突破受訊問人的心防，願意配合偵訊人員的訊問，而眞正偵訊的目的，是在透過此過程來驗證受訊問人供述的眞實性，它不是偵查最後的

---

[38] 陳清宇，從肢體動作來洞察人心—心理專家教你讀心術，菁品文化事業公司，2011年8月初版，1頁。

結論或判斷。因此，偵訊中犯罪嫌疑人願意說出實情，仍不得逕自認定就是自白，以免流於主觀判斷的恣意。

犯罪嫌疑人口供的取得，須著重於偵訊技巧。蓋因警察在無法確認犯罪嫌疑人或犯罪嫌疑時，必須使用偵訊技巧以求突破。以警察偵訊技巧而言，偵訊人員發現於訊問證人過程中，其所爲之供述具有流暢性、連貫性而無掩飾、隱藏之情形發生，雖可逕認定具有某種程度上的眞實可信，進而藉此證人訊問所得之供述，以突破犯罪嫌疑人的心防取得其自白。

但是，這並不表示任何受訊問人都願意配合警方的偵訊，使偵訊人員得以順利向犯罪嫌疑人取供，以確認警察的偵查假設爲眞實可信。例如警察持搜索票進入民宅發現有大量的安非他命，在犯罪現場無法立刻確認何人是吸毒，何人是販毒，何人兼而有之，何人是無辜者。在犯罪現場的犯罪嫌疑人，可能彼此互咬、彼此互推、彼此掩護，所取得的供述，自然具有相當的虛僞性，這樣的偵訊模式僅是初步偵查中去確認偵查假設的方向有無錯誤。

警察於後續偵查蒐證階段的偵訊，仍要抽絲剝繭，釐清犯罪嫌疑人與犯罪嫌疑。不過，因後續偵查受訊問人多少都已經知道或推知檢警的偵查方向與掌握的事證，此時願意配合者原則上與警方站在同一陣線，不願意配合者除非立即向法院聲請羈押，否則相關偵辦訊息，很快傳遞出去[39]。

當警方進行下一波查證時，主謀犯罪人早就聞風知悉，直接指示相關可能被傳訊的人如何因應的同時，也不斷的偵測出警方調查作爲的進展，累積相當的資訊，甚至利用新聞媒體放出假消息，以錯亂警方偵查的方向，找出最佳的減損點，找人出來投案頂罪、湮滅罪證、串證等，一連串妨害司法調查的行動必然存在，此時受訊問人其供述的虛僞性必然大增。

第二個面向是指**偵查法制層面**，即指偵查人員的客觀性義務，這是刑訴法第2條第1項規定的保障人權條款。亦即，舉凡刑事案件有利、不利的情形，偵訊人員一律應予注意。因此，偵訊人員須透過偵訊所取得的供述與相關證據相互比照映證，以回顧或檢驗偵查計畫推論之完整性、周延性，來發現眞實。不過，偵訊所獲取的供述，因人爲的陳述會受各種生理與心理因素如健康、記憶以及當時環境條件的影響，且與受訊問人製作筆錄過程是否遵

---

[39] 陳益亭，論證人警詢陳述之證據能力—從犯罪調查實務角度探討，刑事法雜誌，第54卷第3期，113頁。

循法定程序有關（例如有無違反偵查紀律、有無照規定錄音、錄影等），而有不確定風險，故其信用性與眞實性多少都有存疑。

第二項　偵訊中自白與眞實發現

偵訊自白的取得，就功能性而言，確屬偵查過程中認定犯罪事實的重要方法之一，同時得以排除可能的犯罪嫌疑的人與物，進而得以確認犯罪嫌疑的同一性與共犯結構之關係，防止虛僞供述之情形發生，至爲關鍵。因此，就犯罪偵查而言，偵訊中取得自白有其特定之目的性與功能性，具有不可取代性，但是在取供過程中仍不可輕忽程序之正當性。

犯罪嫌疑人在偵訊外自白，而警察於偵訊時傳訊相關之證人或他案之犯罪嫌疑人進行確認時，供出犯罪嫌疑人的自由，此自白亦屬偵訊中的自白。偵查中自白的取得，不以本案犯罪嫌疑人身分爲必要[40]，例如，警察在訊問過程中因傳訊某證人於訊問中自白，使得該證人成爲本案之犯罪嫌疑人，或是警察於案件之關係人偵訊問中，發現共犯或發現犯罪嫌疑人的關鍵證據，而該關鍵證據隱藏共犯間或犯罪嫌疑人的自白，或是利用該自白發現得以排除其他犯罪嫌疑人涉案的可能性。

因此，警察取得自白，未必一定是從詢問程序當時具有犯罪嫌疑人的身分中爲限，也可以透過其他事實或其他訴訟關係人之身分，去發現犯罪嫌疑人的自白，而且自白不一定全部都能用來證明犯罪嫌疑人犯罪，可能部分是眞實的、部分是虛假的。但是，有時該虛僞自白適足以證明其他犯罪嫌疑人自白的眞實性，而排除其涉案之可能性。因此，犯罪嫌疑人的自白在偵訊實務上確實得以廣泛使用，以發現眞實或排除其涉案的可能性。

自白任意性法則的實現，即要求偵訊人員偵訊時應著重程序的正當性，不得以任何不正方法取供；例如警察通知之對象係證人或其他關係人到場說明，偵訊時卻發現其爲犯罪嫌疑人，便宜行事，卻未履行刑訴法第95條各款的告知義務，不符實質正當法律程序的要求。

---

[40] 黃東熊、吳景芳，刑事訴訟法論，三民書局，2002年9月5版，361頁。蔡墩銘，刑事訴訟法論，五南圖書出版公司，1999年6月3版，215頁。

第七章　偵訊中虛僞自白

第一節　前言

犯罪嫌疑人的不實供述，其本體形象非常複雜，爰分述如後：

（一）有出自偵訊人員誤導，而爲的不實供述。
（二）有出自其刻意欺罔，而爲不實的供述。
（三）有出自其因過失，而爲虛僞的自白。
（四）有出自其對偵訊人員在語意上的誤解，而導致的虛僞自白。
（五）有出自心理層面的恐懼與無助，胡亂回答，虛應故事，甚至全然配合偵訊人員的提問。
（六）有其因精神障礙或心智欠缺，欠缺完全陳述能力，而爲不實的供述。
（七）有其因認知、記憶、表達上的錯誤，而爲不實的供述。

其類型及原因，不一而足。因此，偵訊（interrogations）中的虛僞自白，其成因未必全然是受限於封閉的偵訊環境，而爲虛僞不實的供述。

以心理學或語意學的角度來觀察，單純被偵訊人員的誘導（利用設局下的偵訊技巧）所爲的自白，因之偵訊人員得以發見更多的事實眞相。如此一來，或許比起犯罪嫌疑人刻意地隱藏眞相的結果，從中發見的事實眞相還要多了許多，反而有利於刑事司法調查工作的進行。此部分，類歸於偵查技巧的行使。所以，偵訊人員利用此誤導，係出自測試或檢證犯罪嫌人的供述的信用度與眞實性，且犯罪嫌疑人的供述係在偵訊人員風險控制下所爲，似爲法所允許。

由犯罪嫌疑人或共犯所引發的「自發性虛僞自白」，或是由偵查人員所誘發或疏於調查所引發的「被動式虛僞自白」、「偶發性虛僞自白」等等虛僞供述，皆會影響事實眞相的發見。若兩者錯綜複雜的糾葛在一起，事實眞相必然陷入盤根錯節，導致眞相的發現更是難上加難。

儘管自白對於犯罪眞相的發見，仍有其一定的貢獻，但是在本質上有其虛僞不實的宿命，故當虛僞自白成爲判斷犯罪事實時的基礎時，自然在證據證明的成立上有其風險。

本書將「虛僞自白」予以類型化，有助於界定「虛僞自白」的基本概念與運用，以及訴訟上證明的作用與範圍。同時，透過「虛僞自白」的討論，在審判過程中，「虛僞自白」的發見結果，被告雖然因此被認定是無辜的，但是卻也可能隱藏著更大、更多的其他犯罪可能，或是其他人犯罪的可能，使得事實眞相更爲複雜難解，特別加以提出討論。

自白的任意性與信用性兩者，皆在避免其眞實性受到質疑，以防堵虛僞自白的出現，故在刑事訴訟法的規範價值上，大致上受到自白的任意性法則、證據關聯性法則、自白之補強法則以及程序正當性法則等法則的拘束。爲研究上方便，本書界定「虛僞自白」及其範圍與相關的類型，歸納「虛僞自白」產生的原因，基此研究之結果，透視「虛僞自白」的本質，解析自白的眞實性與非任意性自白在概念上不同，同樣的，自白眞實性與其信用性，在概念上亦不相同，前者爲實體眞實的判斷問題，後者是程序正當性的擔保問題。

形成虛僞自白的原因有多樣性，其動機也非常複雜，尤其是在審判過程中，即便是被告當庭被認定是無罪之人時，仍可能隱藏著更大、更多的其他犯罪之可能，當起訴的事實被推翻後，使得事實的眞相，更是撲朔迷離，發現自白是被創造出來的，並非眞實。

由犯罪嫌疑人（包括共犯）所引發的「自發性虛僞自白」外，還有由偵訊人員所誘發或疏於調查所引發的「被動式虛僞自白」、「偶發性虛僞自白」等等，皆有可能影響眞相的發現。在我國刑事訴訟法上自白爲獨立的主要證據，被告或犯罪嫌疑人或共犯所產生的「自發性虛僞自白」，或偵訊人員所誘發或疏於調查所引致的「被動式虛僞自白」、「偶發式虛僞自白」，若未能適時於偵查時控制虛僞供述，其帶來的風險不僅是證據證明成立的風險，且容易造成法院誤判之虞。

任意性自白，通常於法院審理時是不會懷疑其虛僞性。如此，反倒是促使虛僞自白不易被發現虛僞不實。若法院審理時未能明察秋毫的結果，仍舊將該虛僞自白當成主要證據或關鍵證據的話，同時又與補強證據結合來觀察，反而徒增誤判的機會。同時，法院先調查被告或共犯之自白，容易產生嚴重的偏見或過度主觀恣意的審判心理。爲求自白的可信度，以避免於被告未對自白的信用性提出質疑時，而得爲證據的自白本身就存有虛僞不實時，卻因審判制度的人爲操作或疏忽竟然視爲眞實，反而造成誤判。

我國增修刑事訴訟法第161條之3，係仿照日本刑事訴訟法第101條規定，自白之調查順序，乃係針對自白本身調查，絕對禁止法院先就自白進行調查。另一層意義，似乎在說明自白與其他證據的關係並非居於互補的關係；而是自白的證明力與補強法則須有先後調查之區別，以個別、綜合對照來觀察，以發現自白的眞實性，自白的證據調查方法上，與相關證據的調查，在調查程序上，須符合程序的實質正當性，以防止法官預斷。

第二節 虛僞自白形成的原因事實

第一項 警察製作筆錄的過程

訪談（interviews）與偵訊的不同，兩者筆錄製作之不同，若具有不可分割之關係者，應說明其合理性與邏輯上的連貫性，關係人轉化爲證人，或證人轉化爲犯罪嫌疑人的程序要求，犯罪被害人兼具證人身分訊問之程序保障之要求，同一證人訪談或訊問的次數應受限制，變更偵訊場所必須通知犯罪嫌疑人之家屬或辯護律師。

無論是訪談或是偵訊，警察實行誘導訊問必須是以喚起受訊問人之記憶者爲限，若超出其範圍應「說明」其誘導的正當理由（使用法律用語應屬「釋明」之程度），禁止使用形式合法但實質上爲強制的訊問方法，仍屬不正訊問。例如超出本案訊問的範圍所實行的誘導訊問，或明知爲犯罪嫌疑人卻以關係證人的身分進行偵訊，先利用訪談的自由氛圍供受訊問人自由任意陳述，趁其無防備下（place undue pressure）要求其「合作」，而直接進入犯罪嫌疑部分進行偵訊，並由檢察官出面親自指揮偵辦，逐步增強偵訊壓力源的偵訊技巧（law enforcement tactics）。

第二項　虛僞自白的成因

虛僞自白，就偵訊筆錄而言，一般都會認爲係出自偵訊人員的強制所引發的，但就整個虛僞自白形成原因很多，強制取供只是其中一部分原因，細分結果可分爲兩大部分[1]：

一、出自犯罪嫌疑人於心理壓力（mental health issues）而影響記憶的正確性，導致與記憶相反的供述，例如精神失常（intoxication）、精神負擔（mental impairment）、欠缺責任能力（diminished capacity）、懼怕受到重罰（the threat of a harsh sentence）、錯誤（misunderstanding the situation）。

二、出自偵訊人員不正的偵訊，例如施用強暴（fear of violence）、脅迫（duress）、束縛（coercion）、施以傷害（the actual infliction of harm）、利用嫌犯對於法律知識的無知（ignorance of the law），導致故意或過失所爲不實的供述，或故意隱藏重要的犯罪事實而爲其他的供述。

三、犯罪嫌疑人自己主動的虛僞供述，有可能是出自詐欺、或是誣陷、或是虛構等原因，其動機相當複雜且多變。

不過，由於警察偵訊犯罪嫌疑人時，嫌犯是處於被動與支配的狀態，除非是專業的反偵訊專家或經常出入警局的經驗老到的慣犯，想要瞞過警察達到誣陷的情況是少之又少，除非是內神通外鬼，有所串通或利益交換之情形外，幾乎不太可能發生。因此，上述三之虛僞供述，是屬例外特殊之情況。

偵查程序中，犯罪嫌疑人的供述，對司法警察而言，只是調查犯罪嫌疑的開端；自白是否成爲犯罪偵查的重要線索，自白對偵查犯罪到底有多少影響力？或有不同的看法，至少犯罪嫌疑人的供述足以縮小偵查的範圍，聚焦於特定的人或事物爲調查，如此，不僅可以節省司法調查的資源，而且能夠充足起訴的可能性。然而，若偵查方向錯誤，確實可能導致自白在偵查程序中被扭曲，誤以爲自白是破案的最大契機[2]。

---

1 Michael D. Lyman (2011). Criminal Investigation: The Art and the Science, 6th ed., p. 207-208.

2 拙著，自白在刑事訴訟之證據地位，警察通識叢刊，臺灣警察專科學校，第5期，以偵查人員的觀點，歸納各種虛僞自白之類型，其原因事實[3]，分析如下：（一）為掩飾自己或同夥人罪責；（二）故意將罪責轉嫁他人或拖累他人；（三）故意拖延問案移送時間；（四）故意玩弄偵訊人員；（五）有說謊習慣；（六）虛榮誇大不實；（七）記憶錯誤所引起；（八）不合法偵訊過程，缺乏自由意志下自白；（九）偵訊人員藐視或侮辱犯罪嫌疑人，引起反感所做的虛僞自白。

一、犯罪嫌疑人的虛偽自白

自白乃違反人類自利的本性，其動機往往錯綜複雜。若以犯罪嫌疑人的觀點觀之，發生虛僞自白的原因事實，分析如下：（一）有出於恐懼、嫁禍、希求減刑、逃避重罪、替人頂罪；（二）基於心理學之觀點，性情憂鬱之人每有自陷於罪之傾向，其虛僞程度提高；（三）精神或心智障礙之人，或社會底層弱勢之人，而無法為完全陳述者，較易受人誘導而為非事實的供述，故較容易認罪；（四）有犯罪嫌疑人為保護自己家屬或朋友不受追訴處罰，自行擔下警察已經鎖定其家屬或朋友之犯罪，在警察製作筆錄時完全依照警方事先擬妥之筆錄回答，以完成其虛僞自白之口供[4]。

二、偵查人員與犯罪嫌疑人間的不法行為

偵查人員與犯罪嫌疑人共同創作虛僞自白，以涉及到強制偵訊的問題。亦即，偵訊人員利用偵查的積極或消極行為在取得供述中，不僅發生自白有瑕疵的原因事實，而且也涉及到強制偵訊的違法，分述如下：

（一）偵查人員設計讓犯罪嫌疑人自白，亦即犯罪嫌疑人的自白乃由偵訊人員的誘發所致，偵查人員所設計的自白，自認為天衣無縫，卻忽視自白與其他證據的關聯性與合理性，將自白無限制擴張到許多假設的事實上，日後許多相關證據的浮現後，卻產生許多矛盾與無法自圓其說的地方。

（二）偵訊人員於本案訊問時，另就其他罪名的告知犯罪嫌疑人，企圖以

2015年10月，120頁。

[3] 何明洲，犯罪偵查學，臺灣警察專科學校印行，2015年8月初版，17頁。

[4] 林培仁，偵訊筆錄與移送作業，臺灣警察專科學校印行，2015年2月5版，5頁。

迂迴方式進行本案誘導訊問，雖未必出自惡意，但顯已違反偵訊本案應履行罪名告知義務。例如偵訊人員僅單純的對犯罪嫌疑人警告，如「坦白從寬、抗拒從嚴」的警告話語，因爲該項警告的言語與犯罪嫌疑人的自白不具有直接的因果關係，故在理論上雖不發生不正的方法取供的問題，在刑事訴訟法上也係屬無意義的偵訊行爲。

不過，實務上的運作結果，確實會對被告心理上造成一定的壓力，尤其是針對封閉的偵查環境或是從未被偵訊過的犯罪嫌疑人，內心的恐懼與孤立的心理一般人皆可以想像到，仍屬強制偵訊的狀態。若在沒有辯護律師在場，又未明示緘默權行使的保障下，若以當時客觀情境犯罪嫌疑人的訴訟防禦權已經被剝奪的前提下，即便是偵訊人員發出一些警告的話語，顯然會影響犯罪嫌疑人的自由陳述，不得不屈從偵查人員的意志之下，仍屬不正方法的訊問。

甚至偵查人員以唸佛經或聖經來說服被告自白，尤其是針對有受過教育的知識分子或有一定宗教信仰的人因較具有羞恥心，或迷信於宗教或偶像崇拜，以唸佛經或聖經或利用崇拜任何偶像之方法來說服此等被告自白。因此，強制取供不限於有形的物理力，還包括無形的心理力的壓迫。

不過，無論是道德力量或宗教信仰若是成爲控制受訊問人的思考性的強制逼問，已屬違反其自由陳述的條件，則可歸類爲無形的心理壓迫，則屬不正訊問之一種。蓋因道德與宗教的力量固然有其教化、淨化人心的作用，而以勸導方式使其願意陳述本無可厚非，但濫用人類的羞恥心的惡意，與假設的偵查條件相配合，亦屬不正當的訊問方式。因此，偵訊人員利用道德力量或宗教信仰使之成爲國家偵訊的工具，迫使受訊問人左右爲難，箝制其自由思考的空間，皆屬惡意的偵訊行爲。

嚴格言之，偵查人員的目的是企圖以旁敲側擊的方式，來說服犯罪嫌疑人全盤托出，皆可能導致其自白的任意性被否定，進而發生許多虛僞的陳述與自白。因此，本書以爲依上述途徑以取得犯罪嫌疑人的自白者，其程度顯然已到達強制性的心理壓迫，而以此不正方法偵訊取供，犯罪嫌疑人的自白具有相當因果關係者，仍有違反自白任意性法則，該自白仍無證據能力。

（三）偵查人員向犯罪嫌疑人一再謊稱，曾經經由私家偵探的方式，秘密的已經獲得被告或犯罪嫌疑人的自白。由於供述的任意性是以被告本身的緘默權爲前提，而上述之情形是對於被告之緘默權採取完全否認，而其所採用的任何方法（未必一定使用詐術、利誘的方式，但是卻有某種程度的心理壓力下來誘發取供）所獲得的自白被否認係出於任意性的自白，而無證據能力。但有反對說[5]。

（四）被告或犯罪嫌疑人基於利益誘導的拘束所爲的自白，約定某種不爲陳述的限制是受到利益誘導的拘束。這種私底下利益交換來要求被告不作某些事實的陳述，或者是偵查人員不再做某項犯罪事證的追查（這種彼此協商不作爲的行爲涉及到實施刑事訴訟的公務員違反客觀義務的職務行爲，這種共生的關係通常會發生在無犯罪被害人的場合）。偵查人員與犯罪嫌疑人產生「共生合作」的關係，是爲了讓彼此有轉圜的空間，不必實事求是，儘量求取「雙贏」的局面，共同隱藏犯罪而爲虛僞的自白，雖無違反任意性自白法則，但仍屬共創性之虛僞自白，足以影響眞實的發現。

（五）警詢（訊）筆錄與偵訊筆錄間，發現犯罪嫌疑人的供述出現嚴重的矛盾現象，警察卻偏執地認爲眞相大白而不自知，蓋因警察自信案件移送至檢察官複訊結果必當產生口供的一致性。事實上，發現光是警察本身的偵查筆錄中就出現許多相互矛盾之處，經過一段時間沉澱後，產生不同的評價，使得整體案情陷入難以相信其爲眞實的絕境，而演

---

[5] 董璠輿、宋英輝譯，土本武司著，日本刑事訴訟法要義，五南圖書出版公司，1997年8月版，330頁。引自日本廣島高岡山支判昭27.7.24判特20.147。對於專賣局監視員詐稱私人偵探獲取自白的案件，判例認爲該方法雖不是可取的方法，但不會產生誘發虛僞自白的危險，而承認其證據能力。但日本判例對於詭計的自白與承諾的自白是一樣，具有強烈趨向證據排除的傾向。如最大判昭45.11.25刑集24.12.1670，大阪高判昭42.5.19。

本書以爲，這則日本判例仍採「違法排除說」而認爲：此一不正方法取供與有無產生虛僞自白間並無因果關係，故認爲該自白具有證據能力。換言之，舉凡以任何不正方法取供（非任意性自白）因而獲得自白者，將導致該自白的信用性的破壞、虛僞的可能性增高，故無證據能力。反之，如果非屬非任意性自白之虛僞自白，獲取此虛僞自白之手段與自白之間，只要有程序上的先後關係，即可認定其有無證據能力，無須有因果關係。

變成承辦檢察官退案或不接受該筆錄的供述而不成立案件。即便是警察企圖對於自白進行修復或塡補或補正，甚至以其他證據來應證或擔保其眞實性，並與自白相互間矛盾部分加以檢討後，以排除自白本身出現的矛盾現象。不過，這種以自白爲調查重心的偵查活動，取得的供述與自白，仍可能暗藏許多的虛僞性，使得原本的眞相更趨複雜化，也對於發現眞相的結構產生嚴重的破壞性。

（六）偵查人員與犯嫌具有某種程度的默契，雙方同意隱藏一些事實眞相，虛構出犯罪事實，做爲彼此利用的條件（例如偵查人員要求犯嫌謊稱毒品是不小心撿到並非意圖販賣而持有，並虛僞供出其他販毒者，以換取較輕的吸食毒品罪）。然而，偵查人員未能立刻查證或發現其中的破綻或疑點（未能察覺到所供出的毒販早就被殺身亡），而將其供述視同共犯的犯罪事實，尤其是在犯嫌自始未承認犯罪的情形下，容易發生栽贓、誣陷或頂替犯罪等弊端。

（七）犯嫌在偵查人員強大壓力下，心理與生理皆難以承受。例如拙於表達之受訊問人爲窮於應付偵訊、偵訊人員擺上不利的據證犯嫌的眼前，在苦無辯解的情形下勉強配合與偵訊人員合作，做出的自白。若犯罪嫌疑人拙於表達卻強迫偵訊者，亦屬不正手段強制偵訊，而無證據能力。

（八）怠惰或惡意的偵查人員，將被告帶至秘密處所，雖未利用任何不正方法取供，卻不發一語，僅僅要求犯罪嫌疑人自行寫下犯罪事實，卻會造成被告心理上莫大的壓力，而這種以未加訊問的方式卻以間接壓抑心理的狀態達到強制犯嫌認罪的目的，以惡意規避刑訴法第95條訊問告知義務，仍屬不法手段取供的強制偵訊，無證據能力。

綜合以上各種虛僞自白之現象，皆是使犯罪嫌疑人處於不利的偵查環境與條件之中，無形之中剝奪其緘默權之行使或辯護律師的在場權，皆屬侵犯被告基本訴訟防禦權之行使，造成虛僞供述與自白，其原因可謂千奇百樣，不一而足，凡此種種，皆扭曲自白之憑信性與眞實性[6]。

不過，無論從何者之觀點發現自白之眞實，都可能對同樣或相關的證據做出不同的評價標準，自白本身的判斷常常流於主觀，通常情形之下判斷是

---

[6] 陳佳琳，審判外自白之研究，中正大學法律研究所碩士論文，1996年6月，1頁。

否與事實相符，必須伴隨著相關證據相互映證，然伴隨之證據究係補強證據或是具有完全獨立的證據價值，皆會影響自白的眞實性，不可不加注意。

第三節　虛僞自白出自人爲的因素

眞相只有一個，在訴訟上無論是證人或鑑定人以及被告，皆係出自其所聞見的事物加以供述，卻因人的觀察、認知、記憶，表現或陳述的差異性，而產生不同的觀點與看法[7]，導致眞相不明。然其關鍵核心的問題仍在於，如何遵守「實質的正當法律程序」來發現事實眞相。

自白，是以被告承認犯罪事實一部或全部的供述做爲證據，它是直接證據（人憑信其知覺直接認識其事實）、主要證據，且具有不可替代性。因此，就經驗事實的認知層面而言，在某種程度上其證據價值頗高，在還原事實眞相的任何訴訟階段或過程中是不可輕忽的。

然而，自白，其供述本身爲人的證據之一種，且往往是由不可信任的犯罪嫌疑人所做出的供述[8]。以被告的供述與物證相比較，其變化性大。若以

---

[7] 「溝通」應該有兩種含義：一種是傳達自己的意思，另一種是彼此意見的交換或協調。自白如果經過訊問程序，而我們把訊問當成一種溝通的方法，在訊問程序中被告的自白即可認爲是溝通的一種方式或結果，而可以涵蓋出上述溝通這兩種含義。然而，法院爲發現事實眞相須與自己扮演的角色相配合，在審判程序上過於注重訊問被告程序，往往忽略法院證據調查的重要性。職是之故，刑訴法第288條第3項規定除簡式審判程序案件外，審判長就被訴事實訊問者，應於調查證據程序之最後行之。本書因而認爲，檢察機關的偵訊的程序重在確認偵查假設與起訴事實的正確性，防止虛僞供述的產生；而法院的訊問是在調查證據程序之後，因而其重點在於促使被告有陳述事實的機會，讓法院再度確認調查結果後所形成的心證之眞實程度。

[8] 自白本身在審判程序中被使用，各國有其法歷史的沿革。而被告的自白在證據種類與分類上有許多態樣，在訴訟程序上也各有其不同的變項因素與規範基礎，分述如後：(1)有審判上的自白與審判外的自白；(2)有供述式的自白與非供述式的自白；(3)有任意自白與非任意自白；(4)有被告本身的自白與他人轉述被告的自白；(5)有被告的書面自白與被告的陳述自白；(6)有明示的自白與默示的自白；(7)有警訊的自白與偵訊的自白；(8)有另案被告的自白與本案被告的自白；(9)有被告的自白與共同被告的自白；(10)有被告的自白與共同被告的自白；(11)完全自白與不完全自白。上述各種自白於法

人證角度觀之，其供述不可信賴性較高於其他人證。所以，無論自白本身得爲證據，或以自白爲主要證據，在證據法則上與其他證據相較之下顯得複雜與矛盾。即便是我國以自白做爲主要證據，且爲法定證據方法之一種，自白與其他證據仍無從比較其優劣[9]，此乃自白之本質所使然。因此，如何排除虛僞自白以發現眞相，是非常需要愼重處理的問題，以保障人權。

自白的虛僞性，既然存在於任何刑事訴訟程序中，也在說明自白本身的可信性、眞實性的困難度與複雜性[10]。虛僞自白產生的原因原本就極爲複雜與矛盾，所以自白本身的眞實性，在先天上以及各種人的因素，存在著不可信賴性。本書所持的理由如後：（一）被告所爲虛僞自白，可能獲致的訴訟利益大於緘默權的行使；（二）檢察官接納被告的自白所承擔的訴訟風險小於舉證上的困難；（三）法院因被告的自白所產生誤判的機率小於調查證據所生的錯誤，故以訴訟風險的角度觀之，虛僞自白極容易出現。

第一項　偵訊人員的主觀因素

偵查人員依據偵查假設、與偵查步驟及方法，來驗證各個犯罪事實。通常是以假設性、片段性、隱密性的偵查方式進行，其主觀認知犯罪嫌疑，較爲強烈（例如：逮捕人犯後立即偵訊，其預斷犯罪的心理必然存在），先天上對於被告自白或供述的眞實性，相較於能夠發現客觀事實的程度，較爲薄弱[11]。不過，有時逮捕到嫌犯後，嫌犯立刻俯首認罪，而爲自白者，其信用

院在調查證據程序上有著不同的證據調查方法與規範基礎，於此不加深論。

[9] 蔡墩銘，刑事訴訟法論，五南圖書出版公司，1999年6月3版，430頁。自白與其他證據相比，無論是證據能力或證據證明力所爲的判斷，應個別或分開判斷。即便是兩個以上的證據證明一個事實的情況，各個證據有無證據能力之判斷，應個別判斷。證據證明力的判斷，在自白方面受到須有補強證據的限制外，在待證事實的證明上與其他證據並無不同，在有多數證據證明一個犯罪事實之情形，並非以各個證據分別爲待證事實之證明，而必須將多數證據做出綜合性與連結性的觀察與判斷。

[10] 度部保夫，無罪の發現，證據分析與判斷基準，勁草書局，1998年3月1版，31頁。

[11] 傳統的偵查體系，其偵查的方向：或因墨守陳規，或因組織盲從等因素，而對嫌犯的行爲模式中做出不切實際的假設。偵查方向的假設：有時出自對於嫌犯的長期觀察、歸納、整理所得的行爲模式，透過科學的檢驗獲得進一步的證實。然而有時：這些觀察並不一定通得過科學或理性的驗證，例如去求神問卜、鬼神託夢得知眞相或兇嫌的

性往往反比一般情形要高的許多[12]，尚難一概而論。

這些都是偵查行爲的特性所使然，同時，犯罪嫌疑人處於封閉的偵查環境，隨著案情發展的不同，例如共犯的供認，或新證據的發現，犯罪嫌疑人多少心理上會有些變化，而有差異性。因此，如果沒有完善的蒐集，或調查其他的客觀嫌疑證據，就急於還原犯罪的眞相，或者是偵查人員爲偵訊而偵訊的結果，反而讓犯罪嫌疑人有機會製造出許多虛僞的供述或自白，而偵查人員主觀恣意的偵查行爲，容易出現錯誤的判斷。

不過，就算是將客觀的證據提示或告知犯罪嫌疑人，也可能因客觀的嫌疑證據本身的錯誤或有瑕疵（例如，警察對於犯罪現場未能仔細察勘而發生錯誤的判斷，或線民指認某人販毒而查獲的毒品卻未經化驗、未送請鑑定或鑑定程序有嚴重瑕疵）。偵查人員誤導或是誘導犯罪嫌疑人做出許多虛僞的供述或自白，甚至會發生被告默示的虛僞自白之情形出現，也不是沒有可能的。

偵查人員因本身違法蒐證之結果，爲求違反程序所得的證據合法化，於偵訊時利用偵訊技巧（並未有任何不正方法）。偵訊的技巧不一而足，例如儘量對於嫌犯釋出善意或寬大包容的態度或利用嫌犯的當時心理狀態利用勸說的方式，或是提出一個似是而非的答案去引誘或激怒嫌犯（引蛇出洞），或利用、製造嫌犯產生焦慮的情緒並得以控制後（激發情緒的偵訊技巧[13]），企圖說服嫌犯（突破嫌犯心防）進而引導其供出與獲得的證據相符

藏身的方向或畫像。不過，偵查過程中，觀察犯罪的跡證是調查犯罪中最基本的也是最重要的，觀察正確的結果：從小案發現大案；觀察不正確的結果：大案變成小案或是變成無罪開釋者等情形發生。傳統偵查體系既有如上所述的缺點，與偵查人員與法院迷信自白的結果有可能發生誤判的情形是一樣的。人無法像書本一樣，可以隨以翻閱，不用時就歸檔，然而人卻自以爲「人」可以通過知識去分析理解「人」，這是實施刑事訴訟的公務員，在發現犯罪中最容易墮入「權力與知識的傲慢」，而不自知的情境中陷入無知或迷思。例如偵查人員主觀上認爲所有涉案人中某人最期待發生該案件結果之人，以及案件對涉嫌人可能獲致最大利益，即認爲該人具有「有合理的懷疑」的嫌犯。基本上犯罪嫌犯人的行爲動機，通常只能做爲偵查的方向或假設或法院科刑審酌的標準，絕對不得作爲犯罪判斷的唯一基礎。

12 渡部保夫，無罪の発見—証拠の分析と判断基準，勁草書局，1998年3月1版，23頁。

13 高忠毅譯，Fred E. Inbau、John E. Reid、Joseph P. Buckley三人合著，刑事偵訊與自白（Criminal Interrogation and Confessions），商周出版公司，2000年2月初版，107-108

合的情節，此際被告的自白虛僞性大增。

偵訊人員受到不當勢力（政治或商業或其他人情的壓力）[14]，或不法因素（賄賂、恐嚇、詐欺），或其他個人主觀因素的影響（爲求績效等）[15]，而與受訊問人勾結或結盟，引導或暗示嫌犯如何回答偵訊等各項問題。

第二項　犯罪嫌疑人等人爲因素

犯罪嫌疑人在偵訊之前或者是之後，或者是在押中借提時發生有關誘導訊問或不正方法之訊問等情形發生[16]，而此不正方法係由偵訊人員以外之第三人所爲（該第三人可能是其他警察人員，或是其他實施偵查的公務員教唆、指示所致，然此或許涉及到實施偵查人員的違法），而此受壓迫的心理狀態，與犯罪嫌疑人做出虛僞的陳述或自白具有因果關係者。

換言之，不正方法的取供，不限於封閉的偵訊環境，還包括受訊者「行動受到拘束之際」即已開始，而且「延伸至後未受不正之方法」所爲的自白[17]，亦不限於生理上或物理力的壓迫，還包括心理力或精神上的壓迫，但是必須不正方法與虛僞自白間具有因果關始可[18]。

犯罪嫌疑人的自白能夠自然且合理的陳述，其本身存在許多困難，可能

頁。

[14] 這些情形通常在表面上是無法顯現偵查人員，有任何偏頗或其他迴避的理由之情形而言，卻有相當可疑。

[15] 中國時報，民國93年6月11日，A8版社會新聞。該報載稱：疑誣陷、栽槍給死刑犯吳俊卿的刑事警察局偵三隊一組組長簡宗霖等七名官警，10日被雲林地檢署依違反槍砲彈藥條例起訴。檢察官以被告等求績效，一時失慮才觸法，請法官酌情量刑，同案被告另有黑道角頭詹士正以及林純烈等三人。起訴書指出，被告詹士正因教唆吳俊卿等人持槍討債，爲避免被移送法辦，於是提供五把槍並透過管道徵得吳俊卿同意，扛起擁有5把槍的責任；相關員警明知這五把槍並不是吳俊卿的，爲了績效還是把帳算在吳俊卿頭上。此外，被告林純烈因爲是治平對象，爲了脫罪或輕辦，去年9月6日向刑警局投案時，和一干官警達成交出八把槍的共識，做爲輕辦的交換條件。

[16] 渡部保夫，無罪の発見—証拠の分析と判断基準，勁草書局，1998年3月1版，64頁。犯罪嫌疑人在羈押中其心理狀態的改變，來觀察其自白的信用性。

[17] 最高法院87年度台上字第2461號判決、第3339號判決。

[18] 林鈺雄，刑求與自白之因果關係及其證明負擔，月旦法學教室，公法學篇(1)，元照出版公司，2000年1月，314頁。

受到偵訊時的心理壓力，無法為連續且完整的陳述。被告因心理上的問題對偵訊的問題產生選擇性、片段性的記憶做為供述，在在增加自白本身的虛偽性。

被冤枉之犯罪嫌疑人或被告所為無實際經歷或體驗的陳述，或是無記憶的虛偽的陳述，為何如此，其原因或動機並不明朗，或許容有被冤枉者本身複雜的心理層面的問題（例如罪責的感情影響、虛榮心、逃避的心理），或是某些偵查人員的疏忽或惡意的行為所致，然而這種自白容易誤導偵訊人員的偵查方向，結果白忙一場。如此，偵查人員想要靠自白本身來發現犯罪之眞實，無疑是緣木求魚，徒勞無功。

惡質狡黠的嫌犯或不肖的辯護人利用司法制度上的弱點，欺罔或詐騙實施刑事訴訟程序的公務人員，或與不肖的司法人員勾結，形成或製造虛偽的自白[19]。

智能較低、意志力較弱的嫌犯，對於偵訊人員提示不確實的證據時為逃避責任而做出虛偽的自白。

其他為人所不知的事情，被告或共犯為了隱瞞而自白犯罪，例如犯了重罪卻虛偽自白輕罪、為了生活或躲避債務虛偽自白入監服刑、犯罪行為之前故意放出風聲告訴第三人關於犯罪的計畫或動機、自首而於逮捕後為虛偽自白或頂罪自白、有組織性犯罪型態其間共犯的虛偽自白、共生關係的共犯自發性的虛偽自白。

虛偽自白之特徵的情形，可歸納出三大面向來討論[20]：（一）有出自被

---

[19] 據新聞報導：國票案主角楊瑞仁入獄服刑迄今對於所侵占款項仍未全盤吐實。曾幾何時，國內又爆發理律法律事務所遭員工盜領案，亦如出一轍，足徵「虛偽自白」影響社會何等深遠，司法正義的實現未必等於社會正義的實現，如何讓司法正義與社會正義相符合，促使我國訴訟制度更貼近社會，「虛偽自白」是值得深入討論的問題。

[20] 這種分類方法係以自白為思考中心，在這種前提之下，不難發現到自白本身的不可信賴性，也讓我們知道自白被誤用的可怕性。國內學者黃朝義教授認為，一般造成誤判之原因約略可分為三種，即：(1)與證據資料有關之原因。(2)與證據提出者有關之原因。(3)事實認定者本身之原因。其中(1)提出欠缺眞實性之「詐騙的供述」，又有「包庇性的供述」、「替身性質的供述」、「推卸責任性質的供述」、「轉嫁責任性質的供述」等之供述，最可能出現於共犯者的自白中。另外還有「勉強性質的供述」（黃朝義，刑事訴訟法（證據篇），元照出版公司，2002年11月版，330頁）。

告或犯罪嫌疑人以及共犯本身自發所致；（二）有出自偵查人員（包括檢察官或檢察事務官，或是警察機關）本身引發所致；（三）有出自法院審判過程中法官本身明知或疏於調查所致[21]。以下分別就（一）與（二）說明如後：

一、有出自被告或犯罪嫌疑人以及共犯本身自發所致

一般而言，犯罪嫌疑人在詢問過程中有可能出現消極或積極抗拒偵訊的態度，以建立自我防衛的機制。也往往都是在某種無奈的情境下被動的配合偵訊，通常有可能做出虛僞不實的供述。不可忽視的，乃在於犯罪嫌疑人有意做出虛僞的自白誤導眞實發見。所以，本類型是指犯罪嫌疑人或共犯本身自白內容的瑕疵問題，而自白內容本身含有虛僞不實之情形，歸納不實的特徵，分述如後：

第一類型，屬供述內容的虛僞，有相當可疑之處[22]：

（一）自白的內容中發現許多不自然、不合理的供述。

（二）自白的內容欠缺實際的時間、地點或地方（傷到的部位、傷人的處所、強制性交的地點、受傷的部位），不夠具體而過於抽象的供述犯罪事實，無法確定犯罪嫌疑人是否能在那時段、地點犯罪出現，自白的眞實性，相當可疑。

（三）自白的內容本身不自然或不連貫，而且過分的對於某部分犯罪事實加以詳細的描述，似乎企圖想要掩蓋其他某犯罪或不欲爲人所知的部分事實。

（四）自白書的內容其文理，有不清楚而有異常之處，或者有不順暢或不連貫（例如呈現出不自然的飛躍狀態，或者是呈現出跳躍式思考方式的陳述），或理由有多變性與矛盾之處，則自白的眞實性，相當可疑。

（五）如果是因爲訊問人員以跳躍式的邏輯思維問話，有可能受訊問人回答的問題亦呈現出跳躍式的語言，在警詢（訊）筆錄的自白就顯現出跳躍式的紀錄。所以，此問題的發生是可歸因於訊問人員，而未必完全是出自犯罪嫌疑人的虛僞供述。

---

21 蔡墩銘，刑事訴訟法論，五南圖書出版公司，2002年10月5版，441頁。

22 山室 恵，刑事尋問技術，株式会社ぎょうせい，2001年8月5版，25頁。

第二類型，屬受訊問人陳述過程中的虛僞，有相當可疑之處：

（一）犯罪嫌疑人在自白中出現不自然的態度，或者所表現的態度出奇的從容與鎮靜的態度，這樣的態度證據，足以影響到自白的眞實性。

（二）犯罪嫌疑人在自白中出現許多不清楚的陳述，有避重就輕的閃爍言詞。

（三）被告在自白過程中，出現意思不明的片段供述，不夠連貫。

（四）犯罪嫌疑人對於偵訊人員所預計偵訊的方向，依據一般客觀的理解，或者在一般人詢問後可能在預測的回答範圍內回答，竟然無法做出一般人均可以充分說明的回答，其虛僞供述的可預測性增加。

（五）可從犯罪嫌疑人的慣行行爲模式中，顯現其主張或自白中內藏著矛盾的供述，發現其供述是無意義，或另有其他目的與作用。

（六）犯罪嫌疑人原本能夠詳細的供述部分，竟然做出簡略的供述而混雜在自白中。

（七）犯罪嫌疑人詢問時，偏好講出一些小道理的供述，甚至有一些畫蛇添足的怪誕講法或說辭，或自白隱藏於其他目的之中，益增供述的虛僞性。

（八）犯罪嫌疑人偏好以旁觀者的立場做出空泛的供述，讓人摸不著邊際，無法理解其供述到底是不是自白或自認，還是眞實的陳述。

（九）犯罪嫌疑人有多數傳聞證據存在的供述，甚至顧左右而言他。

（十）犯罪嫌疑人對於在某些重要的細節部分，應該要陳述其特殊性，或者應該較爲詳盡的說明，然而卻是有所欠缺的，容易增加虛僞自白的可信度。

（十一）犯罪嫌疑人對於週邊事務應該有所了解，然而其所作出的描繪卻極不自然，令人發生疑竇，其供述的可信度降低。

第三類型，屬共犯間的虛僞陳述，有相當可疑之處：

（一）發現共犯間，有串證企圖湮滅罪證或頂罪之懷疑，自白的虛僞性增加。

（二）共犯間有串證之可能，僅自白輕罪卻否認重罪，或自白他罪卻否認眞正之犯罪，以擾亂或混亂偵訊人員去發見犯罪眞實。

第四類型，屬犯罪嫌疑人利用訴訟程序的漏洞，爲虛僞自白：

犯罪嫌疑人利用簡易訴訟程序之法院，僅憑偵查中的自白，做爲書面審酌判決，以及得以緩刑，承認實質上一罪或裁判上一罪之輕罪而隱匿重罪或其他多起的犯行，如先經簡易處刑判決確定後，無從再追訴其他重罪，虛僞自白於上述訴訟程序非常容易地被利用。增修的簡式審判程序，被告或共同被告利用此程序做出虛僞的自白，徒增誤判。

二、有出自偵查人員（包括檢察官或檢察事務官，或是警察機關）本身引發所致

是指偵訊人員利用偵查的積極或消極行爲在取得自白程序中發生自白瑕疵者：

（一）經過偵查人員一再進行初訊、複訊後，警察的警詢（訊）筆錄以及檢察官的偵訊筆錄中，犯罪嫌疑人的自白出現許多矛盾的地方，卻誤以爲眞相大白而不自知。事實上多數筆錄的自白已有相互矛盾，經過一段時間的變遷結果，對於各個自白的信用性與眞實性的評價則出現各有不同的結論，使得整體案情的判斷陷入錯誤危險的絕境中，又關於自白的一些修復或塡補，是以其他證據如情況證據的仔細觀察，並與自白對照檢討後，排除自白的矛盾現象[23]。不過，這種仍以自白爲調查重心的結果，虛僞自白隱藏或參雜其間，反使眞相難解。

（二）偵查人員被共同被告或共犯虛構的自白或隱藏部分事實眞相的自白所利用，未能立刻查證或發現其中的破綻或疑點，而將共同被告或共犯的供述當成爲被告的自白，尤其是指被告自始未承認犯罪的情形下，容易發生栽贓、誣陷或頂替犯罪等弊端。

（三）參閱本章第三節第二項之二，偵查人員與犯罪嫌疑人間的不法行爲。

第三項　虛僞自白的具體類型

「虛僞自白」類型有：有出自偵訊人員之不正方法所致[24]；有出自其疏

---

23 渡部保夫，無罪の発見—証拠の分析と判断基準，勁草書局，1998年3月1版，226頁。

24 黃朝義，概說警察刑事訴訟法，新學林出版公司，2015年9月初版，112頁。從法歷史的角度來觀察，緘默權的保護與非任意性自白出自於不同時期。前者適用的範圍比後

於調查發現所致；有可能來自被告或辯護人利用司法制度本身的缺陷所致。

時至今日，「虛僞自白」其顯現的多樣性與複雜性，千百倍於往昔。爲便於說明，大致歸納出三種具體類型，臚列如後：

一、「自發性虛僞自白」可細分爲：不完全供述型、串證型、結盟型、雙贏型、誤導型、互咬型。

二、「被動性虛僞自白」可細分爲：誘發型、勸說型、利誘型、詐欺型、違反程序型、司法僞善型。

三、「偶發性虛僞自白」可細分爲：勾結型、利用型、交換型、錯誤型[25]。

這些「虛僞自白」的類型，其間交錯重疊，導致事實眞相盤根錯節、複雜難解，實際上能否澈底排除於證據資料之外，在刑事訴訟程序中，仍有許多的困難存在，實有待深入討論，難以上述類型來描繪[26]。本書對於虛僞自白分類的目的，在於符合類型本身的周延性與延展性，以發現其類型間彼此具有可相容性或互斥性的問題，對虛僞自白的廣度與深度上建構出理論基礎，以利於警察實務工作上可充分利用於偵訊上，排除其供述虛僞可能性，以保障人權。

者廣泛，應予以詳細的區別。

25 虛僞自白各個類型的歸類整理，有助於偵審程序中發現犯罪眞實，但本文仍無法完全涵蓋其所有可能的類型，於此所強調者在於虛僞自白的類型具有其衍生類型：例如科技文明今日所謂的因智力犯罪所生的自發性虛僞自白，尤其是針對多數人犯罪之共犯間虛僞自白的問題，乃偵審工作的一大挑戰。
同時，我們不要太過於迷信或期待自白，而認爲它可以透過的「交互詰問」的反對詰問對於被告自白的記憶提出質疑可以發現眞實。況且，我國既不採日本的起訴狀一本主義，亦不採英美法系的陪審團制，犯罪事實的確認從偵查到起訴已經一再的確認，到了法院審判期日實施交互詰問的結果，且被告得爲交互詰問的主體，理論上被告是不得爲證人自不得爲交互詰問的對象，然若共同被告中之一人，經分離審判程序後被告仍得爲證人者，此時被告成爲證人自得成爲交互詰問的對象，如此徒增共同被告或共犯間的虛僞陳述而與證人有串證的機會而已，眞實難以發現。

26 我國司法實務與學界就「虛僞自白」提出討論者，少之又少，究爲何故，令人好奇。「虛僞自白」一詞，於國內文獻中首見，黃朝義，刑事訴訟法〈證據篇〉，元照出版公司，2002年11月版，135頁，我國最早在最高法院87年台上字第3525號判決曾出現過。

第四節　自白虛僞不實的嚴重性

第一項　虛僞自白如何被犯罪嫌疑人利用

犯罪嫌疑人於犯罪後，於司法警察人員詢（訊）問時，承認較輕的犯罪，隱藏其他的犯罪事實（虛僞自白）。起訴後，審判法院認爲：被告犯罪後態度良好，且勇於認錯，應予以適當減刑之利益，以資鼓勵其自新。被告利用警詢（訊）程序上自白的技巧，不僅能獲判輕罪，而且獲得減刑，一舉數得。

另，共同被告或共犯間，早已於司法警察人員於詢（訊）問時，彼此串供或栽贓，做出虛僞不實的證詞，而與相關的證物，天衣無縫的巧妙地連結在一起，這種具有連貫性的證據關聯，經檢察官附爲卷證資料之證據，據以起訴。

無論是被告或共同被告，以及共犯，在訴訟程序上隨機利用自白的技巧，以掌握訴訟上的利於己的目的，在法院調查證據的方法與程序上發生各種值得去探討的問題，而這些問題不僅關係到證據證明成立的風險，而且兼顧保障人權，值得探究。

尤其是依據大法官第582號、第592號解釋後共同被告得以成爲證人，虛僞自白的問題，得以轉化成虛僞不實的證人之供述證據，此問題於第八章第四節，有關「共犯等供述他人犯罪事實爲證人之例外」部分討論之。

第二項　虛僞自白與審判

自白可成爲法庭所使用之供述證據[27]，而且在我國受到自白的傳統觀念的影響頗深，全盤否認自白在刑事訴訟程序中的證據地位，似有困難。爲避免因自白造成冤獄，思考解決之道，於法院準備程序以及調查證據程序中自應妥愼處理。

---

[27] 供述證據，是指將供述者的知覺、記憶、表現、敘述予以證據化的過程，於此過程中或有危險因素的介入，法律爲擔保其信用性，須經過反對詰問的程序以推敲其供述的眞實性。

就證據法而言，自白為供述證據，為主要證據，法院得以當作證據資料來使用，惟法院於審理時發現其具有虛僞性，無法供發現事實眞相來使用。故為避免誤判，除被排除於證據資料之外的「虛僞自白」，避免證據證明成立的風險存在。基本上可分作三種具體類型，分述如後：

一、自白存在著被告本身記憶上的缺陷，或被告本身心神或生理狀態上的缺陷（如精神障礙或心智欠缺之人、或因智慮淺薄之人，或因服用毒品、麻醉藥品、酒類或相類似之物品所引發的）所為不實的陳述，而引發證據證明成立的風險。

二、被告有意的陳述不實事實之自白，或有意隱藏部分的重要或主要事實的自白，其可能是出自欺騙、或是誣陷、隱藏，或是任意虛構事實等原因。

三、偵查人員的誘發或不正當的行為導致被告虛僞供述，其動機或原因的形成可能單純，亦可能複雜，甚至反覆多變，虛虛實實。

以比較法而言，世界各國的刑事訴訟法，對於自白的「證據能力」與「證據證明力」，均設有明文限制，我國現行法制亦然，期以在發現眞實與保障人權中求取平衡點，以避免任何人的因素來利用司法制度本身的缺陷，濫用「虛僞自白」以及濫用司法審判權，造成誤判之可能。

惟因「虛僞自白」對被告未必有利，何以被告或共犯甘願為之，甚至觸法，其中必有隱情、詭詐、誘騙、誣陷、共謀、設計、無知等因素存在，其產生的原因與形成的動機不一而足。基本上，自白本身雖有可疑之處，或許仍有其可相信的一面。然而，有疑慮者，仍在於法院過度相信自白的可信度（欠缺信用性的自白），或過度重視自白的評價結果（欠缺證據證明力的自白），自由心證的濫用，反而增加誤判的可能。

由於法院過度重視自白的證據價值，往往先對自白的證據證明力預先判斷，而對於有懷疑的自白本身欠缺證據能力者，卻因為濫用自由心證的結果，罔顧事實眞相，而與其他有罪證據彼此結合，進而對自白做合理化的證據評價後，造成誤判之可能。

被告自白或共犯自白為「虛僞自白」，本身欠缺證據能力，或者屬證據證明力極為薄弱之類型，歸納其基本的原因事實，臚列如後：

一、以自白本身來證明犯罪顯有困難或無法證明者。

二、自白相互矛盾者[28]。
三、自白顯不足以證明成立犯罪者。
四、以自白來證明與案情顯然無關之事實者。

上述自白既有瑕疵，卻在審判中未被排除於證據之外[29]，導致法院在還原整個犯罪事實難以發現眞實而影響判決，或發生濫用自白造成審判不公平等問題[30]，殊非保障人權之道。

---

28 臺灣高等法院89年再字第4號判決，此判決即指蘇建和等3名死刑犯的再審判決。

29 黃朝義，刑事訴訟法〈證據篇〉，元照出版公司，2002年11月版，121頁。刑訴第156條第1、2項之規定，要求自白之取得方法的合法（任意性）即自白內容須與事實相符方得做爲證據，且在判決時不得以自白爲有罪判決之唯一證據，急需有補強證據以察其與事實相符，故該條之旨趣乃在於人權之維護及人民權益之保障。
朱石炎，刑事訴訟法，三民書局，2000年9月初版，156頁。我國刑事訴訟法第156條第2項，對於自白得爲證據者，除須出於任意性外，尚須與事實相符，即須具備眞實性，對於該項自白，尚須查明是否眞實，以防誤判。因此，法院雖依該項自白已形成有罪心證，仍不得僅憑自白而爲被告有罪之判決，此乃對於該項自白之證明力，限制法院的自由心證。朱教授的見解幾乎於實務見解相同（46年台上字第809號判例、71年台上字第4022號判例、92年台上字第5027號判決），認爲刑訴法第156條第2項乃對於自白在證據價值上加以限制，法院如以被告或共同被告自白爲證據，即應先經調查程序。
本書以爲，虛僞自白，以刑訴法第156條第1、2項均規定「與事實相符」兩者合併觀察得知，自白內容與事實不符者，應無證據能力。刑訴法第156條第2項的「事實」是指「實質的犯罪事實」，如與犯罪事實無關的自白，必須排除於證據資料之外。嚴格言之，自白必須與上述「事實」相符始得爲證據，且得爲證據之自白仍需要有補強證據擔保其眞實性，否則該項自白即使成爲法官有罪的證據，其證據證明力仍受到限制。
另外應注意者，法院先就自白當成主要證據來調查，早已形成有罪心證，然後再去找其他補強證據，與自白的有罪證據合併觀察，使得該條項所謂「以察其與事實是否相符」形同具文，依刑訴法第156條第2項規定是對自白證據證明力的限制，或許在某種情況下，可以限制法官的自由心證。但是仍難以斷絕法官預斷審判的心理，如遇到被告「自發型虛僞自白」更是不易發現虛僞的部分，徒增法院誤判之危險，此種誤判的風險由法官來承擔，是屬刑事訴訟制度上的不公正，也違反實質正當法律程序，對人權的保障殊有欠周，應屬違憲。

30 我國司法院印行之「司法研究年報」雖有涉及事實認定與證據法則運用之專論計有五篇，其中有關虛僞自白與法院誤判的關係者不多，目前國內尚無實證研究的成果。在美國實證研究中發現誤判的最大原因之一，包括被告的自白、共同被告所爲不利於己之陳述。在我國法院對於檢察官以簡易處刑程序起訴後被法院變更爲通常訴訟程序，其次，虛僞自白再加上多數的偵訊筆錄所附的證據中有許多情況證據，然而其內容與眞實或有不盡相符之處。例如偵訊筆錄中添加的嫌疑證據，不乏警詢（訊）筆錄中的傳聞證據夾雜其中，亦即傳聞證據經過訴訟催化的結果，酷似眞實成爲訴訟資料，而且每一個可疑的原因事實，皆有可能導因於參與訴訟者基於人性的弱點或無知、貪婪，或出自檢察官、法官的預斷與偏見[31]。

於訴訟程序中證據不斷累積的結果，卻因上述各種人爲主觀判斷的因素，反而讓眞正的犯罪事實被架空或模糊焦點。因此，法院在調查證據程序中，如何發現可疑的、有問題的虛僞自白必須排除之，自白與虛僞不實的供述在整個訴訟資料中，須經過仔細的判斷與排除後，始能還原事實眞相。

「虛僞的自白」本來就不應該出現在法院審判的證據資料之中，必須排除於裁判證據之外，不得作爲法官判斷事實之依據。相對的，發現犯罪眞實的極限在於保障人權，「虛僞自白」在法律對於被告「緘默權」的保護下[32]，依通說見解認爲被告並無「說謊權」[33]。實際上被告基於心理防衛機制的作用，雖非刻意說謊，但所爲非事實的供述，此乃人之常情[34]。

或提起再審或非常上訴的案件中，切入去做實證研究，應可發現其間的一些關係，值得深入研究（詳細資料，請參閱曾華松，丹麥司法制度簡介（下），軍法專刊，第44卷第12期，1998年12月，引自該文註7及註8）。

[31] 檢察官未經查證自白的眞實性，即起訴被告的案件中，虛僞自白與不當起訴間存有一定關係者，此一問題涉及檢察官不當起訴的問題，目前國內似乎尚無對此做出一些實證研究。

茲舉一實例供作參考：某甲涉嫌販毒，於警察偵訊時否認販毒，於檢察官偵訊時坦承吸毒。買受毒品之另案被告某乙於該案審理於向法院供稱：毒品是向某甲購買的。本案經檢察官以被告某甲涉嫌吸毒提起公訴，法院審理本案時，如果對於被告或共犯的自白無補強證據以擔保自白的眞實性，依照刑事訴訟法第156條第2項之規定，被告應爲無罪之判決。

[32] 表面上看似緘默權的告知義務的違反，與被告自白之任意性以及眞實性無關。實質上基於被告訴訟平等權的理念，兩者間不無關係。

[33] 林山田，論正當法律程序，軍法專刊，第47卷第4期，1999年4月，7頁。

[34] 所謂「人之常情」，是人類的社會活動經過簡約化的結果。就法本質而言，應指法治社會中的個人如何運用理性去評估法律層面所帶來的風險，懂得利用法律諮詢減少因社會活動所導致之損失，同時對於個人之不利的衝擊得以降低至最低，而這種行爲是在法治社會中個人爲經營其社會生活，經過社會化所產生的心智活動。法律並不鼓勵

須要注意的是，犯罪嫌疑人會利用不知情或過失之三人，做僞證或爲虛僞陳述，濫用刑事訴訟程序，造成「訴訟詐欺」，但因爲被告所爲無罪的抗辯，本無須舉證去證明其眞實，此乃被告受到憲法保障的（消極）訴訟權，於此產生自白本質上具有相當的擴張性與虛僞性。

自白在何種情形下，不得作爲法院判斷犯罪事實的基礎者，相對的被排除於證據評價之外，即無證據能力。

第三項　司法實務見解

我國最高法院判例見解，爰整理如後：

一、自白欠缺真實性者，自白不得作為證據

29年上字第100號判例：上訴人等在第一審之自白，無論是否出於刑求，既經查與事實不符，依法即不得採爲判決之基礎。

二、證據本身有瑕疵，不得採為判決基礎

71年台上字第4022號判例：證據證明力雖與法院自由判斷，然證據之本身如對於待證事實不足爲供證明之資料，而事實審仍採爲判決基礎，則其自由判斷之職權行使，自與採證法則有違。依據該判例可解釋：如自白本身有瑕疵者，不得採爲判決基礎。

三、與認定事實不符之證據，不得作為判斷的依據

62年台上字第4700號判例：有罪判決書所憑之證據，以足以證明其所

犯罪嫌疑人說謊，被告並無說謊的權利，一旦發現被告的自白爲虛僞者就立即被排除於證據之外，此爲不利於被告之結果。無論如何被告或偵審人員均不得濫用訴訟程序，被告自白在訴訟程序上被人濫用，是一種人權的侵害。

其實，偵審人員並非懼怕被告說謊，因爲一連串說謊的供述記載在筆錄中，有時眞相反能靠此發現，誠實與說謊往往是事實一體的兩面，從而依其說謊的行爲動機更能勾勒出犯罪的事實，進而以其他證據獲得了證明。換言之，偵查人員於偵訊時對於犯罪嫌疑人的虛僞供述依法仍得記載於警詢（訊）筆錄中，虛僞性供詞蓋然性高者反能適時的調整調查的方向。

認定之犯罪事實爲必要，若所憑之證據與待證事實不相符合，即屬證據上理由矛盾之違法。依據該判例可解釋：如自白本身與認定事實不符者，不得採爲判決基礎。

自法院審判過程中，因法官本身明知或疏失所致，是指法院於審判時在自白的調查程序上有瑕疵，或者對於補強證據的認定上有瑕疵或其他原因介入。當起訴後，大量的「傳聞證據」進入審判程序，又以自白爲調查重心，產生法院對自白有相當程度的信賴之影響，導致虛僞自白混入其間，徒增加證據證明成立的風險，與誤判的可能性。

（一）不得僅憑另案之被告片面指認，做爲補強證據。例如本案被告於警察訊問時否認販毒，又在檢察官偵訊時承認販毒。另案之被告於法院審理時爲本案作證指稱被告販毒，其片面之詞是否確與事實相符，法院未經調查或有何補強證據以資佐證者，另案被告之做證尚非補強證據。另案被告雖指稱本案被告販毒，然其所購買之物是否確爲毒品，須經由吸食者之尿液驗出毒品反應或經由購買者之證物驗出毒品反應，均有待進一步查證（88年台上字第3310號判決）。以該法院判決來分析：另案之被告於法院審理時爲本案作證指稱被告販毒，依據上述法院的論點認爲：尙無法擔保本案被告自白的眞實性，故尙非補強證據。因此，認爲另案被告於另案所爲不利於本案被告的陳述，對於本案而言不得爲補強證據，雖屬傳聞證據，本案仍不得依據刑訴法第159條之1第1項規定被告以外之人於審判外向法官所爲之陳述，作爲本案證據，蓋因另案被告既非不能經過交互詰問，以推敲其證言的眞實性，且其可信度與眞實性令人存疑者，自不得將此傳聞證據作爲證據之用。

（二）被告於警訊自白販毒，購毒者於警訊指認被告販毒。但認爲指認者之陳述，仍屬證人個別指證範疇，並非對被告販毒與證人有直接明顯關聯性之補強證據（89年台上字第7916號判決）。

（三）法院傳訊警員作證，未提示其制作筆錄以供回憶，未能妥適回答（89年台上字第6424號判決），做證的補強證據有瑕疵或該項證據根本與案件無關而不得成爲補強證據（92年台非字第242號判決），法院明知或疏忽未經仔細調查即作爲補強證據採用，導致自白的虛僞性被合理化。

（四）被告表面上做出自白實際上卻否認犯罪，仍非屬自白。例如對於交通事故的發生並不否認，但依信賴原則否認有過失，被告的供述僅爲承認而非自白。

（五）補強證據之重要內容與自白之內容明顯的不具有關聯性，兩者其一，必然爲虛僞之證據。法院明知或疏忽未能發現此項證據而予以排除，採用此虛僞自白之全部或一部，導致眞相失眞。

（六）共同被告不利於己之陳述，雖得採爲其他共同被告犯罪證據，刑訴法第156條第2項規定，即將共同被告之共犯或非共同被告之共犯之不利於己之陳述均與被告之自白等視，認爲均需補強證據，係採廣義[35]。其內容即包括刑訴法第100條：「被告對於犯罪之自白及其他不利之陳述，並其所陳述有利之事實與指出證明之方法，應於筆錄內記載明確」規定之對犯罪自白及其他不利陳述（87年台上字第318號判決）。

（七）違法羈押與法院訊問被告的供述間雖無因果關係，如被告自白仍然不得作爲證據，依照刑訴法第156條第1項之規定，採絕對排除原則。

（八）重複性質的自白筆錄法院明知或疏忽未能發現其間矛盾現象予以排除，採用虛僞自白之全部或一部，導致眞相失眞。

（九）法官抱持著反正有上訴審得以救濟的心態而主觀上偏重自白的認定，完全忽略個案之特性。換言之，有如其他共犯的自白雖無不正取供之情形，但經過許多審判後這些自白修補的修正，綜合出所謂的「犯罪事實」，但又找不到其他證據，如此一來眞的假的已經沒有人知道了，就此定案，造成冤獄之可能。

（十）所謂「共犯的自白書」有無證據能力。實務見解認爲，偵審機關以外場所而爲的自白書，在未經傳喚見證人查證其作成之任意性以及自白之眞實性以前，尚難認爲有證據能力（83年度台上字第2785號判

---

[35] 蔡墩銘，共犯之自白，法令月刊，第47卷第10期，1996年10月，20頁。蔡墩銘氏更進一步認爲：不同案被告之自白，被告自白涉及他人共犯之部分，仍需要有被告與他共犯之補強證據，以免已自白之被告利用虛僞自白陷害他人；在同案共同被告均已自白之情形，其所需之補強證據，應求諸於共犯自白以外之證據，如物證或情況證據，不應以共犯的自白，使其互相補強，否則有違補強證據規範之意旨。

決），係屬傳聞證據。被告以外之共犯於另案中在法官或檢察官面前做成之自白，雖屬傳聞證據但依刑訴法第159條之1屬傳聞證據例外之情形下具有證據能力。然則在被告以外之共犯做出虛僞自白的傳聞證據，而未經本案反對詰問之下成爲證據資料，又在本案被告自白之下成爲補強證據，而發生本案被告爲被告以外之共犯脫罪或頂罪。例如被告以外之共犯於另案審判中自白輕罪或誤導法院發現眞實而虛僞自白，此虛僞自白與本案被告的自白爲串證而爲虛僞表示，造成被告自白與共犯自白漏洞百出。

（十一）由最高法院多次發回更審指正中可以知悉，共同被告之共犯均知情且始終參與，發回更審之事實審法院卻不根據卷證資料，認爲其不知情，然並未說明事實與理由，且論證與卷證資料不合，更審無罪判決後，檢察官未上訴，迴避上級法院的指摘與檢驗，留下偌大的疑團[36]。共犯究竟有無參與犯罪需要有客觀的證據始能進一步了解被告是否知情，被告知情並不表示被告一定有參與，共同被告間的自白涉及到不利於其他共犯的部分殊爲複雜，應綜合其他事證綜合研判，尚難一概而論。

虛僞自白在於證據法上可信度產生問題，更遑論其是否眞實。儘管在審判實務上，虛僞自白或不實供述，產生的原因複雜而且多屬矛盾，又因虛僞自白本身顯現的型態，有其多樣性與多變性，所以發現虛僞自白在法院調查證據程序上有其一定的困難，不可不慎。

第四項　自白證據能力的判斷

就實定法來觀察，判斷自白之證據能力，依法應出於任意性與眞實性兩項要件爲基準，基此標準來判斷虛僞自白有無證據能力，分類如下：

一、有出於被告非任意性自白，屬刑訴法第156條第1項之非任意性自白，無證據能力。

---

[36] 中國時報，民國93年6月11日，A8版社會新聞。該報載稱：監委調查蔡水添案，進口罐頭夾帶四百二十公斤海洛因，檢方未舉證，法官有違誤，運毒無罪定讞，將提非常上訴。

二、有出於被告自由意志下的自白，但卻係出自虛僞者，此虛僞自白並非合法自白[37]，是否可歸類於刑訴法第156條第2項對於自白的證明力所做的限制的來討論，殊有疑義。然，國內學者[38]對此部分未能深入探討，司法實務的見解未能將虛僞自白在證據能力上仔細研求其合法性[39]，益因司法實務界認自白在偵審程序中具有相當的影響力，導致自白在審判實務上存有很多的問題，而此問題又關係到刑事訴訟法的核心價值，即犯罪眞實的發見兼顧人權之保障，不可不愼。

通常在法庭實施交互詰問下，虛僞自白究竟爲證據能力，或者是證據證明力的問題，檢方與辯方往往會爲此爭執不休，法院欲藉此制度以發現犯罪眞實，但是以實際的訴訟經驗告訴我們，通常法庭是在做一些不可能的任

---

[37] 林山田，刑事程序法，五南圖書出版公司，2004年9月版，216頁。林山田氏認爲，自白得爲證據的要件，其自白內容必須與事實相符。翁玉榮，實用刑事訴訟法（上），元照出版公司，2008年8月版，395頁。任意之自白，亦不乏出自虛僞者，例如：冒名頂罪，即其顯例。尚應察其是否與事實相符，必其相符者，始得採爲證據。翁玉榮氏認爲：虛僞自白不得採爲證據，即無證據能力。

[38] 褚劍鴻，刑事訴訟法論（上冊），臺灣商務印書館，2004年2月版，276頁。刑事訴訟法第156條第2項之自白，應指被告之自由供認而言。褚氏認爲所謂「被告之自由供認」是否包括虛僞自白的自由供認，不得而知。

[39] 18年上字第1087號判例：被告的自白，雖爲證據之一種，但必須與事實相符者爲限，若其自白顯有疑義，而審理事實之法院，就其職權調查之所得，仍未能證明其自白確與事實相符者，自不得據爲認定犯罪事實唯一之基礎。29年上字第1645號判例：自白前後稍有參差，並與所查得之必要證據略有出入者，則其自白是否可採，即仍屬於法院判斷證據力之職權。上述這兩判例的見解似乎認爲：自白未能與事實相符者，是否可採仍屬證據證明力的問題。

然而，29年上字第100號判例：上訴人等在第一審之自白，無論是否出於刑求既經查與事實不符，依法即不得採爲判決之基礎。19年上字第1222號判例：被告雖自白犯罪事實，如果初反證證明其自白非眞正是事實者，在審理事實之法院，自不得置而不問。上述這兩則判例的見解似乎認爲自白只要與事實不符者，即無證據能力，法院自不得採爲判斷事實的依據。

本書以爲，應該分三種情形而論：(1)被告或共犯自白只要顯與事實不符者，即無證據能力，法院自不得採爲判斷事實的依據。(2)被告或共犯自白並非與事實不符，而是無其他補強證據擔保其眞實性者，即無證據能力，法院自不得採爲判斷事實的依據。(3)被告或共犯自白並非與事實不符，而是證據顯有不夠充足者，則屬證據價值的問題，而非證據能力的問題。於此不可不辨。

務，而顯然不是像美國式電影情節一樣，經過法庭公開交互詰問後眞相大白被告無罪開釋，而有精采絕倫的結局。

虛僞自白的判斷須就自白的整體、自白內容的變化、供述者的個性、智能、異常的心理，以及法官的實際經驗、能力、綜觀各項證據做出全體通盤的考慮，將多數的證據予以特定化，逐一排除其涉案的關聯性，避免法院將自白做出過度的評價，顯有違反無罪推定原則，且因而容易忽視被告無罪的證據，進而導致證據證明成立的風險。儘管虛僞的自白可能普遍存在於偵查及審判程序中，但它的存在確實會對眞實發見有嚴重的影響，爲兼顧人權保障，不可不愼。

第八章　防制偵查犯罪中虛偽供述

犯罪偵查中，虛偽供述情形，並非少見，甚至有其複雜性，然而，卻影響到眞實發見。職是，如何預防及制止虛偽供述之情形，對於警察爲犯罪調查或偵查，洵爲要務。防制虛偽供述，就是如何解除「偵訊（取得供述）」與「緘默（拒絕供述）」間，「權力」與「權利」的矛盾與衝突[1]。

首先，應重偵訊人員必須在偵查效能與合法程序間取得平衡點，引導優質的偵查情境，創發出受訊問人願意眞誠的供述，排除非事實的虛偽供述，增進偵查實效，兼顧人權保障。

警察詢問或調查的對象，通常具有許多不確定性且暗藏著許多虛僞可能。爲取得更多的偵查情報與資訊。警察在偵查實務上，進行訪談（interviews）或偵訊（interrogations）的對象，自然非常地廣泛。

站在法正當性的要求下，約談與偵訊仍有所不同，訪談係以非控訴方式進行蒐證的工作，偵訊係以控訴的方式進行取供的活動。通常案件發生後，無法立刻鎖定犯罪嫌疑人或確認犯罪嫌疑，基本上會先進行一些過濾與清查的蒐證活動。

訪談是蒐證的基本工作項目之一，乃進入偵訊程序之前的前置活動，自有其必要性。以警察實務工作經驗立場，精緻的蒐證前置活動，例如對於訪談的作業程序，越務實，越客觀、科學化，蒐證活動當然與偵查假設相結合，偵查假設的基礎就越紮實，越能夠奠定偵訊對象所爲供述的信用性與眞實性，以防制虛僞供述。不過，究竟是訪談或詢問，有時事前仍無法刻意區隔出來，但是只要有留下任何的紀錄，皆有可能助於案情的判斷。

警察於犯罪偵查中所爲的紀錄書類，應與偵查主體之檢察官的偵查行動緊密連結，以鞏固本身已建構的犯罪事實，防止證據證明成立的風險。例如有關證人於警訊中的供述書面紀錄，以及警察機關的鑑定報告所製作而成的

---

1 林裕順，基本人權與司法改革，新學林出版公司，2010年10月初版，44頁。

書面資料；司法警察依法所製作的「即時之勘察」紀錄，皆屬於傳聞證據，而有傳聞法則之適用，警察須以證人的身分到法庭作證。

爲防止警察的各項紀錄文書的信用性與眞實性，恐日後遭到法院質疑，而被排除於證據之外。因此，警察偵查實務的作法，由司法警察於訊問後，若認爲與案情有重要關係之陳述，應即報請檢察官複訊，以充分鞏固證據的效果。尤其是於警訊中的任何供述與移送書之犯罪構成要件有重大關聯性者，則必須經過檢察官重點式的複訊，或重新製作偵訊筆錄，以保全及鞏固其供述證據，促使該項重要供述於審判時具有證據能力與證據證明力。

警察機關提出的鑑定報告，須在檢察官選任或委託鑑定下進行，以增強鑑定結果在程序上的公信力，防止於法院審理時，被告提出反對詰問或提出反證，推翻警方所建構的事實。同時，警察機關所製作的「即時之勘察」紀錄，應做爲移送書的一部分，使之能夠成爲檢察官勘驗程序的附件資料，以利事實眞相還原的完整性。

不過，基本上檢察官依據偵查程序所得的證據，仍屬嫌疑證據，經主觀判斷所形成的心證後，據以起訴。然而，於法院審理時，仍須經合法的調查證據程序調查得爲證據之證據後，始有評價證據證明力之基礎。因訴訟程序要件的不同與變化，導致隨機變項因素的不確定性，造成證據證明成立的風險。

犯罪嫌疑人於偵訊中的自白或其他不利於己的供述，隨著不同的犯罪類型而隨機轉變，基於人類的自利心理，其供述內容自有其各種不同的變項因素，並非一成不變，偵訊人員在偵查策略或模式上，自應有不同的因應對策。如何在警訊中對犯罪嫌疑人心防突破，以取得與事實相符的供述，防止虛僞供述，避免證據證明成立的風險，兼顧程序的實質正當性，以保障人權。

第一節　偵訊中取供的基本要求

就司法警察人員而言，針對犯罪嫌疑人爲詢問的發動，是警察發動刑事司法調查權的原因之一。事實上發動刑事司法調查權之先前行爲，如臨檢盤查、逮捕、投案、自首，或是告發、告訴等情況後，旋即開始刑事司法調查權，並移送案件或主動報請該管檢察官指揮偵辦。亦即，司法警察人員於此先前階段的調查，獲致犯罪嫌疑人是否「合理懷疑」的涉嫌心證後，進而轉成爲刑事司法調查之「本案詢問」，逐步確認是否具有「相當理由」的涉嫌心證。因此，因對象的同一性，與程序的一體性，若前行爲有所違法，對於證據蒐集與訊問所獲的供述效力，將會有一定的影響[2]。職是之故，司法警察人員先前疏失的行政調查程序，將會導致後續的詢問程序的障礙與違法。

在警詢（訊）的過程中，司法警察人員受到偵訊技術與時間急迫性的限制，可能產生的失誤等情形，陳述如後：

一、誤解或曲解受訊問人的眞意。

二、因受訊問人無法理解偵訊意旨，胡亂回答偵訊人員。例如受到偵訊封閉環境的壓力源的影響，答非所問。

三、因受訊問人刻意迴避偵訊，以虛答實。例如供假不供眞、供舊不供新、供輕不供重、供事不供贓、供物不供人、供死不供生、供仇不供黨[3]。

四、因受訊問人知覺或記憶出錯，使得陳述的內容失眞，恰巧有與偵訊人員手上的證據相符，而信以爲眞。

五、因受訊問人本身陳述能力薄弱，例如心智障礙之人、精神障礙之人而無法爲完全陳述。

六、偵訊人員事先主觀上對於受訊問人已經存在偏見。

七、偵訊人員基於職務上驅動，過於自信，以爲受訊問人的供述爲眞實，不疑有他。

八、有精神疾病的患者涉嫌，卻主動向偵訊人員承認有精神上的疾病，虛報自己的病徵，準確的拿捏自己的行爲，其眼神非常堅定地看著偵訊人員，毫無羞愧的表現，實際上這就是「詐病」（Malingering）的行爲特徵[4]，卻讓偵訊人員相信其精神上有問題，例如假裝罹患被害妄想症之連續殺人的兇嫌，其供稱其殺戮的一群野狗，經查其家附近確實有一群

---

[2] 朱朝亮等，日本刑事判例研究（一）偵查篇，元照出版公司，2012年6月版，19頁。

[3] 林茂雄、林燦璋合編，警察百科全書（刑事警察），中正書局，2000年1月初版，85頁。

[4] 如何看穿僞精神病罪犯？引自www.cup.com.hk，最後瀏覽日期：2017/2/17。

野狗出現，其妄想顯然與其現實生活接軌，讓人不得不相信其供述爲眞實。

九、對於新住民、外國人的偵訊因爲透過通譯，又無健全的檢證制度，常常無法眞正了解而誤譯其語言，導致影響供述的眞實性與可信性[5]。

以上這些疏失原因，造成虛僞陳述的結果，足以影響眞實發現的嚴重性。因此如何確保受訊問人所供述的信用性與眞實性，以防止虛僞供述，以保障人權。

第一項 偵訊人員的基本認識

偵訊，是偵訊人員實施「人際虛實應對」的溝通關係，必須透過法規範的正當程序，以觀察或驗證的方法，進行「偵查假設」的正確性之判斷，客觀上可爲普遍接受其可信性與眞實性之檢證的訊問過程。這是本書，站在法規範的層面，對偵訊採用較廣義的定義。

國內學者對偵訊的定義如後，認爲偵訊在於「獲取案情有關之偵查資料、對於他案有關之證據、給予嫌犯辯白的機會」。本書認爲如此，較偏重於偵查實務的立場，導致偵訊人員受限於偵查假設的情境，選擇自己偏好的事物記載，而且偵訊時他案的情況證據發生並不多見，犯罪嫌疑人願意供述未必眞實，如此一來，反而容易忽視受詢問人眞實供述爲考量因素。

偵訊筆錄的記載裡面，有眼見、耳聞的「實」，但這樣的「實」是不周全的，可能只看見眞相的一面而已，仍需要許多的問話的「虛」，來補充眞相的實體，否則難以窺視到眞相的全貌。所以，警詢（訊）筆錄的書面文字記載，看似假的卻是實情，看似眞的卻是虛僞不實的，有時卻是眞假參半，因此，若排除受詢問人的因素考量，恐有失眞。

若忽略受訊問人的立場以及當時各種情境所爲的供述，僅單一考量偵查假設的情況下，很可能誤以爲眞實爲虛假，誤以爲虛假爲眞實。所以，警詢（訊）筆錄不只是表面上書面文字的意思傳達，尚須配合各種不同偵查假設的模式，與偵訊學的基本原理，透徹理解訊問人與受訊問人當時互動的微妙

[5] 沈敬慈，涉外刑事案件警詢使用通譯之研究，中央警察大學刑事警察研究所碩士論文，2016年5月31日。

關係，使之得以發現筆錄的信用性與眞實性。

基本上，偵訊人員的提問本質上是「虛」的（偵查假設），即便是已經透過科學證據證明犯罪嫌疑人殺人當時確實在現場，而且就只有他一人而無其他人在犯罪現場，也僅能斷定他可能涉嫌殺死被害人，這樣的斷定其本身就是建構在偵查假設的基礎上。因此，若斷言「偵訊是偵查犯罪最後的結果」，這樣恐有過分誇大偵訊的功能。蓋因偵訊只是反覆驗證犯罪眞實的一部分，而眞正的眞相需要與許多事證的連結與判斷，與反覆驗證的結果。

於警詢（訊）中可能發生的各種虛僞供述，其形成的原因很多。警詢（訊）筆錄的製作，並本質上並非靜態的紙上作業，會隨著各種偵查模式的不同，以及各種偵查條件及環境的變化，是以動態發展的過程呈現。所以，偵訊人員必須透過各種觀察或檢驗，逐步驗證其供述之信用性與眞實性。

在警詢（訊）中各種的虛僞供述，就虛僞供述的本質及類型而言，無論是原因或是種類皆屬繁多，即便是同一案件的同一人的供述，也需要各方面的驗證其眞實，如屬涉及數人共犯一案或數案的偵訊結構與技巧，更是複雜多變，偵訊人員必須當下就要防止虛僞供述，逐步進行抽絲剝繭的工作，以釐清或還原事實眞相。

偵查犯罪，如同對過去歷史的回顧，並加以檢證，雖然無法將過去的事實重新再來一遍，但是在檢證過程中，至少不要讓它失去眞實性。本書所要強調的是，警詢（訊）無論是對證人或是犯罪嫌疑人，儘管開始是實施廣泛蒐證，但最後一定是針對與犯罪實體等有關事項進行詢答記錄，才有所謂的事實眞相。

尤其是刑事訴訟程序上認定犯罪眞實是相當複雜的程序規範，犯罪實體的原因事實必須與證據原因關係，產生連貫性的證據關聯。因此，無論是警詢（訊）的有效性、偵訊準備的周延性、受詢問人和諧關係的建立，以及使用廣泛的訪談或約談方式，都只是獲取正確案情有關的偵查資料而已，不單單如此，就可以發現所謂的犯罪眞實，而是需要經過不斷的觀察、驗證、連結、重建的過程，以發現事實眞相。

基於人權的保障，應尊重受訊問人於偵訊當時情境的感受，以及對之陳述自律性的尊重，盡可能將各種偵訊技術所累積內化的知識轉化成偵訊能力的展現，進行有效的偵訊活動。因此，偵訊技巧知識化、專業化、系統化、制度化，不僅有助於認知受訊問人警詢（訊）時的心理狀態，更能有效迅速地掌握偵查重點，突破案情，增進偵查效能，與正當程序的合法進行。

在警詢（訊）的對抗活動程序中，具有高度緊張性與目的性的情境互動關係，破除「偵查情境壓力」的迷思，確保受訊問人供述的信用性與眞實性。偵訊人員必須非常清楚表達出本身所要偵訊的內容，使用誘導的偵訊技巧應在一般理性合理期待下進行，無須特別行使不正或不法的偵查技巧，取得被訊問人某種程度的信賴關係，也有助於日後檢證其偵訊中供述的眞實性。進而言之，警詢（訊）時所採用的偵訊技術，須經過詳實地記錄與管理，加上程序的透明化與正當化，足以降低虛僞供述的風險，並適時排除虛僞供述的形成，防止證據證明成立的風險。

警察對於偵訊工作深化的結果，必然逐步得以形成精密偵查的模式。然而，精密偵查的結果必然要求與相關的證據相結合，以建構或組合犯罪的眞實，建構出客觀評價的標準化。警察於偵訊過程中首重求眞，偵訊在偵查活動的一部分，爲發現犯罪眞實，須多做假設與小心求證，偵訊人員透過訊問的方式讓犯嫌有陳述的機會，並經查訪相關之人證後對之進行訊問，受訊問人通常在合理的情形下願意吐露實情，再配合相關證據的連結與驗證。

偵訊工作是一份科學推理的工作，也是一份藝術的工作，要宏觀也要微觀，不能只見森林不見樹木，也不能只見樹木不見森林。因此，在偵訊過程中爲能發現眞實，有時必須捨棄部分細節，但有時必須任何環節都不能疏漏，且與各項偵查的假設與現場重建工作，綜合判斷其合理性與正確性，避免造成誤判的可能。

第二項　偵訊取供的正當性與功能性

一、偵訊取供的正當性

在詢訊時，司法警察人員須一再檢驗證人的每項供述，是否虛假不實或有錯誤的地方。不過，警察既然已通知證人到案說明，基本上偵訊人員應假設證人的每一句話是眞實的，無論是否有利或不利於案情的理解。

即使證人供述出不利於案情發展的事實，偵訊人員仍然可以相信該證人的供述爲眞實的；不過，若是犯罪嫌疑人供述出不利於己的事實，這點是異乎於正常人的心理狀態，其供述的信用性就不是那麼高，若是犯罪嫌疑人供述出有利於己的事實，偵訊人員仍可要求犯罪嫌疑人指出證明的方法。犯罪嫌疑人雖不需要提出任何眞實的事證，甚至可以行使其緘默權。但是，該犯罪嫌疑人一旦遭到起訴，實行公訴之檢察官必須「排除任何與有罪不一致的合理假設」[6]，因爲任何情況下被告在起訴的合理懷疑的證據證明的前提下，被法院認爲被告可能是無辜者，法院即應爲無罪判決。

儘管偵訊技巧與偵查規範，在方法與目的的關係上，是屬不同層次的問題。但在偵訊時卻不可輕忽技巧與程序規範上的關係，尤其是重視受訊問人供述的任意性與信用性等問題，這是屬於偵訊程序法規範之問題。因此，程序規範與偵訊技巧的關係，如同規矩與方圓的關係，不以規矩不足以成方圓，犯罪眞實的發現必須在偵查規範之框架內爲之，於此框架內取供，始爲適法，否則該筆錄無證據能力。程序規範之遵守，如誘捕偵查之禁止，其嚴重違反刑罰預防之目的及正當法律程序原則，其依此所取得之證據自不具正當性，應無證據能力（最高法院103年度台上字第780號判決）[7]；偵查技巧之重視，如證人無法證實是否看清楚當時殺人兇手的外型，及視覺記憶欠缺，而偵訊人員無須強迫或引誘證人作出虛僞陳述，此時可以提醒證人是否當時在犯罪現場雖然燈光灰暗無法辨識，是否憑信其聽覺記憶，喚起證人對於該名兇手的特徵，而加以描述之，這是屬於偵訊技巧的問題。

偵訊中取得的供述與相關的證據連結在一起，但仍然必須遵守偵訊程序中供述與程序正當性的關係。基於保障人權的立場，偵訊過程中，如何取供與程序之正當性，兩者存在密不可分的連動關係。因此，偵訊程序已經不再是以警察取得供述做爲其主要目的，而是要求偵訊人員在發現眞實的前提下，應給予受訊問人自由表達意思與思想，並給予適當的尊重與參與其程序的對等模式，無論是被害人、告訴人、證人、犯罪嫌疑人等皆屬之。

例如犯罪嫌疑人得於偵訊時選任辯護律師在適當時機確保其緘默權的行使，並無須向偵訊人員提出眞實的事證，或是承認其犯罪；被害人兼證人身分者在偵訊是否願意陳述，需依其自由意志，偵訊人員亦應給予適當的尊重，不得使用不正方法取供。

---

6 吳懿婷譯，Steven Lubet著，現代訴訟辯護分析於實務（Modern Trial Advocacy: Analysis and Practice），商周出版公司，2002年9月初版，33頁。

7 林俊益，刑事訴訟法概論（上），新學林出版公司，2017年9月17版，8頁。

偵訊人員在選擇證人之時，須符合偵查假設的情況與條件進行評估，避免通知到案的證人前後矛盾或證詞不一致的可能性產生，或多數證人中有重複的做證之情形，或該證人的證詞產生不利的影響高於有利影響的證人，以去除其可能產生的偵查風險。例如交通事故必須要提出有關過失要件的證據，由於車禍是車輛瞬間撞擊產生人或財物侵害的過失致死或傷害的案件，若有多數目擊證人可供選擇的前提下，偵訊人員必須先評估，找到相關的證據，如鑑定報告書、物證、或其他已經實際存在的證據，雖然是間接證據，但是可依靠它們來發現哪位證人的供詞最為關鍵，有利於認定肇事過失責任歸咎的建構，再決定要找哪位證人。

同時也要記住通知到案的證人，以後也有可能成為被告或被告辯護律師於法庭訴訟時之證人，預期證詞有矛盾或不一致時，敵性證人在法庭進行交互詰問時的作證，可能瞬間瓦解偵查中可能的假設，產生不可測度訴訟風險。蓋因證人瞬間記憶是否儲存很久，其供述在先天上具有不可靠性，且過失因果關係的評價，即可能因為某一行為的介入而中斷，而導致不可歸責。例如車禍現場沒有任何剎車痕，且該肇事車輛當時並無超速，究竟如何撞上前車產生連環車禍，其預見可能性如何，其迴避結果發生之可能性如何，事實因果關係的認定上，往往都決定於關鍵證人的證詞。

因此，偵訊人員一旦決定由該證人做證的話，先前的訊問過程必須非常謹慎小心，要將證人所看到的事實，其中每一個關鍵性的細節都要仔細地記錄下來，例如你當時坐在哪一輛車上，你坐的座位在車的何處，你可不可以描述一下車子撞上瞬間的情況，以增強論證的可信度。

犯罪嫌疑人在何種犯罪案件中最容易自白、何種犯罪案件中最不願意自白，及何種犯罪類型之犯罪嫌疑人的自白其較不易採得，但此犯罪的型態仍需要自白來還原事實眞相，凡此種種皆與實質的犯罪實體有關。儘管自白本身在刑事訴訟程序上有許多的限制，其目的無非在破除偵查人員偏重自白的迷思，然而不可否認的，在司法實務工作上，自白仍具有還原事實眞相的功能與作用。

二、偵訊取供的功能性

有經驗的偵查人員在測謊後，與犯罪嫌疑人進行偵訊時，利用偵訊技巧以取得犯罪嫌疑人對案情的承認[8]，或者是犯嫌於自白後願意接受測謊，使偵查人員得以驗證其先前供述是否實在，或是於犯嫌自白後偵查人員得以發現更多的事證與犯罪的眞正動機，有助於驗證偵查假設的合理與正確性。

不過，往往在偵查實務中當案件成爲外界事物無法偵查得知之例外情形，如何辨別供述之眞僞，隨著刑事偵查工作的精進與努力，利用偵訊的技巧與發現，充分利用偵訊中各種自白或證人的供述的態樣與技巧，突破各種偵查障礙，始有發現犯罪的作用與功能[9]。

仍注意的是，當犯罪嫌疑人供認時，應審查其供詞是否與證人及其他共犯之供述之相連結，及是否與案情發生之經過與現場相符合，及犯罪所用之工具及贓物能否交出。反之，若缺乏積極證據就會難確認案情，即使認罪，犯罪嫌疑人仍會伺機翻供。若人證與物證不符者，仍應以物證優於人證來查證事實[10]。

本書就偵訊功能發揮，提出一些偵訊技巧，分述如後。

---

8 高一書，測謊可以硬來嗎？，刑事雙月刊，第5期，2005年3月，54頁。該文認爲，測謊必須經受測人同意的主要理由是「緘默權的保障」，最高法院向來也以此爲見解。

9 Wayne R. LaFave, Jerold H. Israel and Nancy J. king (2000). Criminal Procedure. 3rd ed., West Group, p. 308。在這裡告訴我們：偵查人員在無法利用科學的技術來發現犯罪者，偵查人員有能力去利用犯嫌的自白（confession）或自認（admission）來分析犯罪，而這些有罪的個人資料與基本的情報資料的取得有的是來自質問其他的嫌疑人所獲得的，或利用私人的關係及較長的時間來偵訊，處理一些案件甚至於可能無罪的案件時，可以考慮用民間和解的慣例來處理。這本書又提到：Despite modern advances in technology of crime detection, offenses frequently occur about which things cannot be made to speak. And where there cannot be found innocent human witnesses to such offenses, nothing remains ---if police investigation is not to be balked before it has fairly begun --- but to seek out possibly guilty witnesses and ask them questions, witnesses, that is, who are suspected of knowing something about the offense precisely because they are suspected of implication in it.（儘管警方以先進的科技來偵查犯罪，但是許多犯罪卻經常發生不能清楚敘明，而且在那案件中又不能由目擊證人去發現無罪，犯罪現場也毫無任何的遺留物，假若警方在已經調查開始之前並無任何阻礙事情發生，但是警方會去尋找污點證人去詢問，因爲他們涉嫌其中，所以這些證人對於犯罪案件多少知道一些。）

10 王乾榮，犯罪偵查，臺灣警察專科學校出版，2000年9月版，138頁。

三、測謊以發現供述的真偽

自白在犯罪嫌疑人（包括罪嫌證人）的心理層面上，究竟是虛僞或是眞實，在犯罪偵查與與審判程序上的訊問程序，須要透過心理學的知識或其他專業鑑定的證據方法來輔助之。由於人類的記憶無法像錄音機或攝影機毫無保留的照樣播放出來[11]，犯罪嫌疑人的自白與證人的供述，同具有不可替代性，故可藉由測謊鑑定的證據方法或其他更精密的科學電腦儀器，研究受訊問人腦波及心理的反應，或藉由心理語文學家與犯罪心理學家的心理剖析，本此專業鑑定結果，告知受訊問人藉之使偵訊過程順利進行，以獲致其供述的眞實。

測謊，在我國偵查實務上普遍使用結果，但因測謊鑑定之原理不符科學鑑定的「再現性」，隨著受測者的心理、生理及情緒不可能永遠相同，此種以生理反應探知人是否說謊之方法，不夠精確，基本上僅能排除或指出偵查的可能方向，但仍無法確認出犯罪事實。因此，最高法院亦設定測謊運用的理由及證據能力的要件，以補足「證據關聯性」的說理，以檢驗其信用性（關聯性），不得作爲起訴或判決的唯一依據或主要依據[12]，以落實測謊在程序的正當與公正性，測謊所得的證據資料非屬供述證據，更非被告自白，爲補強證據或彈劾證據。測謊並非偵訊，測謊若屬於科學證據及鑑定的證據方法，仍應受嚴格證明法則的拘束，僅能論斷出受測者「有無相關犯罪事實認知」以及「有無刻意隱瞞意識」[13]。

不過，若透過測謊發現受訊問人供述的眞假的內容部分，仍屬供述證據，但就測謊本身觀之，係屬鑑定供述證據的證據方法，應受嚴格證明法則的拘束，與證據證明力無涉，藉此以觀，測謊並非供述證據。若將測謊定位爲證據證明力觀之，測謊僅能做爲補強證據，因其不具完全且獨立的證據價值，非屬主要證據（實質證據）。

---

[11] 洪蘭譯，Larry R. Squire、Eric R. Kandel著，透視記憶（Memory from Mind to Molecules），2003年6月版，26頁。

[12] 黃朝義，刑事訴訟法，新學林出版公司，2014年9月4版，592頁。

[13] 林裕順，基本人權與司法改革，新學林出版公司，2010年10月初版，263、271頁。

四、表情的偽裝識破[14]

偵訊人員從受訊問人的假裝表情或動作的觀察，進而識破供述的虛僞性，通常是非常困難的，因爲表情的虛僞與虛僞的陳述，並不一定具有關聯性。但是，也不盡然，有時受訊問人說謊時的表情會明顯出現僞裝的狀態，有時仍有識破之可能。所謂表情僞裝，是指有時實際上應是憎惡的情緒表達，卻把這個感情表現出笑容可掬的行爲。據此，去分析有關自然的表情和僞裝的表情的差異性，雖然因人而異，但仍有一般正常的心理狀態可循。如此，將受訊問人自然的表情與僞裝出來的表情，觀察後去做互相比對的結果，自然的表情是左右對稱，僞裝的表情面部肌肉的組織，就顯得非常不自然而緊張的狀態，但是受訊問人的神情卻悠然自若，面部表情非常不對稱。

因此，意圖做出僞裝的表情時，一部分的肌肉是可以僞裝出來的。不過，因爲並不是能夠僞裝全部的肌肉，所以會出現不自然的表情。特別是意圖做出僞裝的表情時，被證明當僞裝者通常不太會去注意的臉部肌肉(能信賴的肌肉)，甚至無法控制臉部的每一個肌肉，而不小心會做出僞裝表情。經過科學實證，說明這個現象是，當外部看到某個刺激之後，企圖做出僞裝的表情之間是需要一些時間，不過將要做出僞裝表情之前，會無意中表現出眞正的表情，尤其是眼神的閃爍或上下翻動之前的表情，比對之下就可立即識破其表情之虛僞。

五、從非語言行為中偵測其虛偽性[15]

受訊問人說謊時，有時聲調會變得高，說話時會暫停，拉得很長，手足的動作變少，臉部皮膚溫度會有變化，眼神會呈現閃爍等行動，此爲非語言行爲（non-verbal communication）。有些經過研究結果，故意的說謊與眞的沒有說謊間，發現受訊問人的非語言的傳達與謊言並無絕對的關聯，而上述這些特殊行動的線索，並不是全都從謊言本身發生，是因說謊人緊張而發生。因此，那個線索即使出現了，無法確認是根據謊言產生的，還是單純的緊張產生的。目前，這幾乎是不可能從行爲來確定是否說謊。

---

[14] 越智啓太，ケースで学ぶ犯罪心理學，北大路書房，2015年8月初版，122頁。

[15] 同上註，132頁。

惟偵訊人員可從其家人、親屬間，或關係良好的朋友間，了解受訊問人的某些非語言行爲等有可能是在說謊，亦即透過查訪得知受訊問人平常的非語言行動的頻度，來查出其供述的虛僞可能性。

還可以從受訊問人所用的詞彙、語句，或從他的對話、動作、態度中間，隱藏著受訊問人的情緒及心理狀態，再配合各種以發生的情境與條件，以及已獲得驗證的犯罪特徵去覺察，找出其陳述的虛僞可能性。

六、利用腦波驗證出虛偽供述的科學實驗[16]

以相關電位利用腦波以查出虛僞的嘗試，此後的研究，通過採用Imaging的手法，研究腦的活動，直接觀察查出受訊問人說謊的方法，其利用MRI（磁共振影像學的功能）的方法。特別指定如果這些研究因說謊而活化的腦的部位，是從大腦的某個部位的活動情形找出虛僞陳述的方法，做爲目標。可是現在腦部活化的部位，並沒連貫性，仍需要新的研究方法去發現。

第三項　證人偵訊標準化作業程序的精進

爲提升偵辦各類刑案的能力，檢警機關應建構本土性的各類刑案標準化的詢問作業標準表，以及陳述效度評估量表，並針對不同類型案件之犯罪者類型、犯罪者特質、犯罪方法、各種跡證的對應、被害者類型、被害情境、可疑徵候、被害的行爲與心理反應、律定檢核表，以利受理與偵查[17]。由於每案件的情節不同，證據的選擇方式因而不同。以供述證據而言，也有不同的取捨。以證人的類型而言，有所不同，證言的信度、效度有不同的等差，針對證人之陳述，應輔以個案的個別化的程度也隨之而不同。

爲了保留證人正確且完整的原本的記憶，偵訊人員在偵訊的環境營造上或氛圍上，儘量不要給證人壓力，不要有暗示性的提問，也不要引導證人用猜的，更不要用強制性或威權的問話方式。

---

16 同上註，133頁。

17 莊忠進，論兒童性侵害案件之偵查，臺灣警察專科學校101年精進校務發展研究成果發表論文集，2012年12月，73頁。

外國值得借鏡的方式，在如何增進證人回憶的正確性與完整度方面，認知性晤談（cognitive interview）是現有工具中最有效的方式之一，英國、紐西蘭、澳洲、加拿大和挪威的警方都採用這種方式。這種方法是從認知和社會心理學取經，重點在與證人建立良好的交流與溝通，讓證人的陳述中給予最小限度的開放式提問並給予最少的干擾。使證人在自由且開放情境中儘量避免誤導其陳述。研究證明，這種技巧能得到的正確性高出25%到50%的資訊[18]。

基本上，仍必須回到詢問證人的本質，是希望確定犯罪證據留存的時間、與物證的連結與意義，因此聆聽證人與適時提問，遠勝於假設性提問或逼問來得實際些[19]。至於證人之陳述是否虛僞，是以綜合掌握到的證據，確認相關事證的意義與犯罪間的關係，係屬以證據來推論事實的心證作用，與詢問證人的技巧不可混爲一談。

就警察的指認程序[20]，要求在指認程序必須要由主要調查者以外之人來主辦，在指認程序中必須是一個接一個可能的嫌犯給證人觀察判斷，再記錄下證人分別的反應。

儘管我們沒辦法要求每一個證人的證詞，都要經過心理學家嚴格的檢驗其眞實與否，或許是應該如此，但是至少在訴訟制度上應給予當事人或法院有更多的選擇機會，促使證人陳述或指認的眞實性能夠被呈現出來。

偵查人員應具備客觀性義務，去發見眞實，法律並不希望偵查人員憑信自己的經驗，卻充滿偏見與瑕疵的判斷與分析，然後再欣然接受專家的誤導或提供無用的證據。因此，司法警察人員應先全盤了解本案相關的事實及證據，對某事項提問疑問，再找專家做出評估各種可能性，並尊重專家意見，促使專家利用特殊的技巧或工具去發現隱藏在表面下的眞相。而偵訊人員不

---

[18] 堯嘉寧譯，Adam Benforado著，不平等的審判：心理學與神經科學告訴你，爲何司法判決還是這麼不公平（The New Science Of Criminal Injustice），城邦文化事業公司，2016年9月初版，163頁。

[19] 莊忠進，論兒童性侵害案件之偵查，臺灣警察專科學校101年精進校務發展研究成果發表論文集，2012年12月，68頁。

[20] 堯嘉寧譯，Adam Benforado著，不平等的審判：心理學與神經科學告訴你，爲何司法判決還是這麼不公平（The New Science Of Criminal Injustice），城邦文化事業公司，2016年9月初版，163頁。

要因爲專家的意見跟偵查方向有所不同，而全盤否定其眞實的可能性。但是，也要防止專家利用事物的片段資訊，而不把事實的眞相連貫起來觀察判斷，刻意或無意的製造近乎眞實的假象。

從事偵查的司法警察人員，雖無犯罪心理學分析的專業知識，但是只要按照一般常理判斷其可信度即可。因此，若具備某些工具和知識，就可以判斷出證人是否說謊，也就是用普通常識、鑑別力經驗就可以立刻判斷出事物的眞僞[21]。換言之，是以社會一般人的通念認定之，即便不是這個領域的專家，以外行人都能查覺或理解箇中蹊蹺，來判斷供述的眞實即可。不過，如果證人的心理反應確實不同於一般正常人的反應，卻與事實非常接近，若有疑問時，仍應請教專家。同時，偵訊人員亦應反覆驗證，究竟其供述式與偵查的事實有出入，還是證人供述本身的虛僞不實。

根據國內學者引據外國實證研究，即Riggs與Kilpatrick兩位有關暴力犯罪之被害人創傷壓力的理論提出：（一）悲傷理論（Grief Theory）；（二）歸因理論（Attribution Theory），是指被害發生後被害人於事件發生後感覺自己無法保護自己，更容易受到傷害，產生更多的心理壓力反應，加深被害人焦慮、沮喪、降低自尊心；（三）公平理論（Equity Theory）是指刑事司法制度似乎是被害人或被害人家屬希望獲得公平對待的最後一道防線，但是可能再讓被害人或其家屬經歷到更多不公平的感受。尤其是被害人已死亡，被害人家屬不是直接被害人，其地位在刑事司法系統中不被認可；（四）獲得充分的社會支持與司法系統支持；（五）無助理論（Learned Helplessness Theory）是指被害人的無力感、不安全感、對情況的無法預期，增強其被害的無助經驗。因此，要求刑事系統中必須提供被害人充足資訊以及表達的權利，讓被害人有機會參予刑事訴訟程序，協助他們從中尋求事件發生的意義，幫助它們重新建構事件與賦予的意義。減少被害恐懼感、減少二度受到傷害，賦權（empower）給被害人[22]。

在我國警察偵查中對於證人兼被害人身分者，無論是進行訪談或偵訊時，應給予被害人相當的資訊權，同時讓被害人眞正能夠自主地陳述事實，

---

21 同上註，171頁。

22 黃蘭媖，被害影響陳述與被害人登記制度之國外經驗評析，刑事政策與犯罪研究論文集（19），司法官文官學院，2016年12月，166-178頁。

並且保護被害人不會造成任何傷害或負擔。

虛僞陳述的形成原因很多，本書提出警察實務上熱切期待受訊問人配合其偵查的各種假設，其結果造成許多冤獄，值得深思。即便是警察在刑事司法調查中，已經發現一些衝突證據，而這些證據可能對犯罪嫌疑人可能是無辜的，非常關鍵的證據，卻視而不見，甚至滅失，不僅違反職務上之客觀性義務，且嚴重侵害人權。

第二節　如何鞏固警詢（訊）中的供述與影響

檢察官起訴書所指的犯罪事實，得以成爲法院確認待證事實所及的範圍，與證據之間的關聯性。當警詢（訊）筆錄成爲檢察官起訴書所篩選或節錄者，則該筆錄之內容則成爲法律文件，而已經不再是偵查技術文件，因此許多偵查的細節就無須再重複描述。應注意的是，日後法院調查證據時，得以確認其取得供述證據的信用性與眞實性，與發見犯罪事實的必要性。

在警詢（訊）過程中，犯罪嫌疑人的自白或不利於己的供述，是否爲事實的供述，或非事實的供述，偵訊人員爲驗證之，這乃是偵查程序中所取得的供述資料，不過，這些資料並不必然成爲檢察官的起訴證據，或是法院使用或評價的證據。因此，爲避免案件移送後，犯罪嫌疑人供述的不確定性，警察於調查階段會不斷的檢證，以鞏固犯罪嫌疑人的供述內容之眞實。尤其是對於較艱難的特殊犯罪類型（例如智力型態的犯罪，如電腦犯罪等），在偵訊的策略與技巧上，更是不斷的精益求精以鞏固其蒐證的證據價值，降低虛僞供述之發生，以避免證據之證明不成立的風險。

就犯罪心理學的觀察而言，若犯罪嫌疑人確實被冤枉時，於偵訊時所表現的情緒將會是不穩定的，激動的，而與眞正具有犯罪嫌疑的受訊問人所表現出不穩定，有顯著的不同。在對比組下，這兩種嫌犯在偵訊時所表現的情緒，與其持續性及固執性有關。亦即，具有罪嫌之人通常無法在長時間的偵訊過程中保持平靜的心情。

雖然，無罪嫌之人也會在偵訊過程中持續的表現出憤怒[23]而無法平靜。然而，有罪嫌之人其憤怒的虛偽性與無罪嫌之人相對比下，兩種人對於事物本身所抱持的憤怒是不同的。以警察偵查實務觀察，這兩種人是可以依靠經驗累積，循科學模式或心理測驗的方式來判斷其自白的眞僞[24]。其實，偵訊中訊問人員對犯罪嫌疑人強化（reinforce）其存在的證據並予以證實（justification），通常具有犯罪嫌疑之人於詞窮理屈的情況下，會願意吐露眞相或自白，這本是在發現眞實的過程中很自然的心理反應。不過，如果訊問人員發現犯嫌的自白或承認的事實具有兩種極端狀態，一是仍有合理懷疑者，二是犯罪嫌疑人表現得異常平靜與穩重，且供述顯得非常合理而與相關證據吻合者，皆須進一步查證，以發現事實眞相，不可因爲急於破案而完全相信受訊人的供述。

第一項　供述資料與實體眞實發現的關係

刑事司法的偵查實踐過程中，是將犯罪嫌疑人做爲供述主體、偵查的客體，其本身即具有相當特殊性的角色扮演。但是，基於人性的自利，會對自己爲不利之供述，乃屬異常的心理狀態。固然供述的存在必然含有理性，但未必是眞實，故犯罪嫌疑人的供述未必具有相當的證據價值。

然而，若排除犯罪嫌疑人陳述事實的機會，等於喪失發現眞實最可貴的證據資料，也不應該認爲犯罪嫌疑人可能會虛僞陳述，即全盤否定其陳述的機會。只有眞正犯罪人始可能因有不可告人之事而不敢陳述[25]。因此，偵訊人員應循正當程序，促使犯罪嫌疑人願意吐實。

就具體犯罪案件而言，受訊問人並非一定就是眞正犯罪之人。此問題之關鍵點，在於犯罪偵查的實踐過程中，如何斷定犯嫌疑人就是眞正犯罪之

---

[23] Ronald F. Becker (2005). Criminal Investigation, 2nd ed., Jones and Bartlett Publishers, p. 186. 庭山英雄、渡部保夫、媲浜田壽美男、高野隆譯、村岡啓一，ギスリー・ズッドョンソン（Gisli H. Gudjonsson），取調べ自白・証言の心理学（The Psychology Of Interrogations, Confessions And Testimony），酒井書局，2001年4月初版，35頁。

[24] 同上註，36頁。

[25] Robert Popper (1962). History and Development of the Accused's Right to Testify, Wash. U. L. Q. P. 454, 459.

人，必須先判斷出案件本身之供述證據及非供述證據的類別與可能蒐證的方向。蓋因在認定犯罪事實的憑信性與眞實性間，皆有不同的驗證方式，必須符合實質正當的法律程序，建構出偵查地圖與偵查步驟，去不斷地發現事實的眞相，以排除虛僞的資料進入刑事司法判斷體系中。換言之，如果發現犯罪嫌疑人可能不是眞正犯罪之人，或者是犯罪嫌疑人所作的供述，犯罪事實不符者，自不足以作爲法院評價證據的資料。

如何發現犯罪嫌疑人自白或供述，是否眞實可信，其關鍵點仍在於形式上程序正當性的要求，國家機關必須嚴守尊重人權保障之正當法律程序，若屬信賴該程序之正當之結果即屬眞相。此時，該犯罪嫌疑人是否爲眞正實施的犯罪之人即被確認無疑，學理上稱之爲「消極的實體眞實發現主義」。因此，犯罪嫌疑人的供述與犯罪實體的關係如何，尤其是自白的供述部分，法院在證據調查程序上必須作出具體判斷與推論[26]，以落實程序正義。

自白任意性是基於法院審判時針對自白之「禁止以不正方式取供」的考量外，尙有補強法則之適用，基於具任意性之錯誤自白或供述，即作出不正確的有罪判決。美國學說上亦肯認補強法則具有防止被告因精神障礙或是對法律與事實的錯誤理解，而對於「事實上並未發生」或是「他人所爲之犯罪」作出任意性自白，爲避免法院僅基於該不正確的自白，及入人於罪的功能[27]。

檢察官於實行公訴時，必須提出補強證據，以證明該得爲證據之自白，以擔保該自白眞實性的義務，至於我國實務見解亦認爲該補強證據，無須具有與犯罪本體有關的完全獨立有效之證據爲必要，只要擔保自白無虛僞不實者，即足。

以警察偵查實務觀點而言，偵訊人員可以使用任何方式訪談與案情有關之關係人。不過，警察所爲偵查假設的偵查地圖與步驟的實踐過中，一旦發現案情有了突破或關鍵證據出現後，亦即所謂「犯罪結構」一旦成形，偵查的動作必然立刻出現，或是仍是隱而未現者就是案情尙待持續發展中，暫時

---

[26] 樊崇義、鎖正傑等主編，刑事證據法原理與適用，中國人民公安大學出版，2006年3月初版，143頁。

[27] William Strong, Kenneth S. Broun, George E. Dix, Edward J. Imwinkelried and D. H. Kaye (1999). McCormick on Evidence, p. 213-214.

按兵不動。

在此之前，即便是警察發動刑訴法第76條之1的約談通知，亦屬發動調查權，但是也未必就是以犯罪嫌疑人的身分做為其約談對象，而是以關係人或證人的身分約談。因此，警察所取得的供述資料與法院調查所要發現的實體眞實，尚有一段遙遠的距離要走。

第二項　偵訊策略與技巧下應有的新思維

以偵訊的策略而言，是偵訊工作開始的基本犯罪模式的確認，包括最大犯罪事實可能性的確認，此基本模式可以透過各種跡證的驗證，以證實其偵查方向的正確性，與不斷修正其偵查方向之可能性。事實上，基本犯罪模式的確認其本體（實體法）是屬刑法及其特別法所規範出來的犯罪模式，警察基於辦案的經驗所累積的經驗法則，但是此基本模式亦非一成不變的，是與犯罪人所創發新的犯罪模式之間不斷對抗鬥爭的模式。同時，偵查模式若澈底改成「彈劾式偵查模式」[28]，無論是犯罪嫌疑人或證人之詢問取供時，受詢問人爲確保訴訟權，因辯護律師詢問之在場權充足，甚至警方蒐證之在場權強化後，偵查策略與技巧必然受到許多衝擊，須加以因應。

若將偵訊過程認是一種偵訊者與供述者近身對抗的模式，或是眞實與虛假的鬥爭模式，當偵訊者擁有偵查權能的強力支援下，而受訊問人處於人身自由受到限制的情況下，其心理非比平常一般可保持平穩的狀態[29]。尤其是在封閉的偵訊室中，傳統的觀念中認爲，偵訊人員始終居於優勢的地位，在偵查的策略下進行，可充分的利用偵訊技巧，隨機變化，以檢證偵查假設的事實是否爲眞實，由於犯罪嫌疑人自始無從得知偵訊人員掌握多少人證或物證在手中，如此犯罪嫌疑人當然成爲調查犯罪的客體，不足爲奇。但是隨著興起的犯罪手法不斷創新，當偵查客體的變動性的風險控制，一旦失去優勢的話，虛僞供述的情況就會增加。例如科技尚未發達之際，犯罪者需呈現出許多犯罪痕跡來完成犯罪，但是現今拜科技之賜，犯罪者只要動用科技即可簡單且輕易的完成犯罪，若犯罪嫌疑人口風很緊，堅不吐實，虛僞敷衍的供

---

[28] 黃朝義，犯罪偵查論，漢興出版公司，2004年3月初版，231頁。

[29] 林裕順，基本人權與司法改革，新學林出版公司，2010年10月初版，78頁。

述，則會陳出不窮。

當證人與證物都足以拼湊出犯罪輪廓時，偵訊人員會認爲犯罪嫌疑人供述的時機已成熟，也同時會認爲案情已趨於明朗，即屬所謂偵破階段。不過，這時反倒是犯罪嫌疑人虛僞供述，或誤導偵訊人員最可能發生的時機。蓋因一切證據的推論均得以合理說明犯罪事實的一切，犯罪嫌疑人的自白更加增強偵訊人員破案的信心，卻疏忽關鍵證據的重大缺失，導致功虧一簣，事後想回頭再蒐集確切的事證爲時已晚，不可不愼。

第三節　以偵查實務的觀點論傳聞例外

警察偵查犯罪的任務，在於信守人民對於治安的期待，以打擊犯罪。檢察官爲公益代表人，法程序正義的監督者，貫徹公訴權的實行者，因此，檢察官的正義在於追訴犯罪的堅持。基於「彈劾原則」的精神，檢察官與法院審判的關係，必然存在制衡大於合作的關係。而法院的中立超然，不是在於證據調查的必然，而是在於「無罪推定原則」的制度使然。依上述而論，雖各有其司，但是就國家整個刑事訴訟程序，以實現刑罰權兼顧人權之保障而言，並無差異性。傳聞法則例外於整個司法實務運作的結果，雖有其現實面的考量，以及我國司法實務素有「案重初供」之潛規則，法院據此所發見的犯罪眞實，其適法性與影響力，仍不可忽視。

基於司法實務現實面的考量，以及刑訴法對於傳聞法則例外的規範有所不足，實務上適用的結果，困擾叢生，爰分述如後[30]。

前者，因司法人力、資源均嚴重不足，若不擴大容許傳聞書證的範圍，將迫使法院花許多時間調查傳聞書證可證明之事項，也增加執法人員、醫生等許多作證負擔，故司法實務不斷的擴大傳聞書證例外的見解，有其現實面的考量。惟與傳聞法則的精神有違，理論上很難自圓其說。

後者，因我國傳聞法則例外者，僅限於向法官、檢察官或司法警察爲之者，許多其他例外情形皆無法適用。例如組織性犯罪老闆案發前早已逃往至

[30] 吳巡龍，刑事訴訟與證據法全集，元照出版公司，2009年11月初版，470-471頁。

國外而無法傳喚到庭，檢察官追訴其手下時，老闆所有庭外陳述（例如交待被告如何犯罪之細節），縱有證人聽到，依我國法律卻無證據能力。

儘管如此，檢察官起訴的傳聞例外，與警察調查的傳聞例外，以及傳聞書證等，均足以影響法院審判中證詞的可信度與眞實性。

第一項　檢察官濫權起訴與傳聞例外

刑訴法第228條第1項規定，檢察官因告訴、告發、自首或其他案件，知有犯罪嫌疑者，應即開始偵查。據此，司法警察人員移送之案件，就偵查主體的檢察官而言，此案件乃屬偵查發動的開始。因此，司法警察移送之案件，除非檢察官認爲調查未完調，將卷證發回，命其補正，或發交其他司法警察者，再行移送或報告外，則屬業經確認已進入檢察官偵查之刑事案件，則檢察官應主動繼續偵查或是主動指揮偵查，不生發回、發交的問題，亦不生上下隸屬或上下服從的關係。

在犯罪偵查工作上，警察機關基於案情需要擬定偵查假設或偵查計畫，而該假設或計畫會隨案情的發展關係而變動，其具有維護治安要求下的目的性，以及案情掌握的實效性，在法律的指導下，檢察官應予以適度的尊重與保密。

警察爲犯罪偵查事實的執行者，透過專業與技術，並在法律的監督下，蒐集證據、保全證據，提供完整犯罪資料，做爲檢察官起訴的考量[31]。因此，對於司法警察人員偵查專業的尊重與合作關係上，是建構在法正義的實現上並無二致。

就公訴權的觀點而言，檢察官的公訴權可分「形式的公訴權」與「實體的公訴權」兩種。就形式的公訴權而言，依照刑訴法第251條規定，檢察官依偵查所得之證據，足認爲被告有犯罪嫌疑者，應提起公訴。就實體的公訴權而言，基於檢察官公訴發動的目的性適格的考量，公訴權所追求者，在於法院應爲**實體判決**，不僅如此，檢察官公訴之實行，乃在追求**具體的實體有罪判決請求權**[32]。

---

[31] 柯耀程，刑事程序理念與重建，元照出版公司，2009年9月初版，101頁。

[32] 鈴木茂嗣，刑事訴訟法（改訂版），評論社，1999年9月版，124頁。松尾浩也，刑事

學理上所稱的「起訴法定主義」（刑訴法第251條），說明檢察官為公益代表人，以貫徹「**有罪必罰**」的「**起訴積極義務**」，因之起訴條件除須具備犯罪要件外，仍需具備**訴訟條件**（刑訴法第302至304條），以備全公訴權行使之要件。

然而，法院經初步審查，發現起訴事實所載的犯罪事實，與起訴書所載的卷證資料欠缺關聯性，或為虛偽不實，或屬未經檢證調查，或其檢證基礎顯有瑕疵。依照刑訴法第161條第2項規定，法院於第一次審判期日前，認為檢察官指出之證明方法顯不足認定被告有成立犯罪時，應以裁定通知檢察官補正，逾期未補正者，得以裁定駁回起訴。學理上稱之為「起訴審查制度」（有稱「**中間審查程序**」），在說明檢察官起訴的「**消極義務**」，以避免檢察官濫權起訴，責成檢察官負起起訴成敗之責任。亦即，促使法院於起訴後審判之前先行檢視檢察官起訴處分是否適當，以避免因為公訴權的濫用結果，造成訴訟參與人必須忍受冗長的訴訟程序的踐踏，如此先期審查的機制，確實有別於法院審查是否有罪與否，亦有別於法院以欠缺訴訟條件所為之**形式判決**。

該條文所稱：檢察官指出之證明方法顯不足以認定被告有成立犯罪之可能，在解釋上包括下列三種情形：

一、起訴書中檢察官的證明方法與證據的關聯性，顯有違反經驗法則或論理法則，起訴則不合法。依刑訴法第155條第1項規定，證據之證明力，由法院本於確信自由判斷。但不得違背經驗法則及論理法則。此乃對法院自由心證之限制，此原則得以類推適用到檢察官的起訴行為，起訴的事實與證據的關係顯然違反經驗法則或論理法則，顯不足以讓法院認定被告有犯罪之可能，則該起訴不合法。

例如起訴書所附卷證資料中的勘驗報告係以司法警察即時勘察為基礎，認定被害人死於刀傷，但扣案的武士刀未能附卷，亦未能補提其他事證。又如起訴書載明之犯罪事實為被告吸食古柯鹼，但鑑定報告書是依據警察查證之相關資料認定後，載明吸食安非他命，經再送鑑定結果發現被告檢測的尿液為茶水，無法檢驗是否吸毒，亦未能補提其他事證。

訴訟法（下），弘文堂，1999年10月新版，282頁。

又如被告涉嫌在臺北某地犯罪殺人案，但是被告案發當時遠在臺南，與案發時間顯有不符，又無積極證據顯示被告當時確實在臺北。又如證人在警方作證時供稱：我親眼在某夜晚距離一百公尺處的鐵路旁，看見被告殺害被害人，又稱：當時並無任何照明燈光，只是靠著皎潔月光看見兇嫌的面貌，但經查當天晚上並無月亮，顯見證人說謊，又無其他目擊證人親眼看見此凶殺案。

二、起訴的嫌疑證據欠缺合理懷疑，顯不足以證明被告犯罪，即便是起訴的證明方法雖然正確無誤，但是如果起訴的嫌疑證據顯然不夠充足之下，而未達於合理懷疑之罪嫌程度者，起訴行爲仍屬不合法。檢察官起訴書之證據與卷證資料所附之證據不符、所附的相關證物未經鑑定或勘驗、或檢察官的證明方法與證物不相關聯、顯然無證據能力之傳聞證據作爲起訴證據等，顯不足以成立犯罪。

例如被告於警訊筆錄中自白對被害人性侵害，但被告的精液被污染無法鑑定，又無其他事證證明被害之犯罪事實。又如被告涉嫌詐賭，於警方作證的數名被害人爲觀光客，案發後隨即離境，未經檢察官訊問，但該等證人於警方的筆錄內無法證明被告有詐賭之罪嫌，又無其他事證證明其罪嫌。

三、起訴書中的公訴事實無法正確的描繪出檢察官起訴的意思或範圍，使得犯罪事實無法確定其審判範圍，即屬無效起訴。

不過，上述一是屬「犯罪不成立」，二是屬「犯罪事實不能證明」，一、二之情形，是指不足以認定被告有成立犯罪之可能[33]。但不包括三，因

[33] 檢察官的立證行爲與法院的立證行爲或有不同。例如有5名共同被告涉嫌殺死王○○，檢察官憑信其論理法則（包括邏輯推理能力）的方法來假設犯罪事實，因爲5名嫌犯均回答了檢察官四個問題，假設四個答案中有三個答案是眞的，另一個是假的，於是檢察官求證的方法是：認爲五名被告三句話是眞的，一句話是假的，若其中1名嫌犯第一句話就說：「我沒有殺死王先生」，而其他三句話都在其他四名嫌犯中的證詞已經獲得證實是眞的，那麼這名嫌犯的第一句話：「我沒有殺死王○○」必然是假的，既然是假的，所以，第一名被告涉嫌殺王先生的可能性最高。另外一種求證的方法是：有一名嫌犯經證實已經說了一句假話，那麼他的另外三句話應該是眞的，如果他說：「五名嫌犯中的某人殺了王○○」是屬他的另外三句話應該是眞的其中之一句話，那麼那名被這名嫌犯指認之嫌犯就有可能涉嫌殺人，所以，那名被嫌犯指認

爲該項是屬起訴程式不備之情形，法院應依刑訴法第303條第1款規定逕爲**公訴不受理判決**，而不是依照刑訴法第161條第2項處理，較爲恰當。

上述是檢驗檢察官於起訴程序對於被告是否符合法正義的程序規範價值，追訴犯罪是檢察官在刑事程序中一連串的追訴犯罪之行爲，在法之支配原則之下檢察官應嚴守刑事訴訟法上追訴犯罪之目的行爲。不過，檢察官於決定起訴或不起訴之訴訟行爲中，仍不得使用任何不當或不正方法達成其目的，否則，即屬**濫用公訴權**。

法院對於檢察官舉證的犯罪事實負有澄清案情的調查義務。檢察官於法庭訴訟審理中所負之實質舉證義務雖未因之而減輕，即對於起訴之犯罪事實負有說服法院確信其爲眞實的義務。不過，檢察官對於犯罪並不負絕對眞實發現的義務，此與檢察官的客觀性義務無關。

檢察官起訴書所記載的供述證據，亦屬傳聞證據，其中包括警察調查案件經檢察官篩選之供述資料在內。以檢警一體、偵查分工而言，各有所司，檢察官爲偵查主體，應就起訴之成敗負責，司法警察人員爲偵查輔助機關，應就其本於偵查假設所爲的蒐證活動，負起成敗之責[34]。因此，檢察官爲負起起訴成敗之責，自應對於警詢（訊）筆錄負起全面檢證之責，以鞏固起訴之供述事實，防止證據證明成立之風險，避免日後影響法院眞實的發見。

不過，起訴書所記載的供述證據固爲傳聞證據，但是現行法制下，有容許其例外作爲證據的要件者，即有關檢察官起訴之供述證據，得以成爲傳聞例外之情形，有（一）上述之「起訴審查制度」（刑訴法第161條第2項）之供述證據，不適用傳聞法則（刑訴法第159條第2項），以及（二）檢察官偵查中訊問證人之筆錄，除顯有不可信之情況者外，得爲證據（刑訴法第159條之1第2項）。

雖然我國檢察官於偵查階段不具有「**預審法官**」的性質，但若依法對於被告以外之人於審判外之陳述或書面紀錄雖爲傳聞證據，但是經對質、詰問等程序，除顯有不可信之情況者外，仍具有證據能力（刑訴法第159條之

之嫌犯殺王先生的可能性最高。論理法則是檢察官舉證被告犯罪的方法之一，也是檢察官起訴被告的立證方法。法院判斷犯罪事實不得違背論理法則只是法院自由心證的限制之一種。

34 黃朝義，概說警察刑事訴訟法，新學林出版公司，2015年9月初版，40頁。

1）。而且檢察官具有一定程度的起訴裁量權，得以排除警察偵查的違法作爲，因此，在顯然違法正當法律程序進行取證，又無法以證據排除法則結合之情形下，始有公訴權濫用之適用。

第二項　警察調查犯罪與傳聞例外

刑事司法調查權大都建立在假設的情報資料上，警方透過詢問取得之供述，縱未獲檢察官認有**合理懷疑**（reasonable suspicion）者，成爲複訊之事項，而不具有刑訴法第159條之1第2項規定「偵查中」於檢察官面前所爲之陳述，容許其有證據能力，除應尊重檢察官的**篩選證據**的職權外，不過，因該項供述證據之蒐集，仍屬警方**情報資料**（情資），有時隨案件後續的發展，亦有可能成爲日後**關鍵證據**。

例如關鍵證人於偵查中一直避居海外，警察於調查階段的偵查計畫早就列入該證人之關鍵證據，但警方於蒐證中的「**即時之勘察**」，亦發現該證人應爲**關鍵證人**，卻遲遲未能出面澄清案情，起訴後經警方策反，從海外寄信給警察，說明其受被告威脅，不敢回國作證，但應可用來證明陳述人因可歸責於被告之事由而不能出庭，該警詢（訊）筆錄雖爲傳聞證據，因具有證明犯罪事實之必要性與可信性之容許例外之要件，應考慮得爲證據[35]。

傳聞證據，對警察偵查實務而言，未必毫無證據證明的關係存在，案件與證據是否環環相扣，應視整個訴訟發展關係來決定其變動性，在證據法來看它是流動的關係，而與警察的偵查假設具有連貫性的關聯作用，因此，警察的刑事司法調查的蒐證活動，應將保全證據部分納入，以增進偵查實效外，兼顧人權之保障。

警方付出偵查的心血，當然會珍惜任何可靠的情報資料，繼續蒐證或改變偵查計畫與方法，以期待發現事實眞相。原則上檢察官起訴證據中屬於供述證據部分，亦包括警察於犯罪偵查中所取得的供述，皆屬**傳聞證據**，需經審理法院透過直接審理與交互詰問程序，始得作爲證據，具有證據能力。因此，證人在警察詢問時的供述，在未獲得檢察官認有嫌疑證據之前，仍屬於司法警察人員於調查犯罪中所蒐集到的情報資料，爲傳聞證據，只能作爲日

---

[35] 吳巡龍，刑事訴訟與證據法全集，元照出版公司，2009年11月初版，471頁。

後辦案的參考。

刑訴法第159條規定，被告以外之人於審判外之言詞或書面供述，除法律有規定外，不得作爲證據。就警察偵查實務而言，**警察製作之文書屬於傳聞證據**，分類如後：（一）於初步偵查時，進行查訪、訪談與案情有關係之人等過程中，所製作的書面報告；（二）由詢問程序中取得之供述，依法製作的錄音、錄影或製作之警詢（訊）筆錄；（三）由詢問程序中對於證人取得之供述，所製作的書面紀錄；（四）執行交通事故或取締交通違規的員警，憑信其專業知識與經驗所製作的書面報告；（五）進行「即時勘察」所製作之書面報告；（六）於執行搜索、扣押當場製作之筆錄，皆屬於傳聞證據（參照臺灣高等法院2003年8月1日決議）。

然而，被告以外之人於警詢、偵訊之陳述，被告及辯護人於法院準備程序時，同意作爲證據，並經法院審酌被告以外之人於警詢時所爲之證述，係出於自由意志，並無證明力顯然過低之情形，於檢察官偵查中所爲之證詞，有具結，合於法定要件，亦無顯不可信之情狀，係屬適當，依刑訴法第159條之5第1項規定，應有證據能力（參照臺灣高等法院99年度再字第4號判決）。

警察詢問程序中，對於證人取得的供述，刑訴法第159條之2、第159條之3、第159條之5、設有傳聞例外，審理法院得因之使用**警詢（訊）筆錄**，作爲判斷犯罪事實的基礎。容許其例外作爲證據使用，即「**傳聞例外**」，就警察詢問程序中所爲之供述，得成爲法庭之證據使用。

刑訴法第159條之1第2項規定，被告以外之人於偵查中向檢察官所爲之陳述，除顯有不可信之情況外，得爲證據。犯罪嫌疑人於檢察官偵訊時對於證人的質問，依據刑訴法第184條第2項規定，乃檢察官爲發現眞實，得命證人與被告對質，被告亦得聲請與證人對質。然而，此對質權與法院行使詰問權並不相同，而且就實際情況而言，被告在偵查之訊問程序，得對於證人行使適當的詰問，並不容易。因此，犯罪嫌疑人對於不利之證人，在法院調查證據程序時應給予適當的反對詰問權，不能由偵查中的證人訊問程序取代法院之交互詰問制度[36]，否則無異剝奪被告在訴訟上的反對詰問權，足以造

36 黃朝義，刑事訴訟法，新學林出版公司，2014年9月4版，582頁。偵查程序與審判程序之詰問顯然不同，審判中至少有閱卷及事前準備問題的時間與機會，且審判交互詰

成被告訴訟防禦權之侵害。

以警察偵查實務而言，司法警察人員於詢問取得證人之供述，認爲與案情有關的重要供述，應請檢察官複訊，並給予被告充分的對質權，以鞏固供述的證明力。例如，檢察官於複訊時，經過仔細確認證人之證述的內容，若僅屬聽聞過或見聞過此事實，而非能證明犯罪事實者，則此供述則屬傳聞證據，不具有證據能力[37]。亦即，原屬傳聞證據之警詢（訊）筆錄，經檢察官面前複訊又經具結，而無違法取供情事而可信者，則具有證據能力。另外，有關起訴書內所記載警詢（訊）筆錄部分，則必須符合刑訴法第159條之3所定之**傳喚不能**、**可信之特別情況及證明必要性**等三個嚴格要件，始例外容許之。

惟學者有反對見解者認爲[38]，傳聞證據本身不是針對任意性，而是針對其可信性而言。檢察官面前所爲之筆錄，一概容許偵訊筆錄之證據能力，檢察官即無聲請傳喚證人之誘因，此將造成被告、辯護人不得不聲請傳喚「**敵性證人**」，而於審判期日對於「敵性證人」行使主詰問之**畸形交互詰問**。無形之中，卻變相的將警詢（訊）筆錄，廣泛的納入得爲證據的範圍，於審判時該筆錄將成爲書證方式加以調查之證據，將本不得爲證據之傳聞證據，予以書證化，造成交互詰問程序空洞化，有礙被告防禦權之行使。

若檢察官認爲警方該詢問證人之警詢（訊）筆錄具有可信性，而做爲起訴證據者，於法院審理時僅可以自由證明之方式進行。然而，本案於法院審理時，若是證人於法庭供述發生前後不一致，又經被告「反對詰問」過程中爲有效彈劾，導致證人之證述翻供，而變更先前供述，亦不得因檢察官於法庭證明其可信性，審理法院就可以逕自把警詢之供述證據直接採爲證據資料（證據證明力），作爲評價的基礎（實質證據），因爲此舉無異架空被告的反對詰問權。蓋因所謂「前後不一致」是指證據能力之適用問題[39]，即便是先前供述內容經法院認爲適合爲待證事實之證明，亦僅屬證據能力之問題。

問亦有一定的法定程序，非偵查程序所能比擬。

37 同上註，572頁。

38 同上註，581頁。

39 林裕順，國民參審「傳聞法則」變革與展望—「警訊筆錄」之檢討爲中心，東海大學法學研究，第40期，2013年8月，48頁。

申言之，法院仍須經交互詰問後，應就其在法庭因交互詰問所辯明的事實，作爲評價其證據證明力強弱的理由，而不得逕自將先前之供述當成證據資料，而使之作爲認定犯罪事實之評價基礎，否則仍有「暗渡陳倉」之嫌。亦即，該傳聞例外係指先前供述具有可信性與必要性者，仍須經交互詰問後，始有證據證明力之評價問題。此行爲，乃防止警詢（訊）筆錄的虛僞不實，輕易闖進證據資料，造成證據證明成立的風險。

刑訴法第159條之4第1款規定，除顯有不可信之情況外，公務員職務上製作之紀錄文書、證明文書，爲傳聞例外，依該條立法理由所示，公務員職務上所製作之紀錄文書、證明文書如被提出於法院，用以證明文書所載事項眞實性，性質上不失爲傳聞證據之一種，但因該文書係公務員依其職權所爲，與其責任、信譽攸關，若有錯誤、虛僞，公務員可能因此負擔刑事及行政責任，從而其正確性極高，且該等文書經常處於可受公開檢查之狀態，設有錯誤，甚易發現並得予以及時糾正，是以除有顯不可信之情況外，其眞實性保障極高。故公務員依其職務所製作之文書，如無顯有不可信之情況外，該等文書屬於傳聞例外。

警察製作之文書，爲**特信文書**成爲傳聞例外，分述如後：（一）警察對於酒測之人所做的酒測報告（刑訴法第159條之4第1款）；（二）警察查驗證物（如錄影帶）有無盜版或有無猥褻的鏡頭之內容，所製作的書面報告，因屬公務員職務上製作之文書，則屬傳聞例外（刑訴法第159條之4第1款），若涉及員警個人判斷，則屬其個人意見，則依刑訴法第160條之規定，判斷其得否具有證據能力；（三）警察處理交通事故調查表中所繪製的事故現場圖（刑訴法第159條之4第1款）；（四）外國法院基於國際司法互助協定所爲之調查訊問筆錄（刑訴法第159條之4第3款）。

審理法院之案卷內之文書證據、證物之證據能力部分，並無證據證明係公務員違背法定程序所取得，且檢察官、被告及辯護人於法院未主張排除卷內文書證據、證物之證據能力，且於法院言詞辯論程序終結前未表示異議，法院得審酌卷內之文書證據、證物並無顯不可信之情況，與不得作爲證據之情形，依刑訴法第158條之4反面解釋及第159條之4之規定，應認均有證據能力（參照臺灣高等法院99年度再字第4號判決）。因此，警察製作之文書，包括任何供述紀錄文書，若符合刑訴法158條之4之容許其例外作爲證據要件，得爲證據使用。

第四節　共犯供述他人犯罪事實的虛僞供述

警察於調查或偵查犯罪，由於尚在蒐集證據的階段，究竟是一人或是數人犯案，尚未明朗化。即便是在偵查假設下進行案件的偵辦，而其「案件」的概念，也僅止於「共犯的結構性犯罪，或案件中有其他案件之犯罪」的範圍，即警察就偵查的實體（偵查對象）究係一人或數人，並無所謂「共同被告」的概念。

在移送司法機關後，才有所謂「共同被告」的概念。蓋因「共同被告」的概念，是以「訴權」爲概念，建構出「訴訟經濟原則」與「證據共通原則」的適用。亦即，所謂「共同被告」是指對於數個被告進行追訴，而法院利用同一個訴訟程序合併審判而言。

我國刑事訴訟法引進英美法的傳聞法則後，同一訴訟程序之共同被告，事實審判法院認爲有必要時，得依有關「人證」之規定分別調查之。因此，在警察偵訊時犯罪嫌疑人爲數人者，若在法庭爲「共同被告」時，法院仍得以證人的證據調查方法，進行交互詰問或訊問之，而且「共同被告」中之被告，有關他共同被告之事項，不得拒絕證言。

共犯，如兩人以上共同實施犯罪行爲者，乃實體法上的法律關係（刑法第28條）。雖然，實體法上共犯之要件有影響訴訟法上效果者（如刑訴法239條所謂「告訴不可分原則」）。但是，刑訴程序之共同被告與實體法上共犯，原則上並無一定之充分或必要條件。刑訴法第156條第2項之補強法則，適用範圍僅擴及「共犯」未及「共同被告」。

依據大法官釋字第582號、第592號解釋文的適用範圍，限定在「共同被告」，其「否認自己犯罪而將犯罪推卸給被告」，或被告指證：「其他共同被告與其共犯本罪」而言。排除「非共犯之共同被告」、「非共犯之非共同被告」、「共犯之非共同被告」等情形。

若「共同被告」立於被告地位則受到緘默權之保障，但是若以共同被告爲證人之證據方法，共同被告將承擔接受其他被告詰問之義務。因此，若是共同被告之一人，而爲共犯之共同被告，既願放棄緘默權而出庭作證，共同被告各就其他共同被告的部分，得以相互爲證人，若各共同被告利害相反者，法院依職權或依當事人聲請爲保護被告權利之必要時，得分別調查證據或辯論，此觀刑訴法第287條之1及第287條之2規定自明。

共犯自白（係指非共同被告之共犯），涉及證言的虛僞性。共犯爲證人者，其證言虛僞性的具體類型，分述如後：

一、「規避類型」，如牽扯他人爲共犯、轉嫁責任以規避處罰等類型。

二、「誣陷、包庇類型」，如既包庇又誣陷、以大罪報小罪等類型。

三、「勾串、互利類型」，如吃案、栽贓等類型。

共犯自白虛僞不實之危險，於法院證據調查程序中，與被告自白相較下具有高難度，因共犯自白往往混雜有利與不利的內容，處理上容易掉以輕心，給予相當的期待與信賴。又，共犯實際掌握犯罪內容，詰問中揭穿供述虛僞不實，就相對顯得困難多[40]，益發眞相難以大白。

共犯自白（係指非共同被告之共犯），仍屬自白之範疇，究非自白以外之其他必要證據。故此所謂補強證據，應求諸於共犯自白以外，實際存在之有關被告與犯罪者相關聯之一切證據；兩名以上共犯之自白，不問是否屬於同一訴訟程序（共同被告）或有無轉化爲證人訊問，即令其內容一致，因仍屬自白之範疇，究非自白以外之其他必要證據，必須一共犯之自白先有補強證據，而後始得以該自白做爲其他共犯自白之補強證據，殊不能逕以共犯兩者之自白相互作爲證明其中一方所自白犯罪之補強證據[41]。因此，共犯相互自白[42]，必須是共犯中之一人的自白先有補強證據，該自白始得爲其他共犯

---

[40] 久岡康成，共犯者の自白，刑事訴訟法の争点（第3版）ジュリスト増刊，松尾浩也・井上正仁編，有斐閣，2002年4月版，178頁。

[41] 參閱最高法院46年台上字第809號判例及96年台上字第7105號判決。但是亦有反對見解，認爲共犯自白既經反對詰問，則不可與被告自白等同視之，又補強證據僅止罪體而言，無法降低其信用性，故無需補強證據。

[42] 久岡康成，共犯者の自白，刑事訴訟法の争点（第3版）ジュリスト増刊，松尾浩也・井上正仁編，有斐閣，2002年4月版，178頁。由於日本刑事訴訟法對於共犯的自白「是否需要有補強證據」，法無明文規定，因此，日本在學界與實務界，皆有不同的看法，在不同訴訟程序上發生共犯自白。在分類上應有四種情況：

(1)非同一程序之數被告之非共犯，例如甲犯竊盜罪，乙犯贓物罪，分別起訴，其中一被告自白；(2)非同一程序之數被告之共犯，例如甲與乙共同犯殺人罪，分別起訴，其中一被告自白；(3)同一訴訟程序之數被告之非共犯，例如甲與乙在同一處所個別犯竊盜罪的同時犯，其中一被告自白；(4)同一訴訟程序之數被告之共犯，例如甲與乙共同

中自白之補強證據，以排斥虛僞之自白，以限制自白在證據之價值，作爲擔保其眞實性之程序要件[43]。因此，我國司法實務見解係採「共犯自白補強必

犯殺人罪，合併起訴，其中一被告自白。

「非共同被告之非共犯自白」基於證據共通原則，須要補強證據，當無疑義。至於「同一訴訟程上之數被告之共犯或非共犯之自白部分」，可適用人證的調查證據程序，較不複雜，不在討論之列，併此說明。

[43] 久岡康成，共犯者の自白，刑事訴訟法の争点（第3版）ジュリスト増刊，松尾浩也、井上正仁編，有斐閣，2002年4月版，179頁。「非共同被告之共犯自白」，是否須要補強證據，分別論述之：

(1)「非共同被告之共犯自白」，而被告否認犯罪，或不承認共犯之自白部分，共犯自白部分是否須要補強證據？在日本學說上有三種不同的見解：

甲、補強證據必要說：學者團藤重光及鴨良弼所採的見解，共犯間自白有加以限制的必要，分述如後：

(甲)以防止偏重自白的觀點來看，本人的自白與共犯的自白是不須要區別的，自白均須要補強證據。

(乙)共犯中之一人自白似有將責任轉嫁於他人的危險，且共犯自白本身眞僞難辨，造成誤判的危險性很大，共犯自白須要有補強證據。

(丙)避免發生證據蒐集之偵查人員，對於自白不法強取的危險，以及衍生出防止法官對於證據判斷偏重自白造成誤判的危險。所以此說強力主張，共犯的自白須要有補強證據。

(丁)反對論者認爲，共犯自白部分不須要補強證據，其結果會造成一方面以自己（共犯）的自白來增強他人（被告）無罪的證據，一方面以自己（共犯）的自白來增強自己的有罪，這點會發生極不合理的問題，違反了共犯須要合一確定的要求。憲法第三十八條第三項的「自白」包括「共犯的自白」衍生出「共犯中一人的自白不得做爲認定其他共犯的唯一證據」。

乙、補強證據不要說：

(甲)共犯的自白與被告本身的自白，不可混爲一談。無論是非共同被告或是共同被告之共犯，其與被告本人或被害人單純以證人身分的關係是不同的（練馬事件，最高裁判所判決昭和33.5.28刑集12卷8号1718頁），共犯自白是能夠證明被告有罪。

(乙)共犯自白須要行反對詰問，以保障其證言之信用性，共犯自白的證據證明力，就不須要補強證據。蓋因自白的不法強取與自白採取廣義的解釋（包括共犯的自白）兩者間，具有虛僞之危險性是一樣的。論及自白之補強證據，未必要經過反對詰問才有證據能力，反對詰問與共犯的自白是兩回事。申言之，有關共犯的自白有無虛僞性，是屬於法院經證據評價所的心證的判斷結果，不可混爲一談，這是無須顧慮的。而且，被告一方面爲無

要說」。簡單的說，自白的補強證據必須具備兩個要件，一個是證據要有證據能力，另一個必須是被告本身供述以外的證據[44]。

本書這裡所指的共犯自白，是指法院審理時的共犯自白。由於共犯等人於司法警察前面陳述他人犯罪事實，依法並無令證人具結之義務，不構成

罪的供述，另一方面，對於共犯自白否認其犯罪，經過反對詰問後，其證據證明力又顯得薄弱，這點是不會發生不合理的問題（平野龍一教授，刑事訴訟法，233頁）。

(丙)共犯作證雖與一般證人是有區別的必要，但共犯的自白其證明力與其他證據關係上是沒有限制的必要（青柳文雄教授，刑事訴訴法通論（下），331頁）。

(丁)共犯自白需要有補強證據，也只不過在擔保其眞實性而已，但並不表示補強證據，就一定能夠防止共犯有虛僞自白的危險。

丙、審判庭外共犯的自白須要補強證據：

(甲)公判庭上共犯的自白經過反對詢問，所以不須要補強證據。

(乙)公判庭外共犯的自白未經過反對詢問，與普通的自白無異，通常爲犯罪嫌疑人偵查的成果，除非有傳聞法則的例外，解解上不能與公判庭上被告的供述做同一解釋，仍須要補強證據。

(2)非共同被告之共犯自白，而被告亦自白犯罪，共犯自白部分是否須要補強證據？

甲、肯定說：被告自白其內容不會有矛盾之處，且不會有責任轉嫁而生誤判的危險性，故被告的自白，可以做爲共犯間相互補強的證據。

乙、否定說：在法的解釋上共犯的自白包含被告本人的自白，故共犯自白本身是不得做爲補強證據。

(3)非共同被告之共犯二人相互自白，而被告否認犯罪，或不承認共犯之自白，共犯自白部分是否須要補強證據？

甲、肯定說（判例見解）：共犯自白不須要補強證據，所以當然得以自白相互補強。二人以上的共犯自白具有獨立性的自白，誤判的危險性薄弱，所以仍然能夠證明被告有罪。而且，不會有迎合檢察官暗示犯罪的危險中，而共犯自白相互補強證，據此乃法院自由心證的問題。

乙、否定說：以共犯二人的自白來認定被告有罪，顯然是違反憲法第38條第3項規定，但有法院判決認爲，至少要三人以上的共犯自白（複數共犯自白），始不違憲。若將他人的犯罪變成被告的犯罪者，仍必須對於共犯的自白危險性加以重視，即便是共犯間自白有一致性，無論是被告有罪或不利於被告之自白，若要將被告與共犯關聯在一起的話，共犯自白的部分仍然須要有補強證據，否則不能認定被告有罪。故多數共犯的自白，不得以相互自白，來作爲補強證據。

[44] 土本武司，刑事訴訟法要義，有斐閣，1991年5月4版，370頁。

「證人」地位，故於通常訴訟程序，原則上不得作爲證明「他共犯」的實質證據，只能作爲減低證人本身信用性的彈劾證據[45]。

蓋因司法警察人員在調查共犯的結構，尙未趨向明朗，究係共同正犯或是教唆犯或是幫助犯，仍需進一步調查、驗證。每個犯罪嫌疑人或涉案關係人其供述的內容與涉案的情節各有不同，於警詢（訊）中的供述是否眞實，若是虛僞者，則屬於何種類型的不實供述，偵訊人員須逐次查證，據此作爲檢視是否爲共犯或作爲認定他案的的判斷標準。

不過，這些皆屬警察調查與蒐證過程中所發現的多數犯罪嫌疑人及犯罪眞實，或他案之事實。即便是如此認定，案件移送至檢察官後各個犯罪嫌疑人是否爲「共犯的犯罪類型」，在認定上，仍有相當的變化。

本書認爲於警察調查階段，共犯間的自白，因案情尙未明朗，共犯有關「不利於己陳述對於其他共犯而言」，並非自白，而仍應定位在類似「非共犯證人對於犯罪嫌疑人之有罪指控」爲宜。蓋因司法警察之調查階段，與在審判程序中共同被告互爲證人之本質基礎，承認共犯被告有互爲作證之必要爲前提[46]，並不相同。

不過，刑訴法第159條之1第2項規定，經檢察官訊問而具結之共犯等，於陳述他人犯罪事實者，具有人證之資格，除顯有不可信外，其效力等同於在法庭所爲之供述。因此，偵訊人員爲訊問後，應移送檢察官複訊之，以鞏固該供述證據之證據能力與證據證明力。

不過，若檢察官認爲該訊問證人之偵訊筆錄具有可信性者，仍應由其自由證明之。審理法院若依憑他共同被告不利於己之陳述而爲被告事實之認定時，須使該共同被告立於證人地位到場具結作證，並應踐行交互詰問以推敲其證言的可信度，否則不得採爲證據，以防止法院裁判過度依賴共犯自白，造成證據證明成立的風險與誤判之可能。

例如船長甲見海巡艦艇逼近，船員乙丙丁三人開始推大陸偷渡客於海中，警詢（訊）筆錄中船員乙丙丁三人一致指認是甲下令推人下海，甲否認之；檢察官偵訊時，甲仍否認之，乙否認有推人下海，丙丁指認甲令其推人

[45] 王兆鵬第七人合著，傳聞法則理論與實踐，元照出版公司，2004年9月，41、51頁。

[46] 張明偉，共犯審判外自白之證據能力—以釋字第五八二號解釋爲中心，輔仁法學，第51期，2016年6月，46頁。

下海。檢察官複訊結果，認爲乙丙丁三人警詢（訊）筆錄中供詞一致，可信度高，丙丁之供詞有挾怨報復之嫌，經過對質偵訊後，將甲乙丙丁四人以共同殺人罪起訴，審理法院依職權調查，將乙丙丁以證人地位經具結作證，指認甲有下令推人下海之事實，並經交互詰問後，發現當天甲發燒躺在船艙不可能下達此令，而是丙丁強迫乙推人下海。

就法規範的層面而言，乙、丙、丁等三人於警訊中的自白（承認有推大陸客下海，但推給船長甲下令所爲），仍非屬補強證據，而屬於自白之範疇，法院審理時仍應求諸於共犯自白以外之其他關聯性證據，不得逕以共犯間之自白互爲補強，以防杜虛僞自白。

就偵查策略的層面而言[47]，案情雖具端倪，但是責任之輕重誰屬，尚欠分明。偵訊人員適時採取相互對質的偵查策略與技術，即若能及時採取當面對質之偵訊技巧，使其相互指證，突擊訊問，謊瞞揭穿，矛盾消除，案情有立竿見影之效，水落石出，眞相大白。此時，因偵查策略與技巧的有效運用，雖爲傳聞證據，往往日後確實得以成爲法庭使用之實質證據。

於法院審理時，除非有刑訴法第159條之2及第159條之3除外事項，前者是指被告在法庭上對之已充分享有反對詰問之機會，原警訊中之陳述得爲證據使用。亦即，當警訊中之陳述與審判中陳述不符，若警訊陳述具有較可信之特別情況，且爲證明犯罪事實存否之必要，得爲證據[48]。後者是指證人「供述不能」之情形下。

例如，共犯等中之一人於警訊時供出他共犯之事證，於審判程序中發生事實上無從爲直接審理之原因時，如證人死亡、身心障礙致記憶喪失或無法陳述、滯留國外或所在不明而無法傳喚，或傳喚不到，或到庭後無正當理由拒絕陳述，如不承認警訊陳述之證據適格，則產生實務上作證成爲事實不能的問題，有違實體眞實發現的訴訟目的，則爲傳聞例外，此時警訊之供述，若具有較可信之特別情況，且爲證明犯罪事實有很高的的必要性（從原供述人之處無法獲得該供述以外之證據，而有必要使用原供述）者，可認定其具有證據能力。

惟證人於審判時無正當理由拒絕陳述者，可能是在警詢（訊）中串證

---

[47] 王乾榮，犯罪偵查，臺灣警察專科學校出版，2000年9月版，140頁。

[48] 參照最高法院96年度台上字第4763號判決。

或爲湮滅罪證而爲虛僞供述，或在審判時被人教唆拒絕陳述，以掩飾在警詢（訊）之虛僞供述，若賦予警詢（訊）筆錄具有證據能力，則有不妥之處。

此時，法院應調查相關情勢變更等等，是否出於不得不然，以免陷入犯罪人或證人的精心算計、刻意操作取巧，規避「直接審理原則」的脫法行爲，迴避「反對詰問」之便利巧門[49]。

警訊中的各種供述，是屬被告以外之人在審判外所爲之陳述或書面紀錄，既屬傳聞證據，原則上必須接受事實法院之「直接審理」與「交互詰問」的程序，以推敲其供述的信用性與眞實性。尤其在「法庭發現供述不一致」傳聞例外之運用，由法官於審理時，可透過直接觀察交互詰問過程中，有否實際妨礙證人供述之客觀事由，以符合「直接審理原則」。

例如被告爲幫派分子或爲證人之親戚、朋友，或證人因疾病記憶衰減，被害人於眾人前難以啓齒等等而無法「暢所欲言」之障礙不能[50]。而法院欲判斷何者供述較爲可信者，除應比較前後供述之外在環境及情況下被告是否出於任意性外，仍應注意被告反對詰問之非替代性的本質所使然。

因此，針對傳聞證據之調查，以確保供述證據之信用性，即是否具有特別可信的情況（證據能力的問題），以及是否給予被告詰問之權利，及給予其陳述的機會，自非偵查階段所能比擬。「供述不一致」之傳聞例外，倘法院採用先前陳述爲判決基礎時，必須將其理由載明於判決書，以昭公信。

倘若先前供述的書面內容，因未能對之進行反對詰問，自無法確保被告之訴訟防禦權，警訊中的各種供述於法院審理時，除「供述不能」外，「供述不一致」之情形，仍應以被告可預測或評估相關供述筆錄若「有不一致」的意見時，就先前不利於被告之供述內容得直接詰問該證人之機會[51]，以確保被告訴訟防禦權之行使。

---

[49] 林裕順，基本人權與司法改革，新學林出版公司，2010年10月初版，56頁。

[50] 同上註，54頁。

[51] 同上註，48頁。

第五節　精神障礙或心智障礙之人的虛僞供述

犯罪傾向之所以因人而異，是由於每一個人自我控制程度的不同所致。低自我控制的人與犯罪機會發生互動的結果，的確會產生犯罪的可能。亦即，當低自我控制的人逐漸與社會的連結產生疏離，其羞恥心與道德感逐漸喪失，反社會人格形成後，一旦有犯罪溫床醞釀，犯罪就會發生。

精神障礙或心智障礙之人，儘管社會適應能力較低，社會人際關係的處理能力顯然較弱於一般人，未必具有反社會人格。本節係針對此類之人犯罪狀態，係屬其心理病態的人格異常狀態，皆屬司法精神醫學鑑定的問題，就此部分係屬刑法上責任能力的判斷問題。一般而言，此類之人，其自我控制或人際溝通的能力，有顯著的減弱或喪失。其特徵與一般犯罪人有相類似之處如：行爲模式常反覆與社會衝突，不能充分地忠誠於他人、團體或社會價值觀，顯然地自私、冷酷、不負責、攻擊衝動性強，沒有罪惡感，無法從經驗與處罰中習得教訓。挫折忍受力低、容易因本身行爲而責怪他人或找藉口[52]。

不過，此類之人經常與社會人群脫離，具有疏離感與溝通能力的欠缺、情緒管理無法有效控制、有偏執與衝動或畏縮與膽怯呈現極端現象，其心理或生理狀態不同於一般人。

例如失智老人所表現的失序行爲，是因成長環境、經驗所影響，不論是痛苦的、高興的、讓失智者記憶深刻的人事物，都可能在失智行爲中表現出來，例如因爲多了人在家吃飯，就會懷疑有人偷竊，甚至會攻擊親人產生許多負面情緒[53]。

刑事司法對於此類犯罪之人，有逐漸重視其司法精神鑑定的趨勢，刑法是屬責任能力之減輕或免除其刑，刑事證據法是屬留置鑑定的強制處分部分。

---

[52] 林山田、林東茂、林燦璋等，犯罪學（增訂五版），三民書局，2012年11月5版，119頁。

[53] 潘秀霞，照顧失智病患者的漫漫長路—與失智共舞，遠足文化事業公司，2016年9月版，91頁。

警察因應不同的犯罪態樣，使用不同的偵查技巧，有時雖具有高度主觀與臆測性，未必能發現事實眞相，但至少能避免大海撈針，導致偵查資源的錯置與浪費。警察針對精神障礙或心智障礙之人，目前的困難點是：（一）醫學鑑定上，仍無法充分確定是否爲精神障礙或是心智障礙之人；（二）精神病患的強制治療，在規範上須有具體犯罪事實，始得實施；（三）外觀上無法辨識是否爲精神障礙或心智障礙之人，也沒有充分資料可供警察或相關人員查詢；（四）精神障礙或心智障礙之人所爲之事實都被隱藏，問題發生也不會被公開，對外的事故報告書容易造假而不實。因此，偵查犯罪上，在標準作業的程序上須建立客觀化、透明化、科學化的方式，仍有相當大的空間改善。

精神障礙者的問題存在於，精神醫療和刑事司法程序如何配合[54]。警察在犯罪偵查工作上，須把問題放置在識別、適用法規、安置、移送等複雜問題的處理。但是眞正的問題是因爲衛生醫療體系與刑事司法體系是否能夠眞正聯合起來，處理這些患者的問題，而不是互推問題，其結果會把現有的問題變成越來越不透明，導致警察窮於應付，也無法解決問題。

就警察偵查實務而言，儘管偵訊人員雖不具備鑑定精神狀態之能力，但憑信其經驗與知識仍會發現對此類之人所爲之供述，有時確實是眞實可信，有時未能發現導致虛僞失眞。申言之，尤其是偵訊時對於其供述能力與其供述之內容是否可信，應分別觀察，並加以區分。前者，是指無法爲完全陳述之能力；後者是指其供述是否眞實之判斷問題。兩者在刑事訴訟程序規範上有不同的基礎，不可不辨。

第一項　殺人犯的精神狀態

就殺人犯的精神分裂的狀態而言，大致上分類爲：一、片斷性之妄想引發極度害怕及因而失去自我控制以致殺人；二、無法抵抗之破壞衝動；三、受幻聽指使而殺人；四、無法解釋之極度激動下殺人；五、有系統之被害妄想所引發之自衛反應。

就連續殺人犯的心理狀態而言，多屬於是一種邊緣性人格，在大部分

[54] 中島 直，犯罪と司法精神医学，批評社，2013年5月初版，54頁。

的情況，會與一般人的生活無異，其殺人慾望是有潛伏期的，所以其殺人有週期性，同時其所挑選的被害人特徵，在外觀上多屬相似，而女性且屬於社會邊緣人被挑選的機率又更高。因此，連續殺人犯的事前計畫性往往相當周密，同時也可能事先模擬，至於其殺人的目的，乃在藉由虐待殺被害人的過程，來達成其心理慾望的發洩與轉移。也因此，連續殺人犯的殺人，與其是一種手段，毋寧說虐待殺被害人才是其眞正殺人之目的[55]。

就大量殺人犯的心理狀態而言，其與連續殺人犯有完全不同的心理機制，此類型的殺人犯往往處於欲求不滿的狀態，而此不滿可能來自於工作、學業、與人交往等的挫折所造成，且其容易將此原因歸咎於他人，而非自己。當然光從此原因，似乎尚不足以解釋其爲何殺人，畢竟在現代社會，此種挫折的產生乃屬必然與常見。因此，此種心理因素只是一種潛伏因子，不必然會產生殺人行爲，但當有此心理因素形成，且其對外無法尋得正常且有效的援助，則此時必然使之處於社會上孤立，轉而爲大量殺人的可能性必然也升高[56]。

第二項　泥醉的精神狀態

酒癮會瓦解教育過程中所形成的倫理控制力，酒精通常會使人放鬆情緒，甚至使人對於社會產生完全的解除，榮譽感以及對於慾望的控制力消失。酒癮者會越陷越深，並與社會越加的隔離，而且變換工作或產生工作厭惡感，最後是阮囊羞澀。在一文不名之後，就產生這樣的問題：去何處籌錢。

泥醉之人其言語變得不清楚，平衡感已經破壞，走路跌跌撞撞，沒有方向感。因此沒有清楚意識，常常行爲出現明顯的行爲失控，極度困倦。談話已經沒有意義，而且無法令人了解，已經無法辨識其情境，注意力僅能集中數秒，動作失去目標。在心理上會出現極度的亢奮，或者是幾乎完全的冷漠。

---

[55] 吳景欽，隨機殺人者的責任能力，月旦知識庫，1頁。http://www.angle.com.tw/lawdata.asp，最後瀏覽日期：2017/5/8。

[56] 同上註。

第三項　毒癮的精神狀態

毒品的定義，是指以各種方式吸收進入人體，並給人帶來危害的各種自然物品或化學物品。主要分爲麻醉藥品與精神藥物兩大類，麻醉藥品以鴉片類、古柯鹼類與大麻類爲主；精神藥物包括鎮定劑、催眠藥與迷幻劑。目前最流行的毒品種類是罌粟、古柯鹼、大麻及其衍生物和化學製品，他們都屬於國際公約規定的麻醉藥品[57]。

吸毒也稱爲「藥物濫用」，是指非醫療用途的長期、反覆、並以不斷增加藥劑量爲特徵的強迫性自行藥物的涉入行爲。吸毒成癮，在現代醫學上稱爲「藥物依賴性」，它是藥物與機體相互作用所造成的一種精神狀態，有時也包括身體狀態[58]。這些皆具有所謂的「毒品成癮依賴性」。

前者是指多次用藥，導致精神和心理對於該藥物的一種主觀渴求，或繼續使用該藥物的慾望，用藥者往往透過繼續用藥來體驗藥物引起的某種效果和感受，例如興奮快感、陶醉感、脫離現實感、消除痛苦和產生虛幻的感覺，驅使用藥者爲了求得這種效果，或爲了逃避停藥後的不適，而渴望藥物的一種精神狀態。這種精神依賴是最危險的，宛如惡魔一般，如附骨之蛆，如影隨形，揮之不去，復吸率高達80%。後者是由於長期反覆使用藥物造成的一種機體的適應狀態，而這種狀態建立在人體生理、生化過程異常或紊亂的基礎之上，它主要表現在隨著用藥時間的延長，需不斷增加藥量才能達到原有的藥效，一旦停藥就會產生一系列不適反應與損害（戒斷症狀）。

例如海洛因和鴉片可以產生強烈的身體依賴性。特別是海洛因在戕害吸毒者身體（神經系統、呼吸系統、代謝系統等嚴重的破壞）同時，還會伴隨著強烈的身體依賴和精神依賴性，一旦毒品接續不上就會出現頻發的戒斷症狀，感覺將要大禍臨頭，全身宛如萬蟻蝕骨、萬仞刮膚，奇癢無比、痛不欲生，有如煉獄一般。即使強制戒毒，復吸率高達90%，海洛因在所有毒品種最爲凶險[59]。例如施用海洛因毒品後駕車上路，因海洛因具有速幻的心理作用，產生精神不集中、昏睡、抽筋等症狀，影響精神意識之判斷，致完全不

[57] 劉民和，福音戒毒的僕人事奉，財團法人基督教晨曦會，2014年9月初版，43頁。
[58] 同上註，43頁。
[59] 同上註，321頁。

顧交通規則之相關規範，恣意違規，濫行駕車，導致公共危險。

吸毒成癮除了與社會藥物次文化有關外，其個人的原因，通常是藥物濫用者爲了排解社會的衝突，或爲了提高工作效率。在犯罪學上，藥物濫用者往往被歸類爲退縮者，自我放逐於社會規範體制的期待之外，厭倦使用社會認可的手段，寧可是一個社會的局外人[60]，藉著吸毒以求得心靈的慰藉與滿足。藥物濫用者在使用藥物（如大麻、迷幻藥LSD）可能會有幻覺產生，尤其是安非他命（Amphetamine）的使用者，常會發生安非他命精神病，與被害妄想型精神分裂症十分相像[61]。

使用安非他命之最常見之副作用，爲心跳加速、血壓上升，震顫、肌肉緊張而呈直性、陣攣性運動等，部分會出現不愉快的夢、意識模糊、幻覺、無理性行爲及胡言亂語，發生率約12%，其藥效可維持1小時，但是影響服用者感覺、協調及判斷力，則長達16至24小時，並產生噁心、嘔吐、複視、視力模糊，影像扭曲、暫時性失憶及身體失去平衡等症狀。

第四項　智能障礙的心理狀態

智能不足的兒童或青少年，因無法適應學校生活，經常發生逃學或休學的現象。在工作場所中也無法適應，以致有不少人離家流浪或遊蕩。

智能不足的青少年，產生的偏差行爲的原因很多，其中包括家庭及社會兩方面的適應不佳所造成的敵意、挫折感、被害者的心情、絕望、攻擊性等，其心理的轉機主要是「弱者報復」。

關於智能不足的程度與犯罪的關係，主要是屬於輕度或最輕度之智能不足者，若是過於缺乏社會活動力者，幾乎沒有犯罪的危險性[62]。

因此，本書對於智能不足者，限於輕度或最輕度之智能不足者爲範圍，因爲其尚能單獨外出或自己處理事情，可能因無法應付或面對事務，加上是非判斷力及預見自己行爲後果的能力較差，對於衝動的控制力也低[63]。

---

60 張麗卿，司法精神醫學，元照出版公司，2011年4月3版，126頁。

61 同上註，127頁。

62 同上註，127頁。

63 同上註，127頁。

第五項　心智障礙的精神狀態

心智障礙之人在精神醫學的分類上種類很多。例如**失智症患者**，有兩個要點，一是心智功能出現退化；二是退化的程度比一般老化的情形更嚴重，是腦部疾病的其中一類，此症導致思考能力和記憶力長期而逐漸地退化，並使個人日常生活功能受到影響。其他常見症狀包含情緒問題、語言問題、還有行動能力降低，但個人意識卻不會受到影響[64]。

目前失智症的藥物僅能改善認知功能、減少行爲混亂、延緩惡化，尚無法治療失智症。失智症的患者很容易忘記剛剛發生過的事情，而失智症的前期患者常常會有焦慮症與憂鬱症出現，有時誤以爲是其他原因造成的[65]。

失智症不是單一項疾病，而是一群症狀的組合，醫學上稱爲「症候群」，其症候群所指的主要是以認知功能的障礙。而認知障礙，主要是指人獲得外界訊息透過思考、過去經驗與感官來理解，必要時做出決定與行動的心智活動，其功能包括記憶、定向、判斷、注意力與語言等認知功能，產生障礙而言，同時伴隨著干擾行爲、個性改變、妄想或幻覺等精神症狀的出現[66]。

心智障礙的患者在人際溝通上，有時很難一眼就看出受訊問人有陳述上的任何的困難。有時甚至能夠理性的應答偵訊人員的任何提問，看不出有任何的語言障礙，單就其陳述能力的外觀上，是無法判別其是否出自任意性供述，或是有任何虛僞不實的供述。因此，偵訊人員若是不了解這些心智障礙人的「症候群」，很容易造成錯誤的判斷。

---

64 引自http://zh.wikipedia.org/zh-tw/失智症，最後瀏覽日期：2017/7/31。

65 潘秀霞，照顧失智病患者的漫漫長路—與失智共舞，遠足文化事業公司，2016年9月版，165頁。

66 同上註，162頁。

第六節　精神障礙與心智障礙之人偵訊適應力

警察必須準確地判斷犯罪嫌疑人，因爲警察始終都是行動執行的主導者。曾任職於美國聯邦警察及微軟全國廣播公司分析員的卡華納（Jim Cavanaugh）。他特別指出：在社會上協助殘疾人士及精神病患者的機制失效時，經常都是警察面對那些緊急的情況。社會上各種危機都被拋到警察面前，但是如果有可能的話，這種培訓都是需要漫長的時間[67]。儘管如此，警察仍須面對人士進行犯罪的調查與偵訊。但事實上這些精神障礙或心智障礙之人其社會人際溝通力薄弱，偵訊中的適應力明顯的薄弱，不同於一般人的偵訊方式，如何使之完全的陳述其事實經過頗爲困難，易生虛僞情事發生。

警察在執行拘提或逮捕時，當精神障礙或心智障礙之人，往往會被懷疑成犯罪嫌疑人。在日本就曾發生過，一個無罪卻被判死刑的赤堀政夫被逮捕的島田案件，在此事件中有「精神薄弱障礙者」且「有住院精神病房過的人」，其中有數百個精神障礙之人，都被警方列成被調查的對象，後來有許多精神病患去自首。1979年發生的野田事件也是如此，案件發生後警察馬上開始調查居住在附近的精神障礙之的A，同時還宣布「我們已知道誰是犯人，只缺少了一些證據」，後來引發A的冤獄。在此事件，警察作出假的證據是很明顯的事，導致A根本無罪卻被警方認定有犯罪嫌疑[68]。

對於精神障礙之人，無論是被害人、犯罪嫌疑人、證人等身分之人，面臨警察的詢問取供，最大的問題是在於，其是否具有得以完全陳述的能力。此時，應該要考慮到其於警察調查、偵查犯罪時是否具有應有的訴訟防禦能力，但是實際上這些人通常訴訟防禦能力皆屬不足，但仍會被進行調查，即

---

[67] 引自NBC NEWS, Half of People Killed by Police Have a Disability: 2016/3/14, Report BY ARI MELBER AND MARTI HAUSE. That reality may be relevant to his conduct the night of his death -- and ways the police might have de-escalated the interaction. According to law enforcement experts, it is crucial that officers precisely evaluate the problems a suspect may be experiencing. "Officers are action-oriented people," says Jim Cavanaugh, a former federal agent and MSNBC analyst. "The training always has to be a slow evaluation -- if possible."

[68] 中島 直，犯罪と司法精神医学，批評社，2013年5月初版，49頁。

便是有辯護律師在場，也無法代替其陳述。有時精神病患的犯罪嫌疑人於警詢時寫下自白書，該犯罪嫌疑人自己都不知道自己在被調查什麼的情況下，所以其敘述是欠缺自由意志的供述。

第七節 毒癮犯罪的偵訊適應力

由藥物特性所引起的精神狀態，有（一）許多興奮劑及迷幻藥，常易引起攻擊性的犯罪行爲；（二）藥物特性會激起犯罪的勇氣與膽量，使平常可以被抑制的犯罪動機爆發出來；（三）藥物濫用者會神智不清或有幻覺，以致於不能明辨是非，無法控制自己的行爲，而在不知不覺中犯罪[69]。

根據我國司法實務的見解，認爲司法警察因調查犯罪之必要，於詢問犯罪嫌疑人時使用所謂「偵查技巧」，必須建構在法定取證規範上可容許之範圍內，始足當之，否則即難謂係合法而肯認其證據能力。是否該當取證規範可容許之範圍，以有無誘發虛僞陳述或非任意性陳述之危險性爲斷；於詢問前曉諭自白減免其刑之規定，乃法定寬典之告知，並非利用「自白」之誤認，誘使犯罪嫌疑人自白犯罪，又司法警察對於犯罪嫌疑人表示，經檢察官許可後不予解送而取得自白，應屬合法之「訊問技巧」範疇。但是司法警察如對犯罪嫌疑人表示會「助其一臂之力」，或告以如自白就不會被羈押，可獲緩刑之宣告，乃係對被詢問者承諾法律所未規定之利益，使信以爲眞，或故意扭曲事實，影響被詢問者之意思決定自由，則屬取證規範上所禁止之不正方法（最高法院100年度台上字第540號判決）。

以吸食毒品之人犯爲例，司法警察有時在取證過程難免會有瑕疵，如吸食安非他命驗尿取證程序瑕疵有無證據能力的問題。針對吸毒者通常因爲情況急迫，證據必須迅速蒐集，警方經常會發生違法搜索，但是由於杜絕毒品氾濫之必要性，合法的搜索範圍固然是必要。惟若符合緊急逮捕之可能，則違法搜索之情形能夠降低到最低，亦即警方物品檢查若無長時間偵訊，且無重大違法事情發生，取證之證據能力方面通常都予以肯定。

---

69 張麗卿，司法精神醫學，元照出版公司，2011年4月3版，127頁。

驗尿違法取證是否無證據能力，須視警察是否有重大違法爲其判斷標準。具體言之，應包括如後：（一）違反法規範的重大性；（二）違反態樣的惡質性；（三）被告利益的直接侵害性；（四）搜索者對法規範輕忽態度的強弱；（五）影響未來搜索方法的正確性；（六）符合事件的重大性與該證據價值的重要性；（七）程序違法與蒐證之間是否具有相當因果關係[70]。因此，偵訊人員企圖使用長時間偵訊來突破犯罪嫌疑人的心防是非常困難的，使用不當的問話，導致虛僞供述的情形則經常發生，這時使用科學鑑識來辦案是有必要的，以便在偵查技巧上交互運用，始能奏效。

特殊犯罪類型之案件，個案在數量上屬於同類型案件者，而起訴鑑定需要時間，且取證相當困難，就此特殊的偵查技術與方法，應特別講究，並制定明確的程序規範，以兼顧人權之保障，尤其是毒癮犯罪人偵訊時對於其「情緒」的控制過一切，理性的問案方式未必可行。

警察在處理犯罪案件時往往會忽略一些關鍵性的事物。其中最多的案例，涉及到精神衛生法的「緊急安置」、「強制住院」與毒品危害防制法之規範競合，就是在緊急逮捕狀況下抓到毒品使用者，而這些病患都會在自願之下承認自己吸毒而被起訴，但是往往他們卻是精神病患，而被警察忽略這部分，而無法順利地被送去強制精神治療，其供述也許未必眞實。事後造成冤枉，都會把過錯全部推到精神病患身上。

第八節　防止虛僞供述的注意事項

本書認爲防止虛僞供述，於偵查步驟上應注意事項，分述如後：

一、在訪談或偵訊之前，受訊問人必須塡寫「相關資料」，並與受訊問人取得相當的信賴與尊重，以評估其是否具有被分析或詢問的適格。塡寫相關資料，包括智力（是指語言溝通能力、詞彙的運用、語言的理解能力等方面）、吸毒的影響力（是指語意不清、瞳孔緊縮或擴張、迷惘、不

[70] 前田雅英，警察官のための刑事基本判例講座，第44講，覺せい劑使用罪と違法收集証拠の排除，警察学論集，第66卷第5号，2013年5月，160頁。

適當的情緒表現）、一般性的情緒緊繃（是指經常改變姿勢、神經質的動作、眼睛不斷的轉動、肢體動作頻繁）、神經障礙的患者（例如妥瑞症、手眼功能失調）[71]。

二、案件應先做各種犯罪特徵的識別及犯罪心理的剖析，然而做出一些偵查假設的模式，進行驗證與查證的工作，同時進行訪談或偵訊，如進行到偵訊階段，必須確認實體法律關係成立之可能性。例如犯罪嫌疑人對於販毒自白，必須確認價金與標的物的關聯性，而且偵訊人員於本案訊問的內容必須與該犯罪嫌疑人所為自白的內容相符。

三、若在封閉的偵訊室為訊問時，犯罪嫌疑人有權利要求辯護人在場，須全程錄音、錄影，非有必要，不得對同一案件內容為反覆之訊問，若仍重複訊問時，受訊問人得拒絕回答。偵訊時犯罪嫌疑人請求對質時，非有必要，偵訊人員不得拒絕。

四、以證人或關係人約談通知到案，必須要有相當的事證，始能發動本案之詢問程序。

五、偵訊筆錄中對於重要事項的記載，如已陳述明確別無訊問之必要者，應加限制，除有新事實、新證據外，同一案件不得重複約談受訊問人[72]。

六、警察對於特殊案件之犯罪嫌疑人，或是精神障礙或心智缺陷者為訊問時，必須具備此種特殊訊問的刑事專業人員[73]。

---

[71] Fred E. Inbau, John E. Reid, Joseph P. Buckley and Brian C. Jayne (2013). Criminal Interrogation and Confessions. 5th ed., Johns and Bartlett Publishers, p. 156.

[72] 蔡墩銘，刑事訴訟法論，五南圖書出版公司，1999年6月3版，126頁。蔡墩銘氏認為，我國刑事訴訟法第196條規定，證人已由法官合法訊問，且於訊問時予當事人詰問之機會，其陳述明確別無訊問之必要者，不得再行傳喚。訴訟行為一旦達成目的時，在同一情況或同一目的之下，不得反覆實施，否則其行為無效。學者稱此為訴訟行為一回性原則（Einmaligkeit der Prozesshandlung）。上述條文之違反者，多由於違反訴訟行為一回性之原則。

[73] 刑事專業人員並不是指刑事鑑識人員，刑事鑑識人員是能掌握犯罪現場分析的專家，並非刑事專家。蓋因確認犯罪嫌疑人是否涉案，是具有統整判斷是否犯罪的專業人員，因為犯罪嫌疑人是否犯罪並非指犯罪學裡面所指實質犯罪的概念，而是在確認具有形式意義的犯罪，是指刑法所規範之犯罪類型之犯罪，此類的專業人員是指刑事專業人員。不過，目前以警察實務觀察，並不重視這塊領域的專業人員的培養。例如殺人案件，一位弱女子涉嫌殺害夫妻兩人，並經搬運後毀屍滅跡，警察懷疑另有共犯，

七、訪談與訊問，基於訴訟法上在程序的要求上需有定型，而予以區分[74]。

八、日後出庭作證之人，必須就該案件曾親自處理的員警為限[75]。

九、現場進行即時勘察的員警所製作的紀錄，必須以證人身分出庭。不得以機關鑑定為由，拒絕出庭[76]。

十、警察對於犯罪嫌疑人發動訊問，必須有合理懷疑始可進行之[77]。

十一、當時因情況急迫無法製作筆錄者，事後仍應補作筆錄，應求事證的完整性。

十二、緊急拘提、現行犯、通緝犯之逮捕[78]等人犯，非於偵訊室的訊問，應敘明理由。

十三、警察不得對於自己的線民以證人的身分加以訊問[79]。

十四、對於證人訊問不得使用不正方法，應告知證人有刑事訴訟法第181條之義務。

十五、被害人及其家屬參與平臺，學者專家得參與，無須添加任何評價，妥善安排營造出被害人及其家屬願意接受饒恕與寬容的情境，且須充分給予其訴訟權利之告知[80]。

刑事鑑識人員僅能分析到在搬運過程中仍未死亡，死因是溺斃而死，但無法分析出為何未死之被害人，兇嫌仍可搬運至其他地方，此時只有刑事專業人員要做出過多的假設去推論其可能一人犯案，或排除其可能有其他人涉案，這些假設的確認或排除，都不是鑑識人員的工作，而他們只能提供刑事專業人員的這種假設可能成立，可能無法成立，或還有其他可能存在在假設之中而無法完全排除。接下來仍需刑事專業人員進一步去偵查釐清。

74 「本案訊問」的程序正當性的要求，刑事訴訟法的規範必須嚴格遵守。

75 以符合刑事訴訟法所規範的傳聞法則。

76 偵查實務工作上，警察於偵查過程中所為的任意鑑定作為，雖未經檢察官選任鑑定，但為司法實務所承認。

77 合理懷疑的客觀標準，是以一位專業刑事人員所應具備的能力為準，以建立警察辦理刑案的公信力。

78 因無法為完整的錄音錄影，故需敘明理由，以昭公信。

79 此涉及偵查利益迴避的公正性問題，必須重視。

80 「修復式正義」的實踐過程，可仰賴外國的經驗與學者專家的意見與制度的設計，逐步實施於偵查程序中。雖然我國刑訴法第條第項亦有「被害人陳述意見程序」，實務運作結果，仍未受到被害人團體的肯定，而有導入「被害人訴訟參與制度」之修法擬議，是以目前法院審判實務，送達被告的傳票，及犯罪被害人告訴人之傳票，皆附

十六、鼓勵偵訊人員儘量避免使用暗示性詢問、避免誇大證據強度與罪名，而應使用較緩和的偵訊技巧，儘量淡化犯罪的嚴重性，並暗示犯罪低估的期待，以及可獲得被害人或其家屬寬恕的期待[81]。

加「訴訟權益告知書」。參閱林俊益，刑事訴訟法概論（上），2017年9月17版，21頁。

[81] Kassin, S. M., & McNall, K. (1991). Police interrogations and confessions: Communicating promises and threats by pragmatic implication, Law and Human Behavior. 摘自Google學術網路，最後瀏覽日期：2017/11/6。

第九章 | 結　論

警察犯罪偵查實務工作，屬性爲蒐證（當然也包括驗證）的基礎工作。在實踐的過程中重視工作的實效性（當然也包括精準與正確性）。前者，是屬應該去做那些事，爲什麼做了這些事（屬性定位）；後者，是屬如何做這些事（實踐過程）。換言之，警察於偵查工作的使命，在於偵查職能分工的落實，首先確認警察於偵查犯罪中蒐集資訊的角色定位，謹守其分際；於實踐過程中，爲各種偵查假設之設定，其目標爲爲何及如何擬訂偵查計畫，以落實工作執行與各項評估工作的實現。

本書藉由警察實務的觀察與描述，來說明警察在偵辦刑案過程如何識別、查證各種犯罪特徵與現象，處理各案件關係的發展重點工作爲何，亦即在探討警察偵查犯罪的工作重心爲何，而不只是在偵查效率的提升，而且在如何去發現偵查中潛在的風險因子，由各種虛僞供述等具體類型的解析，於現行法制層面下，去發現其虛僞不實的成因，所造成眞實發現的嚴重性，進而推導出警察偵查實務的偵查判斷體系的科學化、人性化、法制化等系統性知識的提出，以排除任何潛在的風險，促使在偵、審程序中，得以排除在證據法上證據證明的成立之風險。

第一節　本書特殊的發見

警詢（訊）筆錄涉及虛僞供述者，其影響到眞實發見及對於刑事訴追的實效性。此問題的解決，必須以警察辦案實務之動態發展而探討之。本書針對此問題，顧及虛僞不實的各種複雜因素，提出分析與解決方案，期望能有助於警察實務，能去除或減少虛僞供述之情形。

我國刑事訴訟程序係以審判爲核心，以重人權之保障，但是千萬不要忘記冗長的審判程序，無論對於被告或被害人及其家屬，亦未嘗不是一種人權的侵害，審判程序的冗長在證據證明的成立上存在極大的風險，在偵查中種下任何錯誤的因子，於審判的調查證據程序必然陷入苦熬難解。

儘管我國數次修正刑事訴訟法，爲使偵查機關於偵查階段的偵訊（interrogations）取供能夠正當而合法的實施，已設有諸多事前、事中、事後的規範措施[1]，甚至包括起訴審查機制，以防止檢察官濫訴，然則其結果，仍無法有效防制虛僞供述，進入法庭的訴訟資料之中。

由審判的經驗告訴我們，警詢（訊）筆錄的虛僞不實，足以影響日後法院證據證明的成立，與法院誤判的風險，在我國的學術與司法實務上仍有許多探究的空間。因此，本書由警詢（訊）中於各種供述與自白，提出警察於犯罪偵查中虛僞供述本身具體結構性的問題。從警察實務工作層面切入，了解有關警察職務行爲中依法製作的各種文書與筆錄所形成的過程如何與其影響，即聚焦於各個犯罪類型中所衍生出虛僞供述，將其統整後予以類型化爲核心問題，於日後法院傳聞法則與自白任意性法則以及補強法則等原則的運作之影響，實爲重點所繫，亦爲國內論著所未注意的重點。本書列出以下七個重點論述，如後：

第一項　虛僞供述的類型化

一、類型化

本書首先發見，引發虛僞供述的原因與類型，計有：（一）出自犯罪嫌疑人以及共犯本身自發所致；（二）出自偵查人員（包括檢察官或檢察事務官，或是司法警察人員）本身引發所致；（三）出自法院審判過程中法官本身明知或疏於調查所致。進而發現警詢（訊）筆錄乃關鍵核心問題所在，期待做爲日後「違法偵訊類型化」的立法模式，有所貢獻。

警詢（訊）筆錄的「虛僞供述」其多樣性與複雜性，究係出自事物的實然或是應然，本書以刑事司法調查權的觀點，透過類型化的歸納整理，促成警詢（訊）筆錄之於偵查實際的運用下，如何得以確實與精細的方法，將虛假不實的供述排除於警詢（訊）筆錄之外，同時，也促使檢察官在篩選證據

---

[1] 陳運財，偵查與人權，元照出版公司，2014年4月版，119頁。

中，得以有客觀標準的建構，以完備「精密司法」的標準化工作。

二、發見犯罪真實是一種動態過程

偵訊的科學化、透明化、人性化是警察偵辦刑案的整體行動的必然走向。本書從警察偵查實務出發，透過犯罪學與偵訊實務的知識與理論，了解偵訊不再只是偵查的終結及犯罪偵查中取供的書面紀錄而已，而是以偵查假設的前提下爲發見犯罪眞實所呈現出的動態過程。

偵查假設，是透過觀察、分析以之識別犯罪特徵作爲基礎，係以局部性、具體化、個別化的驗證犯罪的各種現象的偵查方法，排除與案件無關的事實，找到眞正犯罪事實的一部或全部。偵查計畫，是屬整體、統整、團隊的偵查犯罪策略，所策劃的藍圖，以增進偵查效能的實施，澈底打擊犯罪。

無論是偵查假設或偵查計畫，在在說明案件本身發展的動態過程，而非侷限於單一案件的時空性。強調司法警察人員的詢問取供，是從事社會法實證調查工作之重要一環。因案件與證據蒐集過程所發展出的關係，即會隨者時間、空間，與人際的互動關係而產生異動。因此，當下製作出不同的警詢（訊）筆錄，有些筆錄看似虛僞不實卻是實情，有些筆錄看似眞實卻是虛僞，有些筆錄卻是眞假參雜其中，難辨眞假，不一而足。

因爲偵查假設絕非憑空臆測、自行創發的假設，即便是沒有犯罪現場的犯罪型態，或是沒有任何跡證的犯罪型態，或是新興犯罪的犯罪型態，它必須透過「邏輯樹」[2]的脈絡做爲偵查起始點，逐步循線蒐集、保全、拼湊、還原事實，排除虛僞可能，既嚴謹且專業，不只是基於正當程序的正義而爲偵查法學概念的詮釋，更須以實際的科學精神與法治宏觀的角度去分析認知，找出其中虛僞不實供述的各個面向與成因，進而求出各種犯罪產生虛僞不實的防制之道，即防止虛僞供述最好的方法就是，如何解除「偵訊（取得供述）」與「緘默（拒絕供述）」間，「權力」與「權利」的矛盾與衝突[3]，建立平和、理性及法制的偵查環境。

司法警察人員須具備偵訊基本條件與能力，如何運用各種知識與方法引

---

[2] 李昌鈺，犯罪現場（Henry Lee's Crime Scene Handbook），商周出版公司，2004年5月初版，198頁。

[3] 林裕順，基本人權與司法改革，新學林出版公司，2010年10月初版，44頁。

導出優質的客觀偵查情境，屏除個人主觀偏見，促使受訊問人願意誠實的供述，即早發現非事實的供述，在保障人權與眞實發見間取得一定的協力平衡狀態之維繫，這是本書的另一個貢獻。

三、警察未能完整認知或誤認

司法警察人員在蒐證過程中，因犯罪尚未明朗，而有部分犯罪已經完成，可能部分犯罪仍在持續進行或擴大中，有部分犯罪業已終了，然而卻根本無法發現任何犯罪的痕跡，但是，警察所見到表面證據，只是留存在犯罪現場各項證據，甚至早就被湮滅或串供，等待警察去蒐集、保全、拼湊、還原，已經來不及了。

司法警察人員所調查的對象，是因爲受詢問人有精神障礙或心智障礙，卻無法識別，在詢問取供上，造成虛僞不實；或是受詢問人有精神障礙或心智障礙被確認，其陳述能力尚無困難，但是陳述內容失去眞實性，而未能覺察到。

因此，警詢（訊）筆錄的虛僞不實，有可能出自警察於偵查階段未能完整認知犯罪事實，或是對人的供述能力或供述事實有所誤認。本書也特別提到，警察未能完全認知或誤認，有時涉及整個偵查環境的現實面，須待政府各單位的協力配合，整合資源的問題，否則窮於應付，亦無增進偵查效能，甚至侵犯到人權。

四、警詢（訊）筆錄虛僞不實之本質

犯罪畢竟是因人的支配所生事物變化的不法行爲，之所以虛僞不實，有可能出自事物的實然，也有可能出自事物的應然。職是之故，警詢（訊）筆錄的虛僞不實，就本質而言，大致可分爲兩大類：

（一）有出自該事物的實然，而不是出自該事物的應然。如「自發性虛僞供述」，其出自供述者本身的問題，就其實質而言，是由供述者本身製造出虛虛實實的供述內容。

（二）有出自該事物的應然，而不是出自該事物的實然。如「被動性虛僞供述」、「偶發虛僞供述」，其非出自供述者本身，就其形式而言，是訊問者與被訊問於當時情境互動所製造的標的物，其供述的內容是否眞實，並非所問。

就上述虛偽供述本質論述後，透過歸納，於犯罪偵查中，主、客體運作結果，得出具體類型，得再細分出：

（一）「自發性虛偽供述」，因其形成的原因之不同，再細分為：不完全供述、串證、結盟、雙贏、誤導、 互咬。當司法警察人員於調查犯罪時到某種程度下，針對偵查可能的假設，所為的詢問，本質上就具有不確定性，而在受訊問人主動或不自覺的製造假象下進行非事實的供述，但訊問人員具有豐富的問案經驗未必會受騙。例如在警詢過程中，受訊問人因有意識的陳述不實之事實，或故意隱藏部分的重要或主要的事實，其主動引發係是出自欺騙、或是誣陷、或是刻意迴避所引發之虛構等原因。又如，受訊問人因本身記憶性上的缺陷，如主觀的記憶與客觀的事實不符，或觀察到的事物受到客觀條件與環境的限制導致錯誤，或經過一段時間記憶已模糊，但經偵訊人員的誘導喚起其記憶，以推測的方式做出非事實的虛偽供述。

（二）「被動性虛偽供述」，因其形成之原因不同，再細分為：誘發、勸說、利用、詐欺、違反程序要求、偽善等因素。當偵查人員於調查犯罪時，誤認為已掌握到相當證據，或疏於注意案情的變化，惟期待完成筆錄的製作，為順利完成移送的作業，竭力使用偵訊技巧，甚或使用不正方法，且可能過度因誇大手頭上的證據，甚至未注意到偵查應注意的細節部分。例如實際這些證據尚不足以充分證明其犯罪之可能，或者是鑑識人員與偵查人員發現眞實是各自為政，做出不同的偵查假設，得出相反的結論或矛盾的判斷，而受訊問人卻在此被動的狀態，為配合偵訊人員的訊問，所為全部或一部的不實供述。例如受訊問人本身心理、生理上的缺陷，如智能障礙或精神障礙之人，或因服用毒品、麻醉藥品、酒類或相類似之物品之人、遭到外力攻擊身心重創無法正確表達記憶等被動引發，所為非事實的虛偽供述。

（三）「偶發性虛偽供述」，因其形成之原因不同，再細分為：勾結、誘發、交換、錯誤等因素。當偵查人員於調查犯罪時，案件在初始調查或者是案件陷入膠著，職務上責任感的驅使，竭力使用各種偵訊技巧，甚或使用不正方法為之，與受訊問人一拍即合，各自算計，所為全部或一部的不實供述。例如受訊問人出賣、栽贓、誤導、行賄司法警察人員。又如，司法警察人員的誘發或不正行為所導致虛偽供述，其動機可能單純出於爲破案，甚至發展到複雜的利益交換，而被動引發的虛僞供述之風險。

以「自發性虛僞供述」最容易出現，受訊問人在故意或過失的情形下所爲之非事實供述，重於實質上的實然。不過，隨著我國偵查結構的改變，形成偵查中武器對等的狀態，而提高犯罪嫌疑人與辯護人對於偵查結果的影響。因偵查中的訴訟防禦權的增強結果，犯罪事實的隱密與未知性隨之增加，偵查的難度增加。尤其是犯罪嫌疑人無眞實陳述的義務，又因爲我國無妨害司法犯罪的處罰，虛僞供述必然存在於證據之中，警詢（訊）筆錄的虛僞不實的風險必然增強。

以「被動性虛僞供述」與「偶發性虛僞供述」，係出自偵訊人員故意設計讓受訊問人配合其詢問，重於形式上的應然。通常這種情形下，犯罪嫌疑人的供述係由偵訊人員誘發所致，而偵查人員所設計的自白，自認爲天衣無縫，卻忽視自白與其他證據的關聯性與合理性，期待將該自白無限制擴張到許多偵查假設的條件上，當日後許多相關證據的浮現後，卻產生許多矛盾與無法自圓其說的地方。又，偵訊人員於本案訊問時，另就其他罪名的告知犯罪嫌疑人，企圖以迂迴方式進行本案誘導訊問，雖未必出自惡意，但顯已違反本案詢問中應行的告知義務，無形中剝奪犯罪嫌疑人之防禦權。

五、真假摻雜的虛偽不實

虛僞供述之情形有三種，第一種情形是全然爲虛僞不實；第二種情形是隱匿部分的虛實；第三種情形是眞假摻雜的虛僞不實。而非以二分法認爲，不是眞實的，就是虛假的。亦即，眞假難辨的筆錄中，確實經常存在以上這三種態樣之中，也因此魔鬼的可怕就是藏在細節裡。事實上，供述本身受制於各種環境與條件的影響，根據本書的論述，在警詢（訊）筆錄中仍有一定比例的資料，會進入到偵查與審判的程序中，而成爲法院調查的證據資料或評價的基礎。

本書舉出各國的虛僞供述實例爲問題導向（美國、日本、我國等），作爲印證與啓發。特別是從警察實務的觀察而言，警察因過度熱心於職務，經常持著任何片段的情況證據，即結合犯罪者與犯罪的關聯性，或有些不能達證據的證明目的。易言之，有些警察在強烈的企圖心下驅使，希望取得有利的破案口供，通常如此作爲，總是期待伺機轉化成符合偵查假設中所期待的供述內容，導致虛僞供述的產生。因此，透過上述問題導向，歸納出我國司法實務上虛僞供述的具體類型化的成因，導引出警詢（訊）筆錄正確性的重要性，讓大家知道當我們在偵查種下的惡因，在審判時就必得到無法轉變的惡果，其中最可怕的就是冤獄。

第二節　警詢（訊）筆錄的正確性乃在兼顧偵查的實效性與人權保障

審判階段的誤判，通常種子已在偵查階段種下[4]，其關鍵之處在於，司法實務的經驗不斷地告訴我們，許多在偵查中的錯誤案件，通常難以在審判中獲得實際上的改變[5]。

正因爲如此，本書所強調的是，決定刑事案件與被告命運的核心關鍵，仍在於偵查階段如何完整的發現眞正的犯罪事實，有效的打擊犯罪，這才是追訴犯罪中得以兼顧人權之保障。

第一項　人權保障的重要性

我國在調查、偵查階段的司法改革，其重心逐漸重視「偵查彈劾原則」的結構發展，例如偵查程序中辯護制度的增強、緘默權的保護等，希望能夠還給受訊問人於偵訊程序中應有的基本訴訟防禦權，讓偵查程序逐漸透明化、法制化及標準化，也促使各種參與訴訟的參與人在訴訟程序更多元化與民主化，以貫徹人權的保障與國際人權公約接軌。

第二項　筆錄的正確性，要探討不同的受詢問人

本書是由警察偵查實務的觀點，探討警察與受訊問人於警詢（訊）中的

---

[4] 林鈺雄，刑事訴訟法（下），作者自版，2013年9月9版，26頁。

[5] 許澤天，檢察官的任務與地位，國立成功大學20週年院慶，臺德學術交流研討會暨工作坊，2017年4月11日，67頁。

陳述，尤其是訊問人與受訊問人間互動的微妙關係，其互動關係包括（一）被害人；（二）犯罪嫌疑人；（三）證人等不同的受訊問人，進而發現偵查中的各種變項因素，有無響犯罪眞實的發見及其程度。並且，以警察調查或偵查實務的觀點，探討警詢（訊）中取得供述事實的過程中，及客觀的剖析或描述的此一觀點，深入對於警察辦案與受訊問人的虛僞不實的複雜因素下，而了解警詢（訊）筆錄的證據法上可信度的問題。

一、由被害人立場的思考問題

有關我國刑事訴訟之參與者或訴訟關係人，鮮少站在犯罪被害人立場思考，通常被害人透過告訴、再議、交付審判之聲請，或於偵查中爲保全證據之聲請，或以自訴的方式加以凸顯，來保護自身利益。事實上，就整個犯罪歷程觀之，被害人或其家屬的供述，也可能成爲事實眞相的關鍵證據，重視被害人及其家屬參與詢問程序，有其必要性。

由警察偵查實務觀點而言，司法警察人員在詢問取供，因職務上的關係，通常比較欠缺被害人保護的觀念，促使被害人無法爲完全陳述，甚至造成二度傷害；益因有時加害人實際上即就是被害人，其生命歷程早就破碎不堪，於人格化社會的過程早就崩潰，而被害人更是無辜受害，如何謀求被害人願意諒解或饒恕加害人或其家屬，以撫平加害人與被害人生理與心理的受創。同時，進步的司法改革應重視追究犯罪行爲的罪責，仍不可忽視其責任能力，即指行爲人本身於行爲當時對於違法性行爲的識別力與控制力的調查，兼顧人權的保障。

本書提出更具體的作法，乃根據犯罪學者所發展出的「被害者學」（Victimology），是在研究犯罪人與被害人間互動的意義與關係，而從「被害者學」的角度來觀察偵訊的這層關係，可將其運用在偵訊學上，以解析出犯罪人的行爲動機與犯罪的模式，必然有助於眞相的發見，由此期待「偵訊模式」觀念的轉變後，得以帶動日後我國「司法精神鑑定醫學鑑定」的專門立法，尤其是針對精神障礙或心智障礙之受訊問人的陳述能力與陳述眞實可能的問題。

二、由加害人立場的思考問題

本書認爲犯罪之加害人，有可能涉及司法精神醫學的鑑定證據問題之提出，例如發現加害人有嚴重的被害妄想症，竟將睡夢中妻子勒斃。這種自認爲被害人之加害人，有可能涉及司法精神醫學的鑑定專業問題。針對加害人層層的犯罪生理與心理層面的剖析與鑑定，確認犯罪人是否具有完全之陳述能力與刑事責任能力的認定。蓋因加害人是屬人格障礙的精神病症者，以目前的醫學界仍無法透過任何醫療改善其症狀，偵訊人員在詢問取供或認定犯罪嫌疑時，應具備基礎的司法精神醫學與犯罪學的知識[6]。一併解決刑事責任能力與犯罪後如何處遇的問題。例如，精神障礙之加害人無法透過一般精神醫療法治療的話，就必須在刑事司法的處遇上建立特殊精神醫療的處遇機構來執行，以建立社會防衛機制。

因此，在人類對於精神醫學認知有限性的前提下，如何將「犯罪被害者學」與司法精神醫學的觀察法，實際的運用到偵訊學上，有助於事實發見，兼顧被告（「自認爲被害人之加害人」）人權之保障。

三、由警察團隊辦案角度的思考方向

案件從派出所的轄區熱點的初步查訪、情資蒐集到調查，由警分局偵查隊的查訪、調查與詢（訊）問過程，發展到擴大偵辦的階段，隨著階段性任務與職務上義務的履行，案件於偵查的過程本身，不是單打獨鬥的偵訊技巧而已，而是整體警察團隊的功能發揮，有效的壓制犯罪的成長。具體作爲，包括犯罪資料庫的統整、刑事鑑識二個流程的整合，觀測犯罪結構的變化，建構犯罪預防的警示機制。

四、由假設的方向作為前提，而為詢問

偵查階段所設計的假定條件，必須是透過法治的角度與科學的方法，讓偵訊程序更加透明化、合理化、標準化，促使警方還原事實眞相的過程得以追溯驗證，且係在法規範的指導下，得以驗證與檢視犯罪根本問題的解決，如何除惡務盡，儘量避免出現偵查斷點，務必具有連貫性的證據關聯，即以

---

[6] 岩波 明，精神障礙の犯罪，南雲堂，2008年3月初版，94頁。醫學研究認爲，遺傳、幼年環境、神經科學及心理與社會歷程是導致精神分裂症的重要因素，現今從事醫療觀察鑑定工作者，仍未找出合理的生理病因。而須透過精神醫療觀察法去進一步分析了解。

點、線、面的多重角度發現供述證據保全的重要性。

五、新型態的犯罪模式

由於現代的犯罪模式已經不同於往昔，隨著電腦、手機的普及，透過電子郵件、簡訊或網路進行各種犯罪，而留下來的語音文字的訊息，得以成爲數位證據，做爲偵查的對象[7]，例如駭客（已非傳統財產犯之概念）可透過各種不同網路的破綻，侵入電腦系統來奪取他人的財物或勒索財物，已成爲另一種財產犯罪型態（如我國的妨害電腦使用罪等）。由往昔犯罪類型逐漸爲網路犯罪的型態所取代，當然也不限於電訊詐欺、網路詐欺的電腦犯罪型態，且由傳統的犯罪現場的實體，轉變成虛擬的網路世界犯罪，例如電腦儲存紀錄，是人類將其表達內容以數位化記載於電腦中，其本質上仍爲人的供述，有傳聞法則之適用。惟若該數位證據爲例行性公務紀錄或業務文書，或雖非公務文書或業務文書但具有可信的特別情況所製作的文書，亦有傳聞例外之適用，則該文書以電子化呈現者，則該數位證據亦屬傳聞之例外。因此數位證據機制的啓動，逆向追擊犯罪人，也已成爲司法警察人員偵查的重要工作。

因之，現代的犯罪偵查，要與整個國家司法體系緊密連結，以專業問題導向爲核心，發展精密偵查模式（包括偵查假設的科學化、策略聯盟的方式進行、偵查技巧的精進）。同時，針對各個特殊或新興的犯罪類型，重視各種法規範制度的建立，並具有充足的偵查知識與技能，與各行政機關或司法體系相互配合、有效資源的投入與支援，以發見眞實爲前提要件，適時控制因偵查中的虛僞供述可能帶來的風險，即證據證明成立的風險控制。

六、動態發展下的警察詢問模式

本書透過警察偵查實務的觀點，企圖打破傳統警察傳統偵訊的觀念，認爲警詢（訊）筆錄只是一種靜態的文書紀錄過程，或是認爲偵訊只是偵查犯罪的最後手段等諸項問題。易言之，應該在偵查犯罪中呈現出的各種動態發展關係，如共犯結構、組織性犯罪、偵查可能的斷點、搜索、查扣之保全證

---

[7] 鄒濬智，偵查語言學的上層學科、內涵及其在中國犯罪偵查史的源頭追溯，警專論壇，第22期，2017年3月，62頁。

據的高難度，因而也促使偵訊人員必須透過反覆驗證的過程，排除各種供述虛僞的可能性，如此方能盡其客觀性義務，以發見眞實及保障人權。

第三節　警詢（訊）筆錄在證據證明的重要性

第一項　警詢的特色

警察詢問或調查的對象，通常具有許多不確定性與暗藏虛僞可能。警察在偵查實務上，其訪談（interviews）或偵訊（interrogations）的對象非常之廣泛，以取得偵查情報資訊。

站在法正當性的要求下，約談與偵訊仍有所不同，訪談係以非控訴方式進行蒐證的工作，偵訊係以控訴的方式進行取供的活動。通常案件發生後，無法立刻鎖定犯罪嫌疑人或確認犯罪嫌疑，基本上會先進行一些過濾與清查的蒐證活動。所以，訪談是蒐證的基本工作之一，乃進入偵訊程序之前的前置活動，自有其必要性。以警察實務工作經驗立場，精緻的蒐證前置活動，例如對於訪談的作業程序，越務實，越客觀、科學化，蒐證活動當然與偵查假設相結合，偵查假設的基礎就越紮實，越能夠奠定偵訊對象所爲供述的信用性與眞實性，以防制虛僞供述。不過，有時事前仍無法刻意區隔究竟是訪談或詢問，只要有留下任何紀錄，皆有助於案情的判斷。

以警察偵查實務而言，通常會將這些人皆列「證人」來調查，進行約談，其調查的對象及涵蓋面非常廣泛（大致上包括告訴人、告發人、被害人、涉案關係人、非涉案關係之第三人等五大類）。就此而言，應超過檢察官與法院訊問證人的範圍。蓋刑案的發生涉及到案件本身人與事的糾葛，案件本身又具有延展性，從四面八方出現的資訊須要經過過濾或檢證，自然非常廣泛與不確定，凸顯出警察偵查實務的特色。

第二項　不限於警察機關內的詢問

於各類刑事案件中虛僞供述的成因，以及如何影響日後檢察官的偵查與法院眞實發見，以作爲犯罪偵查與偵訊人員應有基本認識與條件。同時，有關警詢（訊）的供述取得，應不限於封閉的偵訊場所，尚且包括臨檢盤查、線民訪查、證人供述與指認、同意搜索、執行搜索、扣押、現行犯與準現行犯、緊急逮捕等過程中如何認定犯罪嫌疑人，以獲得供述事實所製作的紀錄文書。甚至從基層警察勤區查察勤務規劃執行中獲得的資料，以及處理犯罪過程中的各項紀錄文書與筆錄等提出，包括即時勘察的紀錄文書，以及偵查實務與國家刑事司法體系的聯繫關係，有關此部分，亦在本書論及。

第三項　警察假設性的偵查，詢問者自行製造的虛僞供述

爲避免偵訊人員利用假設性的偵查模式，故意誇大某鑑定證據的效果，並利用此證據的可信度，自行製造虛僞供述，不僅違反犯罪偵查所要求「求眞、求實」的目的性與一致性的要求，也違反實施刑事訴訟公務員應盡的客觀義務，嚴重侵害人權。

第四項　無罪推定原則的落實困難所在，與改進芻議

傳聞證據，對警察偵查實務而言，未必毫無證據證明的關係存在，案件與證據是否環環相扣，應視整個訴訟發展關係來決定其變動性，在證據法來看它是流動的關係，而與警察的偵查假設具有連貫性的關聯作用，因此，警察的刑事司法調查的蒐證活動，應將保全證據部分納入，以增進偵查實效外，兼顧人權之保障。

刑事訴訟法之傳聞法則實際運作結果，對於警詢（訊）筆錄的不採，乃太形式，而不是以實質爲據。我國的傳聞法則重點在於法院與證據之關係，其排斥傳聞證據之理由，在於該證據非在法院直接調查之故[8]。以偵查實務觀之，警察蒐證活動既深且廣，且警察是以偵查的假設爲前提進行詢問取供，法院直接審理的重點應在偵查前段的警訊，因爲警訊的眞實與否，嚴重影響到法院事實發見，法院非直接調查不足形成心證的眞實程度。

實務上自白往往尊爲證據之王，警詢中往往可能涉有強制色彩，虛僞

---

[8] 參照刑訴法第159條之修正理由（民國92年2月6日），英美法系採當事人進行主義，重視當事人與證據關係，排斥傳聞證據，以保障被告知反對詰問權；大陸法系採職權進行主義，重視法院與證據關係，排斥傳聞證據，乃因該證據非在法院直接調查之故。

可能性高，刑事訴訟法雖設有自白法則與補強證據法則，以限制自白之證據能力及證據證明力，然實務上法院於審判前又重視自白筆錄閱卷的結果，促使偵查機關起訴前儘量設法取得自白，已使法院因襲其偵查所得心證，朝被告有罪方向形成裁判。故採行「起訴狀一本主義」，以杜絕違法偵訊之發生[9]。

在犯罪偵查的實踐過程中，是將犯罪嫌疑人作爲「供述主體」、「偵查客體」，如此一來犯罪嫌疑人具有相當特殊的角色。而且任意性自白，於法院審理時通常是不會懷疑其虛僞性。如此，反倒是造成警詢（訊）筆錄的虛僞自白不易被發現虛僞不實。若法院審理時未能明察秋毫，仍舊將該虛僞自白當成主要證據或關鍵證據的話，同時又與補強證據結合來觀察，反而徒增誤判的機會。同時，我國法院審判前早就閱覽到被告或共犯的自白，容易產生嚴重的偏見或過度主觀恣意的審判心理。得爲證據的自白，其本身就存有虛僞不實時，可信度遭到質疑，卻因審判制度的人爲操作或疏忽，竟然將其視爲眞實，造成證據證明成立的風險。

本書認爲，即便是加強檢察官起訴前的監督機制，或貫徹法院無罪推定原則之法治基礎，或採行「起訴狀一本主義」，但是，基於人性的自利，犯罪嫌疑人會對自己爲不利之供述，乃屬異常的心理狀態。固然供述的存在必然有其合理性，但未必是眞實，因爲犯罪嫌疑人受到緘默權的充分保障，又無眞實陳述之義務，故犯罪嫌疑人的供述，未必具有相當的證據價値，其虛僞不實仍可能存在於證據資料之中，論究問題癥結之所在，有關警詢（訊）筆錄的證據證明的可信度之重視與加強，爲不可忽略之點。

既然犯罪嫌疑人並非一定就是眞正犯罪人。問題之關鍵在於，犯罪偵查的實踐過程中，如何斷定犯罪嫌疑人就是眞正犯罪之人，必須先判斷偵查的案件本身，何者是人的證據、何者是物的證據，證據類別的區分，可找到蒐證的方向與步驟。因爲確認犯罪事實所憑信的各種證據，有其不同的驗證方式，必須符合法定程序的正當性，建構出偵查方向與步驟，不斷地建構事實的眞相，而排除虛僞的資料進入判斷的資料中。換言之，如果發現犯罪嫌疑人可能不是眞正犯罪之人，或者是犯罪嫌疑人所作的供述，與犯罪事實不符

---

[9] 陳運財，偵查與人權，元照出版公司，2014年4月版，124頁。

者，案件所建構的事實基礎，則必須重建。

於偵查階段最重的任務，是達成事實發見的可靠性（achieving reliable factfinding）。但是，法律制度是一個極精密且複雜的整體設計，一個國家繼受外國法制需要經過長時間與本國法律文化相融合，否則，將淪爲拼裝車之譏。因此，以警察實務觀點而言，欲改善警察偵查的品質，應除去急功好利的心態，須長時間的透過各種制度化的建立，讓各參與偵訊程序人的人權，獲得充分的保障，也唯有眞誠的面對彼此的難處，才得以求得某種程度的諒解與寬容。

同時，偵訊人員透過犯罪心理學等知識與經驗的累積，檢視其程序的客觀化與透明化，以作爲改進各種訊問與訪談的方法，改善或改變偵訊環境，減少「官對民」的訊問方式，進而針對偵訊場所與訊問態度隨機改變，卸除受訊問人自我防衛的心理壓力，以防止虛僞供述，促使事實的眞相之呈現，並免除日後審判因蒐證的不完整，影響審判中證據證明。簡言之，有關警詢（訊）的虛僞陳述，居有舉足輕重的重要地位。

第五項　有利於被告之處分，以保障人權（刑訴法第2條）

從事犯罪偵查工作，不是單靠司法警察人員詢問取供後，再連結其他已蒐集到的證據，如此的簡單即可發見眞實。它是需要具備整體偵查地圖的概念，逐步合理化的建構出犯罪眞實。同時，就警詢（訊）筆錄的專業化而言，偵訊是一種手段，也是一種目的，基本上需要透過龐大且經過統計整理的系統資料，去檢視、比對、解讀其供述的可靠性，以樹立供述證據的「普遍可接受之原則」後並經「個化」的評估，以發見犯罪眞實。例如在證人指認方面、毒品鑑定意見的評估、監聽譯文的節錄、精神障礙人等供述的研判，通常需要專業知識的解讀與分析，以求得實質程序的正當性。

就實質證據而言，供述證據，必須透過交互詰問程序反覆驗證所得的證據資料。不過，自白雖爲供述證據，但最明顯的是基於犯罪嫌疑人本身自利立場的表態，犯罪嫌疑人由於受到緘默權的保障，得拒絕陳述。證人與之不同者在於除依法得拒絕證言外，仍具有陳述義務，且兩者在訴訟程序上其檢證的方式並不相同。因此，司法警察人員於詢問證人前須先檢視其證人之作證能力，即是否具備完全的陳述能力，以避免證據證明的風險存在。

美國警察的犯罪偵查之偵訊，類似我國現行刑事訴訟法所規定之約談通知（刑訴法第71條之1）以及詢問程序（刑訴法第100條之1）等方式取供，供做確認偵查方向或假設之正確性。至於起訴後，警察以訪談的方式取得關係人的陳述，得否提出於審判中使用，容有疑義。學者認爲[10]，由於此種詢問取得之陳述，屬於刑訴法第159條之審判外的陳述。惟此種任意方式所取得的供述紀錄，如經被告同意，且法院認爲適當者，得依刑訴法第159條之5同意法則之規定，得承認具有證據能力。倘被告有爭執，如具備有刑訴法第159條之3要件者，仍有容許作爲證據的餘地。因此，傳聞例外使得大量傳聞證據進入法院審判階段，相對的排斥傳聞法則適用之可能性，我國司法審判實務，既無法如同英美法制透過「認罪協商制度」以篩選案件進入大陪審團，其結果我國警詢（訊）筆錄大量進入正式審判程序（普通審判程序）自屬必然的結果，職是之故，警詢（訊）筆錄不會因爲檢察官的複訊就成爲眞實的供述。換言之，供述若是虛僞不實的，無論在何時、在何處、向何人所爲，其虛假的本質不會隨著偵查與審判程序不同而有所改變。因之，警詢（訊）筆錄，若存有虛僞可能者，勢必於審判時成爲法院調查證據程序中應調查的重心，然其眞假與矛盾於警詢（訊）中的供述，早就混雜其中，法院任擇其一仍存證據證明的成立之風險，難以確切還原事實眞相。本書探究的核心問題即在此，透過警詢（訊）筆錄中各種虛僞供述之類型化的統整，喚起重視警詢（訊）筆錄在證據證明的重要性不可忽視。

如何防制警察於偵查實務中有虛僞供述的發生。本書提出建言：（一）法院須傳喚警察到庭作證，調查警察與受詢問人的各種情境，使得眞實的發見更確實，以貫徹直接審理原則；（二）以各犯罪類型中發展「精密偵查」模式，亦即現代的犯罪偵查，要與整個國家司法體系緊密連結，以專業問題導向爲核心，無論是偵查假設的科學化、策略聯盟的方式進行、偵查技巧的精進等；（三）針對各個特殊或新興的犯罪類型，重視各種法規範制度的建立，並具有充足的偵查知識與技能，與各行政機關或司法體系相互配合、有效資源的投入與支援，以發見眞實爲前提要件，適時控制因偵查中的虛僞供述可能帶來的風險，即證據證明的成立的風險，以提升偵查的效能，

---

[10] 陳運財，偵查與人權，元照出版公司，2014年4月版，12頁。

兼顧被告、被害人及其家屬人權之保障。

有關警察偵查實務上，對於虛偽供述的問題，其涉及到警察詢問犯罪嫌疑人或證人的實際案例，對此筆者將歷年來，關注此問題，所做的案例當作附錄，提供參考。

附錄：偵訊技巧案例研究

說服在心理戰上，是一種高度智慧和技巧之攻心戰術，這種方法實施之成敗，悉以偵訊人員**基本能力**（本書第二章第二節已論述）以爲斷。簡言之，除須具備**識人**、**明事**外，尙須具備一**定程度的法律知識**，**良好**的**問案態度**，**縝密邏輯思維**，**簡潔無礙的辯才**，使受詢問人**心悅誠服**。促使受訊問人不受外力的強制作用，待其個人自發性願意陳述，以彰顯國家對個人人格尊重的讓步。因此，警察在偵訊中應善用各種偵訊技巧，等待受訊問人自發性的陳述，同時應注意如何發現受訊問人的虛僞供述，並利用突擊訊問、相互對質等方法，以達心理戰術最高之運用，以突破**偵訊心防**，以達成有效的取供。

以下舉出幾個情境模擬之案例，以供參考。

情境模擬案例一

警察甲抓到一名嫌犯乙，於是開始調查，以下是甲偵訊嫌犯乙的過程如後：

警察問：你是從事什麼工作的？

嫌犯答：電腦工程師，目前正在找工作。

警察問：你有沒有進○○超商去拿飲料？

嫌犯答：我沒有。

警察問：明明監視器當時就照到你拿了飲料？

嫌犯答：我沒有拿，因為身上帶的錢不夠，我跟他說：下一次再還，之後，才拿飲料走了。

警察問：你有沒有毆打店員A？

嫌犯答：我沒有，是他罵我：沒錢還來買飲料，我很生氣不理他，拿飲料就走出店門，他就衝出來打我，我很害怕就推他一下跑了，我沒有打他。

警察問：你跑走的時候掉落的螺絲起子，這把是不是你的？
嫌犯答：是的，是我幫人家修電腦用的。

* * *

警察甲偵訊店員A的證人筆錄如後：
警察問：乙到店裡買飲料有沒有說：身上帶的錢不夠，下次再還。
A　答：我已經記不清楚了，好像有，又好像沒有。
警察問：乙拿飲料是不是沒付錢就走了，你有沒有衝出去，跟他理論或發生什麼事情？
A　答：有，只是想把飲料要回來，有發生一陣拉扯。
警察問：那乙有沒有打你？
A　答：他當時看起來很緊張，把搶來的飲料丟向我的頭，而且還推我一把就跑走了。

根據上述訊問情況，員警甲初步是以何種犯罪構成要件的犯罪類型來問案？並就上述偵訊過程的關鍵問題，請提出看法。

本案之參考解答

（一）員警甲初步偵訊是乃以搶奪罪開始調查（詢問犯罪嫌疑人必須先告知其罪名）。
（二）查刑法第325條搶奪罪之構成要件，依照目前實務見解認為，僅須店員A於實力支配範圍內，嫌犯乙公然搶取其財物，亦即被害店員A已知其持有權將面臨被侵害之危險，以嫌犯乙的客觀上行為觀之，店員A已經表明不願意對其所支配範圍內之財物的持有權交付於他人。

尚有可議者，嫌犯乙是否有逕自侵害A的持有而強取之，以建立新的持有關係。關係到本題關鍵的爭議點，分別討論如後：

（一）嫌犯乙雖然向警察甲聲稱：「身上錢帶的不夠」，而嫌犯身上錢帶的夠不夠，並非刑法所關心的事實，仍無法解除其侵奪他人財物的客觀不法事實。也並非警察問案的重點。（本案嫌犯乙雖聲稱：現正在找工作，並不表示他犯本案時身無分文，有些竊盜嫌犯身上雖然有錢，仍有竊盜的習慣）。

（二）但是，員警甲進一步訊問店員A（應該是以證人的身分詢問A）有無聽到嫌犯乙說「錢帶的不夠，下一次再還」這一句話，應該是想確認：「乙當時有無搶奪的犯意」，嫌犯乙向員警甲聲稱：「他罵我：沒錢還來買飲料，我很生氣不理他，拿了飲料就走了」。

（三）從上述筆錄對照的刑法財產犯罪類型，竊盜罪所破壞者為財物持有人「鬆懈狀態之持有」，搶奪罪所破壞者為財物持有人「緊密之持有」，強盜罪所破壞者應屬財物持有人「受到強制下無法繼續之持有」[1]。因此，依照嫌犯乙所說的，據此事實很難認為：嫌犯乙當時有搶奪的犯意，充其量只能認為：嫌犯乙所為的不法侵害行為，是在店員A鬆懈的持有狀態侵奪其財物的持有，只能論以竊盜罪。蓋因嫌犯的不法行為，並不足以發生侵害被害人生命或身體法益之危害，應朝嫌犯乙有利的認定，認為：係出自和平的手段為之。

（四）以證據法則來看，依照「有疑問時，為被告最有利考量原則」，朝向被告有利的認定。然而，偵查程序有無此一原則之適用，不無疑義，蓋因此原則與舉證責任於概念上，並非出自同一涵義[2]。不過，店員A並未否認嫌犯曾說「錢帶得不夠，下次再還」這一句話，只是無法確認而已。基此，警察人員應該去查證當時超商「購物時雙方有無對話的影像出現」的錄影帶，還原可能的事實眞相，以盡其調查犯罪之職責。若經查證結果，如仍無法確認此一事實，就不可將此證據當成不利於嫌犯之證據。反而，此為對嫌犯乙有利的證據，亦應一併加以注意[3]。

（五）員警甲之所以問店員A是否衝出去跟乙「理論」，係為確認嫌犯乙是否先為此毆打行為，或許店員A因有正當防衛行為而阻卻違法，即便是有嫌犯乙所稱的「借貸關係」成立，使得該店員A無法主張「自

---

1 甘添貴，刑法各論（上），三民書局，2009年6月初版，247頁。曾淑瑜，刑法分則實例研習，三民書局，2010年6月2版，201頁。盧映潔，刑法分則新論，新學林出版公司，2010年8月3版，614頁。

2 黃朝義，無罪推定原則，五南圖書出版公司，2002年10月版，13頁。

3 黃東熊、吳景芳，刑事訴訟法，三民書局，2002年9月5版，38頁。我國刑事訴訟法第3條第1項規定，係來自德國刑事訴訟法第160條第2項，該條規定「…，且應偵查使其（指被告）免責之情況」。

助行爲」，亦即店員A無法主張任何正當事由而阻卻其違法行爲。但是，嫌犯乙主觀上已經知道店員A不同意其取走財物，其不法取得他人財物之事實確實存在，故不能對店員A主張正當防衛。若無所謂「借貸關係」，店員A以自助行爲的方式而奪回財物，發生拉扯，爲法所允許。不過，應注意者，因爲店員A與嫌犯乙的回答均認爲是「拉扯行爲」，而店員A的拉扯行爲是爲了取回財物，並非逮捕行爲，而嫌犯乙所爲的防禦性動作，是因爲店員A衝出來要打他，因爲害怕而爲的自衛行爲[4]。所以，至此應可確認的是，嫌犯乙主觀上並非爲避免逮捕或防護贓物的目的性施暴行爲，故除成立其他罪名外，不成立準強盜罪[5]。

（六）所謂「拉扯」行爲是否發生「互毆」傷害的結果，則爲另一問題。況且嫌犯聲稱：「他就衝出來打我，我很害怕就推他一下跑了」與店員A所陳述「當時他看起來很緊張，把搶來的東西丟向我的頭，而且還推我一把就跑走了」筆錄相符。顯見嫌犯乙主觀上僅是單純的害怕被人打而推人，並非是準強盜罪的脫免逮捕或湮滅罪證的目的行爲。同時，據此認定嫌犯有傷害故意，亦恐有爭議。所以，就無須論及嫌犯乙的施暴行爲是否達到使人「不能」抗拒或難以「抗拒」，嫌犯乙難以成立強盜罪或準強盜罪。

（七）嫌犯乙不法侵奪財物之際，其主觀的犯意就認爲：「告訴店員A今天就是不付錢，管你同意或是不同意，拿東西就走人，看你能拿我怎麼辦？」的行爲態度。如此，則搶奪的主觀犯意就非常明顯，自無所謂「違法性錯誤」的問題，蓋因違法性錯誤是指：行爲人以爲跟別人說自己未帶錢，而無須經其同意即可取走他人財物，自信這樣的行爲是法律所不加禁止的[6]。不過，單純從員警甲與嫌犯乙及店員A之間的

---

4 甘添貴，互毆與正當防衛，月旦法學教室別冊（公法學篇），2000年1月，181頁。本案例是屬「偶而互毆」，不同於「約定互毆」，是指行爲人主觀上僅具有防衛的意思，同時在客觀上亦下手在後者者，自得主張正當防衛。且嫌犯乙無強烈積極加害的意思，仍可認定其具有主觀上防衛的意思存在。

5 陳志龍，人性尊嚴與刑法體系入門，作者自版，1998年版，370頁。

6 甘添貴、謝庭晃，捷徑刑法總論（修訂版），作者自版，2005年6月增訂版，215頁。

筆錄記載來看，嫌犯乙客觀上似乎並沒有使用任何強暴脅迫的不法行爲，故無法確認嫌犯乙具有搶奪的事實存在，亦即無法確認嫌犯乙當時有可能使用不法腕力的危險性之搶奪行爲。

（八）嫌犯乙跑走之際，掉落螺絲起子，乃因刑法第321條之加重條款，凡客觀上足以對人之生命、身體安全構成威脅，具有危險性之器械均可謂「兇器」，故扣案之證物「螺絲起子」已屬之[7]，且行竊時攜帶此兇器爲已足，不以攜帶之初有無行兇爲必要[8]。惟，學說上有採主觀說，認爲行爲人須有「持凶器以便利其犯行，甚或持之傷人」之認識與意欲始足以構成加重條款，以符罪責相當原則[9]。

因此，嫌犯乙成立刑法第321條的加重竊盜既遂。

本案之偵查技巧

（一）警察透過敏銳的觀察力，發現一些可疑的線索，聚焦於一些可疑之點上，大膽假設，小心求證，發現眞實。擬定偵查計畫與策略，集結相關資訊的蒐集，確認與選擇何者是最有利於案件的訊問。

（二）以本案而言，以一個電腦工程師的背景觀之，要犯竊盜罪的可能性是需要從他的生活習慣與習性去了解爲何會犯此竊盜案件。同時在詢問

---

7 有關兇器的定義，不應廣泛認定。即不應從行爲人基於特殊認識，以及行爲人透過操作能力而爲之特殊方法，將危險性發揮出來而對他人造成危害來判斷，而應自兇器本身所具有之危險性質予以判斷，似較爲妥適。

8 「攜帶兇器」此一要素爲構成要件要素，是以，行爲人於行竊時應對器物具有危險性之特質有所認知並進而攜帶之。而攜帶兇器竊盜對於生命、身體法益之保護係以抽象危險犯之方式來加以保護，僅須行爲人於行竊時有攜帶兇器之行爲，則往往附隨典型之潛在性危險，行爲人於主觀上並不須有行兇之意圖，若有行兇之意圖則往往有至使不能抗拒之程度，該情形應由強盜預備犯規範。

9 甘添貴，體系刑法各論，第2卷，作者自版，2004年4月初版，64-65頁。李聖傑，攜帶兇器竊盜的凶器概念，月旦法學教室，第59期，2007年9月，13頁。黃惠婷，加重竊盜罪之「攜帶兇器」與「著手」，月旦法學雜誌，第116期，2005年1月，242頁。盧映潔，刑法分則新論，新學林出版，2017年9月12版，601頁。加重竊盜罪各款事由之性質應爲加重構成要件要素，各款事由皆有其獨立之不法內涵、特別保護之情狀以及較重之法律效果，各款事由與普通竊盜罪之基本構成要件結合後，則各別爲一獨立之加重構成要件。

階段，先要找店員來問，再找犯嫌來問，一般而言，超商店員有受到超商的管理紀律要求，對於店裡財物的保護具有一定的堅持與職責，陳述案件事實雖然可能是一面之詞，但會比較具有完整性，而犯嫌失業多時，心理難免諸多情緒發洩，不要因爲犯嫌失業又未帶錢購物，即認爲具有竊盜之故意，或許進一步訊問下，發現犯嫌的家眞的就住在附近可立刻回去拿錢付帳，況且其侵害財產法益非常輕微，實在沒有必要與法秩序產生敵對之違法，這些問題偵訊人員都應該要注意訊問時都必須考慮到的事實。因此，倘若這些都是事實的話，犯嫌當時則無竊盜之故意，攜帶凶器的法律疑義就可解決之，蓋因無竊盜故意就不會成立竊盜罪，自無加重竊盜條件之問題；反之，犯嫌到處遊蕩伺機行竊，其家住附近的謊言即被戳破。因此，偵訊人員須保持客觀、公正的態度訊問，才能達到發現眞實的目標。

（三）偵訊人員於進行偵訊時應就相關證據整理，擬出偵查的方向與策略，來進行偵訊。情境模擬所強調的是具體的操作能力的培養提升其偵訊能力。較高層次的模擬案例，是讓偵訊者能夠自行模擬與創發不同隨機變項的情境假設。

（四）偵訊人員需準備一些資料，使用適合受訊問人的語言來提問，例如明明監視器當時就照到你拿了飲料？重點在於「拿」，通常避免刺激嫌犯，不說「搶或偷」字，以減低嫌犯啓動自我防衛的心理。

如何利用一個已經被確認的犯罪事實，測試出偵訊人員有足夠的能力，就相關事證加以組合或連結，試圖將整個犯罪事實如何根據相關證據來回應證、推論，如何拼湊出犯罪的輪廓，以還原事實眞相的偵查能力。

案例類型的設計仍以偵訊的方式如何還原事實眞相[10]，或許還可以以不同偵訊方法與技巧去還原事實眞相，基本上案例類型的設計在於測試偵訊人員使用各種不同事物的連結，去發現事實眞相，已達到「活學活用」這些基

[10] 被告的偵訊，爲取得證據方法之一，其所言之虛僞者，則應當與其他證據相連結起來後，紛紛指向不利於受訊問的嫌犯時，其必然會意識到自己無法遁形，不論他如何辯解，確鑿的證據指向事實眞相。因此，證據的蒐集應先著重於證據的關聯性，至於如何情況下才有所謂證據關聯性，是屬證據關聯性法則的問題，於此不加深論。

本偵訊知識[11]。

情境模擬案例二

案經偵訊人員訊問結果認定嫌犯甲的犯罪事實，陳述如後：

甲有販毒、傷害前科，以毒品要約A女至某飯店做為性交的條件，A女注射海洛因之後，全身陷入精神錯亂的狀態而一直持續發生，無法自行行動，雖然，甲日前曾經自行注射過三次海洛因也應該有這些認識，知道注射過量會有這些急性症狀的發生，但是甲當時並沒有回應A女的請求將其送醫院急救，竟隨便棄置不顧，而甲當時離開飯店看見A女時，人一直在痙攣，仍然活著，其後被人發現時已經死亡。

甲給予A女注射海洛因，導致其陷於精神錯亂，時間約在半夜0時半左右，如果當時甲直接答應其送醫院急救的要求，A女年輕（約13歲）因為生命力旺盛以及沒有特殊的疾病，所以救起A女的生命可能性具有十之八九的可能性，這樣的事實，應該是已經超越合理的懷疑達到確信其為真實的程度。甲任意將A女放置在飯店的房間裡，因為毒品導致A女心律不整而死亡，時間是從半夜2點15分到半夜4點整為止，認為其間具有相當因果關係，而成立有義務的遺棄致死罪。

請依照上述各個情節，擬定出本案偵訊的內容（原則上採取一問一答的方式進行偵訊），用以證明甲是否具有消極殺人罪或有義務的遺棄致死罪之犯罪嫌疑。

---

11 柯耀程，刑法構成要件解析，三民書局，2010年3月初版，71頁。柯氏該書對於刑法構成要件解析，提出簡而易懂的觀念「刑法爲『客體評價』的規範，與其相對應的評價對象，是以一定具體事項做爲『評價客體』，先有『評價客體』的存在，才有該『客體』的評價。『評價客體』是具體存在的事項，其本身無法自行評價，而是作爲被評價的對象。『客體評價』是屬規範面的判斷規定，用以對於一定具體事項，作合法與不法的價值判斷。」創發的情境模擬題也是本此基本概念設計的題目，也就是在對話中的行爲事實「評價客體」可對應出「客體評價」的規範面的判斷規定。學習者也可以舉一反三的從「客體評價」的解析中自行創發出可能的「評價客體」。

本案之參考解答

一、偵訊內容擬定

警察問：當天晚上你與A女進入某飯店休息，你認識她嗎？

甲回答：我們是有點認識，但是不太熟。

警察問：A女死亡的房間裡有含海洛因的針筒，針筒上採集到你的指紋，你怎麼解釋它？

甲回答：我自己在注射海洛因來解毒癮，沒想到她也想要試一試，我就幫她注射。

警察問：所以你承認有幫忙她注射海洛因了？

甲回答：對的，難道這樣也會犯罪嗎？她的癮頭很大，平常也都要打上三針的劑量，沒有發生過任何問題，那知當天她全身痙攣，胡言亂語。

警察問：你知道她的死是因爲注射過量的海洛因嗎？

甲回答：不可能的，我自己有注射，也沒有問題，她這麼年輕怎麼可能會這樣就死掉，警察先生請你不要亂講話，這可是人命關天的事情。

警察問：你們進入飯店是半夜0時半左右，而你離開飯店的時間是半夜4點整，約三個半小時的時間，你何時發現她有痙攣，或精神錯亂的狀態？

甲回答：大約是在半夜2點半時，我發現她有痙攣，或精神錯亂的狀態，我很害怕，又不敢送醫急救，她當時確實很痛苦需要就醫，她也要求我幫她送醫急救，我實在太害怕了，六神無主，慌亂之下我就離開飯店！

警察問：你離開飯店的時候有沒有通知櫃檯去看看？

甲回答：沒有。

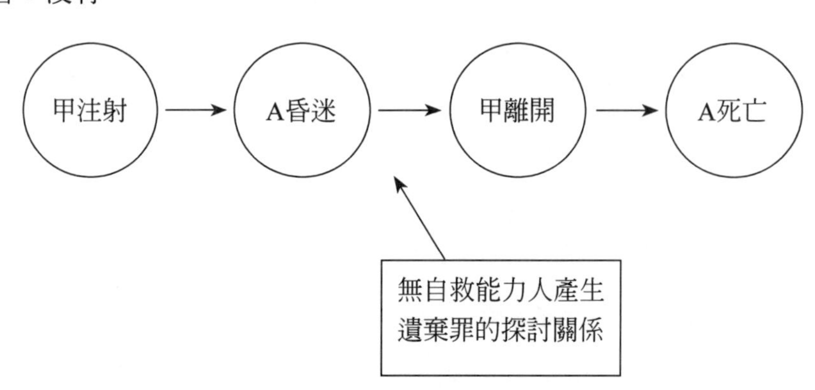

二、犯嫌甲該當何罪之論證

（一）甲對於女進行毒品注射後才離開，屬於既存風險的不排除作爲，值得討論的是甲的注射行爲是必然造成A女死亡的原因？還是注射後遺棄行爲造成A女死亡的原因？甲給予A女注射毒品時並無法預見其注射毒品量的多寡會致其死亡，故主觀上無法確認甲對於A女爲注射行爲必然造成A女死亡有所預見，客觀上足以確認的事實是如果甲當時將A女送往醫院急救的話，有十之八九的可能不會造成A女的死亡，因此甲不會負消極殺人罪，並先說明之。因此，甲對於A女注射後的離去成爲本題評價其不法行爲的重點，也就是須確認甲是否爲一個不作爲犯的問題。

（二）因果關係與客觀歸責：通說對於不作爲犯的因果關係採「準因果關係」，亦即行爲人若履行義務之行爲，具體結果將幾近確定不發生，則不作爲與結果間具有因果關係。另以，客觀歸責理論的風險升高理論者主張，送醫就有可能救活A女，甲有防止其發生的義務，且客觀上具有防止其發生的可能性，能防止而不防止，即具有可歸責性，蓋法律係在要求行爲人履行義務，重視其行爲人履行其義務的可能性，以阻止風險的實現，而非確定損害是否發生與否。

本案A女送醫具有十之八九救活可能性，故無論依通說見解或風險升高理論，皆具備因果關係。

（三）刑法第15條第1項規定「對於犯罪結果之發生，法律上有防止之義務，能防止而不防止者，與因積極行爲發生結果者同」，同條第2項規定「因自己行爲致有發生犯罪結果之危險者，負防止其發生之義務」，在法律上甲被賦予信賴，爲期待能採取保護行爲之人，此信賴期待的事實變化，稱爲：保證人關係。但是，甲竟不爲法律期待其應有的作爲，以不作爲來實現不法構成要件，綜合實際情形，甲爲A女注射毒品，可解釋爲危險前行爲，自發生防止其結果發生的義務，甲的保證人地位與義務應可確認，此犯罪類型學理上稱之爲「不純正不作爲犯」。

（四）以刑法第17條加重結果犯之規定「因犯罪致發生一定之結果，而有加重其刑的規定者，如行爲人不能預見其發生時，不適用之」觀之，甲主觀上認識吸毒過量會造成死亡的可能性，客觀上能對於其死亡的結果有所預見，竟決意棄置A女而選擇離開，甲的行爲該當於刑法第294條第1項之不純正不作爲犯，乃至於該當同條第2項前段之有義務的遺棄致死罪[12]。

本案的偵查技巧

（一）偵訊人員於偵訊中的每一句對話，都需要試著去找出其法律上規範的意義，找到受訊問人所陳述之事實是否在法律上具有規範上的評價意義。例如被害人A是以性交做爲換取毒品的交易條件，甲涉及到兒童及少年性交易防治條例第2條有對價之性交行爲，以及同法第22條第1項與未成年人性交易罪。

（二）就該行爲事實得以成爲刑法評價客體，如何找到適當的評價標準，來評價該具體事實，除了證據法則的廣泛運用外，正確適用刑法，以符合偵查法學上的嚴格要求，因涉及基本人權之保障，不得不妥慎處理。例如甲是否對於A居於實質保證人地位以防止危險行爲發生，並負有救護之作爲義務，是否具有法律上期待其作爲之義務，甲是否有遺棄之故意，還是只是過失責任的問題。

（三）以本案例而言，就犯罪偵查技巧方面，涉及毒物學、醫學、心理學、偵訊學等知識的運用，可謂相當廣泛。如此於偵訊前之準備，其目的在於估算其各種風險製造與實現之可能性，倘若其風險的製造與實現皆非可歸責於甲者，則甲並無過失致死之罪責可言。

如此的模擬案例的設計，是可以非常活潑有彈性的。只要設計的隨機變項的情境稍加變化，所得結論就有可能不同，例如在題型之中增加共犯的變項[13]，或上述案例中改成甲尚未離開飯店就被人發現，是否仍成立刑法第294條[14]，可以加深設計案例的難度。

---

12 西田典之、山口 厚、佐伯仁志編，別冊ジュリスト，刑法判例百選Ⅰ，総論（第6版），No.189，2008年2月，10頁。有關有義務之遺棄罪，請參閱甘添貴，刑法各論（上），三民書局，2009年6月初版，99頁。

13 陳志輝，無義務遺棄罪的法律性質，月旦法學教室，第43期，2006年5月，22頁。教唆犯是否有刑法第31條第1項或是同條第2項的適用。

14 同上註，23頁。甲之行爲究係具體危險犯或是抽象危險犯而有不同的結論。

情境模擬案例三

甲為某知名藝人，有販毒與吸毒的前科，某日警察在甲的家中的行李箱中查獲第一級毒品海洛因一包，以及分包裝的塑膠袋及量器，甲當場矢口否認犯行，供稱是友人借放在他家的東西，警察認為甲有持有毒品的犯罪嫌疑，將甲帶回警局偵訊，甲要求偵訊時堅持律師陪同。

以下是警察偵訊甲的過程：

警察問：你認不認識A？

甲回答：我不認識她。

警察問：我們查過戶籍資料，她去年才從你的戶籍地遷出，你真的不認識她嗎？你們之間的關係是什麼關係？可不可以說明一下！

律師答：戶籍資料不準確，我的當事人可以不回答這個問題。

警察問：不過，A在本局調查時她已經坦承你們同居在一起有5年之久，最近她才搬出來住，又因為近來經濟壓力大，向你買了一些毒品來紓解壓力！

甲回答：那是她亂講的，她本來就有吸毒的習慣，我早就不吸毒了，所以我才要她搬出去住，因為警察抓這麼緊，告訴她不要害到我了！她就很生氣，才搬出去的。她經濟有沒有壓力跟我無關。

警察問：你有沒有吸毒要等到鑑定報告出來才知道。但目前有證人指證：你近日在某捷運站附近，先後將不詳重量的海洛因交給A？

律師答：對不起，警察先生有關這個問題我必須跟我的當事人談一談，才能回答這問題。重點是，我們有權利要求這位證人跟我的當事人對質後才能回答你提出的問題。

甲回答：警察先生，你也應該知道的，跟她住這麼久，東西很多不是一次就搬得完的，她需要一些東西我還是會幫忙交還給她的，這是人情世故，難道不是嗎？

警察問：據我們了解近來許多家銀行向A催繳積欠鉅額卡債，你知道這事嗎？

甲回答：她已經搬出去了，跟我無關，不要問我？

警察問：在你家中查獲海洛因一包重約600公克，以及電子磅秤、分裝袋十包。你說：這東西是友人借放的，你完全不知道這裡面是什麼東西？不過，根據我們的監聽紀錄，是某人交給你預備販賣用的，你能不能說明一下？這個交貨給你的人也已經承認有這個交付的事實。

律師答：我的當事人可以不回答這個問題。你們憑什麼去監聽我的當事人，容許我保留不同的看法。

警察問：在你家查獲這麼多的海洛因，都是A忘記帶走留在你家中的東西嗎？還是你本來就預備要交給A的嗎？你以前有吸食過海洛因的前科資料，難道你真的不知道海洛因是什麼東西嗎？

律師答：雖然刑事訴訟法沒有明文限制，警察在偵訊時不得行誘導訊問，但是你剛剛問的問題已經涉及到誘導訊問，所以，我的當事人可以不回答你的問題。

警察問：家中查扣分包裝的塑膠袋及量器，有留下指紋與掌紋，我們要比對一下？

律師答：我的當事人不是你們逮捕的人犯，我的當事人得拒絕你們採取他的指紋與掌紋？

警察答：這個問題，大律師你可以去跟檢察官或法官說，請你不要妨害偵查。

警察問：據我們了解：近來許多家銀行向你催繳積欠鉅額卡債，你知道嗎？

甲回答：我有沒有欠銀行錢，跟你們無關，我不想回答你們這些無聊的問題。

就上述案情辯護律師所爲的在場陳述意見權，是否不當而足以影響偵查秩序？試簡要說明之。

本題參考解答

本案律師是否利用錯誤的程序規定，來阻礙警察偵訊程序的順利進行，企圖迴避警方欲發現的實體眞實，分別就辯護律師於警察偵訊時的在場權，及陳述意見權，而其陳述意見權又分爲異議權以及主張權，以及接見通信權等，提出討論，陳述如後：

（一）根據戶籍資料顯示去年A才遷出甲的戶籍地，律師雖然認爲戶籍資料不準確，不過，從甲一開始先否認與甲相識，後來卻又透露當初因A吸毒而要求其搬離，顯有矛盾之處，反而是有利於警方對於事實眞相的釐清。

律師所稱：戶籍資料不準確，無非認爲戶籍資料只是基於行政機關管理戶籍資料的行政手續，俗稱「寄戶口」而兩人不相識，根據經驗法則判斷，是有可能性的，律師行使的異議權是可以成立的。但是，如此的異議，也並未影響到警察對本案的訊問，所以，偵訊人員不得限制或禁止。

（二）於警察偵訊時律師要求證人與犯罪嫌疑人對質並非被告的基本權利，除非警察於偵訊時本身爲發現犯罪眞實的必要，得命犯罪嫌疑人與證人對質，此爲刑事訴訟法第196條之1準用第184條規定警方的法定職務行爲，而犯罪嫌疑人之辯護律師對此並無主張權或異議權。

（三）目前人權意識高漲，根據通訊保障及監察法的監聽程序可謂非常嚴謹，須經合法監聽程序向法院聲請通訊監察書（監聽票）後，始能對人民進行監聽，以蒐集證據資料，因此偵訊的警察就監聽所發現的犯罪事實請犯罪嫌疑人加以澄清說明，並無違反刑事訴訟程序規範。至於律師要求保留看法，有關證據能力的爭議，並非於警方偵訊所提出異議的範圍，其異議權是屬無效的行使，但仍不足以影響偵查秩序，所以，偵訊人員不得限制或禁止。

（四）所謂「誘導訊問」是指偵訊人員所提出的問題中已經預設好答案，要求受訊問人循此問題回答出偵訊人員所要的答案。海洛因究竟是甲預備販售的毒品，還是A忘記帶走的毒品，警方因爲已經掌握到確實的監聽資料，且監視器拍到在某捷運站附近，先後將不詳重量的海洛因交給A，所爲的偵訊就不是非法偵訊中所謂的詐欺偵訊了，可是，辯護律師當場向警方主張甲應該保持緘默是有理由的，因爲此時甲無論如何回答警方的偵訊都會產生不利的結果。因此，律師認爲：嫌犯甲以保持緘默的方式應對警方的偵訊，是最有利於甲的選擇[15]。

---

15 律師告知犯罪嫌疑人或者是被告拒絕承認犯罪，或拒絕自白，除非毫無依據，通常應有所本，辯護律師才會提出這樣的專業意見，既然律師於此場合有此主張，偵訊人員

（五）依據刑事訴訟法第205條之2，甲是遭警方逮捕的人犯，自得採取甲的指紋及掌紋，是屬警察的合法採證行爲，律師的異議權不成立。如果辯護律師堅持甲得以拒絕採樣的話，此行爲恐怕已經是足以影響偵查秩序，警方得限制或禁止之。

（六）有關辯護律師與嫌犯甲的接見交通權，警方不得禁止，只能予以限制，以不得超過一小時爲原則，因此，有關甲販毒與A關係到案情重大發展，律師有必要與甲交談，所以，警方不得禁止而只能限制之。律師主張與甲接見以了解案情，是有理由的。

上述之（五），有關甲之辯護人在場陳述意見權，足以影響偵查秩序者，偵訊之人員應視情節的輕重，得限制或禁止之。

自不能認爲其行爲不當，足以影響查秩序，故不得限制或禁止之。

參考文獻

壹、中文文獻（以作者姓氏爲序）

王兆鵬、陳運財、林俊益、丁中原等合著，傳聞法則理論與實踐，元照出版公司，2004年9月2版。

王傳道，刑事偵查學，中國法政大學出版，2013年6月4版。

王乾榮，犯罪偵查，臺灣警察專科學校出版，2000年9月版。

田　粟，偵查邏輯，稻田出版公司，2005年11月初版。

甘添貴，刑法各論（上），三民書局，2009年6月初版。

甘添貴，互毆與正當防衛，月旦法學教室別冊（公法學篇），2000年1月初版。

甘添貴、謝庭晃，捷徑刑法總論（修訂版），作者自版，2005年6月增訂版。

甘添貴，體系刑法各論，第2卷，作者自版，2004年4月初版。

刑事程序法研討會—改革對案系列，元照出版公司，2000年10月初版。

何賴傑主持，王梅英等與談，吳巡龍報告，「認罪協商制度之立法檢討」座談會，台灣本土法學雜誌，第50期，2003年9月。

朱石炎，刑事訴訟法，三民書局，2000年9月初版。

李昌鈺等，犯罪現場（Henry Lee's Crime Scene Handbook），商周出版公司，2004年5月初版。

李昌鈺，李昌鈺的鑑識人生—化不可能爲可能，平安文化有限公司，2014年12月初版。

李茂生，自白與事實認定的結構，臺大法學論叢，第25卷第3期，1996年4月。

李震山，人性尊嚴與人權保障，元照出版公司，2011年10月4版。

李承龍等，偵查科技情資整合在犯罪現場之運用，臺灣警察專科學校刑事科學術與實務研討會論文集，2016年12月15日。

李承龍，建置國家級鑑識科學中心和實驗室之評估研究，犯罪防治專刊，第1期，2014年7月版。
李聖傑，攜帶兇器竊盜的凶器概念，月旦法學教室，第59期，2007年9月。
朱朝亮等，日本刑事判例研究（一）偵查篇，元照出版公司，2012年6月版。
朱朝亮，偵查中案件資訊公開及揭露原則，法學叢刊，第60卷第1期，2015年1月。
呂明都，犯罪偵查實務，鼎茂圖書出版公司，2016年5月初版。
何明洲，犯罪偵查學，臺灣警察專科學校印行，2015年8月初版。
安辰赫，藥癮者的復原－晨曦會治療社區戒癮模式之治療因子與戒癮復原歷程，財團法人基督教晨曦會，2013年6月版。
沈敬慈，涉外刑事案件警詢使用通譯之研究，中央警察大學刑事警察碩士論文，2016年5月31日。
何賴傑主持，王梅英等與談，吳巡龍報告，「認罪協商制度之立法檢討」座談會，台灣本土法學雜誌，第50期，2003年9月。
林山田主持，刑事訴訟法改革對案，刑事訴訟法研討系列（一），元照出版公司，2000年10月初版。
林山田、林東茂、林燦璋等，犯罪學（增訂五版），三民書局，2012年11月5版。
林山田，刑事程序法，五南圖書出版公司，2004年9月版。
林山田，論正當法律程序，軍法專刊，第47卷第4期，1999年4月。
林鈺雄，刑事法理論與實踐，新學林出版公司，2001年8月初版。
林鈺雄，刑事訴訟法（上），作者自版，2017年9月8版。
林鈺雄，刑事訴訟法（下），作者自版，2017年9月8版。
林鈺雄，刑求與自白之因果關係及其證明負擔。月旦法學教室，公法學篇（1），元照出版公司，2000年1月。
林俊益，刑事訴訟法概論（上），新學林出版公司，2017年9月17版。
林裕順，基本人權與司法改革，新學林出版公司，2010年10月初版。
林裕順，偵查階段供述證據保全的法理探討－以刑訴法第一百五十八條之二第二項爲中心，月旦法學雜誌，第149期，2007年10月。
林裕順，國民參審「傳聞法則」變革與展望—「警訊筆錄」之檢討爲中心，東海大學法學研究，第40期，2013年8月。
林燦璋，論「問題導向警察」，中央警察大學出版，1995年4月版。
林茂雄、林燦璋合編，警察百科全書（刑事警察），中正書局，2000年1月初版。
林培仁，偵訊筆錄與移送作業，臺灣警察專科學校印行，2015年2月5版。
林吉鶴，心理偵查學，中央警察大學出版，1998年4月增訂版。
林淑貞譯，Elizabeth Loftus、Katherine Ketcham著，辯方證人（一個心理學家的法庭故事），商周出版公司，1999年5月版。
法務部司法官學院委託臺北大學辦理，中華民國104年犯罪狀況及其分析—2015犯罪趨勢關鍵報告，法務部司法官學院出版，2016年12月版。
吳巡龍，刑事訴訟與證據法全集，元照出版公司，2009年11月初版。
吳懿婷譯，Steven Lobet著，現代訴訟辯護分析於實務（Modern Trial Advocacy: Analysis and Practice），商周出版公司，2002年9月初版。
吳景欽，隨機殺人者的責任能力，月旦知識庫，http://www.angle.com.tw/lawdata.asp，最後瀏覽日期：2017/5/8。
吳景欽，臺灣刑事訴訟法新增告知義務違反效果之探討，月旦知識庫，http://www.angle.com.tw/lawdata.asp，最後瀏覽日期：2017/5/7。
洪家殷，行政調查與刑事偵查之界限，東吳法律學報，第25卷第1期，2014年6月。
洪家殷，論行政調查之證據及調查方法—以行政程序，東海法學研究，第35期，2011年12月。
姜　敏，刑事和解：中國刑事司法從報應正義向恢復正義轉型的路徑，政法論壇，第31卷第5期，中國政法大學，2013年9月。
陸雅青，藝術治療：繪畫詮釋—從美術進入孩子的心靈世界，心理出版社，2002年10月4版。
柯耀程，刑事程序理念與重建，元照出版公司，2009年9月初版。
柯耀程，刑法構成要件解析，三民書局，2010年3月初版。
洪　蘭譯，Daniel Kahneman著，快思慢想，天下遠見出版公司，2012年12月。
洪　蘭譯，Larry R. Squire and Eric R. Kandel著，透視記憶（Memory from Mind to Molecules），2003年6月版。

洪鎌德，法律社會學（The Sociology of Law），楊智出版公司，2001年12月版。

洪維德等譯，森炎著，冤罪論—關於冤罪的一百種可能，商周出版公司，2015年11月初版。

胡念祖，從福明輪案看司法獨立裁判的可貴，中國時報，1997年3月8日第11版。

侯友宜，刑事偵查與鑑識之結合—案例報告，中央警察大學年鑑識科學研討會，2001年10月18日。

高一書，「測謊可以硬來嗎？」一文，刑事雙月刊，第5期，2005年3月。

施俊堯，警訊筆錄—刑事訴訟程序證據之實務見解分析與實例研討，刑事科學月刊，第40期，1995年3月。

施俊堯，警訊筆錄—刑事訴訟程序證據之實務見解分析與實例研討，刑事科學月刊，第40期，1995年3月。

施俊堯、徐建民，科學鑑定證據憑信性之探討—以DNA鑑定證據為例，東吳法律學報，第21卷第4期，2010年4月。

翁玉榮，實用刑事訴訟法（上），元照出版公司，2008年8月版。

莊忠進，論兒童性侵害案件之偵查，臺灣警察專科學校101年精進校務發展研究成果發表論文集，2012年12月。

高忠毅譯，Fred E. Inbau、John E. Reid、Joseph P. Buckley三人合著，刑事偵訊與自白（Criminal Interrogation and Confessions），商周出版公司，2000年2月初版。

許澤天，檢察官的任務與地位，國立成功大學20周年院慶，臺德學術交流研討會暨工作坊，2017年4月11日。

張麗卿，刑事訴訟法理論與實務，五南圖書出版公司，2016年9月13版。

張麗卿，刑事程序中之拒絕證言權，刑與思—林山田教授紀念論文集，元照出版公司，2008年11月版。

張麗卿，司法精神醫學，元照出版公司，2011年4月3版。

張明偉，共犯審判外自白之證據能力—以釋字第五八二號解釋為中心，輔仁法學，第51期，2016年6月。

張汝錚譯，E. N.伊申科（俄）著，刑事偵查學，中國人民公安大學出版，2014年12月初版。

張建偉，證據的容顏、司法的場域，法律出版社，2015年8月初版。
許哲嘉，析論自白之補強法則（上）—以刑事訴訟法第156條第2項爲契機，刑事法學雜誌，第4期第93卷，1998年8月版。
黃惠婷，加重竊盜罪之「攜帶兇器」與「著手」，月旦法學雜誌，第116期，2005年1月。
黃朝義，刑事訴訟法，新學林出版公司，2014年9月4版，583頁。
黃朝義，概說警察刑事訴訟法，新學林出版公司，2015年9月初版。
黃朝義，刑事訴訟法〈證據篇〉，元照出版公司，2002年11月版。
黃朝義，犯罪偵查論，漢興出版公司，2004年3月初版。
黃朝義，無罪推定原則，五南圖書出版公司，2002年10月版。
黃朝義，證據在犯罪程序中之地位，中央警察大學90年鑑識科學研討會，2001年10月18日。
黃富源、侯友宜，談判與危機處理，元照出版公司，2002年6月初版。
黃東熊、吳景芳，刑事訴訟法論，三民書局，2002年9月5版。
黃蘭媖，被害影響陳述與被害人登記制度之國外經驗評析，刑事政策與犯罪研究論文集（19），司法官文官學院，2016年12月初版。
陳斐玲，警察權行使的主體—警察，警專論壇，第17期，2017年3月版。
陳樸生，刑事證據法（重訂再版），作者自版，1992年10月版。
陳清宇，從肢體動作來洞察人心—心理專家教你讀心術，菁品文化事業公司，2011年8月初版。
陳運財，偵查與人權，元照出版公司，2014年4月版。
陳運財，警訊錄音之研究，台灣法學雜誌，第24期，2001年7月。
陳運財，證人未經具結之檢訊筆錄之效力，月旦法學教室，第49期，2006年11月。
陳運財，被害人之訊問與具結，月旦法學教室，第47期，2006年9月。
陳志龍，集團化公司治理與財經犯罪預防，臺大出版中心，2017年4月初版。
陳志龍，人性尊嚴與刑法體系入門，作者自版，1998年版。
陳志龍，罪疑唯有利於被告原則與選擇確定，法學叢刊，第52卷第1期，2007年1月。
陳志龍，臺灣刑法的構成要件科學化或卡落泥挪化？（The Scientific or The

Carolina Development on Constitutive Elements (Tatbestand) of Criminal Law in Taiwan），法學叢刊，第58卷第1期，2013年1月。
陳志輝，無義務遺棄罪的法律性質，月旦法學教室，第43期，2006年5月。
陳淑雲，「明恥整合理論」對少年犯罪預防之啓示，警專學報，第5卷第3期，2012年4月。
陳俊宏，檢策我國犯罪偵查對個人資料隱私權的侵犯，警專學報，第5卷第3期，2012年4月。
陳俊宏，警專論壇，第17期，2015年12月。
陳宏毅，追訴犯罪與法本質之研究，2003年5月初版。
陳宏毅，論我國中間審查制度與被告地位，刑事法雜誌，第47卷第5期，2003年10月。
陳宏毅，自白在刑事訴訟之證據地位，警察通識叢刊，臺灣警察專科學校，第5期，2015年10月。
陳宏毅，重大貪污的偵查及防治之道，刑事法雜誌，第60卷第1期，2016年2月。
陳益亭，論證人警詢陳述之證據能力—從犯罪調查實務角度探討，刑事法雜誌，第54卷第3期，2010年12月。
陳漢彬等，刑事偵查實務，中國廣州暨南大學出版，2013年3月初版。
陳佳琳，審判外自白之研究，中正大學法律研究所碩士論文，1996年6月。
萬文隆，深度訪談在質性研究中的應用，生活科技教育月刊，第37卷第4期，2004年5月。
菲可權，科學偵查月刊，第127期，科學月刊雜誌社，1980年7月。http://resource.blsh.tp.edu.tw/science-i/content/1980/00070127/0014.htm，最後瀏覽日期：2017/4/30。
曾德文著、呂明督編審，資通科技犯罪偵查—通訊篇，作者自版，2013年8月初版。
曾淑瑜，刑法分則實例研習，三民書局，2010年6月2版。
曾春橋，僞農藥查緝現況與困境實證研究，臺灣警察專科學校刑事科學術與實務研討會論文集， 2016年12月15日。
萬文隆，深度訪談在質性研究中的應用，生活科技教育月刊，第37卷第4期，2004年5月。

郭乃嘉譯，蔡兆誠審定，Brian Kennedy著，證人詢問的技巧，元照出版公司，2002年9月出版。
曾華松，丹麥司法制度簡介（下），軍法專刊，第44卷第12期，1998年12月。
褚劍鴻，刑事訴訟法論（上冊），臺灣商務印書館，2004年2月版。
董璠輿、宋英輝譯，土本武司著，日本刑事訴訟法要義，五南圖書出版公司，1997年8月版。
潘日南等，濫用藥物的檢驗分析及認證制度，警專學報，第4卷第5期，2009年4月。
檢察官改革白皮書，法務部，1999年3月編印。
潘秀霞，照顧失智病患者的漫漫長路—與失智共舞，遠足文化事業公司，2016年9月版。
堯嘉寧譯，Adam Benforado著，不平等的審判：心理學與精神科學告訴你，為何司法判決還是這麼不公平（Unifair: The New Science of Criminal Injustice），城邦文化事業公司，2016年9月初版。
鄒濬智，偵查語言學的上層學科、內涵及其在中國犯罪偵查史的源頭追溯，警專論壇，第22期，2017年3月。
謝瑞智、林吉鶴合譯，David Powis著，The signs of Crime（無跡理論），犯罪徵候（觀察術），文笙書局，1987年8月再版。
謝長志，論違法調查蒐集之證據於撤銷訴訟中之證據能力—兼評最高法院103年度判字第407號判決，臺灣警察專科學校刑事科學術與實務研討會論文集，2016年12月25日。
楊士隆，犯罪矯治—問題與對策，五南圖書出版公司，2007年11月版。
廖有祿，犯罪剖繪—理論與實務，五南圖書出版公司，2016年5月初版。
楊雲驊，賠了夫人又折兵—私人違法取得證據在刑事訴訟程序的證據能力處理，台灣本土法學雜誌，第41期，2002年12月。
廖福村，犯罪預防（含實務），臺灣警察專科學校印行，2016年8月4版。
劉邦繡，貪汙、毒品、槍砲案件被告自白減刑之研究，軍法專刊，第56卷第1期，2010年2月。
劉秋伶，數位證據之刑事證據調查程序，國立政治大學法律學研究所碩士論文，2010年1月。

劉民和，福音戒毒的僕人事奉，財團法人基督教晨曦會，2014年9月初版。
蔡庭榕，警察職權行使法逐條釋義，五南圖書出版公司，2010年2月初版。
蔡庭榕等，警察職權行使法逐條釋論，五南圖書出版公司，2015年3月版。
蔡震榮，警察職權行使法概論，作者自版，2016年5月3版。
蔡墩銘，刑事訴訟法論，五南圖書出版公司，1999年6月3版。
蔡墩銘，起訴前羈押之原因與目的，月旦法學教室，刑事法學篇（4），2002年3月。
蔡墩銘，共犯之自白，法令月刊，第47卷第10期，1996年10月。
漢宇編輯部編著，300個偵探推理遊戲，和平圖書有限公司，2015年8月初版。
盧映潔，刑法分則新論，新學林出版公司，2017年9月12版。
樊崇義、鎖正傑等主編，刑事證據法原理與適用，中國人民公安大學出版，2006年3月初版。

貳、日文文獻（以作者日文姓氏爲序）

池田 修，接見制限の自白，刑事訴訟法判例百選（第7版）ジュリスト別冊，松尾浩也、井上正仁編，有斐閣，1998年8月版。
稲田隆司，イギリスの自白排除法則，熊本大学法学会叢書，成文堂，2011年9月初版。
井原 裕，精神鑑定の乱用，金剛出版社，2010年1月初版。
岩波 明，精神障礙の犯罪，南雲堂，2008年3月初版。
内山絢子，犯罪心理学，西東社，2015年1月初版。
大阪弁会権会人權擁護委員会編集（性暴力被害検討プロジェクトチーム），性暴力刑事司法，信山社，2014年2月初版。
岡邊 健，犯罪・非行の社会学—常識をとらえなおす視座（Understanding Crime and Delinquency: Sociological Perspecyives），有斐閣，2014年3月初版。
越智啓太，ケースで学ぶ犯罪心理学，北大路書房，2015年8月初版。
越智啓太，犯罪捜査の心理学—凶悪犯の心理と行動に迫る プロファイリングの最先端，新曜社，2015年12月初版。

影山任佐，犯罪学の精神医学史研究，金剛出版社，2015年1月初版。
笠井 治、前田雅英，ケースブック刑事訴訟法，弘文堂，2012年3月3版。
加藤克佳、川崎英明、後藤 昭、百取祐司等，刑事訴訟法，日本評論社，2007年4月2版。
京明，要支援被疑者の供述の自由（Vulnerable Suspects），関西学院大学出版，2013年3月初版。
小坂井久，取調べ可視化論の現在，株式会社現代人文社，2009年9月初版。
佐藤博史，刑事弁護の技術と倫理—刑事弁護の心技体，有斐閣，2007年5月初版。
鈴木茂嗣，刑事訴訟法（改訂版），評論社，1999年9月版。
滝沢武久，精神障礙者の事件と犯罪，中央法規出版社，2003年8月版。
田口守一，刑事訴訟法の目的，成文堂，2010年12月增補版。
田口守一，刑事訴訟法，弘文堂，2005年9月4版。
土本武司，刑事訴訟法要義，有斐閣，1991年4月版。
中島 直，犯罪と司法精神医学，批評社，2013年5月初版。
西田典之、山口 厚、佐伯仁志編，別冊ジュリスト，刑法判例百選Ｉ，総論（第6版），No. 189，2008年2月。
西山 詮，刑事精神鑑定の実際，新興医学出版社，2004年2月版。
西山 詮，詐病と精神鑑定，東京大学出版会，2012年2月版。
庭山英雄、渡部保夫、浜田壽美男、村岡啓一、高野隆譯，ギスリー・ズッドョンソン（Gisli H. Gudjonsson），取調べ自白・証言の心理学（The Psychology Of Interrogations, Confessions And Testimony），2001年4月初版。
浜井治一，少子・高齢化がに与える影響とそので持續可能な刑罰（刑事政策）の在り方—犯罪学からの提示，網路引自：NII-Electronic Library Service, Japanese Association of Sociological Criminology, No. 36, 2011。
原田隆之，入門犯罪心理学，筑摩書房，2015年3月版。
久岡康成，共犯者の自白，刑事訴訟法の争点（第3版）ジュリスト増刊，松尾浩也、井上正仁編，有斐閣，2002年4月版。
前田雅英，警察官のための刑事基本判例講座，第44講，覺せい劑使用罪と

違法收集証拠の排除，警察学論集，第66卷第5号，2013年5月版。
松尾浩也，刑事訴訟法（上），弘文堂，1999年11月新版。
松尾浩也，刑事訴訟法（下），弘文堂，1999年11月新版。
守山 正（監訳），Ronald V. Clarke、John E. Eck，犯罪分析ステップ60（Crime Analysis For Problem Solves In 60 Small Steps），成文堂，2015年4月版。
山室 惠，刑事尋問技術，株式会社ぎょうせい，2001年8月5版。
山本奈生，犯罪統制と空間の社會学─ゼロ年代日本における犯罪・都市政策，ミネルヴァ書房，2015年7月初版。
渡部保夫，無罪の発見─証拠の分析と判断基準，勁草書局，1998年3月初版。

參、英文文獻（以作者姓氏字母爲序）

A. Bedau and M. Radelt (1987). “Miscarriages of Justice in Potentially Capital Cases,” Stanford Law Review 40.
Bryan A. Garner (2004). Blacks Law Dictionary, 8th ed., Thomson West.
Charles R. S., Neil C. C. and Leonard, T. (2003). Criminal Investigation, 8th ed.
David Dixon (1997). Law in Policing: Legal Regulation and Police Practices, clarendon press: oxford.
Fred E. Inbau, John E. Reid, Joseph P. Buckley and Brian C. Jayne (2013). Criminal Interrogation and Confessions, 5th ed., Johns and Bartlett Publishers.
Ian Walden (2007). Computer Crimes and Investigations, Oxford University Press.
I. H. Dennis (2013). The Law of Evidence, 5th ed., Sweet & Maxwell.
J. Baeza, J. Savino (2001). “Frame-frame analysis: An Interview Technique,” Journal of Behavioral Profiling.
John N. Ferdico, Henry F. Fradella, Christopher D. Totten (2009). Criminal Procedure for the Criminal Justice Professional, 10th ed., Wadsworth.
John Sprack (2008). A Practical Approach to Criminal Procedure, 13th ed., Oxford University Press.

John L. Worrall (2010). Criminal Procedure From First Contact to Appeal. Prentice Hall.

Julian Alton Hosch (2012). Inside Investigative Criminal Procedure： What Matters and Why. WOLTER kluwer Law & Business.

Jessica R. Klaver, Zina Lee and V. Gordon Rose (2008). Effects of personality, interrogation techniques and plausibility in an experimental false confession paradigm, Legal and Criminological Psychology.

Maureen Spencer, John Spencer (2013). Concentrate Evidence, 3rd ed., Oxford University Press.

Michael D. Lyman (2011). Criminal Investigation: The Art and the Science, 6th ed.

M. Y. Gamal (2014). Police Interpreting: A View from the Australian context, International Journal of Society, Culture & Language.

Nathan Gordon, William L. Fleisher (2011). Effective Interviewing and Interrogation Techniques, Elsevier Ltd.

Nakane I. (2014). Interpreter Mediated Interviews: A Discourse-pragmatic Approach. Palgrave Macmillan.

Penny Green, Andrew Rutherford (2000). Criminal Policy in Transiyion, Hart publishing.

R. Leo and R. Ofshe (1998). "The Consequences of False Confessions: Deprivation of Liberty and Miscarriages of Justice in the Age of Psychological Interrogation," Journal of Criminal Law and Criminology 88.

Robert Popper (1962). History and Development of the Accused's Right to Testify.

Ronald F. Becker (2005). Criminal Investigation, 2nd ed., Jones and Bartlett Publishers.

Rolando V. del. Carmen (2007). Criminal Procedure Law and Practice, 7th ed., Thomson Wadsworth.

Roderick Munday (2009). Evidence, 5th ed., Oxford University Press.

S. M. Kassin, K. McNall (1991). Police interrogations and confessions: Communicating promises and threats by pragmatic implication, Law and

Human Behavior, 摘自Google學術網路。

Sue Titus Reid (2008). Criminal Justice, 8th ed., Cengage Learning.

Saul M. Kassin, Steven A. Drizin, Thomas Grisso, Gisli H. Gudjonsson, Richard A. Leo and Allison D. Redlich (2010). Police-Induced Confessions: Risk Factors and Recommendations, p. 2, 摘自Google學術搜尋。

S. Mulayim, M. Lai, and C. Norma (2014). Police Investigation Interviews and Interpreting: Context, Challenges, and Strategies, CRC Press.

Wayne R. LaFave, Jerold H. Israel and Nancy J. king (2000). Criminal Procedure, 3rd ed., West Group.

William Strong, Kenneth S. Broun, George E. Dix, Edward J. Imwinkelried and D. H. Kaye (1999). McCormick on Evidence.

國家圖書館出版品預行編目資料

警察偵查實務—探論虛偽供述／陳宏毅著. --
初版. -- 臺北市 ： 五南, 2017.11
面； 公分.

ISBN 978-957-11-9456-1（平裝）

1.刑事偵查 2.犯罪

548.6 106018290

1V13

警察偵查實務—探論虛偽供述

作　　者— 陳宏毅(246.9)

發 行 人— 楊榮川

總 經 理— 楊士清

主　　編— 張若婕

責任編輯— 李孝怡、葉韋序、雷化豪、呂伊真

封面設計— 姚孝慈

出 版 者— 五南圖書出版股份有限公司

地　　址：106台北市大安區和平東路二段339號4樓

電　　話：(02)2705-5066　　傳　　真：(02)2706-6100

網　　址：http://www.wunan.com.tw

電子郵件：wunan@wunan.com.tw

劃撥帳號：01068953

戶　　名：五南圖書出版股份有限公司

法律顧問　林勝安律師事務所　林勝安律師

出版日期　2017年11月初版一刷

定　　價　新臺幣420元

※版權所有・欲利用本書內容，必須徵求本公司同意※